Shulem Deen est né à New York en 1974. Il vit loin de sa femme et de ses cinq enfants et travaille à Brooklyn, où il anime un blog littéraire permettant à d'autres Juifs hassidiques de partager leurs interrogations. Il écrit pour *The Forward*, *Tablet* et *Salon*, et a reçu le National Jewish Book Award et le prix Médicis essai pour *Celui qui va vers elle ne revient pas*, son premier roman.

Shulem Deen

CELUI QUI VA VERS ELLE NE REVIENT PAS

Traduit de l'anglais (États-Unis) par Karine Reignier-Guerre

Globe

TEXTE INTÉGRAL

TITRE ORIGINAL
All Who Go Do Not Return
ÉDITION ORIGINALE
Graywolf Press, 2015

ISBN 978-2-7578-7402-8
(ISBN 978-2-211-22928-9, 1ʳᵉ publication)

© 2017, Globe, L'école des loisirs, Paris, pour l'édition française

Le Code de la propriété intellectuelle interdit les copies ou reproductions destinées à une utilisation collective. Toute représentation ou reproduction intégrale ou partielle faite par quelque procédé que ce soit, sans le consentement de l'auteur ou de ses ayants cause, est illicite et constitue une contrefaçon sanctionnée par les articles L. 335-2 et suivants du Code de la propriété intellectuelle.

Rabbi Yohanan dit : « Si un homme a vécu la plus grande partie de sa vie sans pécher, il ne péchera probablement jamais. »

Talmud, traité Yoma, 38B

Ne te fie à toi-même qu'à l'heure de ta mort, car Yohanan fut grand prêtre pendant quatre-vingts ans avant de rejeter l'enseignement des Sages.

Talmud, traité Berakhot, 29A

Sur le pont d'un navire au milieu des flots
Se tient un Juif éploré né en Terre sainte.
Il a dû quitter Jérusalem,
Sa demeure, sa vie, cette terre sacrée,
Ses frères, ses enfants, ses plus proches parents.
Il fait maintenant route vers l'Amérique.
Oh, comme son chagrin est grand !

Extrait de *Williamsburg*,
de Yom Tov Ehrlich

Note de l'auteur et de la traductrice sur la transcription du yiddish et de l'hébreu

La plupart des termes yiddish sont transcrits en français de manière phonétique, tels qu'ils sont prononcés par les Juifs ultra-orthodoxes vivant actuellement aux États-Unis. À quelques exceptions près, ces communautés parlent la forme dialectale « polonaise » du yiddish oriental.

Les termes hébreux sont transcrits selon les usages habituels en matière de translittération de l'hébreu vers le français, usages qui diffèrent sensiblement de la manière dont ces termes sont prononcés au sein des communautés hassidiques américaines : nous écrivons *Torah* au lieu de *Toyreh*, et *Roch Hachana* au lieu de *Rosh Hashuneh*, par exemple.

Le terme *rebbe* peut prêter à confusion : il désigne à la fois le chef spirituel d'une communauté hassidique et le maître employé dans une école élémentaire de garçons. Le contexte permettra généralement de dissiper cette ambiguïté.

PREMIÈRE PARTIE

1

Je n'étais pas le premier à être banni de notre communauté. Je n'avais pas rencontré mes prédécesseurs, mais j'en avais entendu parler à voix basse, comme on chuchote une rumeur honteuse. Leurs noms et le récit de leurs agissements émaillaient l'histoire de notre village, fondé un demi-siècle plus tôt. On évoquait dans un murmure ces êtres subversifs qui avaient attenté à notre fragile unité : les quelques belz qui avaient souhaité former leur propre groupe de prière ; le jeune homme qui aurait été surpris en train d'étudier les textes fondateurs de la dynastie hassidique de Bratslav, et même le beau-frère du *rebbe*, accusé de fomenter une sédition contre lui.

Tous avaient été bannis, comme moi. Mais j'étais le premier qu'on bannissait pour hérésie.

Je fus convoqué un dimanche soir, alors que j'étais à table avec Gitty et les enfants.

« Shulem ? C'est Yechiel Spitzer, lança une voix masculine, assez profonde pour être entendue depuis la rue. Peux-tu venir à 22 heures au bureau du *dayan* ? C'est pour une réunion. »

Yechiel était membre du comité pour l'éducation et du comité pour la pudeur, qui veillaient tous deux sur le comportement des habitants du village en s'assurant qu'ils portaient les vêtements requis, fréquentaient les synagogues adéquates et pensaient de manière appropriée.

« Quel genre de réunion ? demandai-je un instant plus tard en lui ouvrant la porte.

– Le *bezdin* voudrait te parler », répondit Yechiel.

Constitué de trois membres, le bezdin, notre tribunal rabbinique, se prononçait chaque fois que nécessaire sur les questions religieuses qui agitaient la communauté : sous la présidence du dayan, principal juge rabbinique du village, le bezdin émettait des décrets interdisant l'usage d'Internet, condamnant la formation de groupes de prière illicites ou spécifiant le type de perruque et de couvre-chef autorisés aux femmes.

Yechiel attendit ma réponse. Devant mon silence, il ajouta : « Tâche de venir avec quelqu'un. Il vaudrait mieux que tu ne sois pas seul. »

Il s'exprimait d'une voix étrangement neutre, comme s'il cherchait à minimiser l'importance de la sommation. Sans être proches, nous nous connaissions assez pour nous saluer amicalement lorsque nous nous croisions dans la rue ou pour échanger quelques mots si nous nous trouvions côte à côte lors d'une *chiva* ou d'une bar-mitsvah. Ce soir-là, cependant, sa visite n'avait rien d'amical. Et nous le savions aussi bien l'un que l'autre.

Lorsque je repris place à table, Gitty m'interrogea du regard. Je secouai la tête. *Rien d'important*. Elle pinça les lèvres, les yeux rivés aux miens, jusqu'à ce que je me penche sur mon assiette remplie des restes du *tcholent*, le ragoût de bœuf, de céréales et de haricots qu'elle avait préparé pour le déjeuner du shabbat. L'incident n'avait visiblement pas troublé les enfants : Tziri, notre fille aînée, était plongée dans un livre ; Hershy et Freidy se chuchotaient des plaisanteries à l'oreille ; Chaya Suri et Akiva se chamaillaient parce que Chaya Suri avait regardé dans l'assiette d'Akiva, qui prétendait ne plus pouvoir manger maintenant que sa sœur avait posé les yeux sur son repas.

Gitty continuait de m'observer en silence. Je finis par me redresser en soupirant.

« Je t'en parlerai tout à l'heure. »

Elle roula des yeux excédés, puis se leva pour débarrasser la table.

Je consultai ma montre. Il était un peu plus de 18 heures.

Je n'étais pas vraiment surpris par la convocation du bezdin. D'après mes amis, la rumeur se propageait d'un bout à l'autre du village : *Shulem Deen est devenu hérétique.*

Bien que considérée comme un péché dans notre communauté de Juifs ultra-orthodoxes du comté de Rockland, dans l'État de New York, l'hérésie était assez rare pour faire sensation. Ce n'était pas un péché ordinaire. Rien à voir avec le jeune homme qui commandait un taxi pour aller prendre des cours de karaté, l'adolescente accusée d'avoir porté une jupe dévoilant ses genoux, ou l'instituteur qui se serait plaint de la longueur des prières du rebbe à l'office du shabbat. En fait, l'hérésie était si inhabituelle que la plupart des habitants du village l'envisageaient comme un phénomène révolu : elle ne pouvait survenir à notre époque, encore moins dans notre communauté. Aussi avaient-ils été stupéfaits d'apprendre qu'un hérétique vivait parmi eux.

« Ne sait-il pas que le Rambam a déjà répondu à toutes les questions ? » s'était enquis le rebbe.

Le Rambam, également connu sous le nom de Moïse Maïmonide, était un rabbin et philosophe andalou du XIIe siècle – sans doute le plus éminent de tous les temps. Sa pierre tombale, à Tibériade, en Israël, porte l'épitaphe suivante : « De Moïse à Moïse, il ne se leva aucun homme comme Moïse. » Dans nos salles d'étude, nous consacrions de longues heures à l'analyse de ses traités de jurisprudence et surtout de son célèbre *Commentaire sur la Michna*. Nous vantions sa droiture et son érudition. Nous donnions son prénom à nos enfants pour perpétuer son souvenir.

Mais aucun de nous n'avait lu ses textes philosophiques.

Il se disait que son œuvre philosophique majeure, *Le Guide des égarés*, n'était accessible qu'aux plus érudits d'entre nous. Le reste de la communauté pouvait s'en dispenser. L'essentiel, assurait-on, était de savoir que l'ouvrage contenait toutes les réponses, ce qui rendait toute autre question superflue.

« Ne sait-il pas que le Rambam a déjà répondu à toutes les questions ? »

Le rebbe avait-il réellement prononcé cette phrase ? Je ne pouvais pas en être certain. Je la tenais de mes amis, qui la tenaient des leurs. Au village, les rumeurs n'étaient pas toujours fiables. Ce que je savais de façon certaine, en revanche, c'est que le rebbe était le chef de notre communauté et que rien d'important ne se produisait sans son assentiment. Aussi n'éprouvai-je aucun doute ce soir-là lorsque je fus convoqué devant le bezdin : l'ordre avait été donné par le rebbe en personne.

À 22 heures précises, j'empruntai le sentier qui conduisait à la porte latérale permettant d'accéder au domicile du dayan. Son autorité reposait sur sa connaissance approfondie de la Torah, mais son bureau, accolé à celui du rebbe, paraissait le prolonger. Si le rebbe était le chef de l'exécutif, le dayan et son bezdin possédaient le pouvoir judiciaire : ils étaient chargés de faire respecter nos lois.

En dépit du sérieux de ses fonctions et de son immense érudition, le dayan était un homme doux et gentil. Plus de dix ans s'étaient écoulés depuis que j'avais achevé mon cycle d'études à la yeshiva, mais je me souvenais encore des longues heures que nous passions à discuter du Talmud. Au cours des années suivantes, j'avais longé ce sentier des centaines de fois pour régler divers problèmes personnels ou familiaux – qu'il s'agisse de faire inspecter des palmes de dattier avant Souccot, la fête des Cabanes, des dessous maculés de sang menstruel ou des poulets à chair pâle pour s'assurer qu'ils ne présentaient aucun signe de blessure.

Ce soir-là, je gravis une fois de plus les quelques marches qui menaient au porche en bois délavé par les intempéries, et frappai à la porte. Une lumière brillait à l'intérieur et le son de plusieurs voix entremêlées, combatives et véhémentes, me parvint aux oreilles. J'attendis quelques instants, puis frappai de nouveau. La porte s'ouvrit sur Yechiel Spitzer.

« Attends là », ordonna-t-il d'un ton sec en désignant une petite pièce latérale.

Il traversa le hall d'entrée pour regagner le bureau du dayan tandis que j'obtempérais. Assis sur une vieille chaise branlante près d'une table basse, j'écoutai le brouhaha qui s'échappait de la pièce voisine. Quelques minutes s'écoulèrent ainsi, puis Berish Greenblatt vint me rejoindre. Berish avait été l'un de mes professeurs à Brooklyn lorsque j'étais adolescent. Il m'avait ensuite invité à célébrer le shabbat chez lui pendant toute la durée de la maladie de mon père. Nous avions alors noué des liens qui s'étaient renforcés avec le temps, avant de se distendre ces dernières années – lui, le fidèle dévoué à l'étude de la Torah, et moi, le présumé hérétique. Ce soir-là, je puisai malgré tout un vif réconfort dans sa présence, bien qu'aucun de nous ne sût à quoi s'attendre.

On nous appela peu après dans le bureau du dayan. Assis au centre d'une petite table jonchée de textes religieux, ce dernier était encadré par deux rabbins du bezdin et quatre autres membres éminents de notre communauté.

Un sourire chaleureux, presque béat, illumina son visage couvert d'une imposante barbe brise.

« Assieds-toi, je t'en prie ! » dit-il en montrant une chaise vide, de l'autre côté de la table.

Tandis que Berish s'installait un peu en retrait, je pris place en observant mes interlocuteurs, serrés les uns contre les autres face à moi. Certains feuilletaient nerveusement les ouvrages ouverts devant eux ; d'autres passaient les doigts dans leur barbe ou tiraient sur leur moustache. Ils échangèrent quelques remarques à voix basse, puis l'un d'eux prit la parole. Il s'appelait Mendel Breuer. Connu pour être aussi pieux que perspicace, il faisait montre, disait-on, d'une remarquable habileté en toutes circonstances, qu'il s'agisse d'organiser un vote de groupe pour favoriser l'élection d'un représentant de la communauté dans les instances officielles ou de dispenser chaque matin un cours sur le Talmud à des hommes d'affaires.

« Nous avons entendu des rumeurs à ton propos, commença-t-il. Nous ignorons si elles sont vraies, mais le seul fait qu'elles circulent n'augure rien de bon, comprends-tu ? »

Il s'interrompit, les yeux braqués sur moi, comme s'il attendait mon assentiment.

« On raconte que tu es un *apikorus*. On raconte que tu ne crois plus en Dieu. » Il haussa les épaules jusqu'à ses oreilles, les yeux écarquillés, les mains ouvertes. « Comment est-il possible de ne pas croire en Dieu ? Sincèrement, je n'en sais rien. »

Il semblait réellement perplexe. Pour un homme de son intelligence, la question méritait réflexion. Il aurait aimé l'aborder s'il en avait eu le temps, mais, ce soir, le moment paraissait mal choisi. Laissant la question en suspens, il entreprit d'énumérer les rumeurs qui couraient à mon sujet.

Je critiquais le rebbe.

J'avais cessé de prier.

Je dénigrais la Torah et l'enseignement des Sages.

Je cherchais à corrompre d'autres membres de la communauté. Des jeunes gens. Des innocents.

On disait même que j'avais corrompu un étudiant de la yeshiva pas plus tard que la semaine précédente. Si la rumeur était vraie (mais Mendel n'en avait pas la certitude), j'avais tant bouleversé ce garçon qu'il avait quitté la demeure familiale et s'était installé à Brooklyn avec des goyim. On racontait qu'il avait l'intention de s'inscrire à l'université.

À présent, poursuivit Mendel, les membres de la communauté estimaient qu'il fallait prendre des mesures. Ils étaient très inquiets. Le bezdin doit faire quelque chose, répétaient-ils.

« Si les gens pensent que le bezdin doit agir, nous ne pouvons pas rester les bras croisés, comprends-tu ? »

Assis à l'extrémité de la table, Yechiel Spitzer coinça une papillote sous sa lèvre inférieure et glissa distraitement un cheveu entre ses incisives. Les trois rabbins écoutaient en silence, les yeux baissés.

« Nous ne souhaitons causer de tort à personne, reprit Mendel. Ni à toi ni à ta famille. Cependant... »

Il s'interrompit et jeta un regard au dayan, avant de poser ses mains à plat sur la table, les yeux braqués sur moi.

« Nous estimons que tu dois quitter le village. »

J'étais banni. Sur le moment, je ne sus qu'en penser. Je faillis protester, déclarer que j'étais victime d'une campagne mensongère, d'une cabale odieuse destinée à me nuire. Je me ravisai en songeant que cette campagne n'était pas entièrement fausse. À quoi bon le nier ? Je n'appartenais déjà plus à la communauté. Elle était formée d'un groupe de fidèles et j'avais perdu la foi.

Il y avait néanmoins une différence entre être banni et partir de son plein gré. Si vous êtes banni, vous êtes chassé ; si vous êtes chassé, vous êtes disgracié. Et que dire de ma femme et de mes enfants ? C'était au village que Gitty et moi nous étions connus ; nous ne l'avions pas quitté depuis notre mariage, douze ans plus tôt. Ici étaient nés nos cinq enfants ; dans ce petit périmètre vivaient leurs nombreux cousins, oncles, tantes et leurs grands-parents. C'était le berceau de notre famille. Deux ans auparavant, nous avions acheté un pavillon mitoyen de quatre chambres avec la conviction d'y passer une grande partie de notre vie. Sans être luxueuse, cette demeure était spacieuse, ensoleillée et moderne : nous l'avions achetée neuve, elle sentait encore la peinture fraîche et le polyuréthane quand nous avions emménagé. Elle nous plaisait. Nous avions planté un arbre dans le jardin de devant. En outre, nous l'avions acquise pour un prix raisonnable et avions obtenu un taux d'intérêt très favorable pour l'emprunt immobilier.

Autrement dit, les choses n'étaient pas aussi simples que le bezdin le laissait entendre.

« Je ne suis pas seul en jeu, déclarai-je aux rabbins. J'aimerais rentrer chez moi et discuter avec ma femme. De toute façon, même si nous acceptons de partir, nous devrons d'abord trouver un acquéreur pour la maison. »

Je savais que les rabbins n'apprécieraient guère ce genre de réponse, mais je l'avais énoncée sans flancher. Contrairement à ceux qui avaient été bannis avant moi, je ne manquais pas d'audace. Et j'étais mieux informé. Je savais qu'aux États-Unis, au début du XXIe siècle, nul ne pouvait chasser un citoyen de chez lui à moins d'être mandaté par l'État. Or le bezdin n'était pas l'État.

Mes interlocuteurs échangèrent des regards soucieux. Même le dayan (qui avait opiné du chef pendant le petit discours de Mendel en me gratifiant de temps à autre d'un sourire contrit, l'air de dire : « Je suis désolé, cher ami, de devoir en arriver à cette extrémité. ») paraissait désemparé.

Mendel observa l'un des rabbins. Ce dernier réfléchit encore un moment puis murmura : « *Nou*. – Bon. » Mendel sortit alors une feuille de papier pliée en quatre de la poche de poitrine de son manteau. « Voici ce que nous serons contraints de diffuser si tu refuses d'obtempérer, dit-il en poussant le document vers moi. Je te laisse en prendre connaissance. »

Il s'agissait d'une annonce à la population, comme on en trouvait dans les journaux locaux ou les synagogues, placardées dans le hall ou sur les murs des sanitaires. Rédigée en hébreu rabbinique, elle regorgeait d'expressions ampoulées et de références bibliques ou talmudiques.

À tous nos frères, fils d'Israël, où qu'ils se trouvent :
L'homme qui se nomme Shulem Arieh Deen a été reconnu coupable d'actes et de pensées hérétiques. À l'instar de Jéroboam, fils de Nebath, il a péché et incité autrui à pécher. C'est un provocateur et un agitateur. Il a ouvertement contrevenu aux lois de Dieu et de Sa Torah ; il a renié les principes mêmes de notre religion sacrée ; il s'est moqué de notre foi en Dieu et dans les Tables de la Loi. Il encourage et continue d'encourager autrui à le suivre sur ce chemin de perdition.

Le texte se poursuivait par une invite, adressée à tous les Juifs croyants et pratiquants, les incitant à cesser tout contact avec moi, dans quelque domaine que ce soit : ils ne devaient plus m'embaucher comme employé ni me laisser résider dans leurs demeures ; ils devaient m'exclure de leurs groupes de prière et m'interdire l'accès à leurs synagogues ; ils devaient aussi exclure mes enfants de leurs écoles.

Je reposai le document sur la table d'une main tremblante.

« Nous ne l'avons montré à personne pour le moment, précisa Mendel en remettant le document dans la poche de son manteau. Si tu nous obéis, nous le garderons pour nous. Dans le cas contraire, nous serons obligés de le diffuser. Tu comprends, n'est-ce pas ? »

Je levai les yeux vers mes interlocuteurs. Le dayan me rendit mon regard, l'air navré. Les autres rabbins détournèrent la tête.

« Ce sera tout pour l'instant », conclut Mendel.

J'attendis un moment, pensant que les rabbins allaient se lever, mais ils demeurèrent à leur place. Aussi demeurai-je à la mienne. Un peu assommé, tout de même.

« J'espère que tu viendras nous rendre visite, déclara l'un des rabbins.

– Oui, renchérit le dayan. Reviens nous voir. Surtout, n'hésite pas !

– Tu pourras loger chez moi avec toute ta famille », assura l'autre rabbin.

Comme c'est gentil de sa part ! pensai-je, ému par le geste de cet homme qui n'avait pas prononcé un mot au cours de la réunion et avec lequel je n'avais jamais parlé auparavant. Quant à l'ordre qu'ils m'avaient lancé, je ne savais pas encore qu'en penser. J'étais trop abasourdi pour avoir une opinion sur l'attitude du dayan ou celle du bezdin. À cet instant, j'étais surtout soucieux de la manière dont réagiraient Gitty et les enfants quand je leur annoncerais la nouvelle. Comment la leur annoncer, d'ailleurs ? Il y aurait des larmes. Des cris de honte et d'amertume. Des incitations à supplier le bezdin de revenir sur sa décision.

Tant pis. De toute façon, je n'étais plus à ma place ici, dans ce village, parmi ces gens. La rupture serait difficile, mais elle semblait inévitable. L'heure était venue de partir.

2

Je garde une image très claire de l'instant où j'ai compris que j'avais perdu la foi. Je ne me souviens plus de la date exacte, seulement de l'endroit où j'étais et de ce que je faisais. La journée venait de commencer. Je m'étais réveillé tard et préparé à la va-vite. À cette époque, je n'assistais plus à l'office du matin avec les hommes du village, mais je continuais de prier seul à la maison. Je m'en tenais aux passages importants – les premiers et derniers paragraphes des Psaumes, le *Chema Israël*, le *Chemoneh esreh* – et délaissais le reste. Je n'accordais plus guère d'importance à ce rituel auquel je me conformais par habitude autant que par crainte de déplaire à Gitty si elle découvrait que je ne priais plus.

Seul dans la salle à manger, je l'entendais s'affairer dans la cuisine, de l'autre côté de la cloison : « Akiva, finis ta tartine », « Freidy, arrête d'embêter le bébé et va t'habiller », « Tziri, brosse-toi les cheveux et prépare ton cartable ». Bientôt, les prières matinales succédèrent aux chamailleries, puis je les entendis ronchonner – devoirs à terminer avant d'aller en classe, chaussures égarées, pinces à cheveux mal rangées. Je drapai mon châle de prière sur mes épaules, retroussai la manche de ma chemise blanche et entrepris de nouer les tefilines autour de mon bras gauche. Lorsque j'eus fixé la boîte cubique à l'aide des lanières en cuir et enveloppé mon corps dans le grand châle blanc à rayures noires, une pensée me vint subitement à l'esprit : je n'y crois plus.

Je suis un hérétique. Un apikorus.

Cette évidence, j'essayais de la nier depuis longtemps, m'accrochant à l'espoir que me procuraient les textes sacrés. D'après le Talmud, « un Juif, même s'il a péché, demeure un Juif ». L'hérétique, en revanche, est perdu pour toujours : « Ceux qui partent ne reviennent pas. » S'il est scribe, son rouleau de la Torah doit être brûlé ; il est renvoyé de son groupe de prière, la nourriture qu'il prend n'est plus jugée casher ; les objets qu'il perd ne lui sont pas restitués, il n'est pas habilité à témoigner dans un tribunal. Devenu un paria, il erre seul, chassé par son peuple et rejeté par tous les autres.

C'est à cet instant précis, entre le moment où j'ai fixé les lanières des tefilines à l'arrière de ma tête et celui où j'ai entrepris d'ânonner mes prières matinales, que j'ai pris conscience du caractère irréversible de mon hérésie. Elle faisait partie de moi, désormais. Elle me caractérisait autant que mes yeux marron ou ma peau claire.

Être hérétique n'avait cependant rien d'anodin. Gitty et moi, ainsi que nos cinq enfants, vivions à New Square, une localité située à quarante-cinq kilomètres au nord de New York, peuplée par un groupe de Juifs ultra-orthodoxes, les skver. Le village avait été créé dans les années 1950 par Yankev Yosef Twersky, le grand rebbe de Skver, issu de la dynastie hassidique de Skver et de Tchernobyl, au centre de l'Ukraine. Arrivé à New York en 1948, le rebbe était descendu du paquebot, avait promené un long regard sur la ville américaine et l'avait jugée décadente. « Si j'en avais le courage, avait-il déclaré à ses disciples, je remonterais à bord pour retourner en Ukraine. »

Au lieu de quoi, il s'attela à créer une communauté hassidique dans l'État de New York, au mépris de ses détracteurs, persuadés que son projet – fonder un véritable *shtetl* en Amérique – n'avait aucune chance d'aboutir.

Il s'en fallut de peu que le destin ne leur donne raison. Au cours des décennies suivantes, en effet, le rebbe et ses disciples durent affronter de multiples obstacles dans la construction du village : hostilité des voisins, municipalité récalcitrante, vols de matériaux de construction par les chauffeurs des camions qui les avaient livrés, canalisations perpétuellement bouchées et routes mal carrossées compliquant l'accès au chantier. Le rebbe ne se découragea pas pour autant. D'après la légende, le nom du village serait dû à une erreur de l'employé municipal chargé de l'enregistrer : il inscrivit « New Square » dans son registre au lieu de « New Skvyra », comme le lui avaient demandé les disciples du rebbe – une délégation de Juifs barbus dont l'anglais laissait sans doute à désirer –, et le sort en fut jeté.

Hormis son nom, le village n'avait rien d'américain. Encore aujourd'hui, des années après mon départ, certains de mes proches ou de mes lecteurs pensent que mon expulsion était inévitable : « Pas étonnant que tu sois devenu hérétique ! me dit-on. Tu vivais coupé du monde, entouré de tels fanatiques ! » Le plus souvent, cette assertion provient de Juifs ultra-orthodoxes – des satmar, des belz ou des loubavitch, eux-mêmes enclins au fanatisme. Autrement dit : même les extrémistes jugent New Square trop extrême ; même les fanatiques l'observent avec désarroi. *Là-bas*, semblent-ils dire, *ça va trop loin. C'est de la folie pure.*

Je ne suis pas devenu hérétique du jour au lendemain. J'ai commencé par remettre en cause l'autorité du rebbe, la sagesse des maîtres à penser du hassidisme et le caractère ultraconservateur et insulaire de notre mode de vie. Ensuite, je me suis engagé plus franchement en territoire interdit : j'ai douté du Talmud (recelait-il vraiment la parole de Dieu ?), puis de la Torah (pouvais-je croire à tout ce qu'elle disait ?). Enfin, mes interrogations se sont portées sur Dieu : où était-Il ? Qui pouvait savoir ce qu'Il voulait et s'Il existait vraiment ?

Tout a donc commencé par des questions. Or je ne pouvais pas les poser : elles étaient toutes proscrites.

« Je croyais que le judaïsme consistait à poser des questions, justement ? me fit-on souvent remarquer par la suite. Le Talmud lui-même n'est-il pas tissé de questions ? »

Le judaïsme tel que le pratiquent la plupart des Juifs libéraux diffère radicalement de celui des Juifs hassidiques, de celui du Baal Shem Tov, du Rachi, ou de Rabbi Akiva : les ultra-orthodoxes autorisent les questions, certes, mais seulement certaines d'entre elles, et posées d'une certaine manière. D'après le Talmud, « celui qui pose une de ces quatre questions aurait mieux fait de ne pas venir au monde : qu'y a-t-il au-dessus de nos têtes ? Qu'y a-t-il sous nos pieds ? Où est le passé ? Que sera l'avenir ? » Dans ces conditions, lorsqu'un fidèle se trouve assailli par des interrogations sans réponse, il ne peut s'en prendre qu'à lui-même. S'il s'interroge, c'est qu'il n'a pas assez prié, pas assez étudié, pas assez purifié son cœur et son esprit : l'enseignement de la Torah ne peut y pénétrer et chasser ses doutes.

« Qu'est-ce qui t'a fait perdre la foi ? » m'a-t-on maintes fois demandé par la suite. Cette question me troublait plus que d'autres, parce que les événements qui m'avaient transformé étaient aussi variés et pluriels que la vie même. Je n'avais pas changé à la suite d'une révélation fulgurante : j'avais entamé un long processus, une quête ponctuée de tâtonnements puis de découvertes, de croyances puis de contestations de ces croyances, de questions déplaisantes suivies d'efforts désespérés pour les éviter, par la violence si nécessaire – efforts qui se soldaient invariablement par un échec. Peu à peu, ma quête devint trop pressante, trop vitale pour être abandonnée. Impossible de faire taire les doutes qui me hantaient. Impossible pourtant de leur opposer des arguments simples et clairs. Tout juste parvenais-je à assembler des éléments de réponse confus et contradictoires. En moi, l'espoir se muait alors en désillusion, avant de reprendre lentement le dessus, mais si faible, si vacillant qu'il ravivait bientôt mes doutes. Un cycle infernal, en somme.

Je me souviens encore de la première fois où je me suis posé des questions auxquelles je ne pouvais répondre. Elles ne portaient pas sur mes croyances religieuses mais, de manière plus prosaïque, sur la jeune fille qu'on m'avait proposée en mariage. *Est-elle jolie ? Intelligente ? Sympathique ? Et si elle n'est rien de tout cela, pourrai-je dire non ?* Les mots se bousculaient, tournaient en boucle dans mon esprit. Les interrogations qui m'ont assailli par la suite – Dieu existe-t-Il ? Notre religion est-elle réellement porteuse de vérités essentielles sur l'univers ? Ma foi est-elle plus juste que celle d'un autre ? – peuvent paraître plus nobles. À dix-huit ans, je n'avais pas encore de grandes questions à poser. Celles qui me taraudaient me semblaient si triviales que je redoutais de les énoncer à voix haute. Ainsi que je l'avais appris, « le charme est trompeur, la beauté est vaine. Seules les femmes ferventes sont dignes de louanges ». Ma promise était très croyante, m'avait-on assuré. À quoi bon chercher à en savoir plus ?

Je faisais une lessive quand j'ai appris l'identité de ma future femme. La machine à laver de mon dortoir, à la yeshiva, venait de tomber en panne ; en attendant le réparateur, nous étions contraints, mes camarades d'étude et moi, d'aller laver notre linge chez des proches. Ce soir-là, j'ai traîné mon sac de vêtements chez les Greenblatt, des amis qui vivaient à l'autre extrémité du village. Mon père était mort quelques années plus tôt, et ma mère, encore fragile, peinait à retrouver un sens à sa vie. Les Greenblatt, dont mon père avait été proche, remplaçaient le foyer que j'avais perdu : ils m'invitaient à dîner, s'occupaient de mon linge et d'autres détails du quotidien ordinairement réservés aux membres d'une même famille.

Il était presque minuit. Berish et les enfants étaient couchés depuis longtemps. Seule Chana Miri s'affairait encore dans la cuisine : je l'entendais ouvrir et fermer doucement les placards, poser un verre ou une assiette sale dans l'évier, tourner le robinet. Bientôt, ces bruits s'éteignirent à leur tour. Elle se dirigea vers la buanderie – je perçus le frottement de ses pantoufles sur le sol –, située au pied de l'escalier. Elle montait se coucher, elle aussi. Je partirais en tirant la porte derrière moi, comme je le faisais souvent.

La voyant apparaître sur le seuil de la pièce, je levai la tête en veillant à ne pas croiser son regard. Chana Miri ne faisait pas partie de ma famille : je n'avais pas le droit de la regarder en face. Sa petite silhouette féminine, vêtue d'une robe de chambre à fleurs, le crâne couvert d'un foulard, se dressa dans l'angle de ma vision périphérique.

« Berish t'a-t-il parlé du *chiddoukh* ? » demanda-t-elle.

Je secouai la tête, les yeux rivés sur la chemise que j'étais en train de repasser. Un long silence s'écoula, puis Chana Miri reprit la parole :

« Berish t'en parlera plus longuement demain, mais je peux déjà t'en dire un mot. Écoute... La proposition ne te paraîtra peut-être pas extraordinaire, mais... prends le temps d'y réfléchir, d'accord ? »

J'acquiesçai en faisant glisser le fer sur le tissu en polyester blanc. Les plis disparurent un à un tandis que mon cœur s'accélérait, saisi d'une excitation que je dissimulai sous une moue nonchalante.

« C'est la fille de Chaïm Goldstein », annonça-t-elle.

J'eus sans doute l'air choqué, car elle reprit aussitôt :
« Je sais à quoi tu penses. Ne te fie pas aux apparences, je t'en prie. »

Je n'avais jamais rencontré cette jeune fille, mais je connaissais les hommes de sa famille, notamment son père, Chaïm Goldstein – un type corpulent qui s'installait au fond de la synagogue et récitait ses prières avec exubérance, sans la moindre retenue. Chaque vendredi soir, il se frayait un passage dans les travées du sanctuaire, sa précieuse boîte de tabac à la main, tandis que la voix flûtée du cantor s'élevait dans l'édifice. Passant de table en table, il offrait aux fidèles une pincée de tabac mentholé, suivi de près par ses trois fils cadets, morve au nez, dont les papillotes défraîchies et les chaussures crottées soulevaient des murmures de réprobation. Ce n'était pas ainsi que j'imaginais mon futur beau-père. Je détournai la tête pour dissimuler ma déception à Chana Miri.

Je connaissais également Nuchem Goldstein, le fils aîné de Chaïm. Je repensai au jour où j'avais proposé à Nuchem d'étudier le Talmud avec moi, mon compagnon habituel étant absent. Nous étions tous deux élèves de première année à la yeshiva. Nuchem passait ses journées seul au fond de la classe, laborieusement penché sur son exemplaire du Talmud. Je l'entendais tambouriner du bout des doigts sur sa table pendant des heures, sans que jamais son regard ne se pose sur la page ouverte devant lui. Ce jour-là, il m'avait semblé gentil de lui proposer de travailler avec moi.

J'ai vite compris qu'il ferait un partenaire exécrable. Son attitude me laissa d'abord sans voix. « Pourquoi les Sages se posaient-ils tant de questions s'ils connaissaient déjà les réponses ? » chuchota-t-il, comme s'il ignorait le principe même de nos études, alors qu'il bûchait, comme nous tous, sur le Talmud depuis l'âge de six ans.

« C'est un long processus, répondis-je, stupéfait du tour que prenait la conversation.

– Pourquoi faut-il étudier le processus ? » reprit-il d'un ton indigné, sourcils froncés, comme si les Sages lui avaient fait un affront personnel en l'obligeant à redécouvrir des conclusions que tout le monde connaissait depuis des siècles. « On pourrait se contenter d'étudier les conclusions, non ? »

J'avais lancé un regard navré à Nuchem. Il n'appréciait visiblement pas ses cours à la yeshiva. Pas autant que moi, en tout cas. Et pourquoi questionnait-il précisément ce qui ne devait pas être remis en question ? Gagné par un mépris grandissant, j'avais haussé les épaules. Comment pouvait-il être aussi bête ?

« Je sais à quoi tu penses, répéta Chana Miri. Son père, ses frères... Mais on m'a assuré qu'elle était différente.

– Comment s'appelle-t-elle ?

– Gitty, répondit-elle avec empressement. Gitty Goldstein. »

Gitty. Dérivé de *git*, l'adjectif yiddish qui signifie « bon », ce prénom me plaisait. Il avait une sonorité agréable qui suggérait la féminité, l'innocence et la dévotion. Malgré tout, je ne pouvais m'empêcher de frémir en songeant à sa famille : l'affectation et les manières de Chaïm, l'air idiot de Nuchem, les petits garçons qui suivaient docilement leur père à la synagogue, timides et apeurés, comme s'ils savaient déjà que certaines personnes valent mieux que d'autres, et qu'ils avaient été versés, en vertu d'un code social arbitraire, dans une classe inférieure.

« J'ai besoin d'y réfléchir », dis-je à Berish le lendemain. Je déclarai la même chose à ma mère, que Berish avait chargée de me convaincre. Seule Chana Miri semblait comprendre mes réticences – tout en m'exhortant à accepter la proposition qui m'était faite.

« Elle ne ressemble pas à ses frères, insistait-elle. On m'a dit qu'elle était tout à fait normale. »

Normale ? pensais-je. *Est-ce donc là sa plus grande qualité ?*

Quelques mois auparavant, nous avions eu la surprise, mes camarades d'étude et moi, d'apprendre les fiançailles d'un de nos amis – le premier de notre groupe à s'engager sur cette voie.

« *Hust gehert ?* » L'annonce avait volé de table en table, de pupitre en pupitre, dans la vaste salle d'étude de la yeshiva. En quelques minutes, tout le monde était au courant. « Tu connais la nouvelle ? Ari Goldhirsch est fiancé ! » Les plus studieux avaient levé le nez des petits caractères inscrits en marge de leurs talmuds ; les dilettantes avaient interrompu leurs conversations. La nouvelle nous prenait de court. La plupart d'entre nous avaient à peine dix-sept ans ; certains étaient plus jeunes encore.

« *Bei vemen ?* » entendait-on chuchoter d'un bout à l'autre de la salle d'étude.

Bei vemen. Pas « avec qui ? », mais « dans quelle maison ? » – autrement dit : dans quelle famille, au sein de quel groupe élargi de tantes, d'oncles, de grands-parents et de cousins ?

J'appris ce jour-là que mon ami Ari s'était engagé à entrer dans la famille de Mordche Shloime Klieger.

Le prénom de la fiancée n'avait pas d'importance : seul comptait le nom de son père. Au sein de notre communauté, on n'épousait pas seulement un garçon ou une fille, mais un clan tout entier. Un clan respectable, si on avait de la chance. Ou tristement ordinaire, si on n'en avait pas.

Nous étions en avril 1992. J'avais espéré qu'aucun de nous ne serait fiancé avant l'année suivante. Le rebbe, disait-on, n'approuvait guère les alliances précoces, mais certaines familles en contractaient malgré tout, lorsque la proposition leur semblait intéressante : pourquoi laisser passer une si belle occasion ? estimaient les heureux parents. Si les jeunes gens n'avaient pas encore dix-huit ans, les fiançailles étaient tenues secrètes, mais la nouvelle finissait toujours par s'ébruiter. D'autres parents se croyaient alors contraints de suivre le mouvement, soucieux de ne pas en exclure leurs enfants. Des fiançailles précoces montraient à quel point votre famille était désirable ; un célibat prolongé la couvrait de honte.

Cette année-là, Ari donna le signal du départ. Bientôt, d'autres camarades se lancèrent dans la course. Moishe Yossel Unger et Burich Silber se fiancèrent à une semaine d'intervalle à deux sœurs – les petites-filles du secrétaire personnel du rebbe. Comment étaient-elles ? Nous n'en avions pas la moindre idée et ne cherchions pas à le savoir. Leurs goûts, leurs visages ou leurs personnalités n'entraient guère en ligne de compte.

Puis vint le tour d'Aaron Duvid Spira, fiancé à Avigdor Blum, fille de l'homme le plus riche du village. Zevi Lowenthal le suivit de près, avec la fille d'un érudit respecté, éminent spécialiste de la Torah. Chaïm Lazer, avec lequel j'étudiais le Talmud tous les après-midi, fut promis à la fille de son oncle Naftuli. À force de voir mes amis se fiancer les uns après les autres, je commençai à en prendre ombrage. *Et moi ?* songeais-je. *Quand viendra mon tour ?* Le jour de la cérémonie, je félicitais le marié et acceptais ses vœux en retour (« *Mertzeshem bei dir !* – Puisses-tu être bientôt fiancé, toi aussi, si Dieu le veut ! »), mais j'avais le cœur serré. Bientôt, mon impatience se mua en véritable inquiétude. Le vendredi soir, à la yeshiva, tandis que je me préparais à lever mon verre de vin doux pour réciter le kiddouch, je priais pour avoir bientôt la chance d'effectuer le même geste en compagnie de mon épouse, et non de plusieurs centaines d'autres étudiants affamés, pressés de rompre le jeûne. « Roi des rois, ordonne à tes anges de prendre soin de moi. » *Faites que cela m'arrive bientôt. Faites que ce soit avec une fille bien, issue d'une famille respectable.*

Lors des *tischen*, les repas que le rebbe prenait en public pendant le shabbat, nous nous tenions debout, à sa droite, sur une estrade garnie de bancs. Les élèves de première année grimpaient au fond, sur le sixième banc ; les plus âgés, qui achèveraient la yeshiva et seraient mariés dans l'année, s'installaient au premier rang, le plus proche du rebbe. Pendant la cérémonie, les regards des fidèles convergeaient vers ces jeunes gens, âgés de dix-huit ou dix-neuf ans, sujets de toutes les spéculations. Lequel d'entre eux constituait le meilleur parti ? Avec qui se marierait-il ? Et dans quelle famille ?

« Pourquoi n'as-tu pas encore accepté la proposition ? me demanda Berish quelques jours plus tard. Que reproches-tu à la fille de Chaïm Goldstein ? »

Incapable de formuler le torrent de pensées qui m'assaillait, je me contentai de répéter que je souhaitais prendre le temps d'y réfléchir.

« À quoi bon réfléchir davantage ? insista Berish. Elle a toutes les qualités qu'une épouse doit avoir. »

À quoi bon réfléchir, en effet ? Je ne le savais plus moi-même. Si mon premier mouvement avait été de rejeter la proposition par crainte de m'associer aux Goldstein père et fils, j'avais ensuite redouté de rencontrer la jeune fille elle-même. Était-elle jolie et intelligente ? Charmante et affectueuse ? Avait-elle un beau sourire et un rire agréable ? Ou était-elle, au contraire, affublée de terribles défauts ? Impossible d'énoncer ces questions à voix haute : Berish les aurait jugées inconvenantes. J'aurais aimé voir une photographie de la jeune fille, mais personne ne me l'ayant proposé, j'en avais conclu que cette requête serait jugée inconvenante, elle aussi. J'imaginais les exclamations indignées de Berish, de l'entremetteur et de la famille Goldstein : quelle impudence ! Comment ose-t-il demander une photo de sa promise ?

« Il paraît qu'elle est adorable, m'assura ma mère après avoir mené sa propre enquête. C'est la quatrième enfant de Chaïm, qui en a douze. On m'a dit qu'elle s'occupait très bien de ses petits frères et sœurs. C'est important, ça ! Elle fera une bonne épouse et une bonne mère. Et elle est très sociable ! Elle aime les mariages et les fêtes de famille. Elle se joint aux danses avec plaisir. Elle a beaucoup d'amies. Elle a vraiment une excellente réputation, tu sais ! »

Aucune de ces informations n'ayant sur moi l'effet escompté, Berish eut une autre idée : « Veux-tu que nous allions en parler au rebbe ? »

J'acquiesçai avec soulagement. Bien sûr. Le rebbe aurait forcément la réponse.

Quelques jours avant Hanoukka, nous nous rendîmes chez le rebbe, Berish et moi, pour solliciter une audience. La soirée était déjà bien avancée. Reb Shia, le *gabbaï*, ou secrétaire personnel du rebbe, était assis dans son bureau, adjacent à celui du maître des lieux. Plusieurs dizaines de fidèles patientaient dans la vaste salle d'attente brillamment éclairée. Certains faisaient les cent pas en récitant des Psaumes ; d'autres demeuraient silencieux, plongés dans leurs pensées. Le vieux gabbaï inscrivit ma requête, ou *kvitel*, sur un petit morceau de papier en faisant mine de ne pas entendre Berish, qui cherchait à savoir combien de temps nous devrions attendre. Plusieurs heures s'écoulèrent. Les fidèles étaient convoqués chacun à leur tour dans le bureau du rebbe. Ils en ressortaient peu après, avec un large sourire à l'intention de l'assistant du gabbaï qui les raccompagnait d'un air maussade. Je les voyais glisser des billets de dix ou vingt dollars dans sa main avant de sortir, l'air apaisé, visiblement délivrés de leur fardeau.

Enfin, ce fut à nous : l'assistant nous faisait signe d'entrer. Je n'avais jusqu'alors effectué que de brèves incursions dans le bureau du rebbe, pour recevoir sa bénédiction ou lui serrer la main en compagnie de mes proches ou de mes camarades d'étude. C'était la première fois que je venais le solliciter pour une affaire personnelle. J'allais m'entretenir avec lui et suivre ses conseils. Cette seule perspective suffisait à me réconforter. Comme tout Juif hassidique, je jouissais de ce privilège extraordinaire – celui d'accéder à l'inspiration divine par l'intermédiaire du *tsadik*, le Juste qui dirigeait notre communauté.

Le rebbe était assis à l'extrémité d'une longue table, sur un fauteuil doré tendu d'un beau tissu bleu. La tête tournée vers la porte, le front baigné de sueur, il palpait sa montre en or du bout des doigts. Sa silhouette trapue, sa barbe grisonnante me semblèrent si réelles que je me figeai, intimidé. Moi qui l'observais toujours de loin, à la synagogue, je n'avais de ses traits qu'une image floue et imprécise. Notre soudaine proximité m'impressionnait. Les requêtes des visiteurs précédents étaient éparpillées sur la table, mêlées aux rétributions d'usage – des billets de vingt, de cinquante et de cent dollars.

« *Nou, gei shoin !* chuchota l'assistant en me tirant par le bras. – Eh bien, entre donc ! » Je m'arrachai à mon hébétude : d'autres fidèles attendaient dans l'antichambre. Berish s'effaça, je tendis le kvitel au rebbe, qui s'en empara et lut le court texte rédigé en yiddish : « Shulem Arieh, fils de Bracha. Souhaite bénédictions et rédemptions. »

Berish s'approcha. « Shulem vient vous consulter au sujet de la proposition de mariage qui lui a été faite », expliqua-t-il. Le rebbe me fixa un moment, l'air perplexe, puis son visage s'anima. Il venait de me reconnaître.

« Ah ! Oui, oui. Bien sûr ! » s'écria-t-il, avant de préciser qu'il avait été consulté par la famille de la jeune fille. « C'est une très bonne proposition. Excellente, oui. Excellente, n'est-ce pas ? » Il souriait, les yeux pétillants d'enthousiasme.

« Il n'est pas sûr, insista doucement Berish. Il doute, il se pose des questions. »

Le rebbe haussa ses sourcils broussailleux. « Des questions ? répéta-t-il en m'observant par-dessus les verres de ses lunettes à monture dorée. Quel genre de questions ? »

À quoi bon tergiverser, en effet ? N'étais-je pas en présence de « l'origine vertueuse du monde » ? Pour quelle raison n'avais-je pas encore accepté une proposition de mariage qu'il jugeait lui-même « excellente » ? Gêné par son regard inquisiteur, je baissai les yeux sur la lourde nappe de brocart couverte de kvitelech, mais aucun mot ne parvint à mon esprit. Je compris alors que je n'avais pas vraiment de questions à lui poser.

J'avais une certitude, en revanche : je ne voulais pas de ce mariage.

Je savais au plus profond de moi-même que Gitty Goldstein ne serait pas l'épouse dont je rêvais. Les quelques informations que je détenais ne suffisaient pas à compenser la somme des non-dits – et nulle révélation ultérieure ne me ferait changer d'avis. Je nourrissais l'espoir ténu d'apprendre, de la bouche même du rebbe, quelque détail nouveau et attrayant sur ma promise, mais, par-dessus tout, je souhaitais qu'il m'autorise à refuser sa main. J'espérais l'entendre dire que je pouvais décliner cette proposition, que ce n'était pas grave, qu'une offre plus intéressante me serait bientôt faite, et qu'il n'y avait rien de honteux ni de cruel à rejeter celle-ci (même si, je le savais, Gitty Goldstein attendait ma réponse avec anxiété). J'aurais aimé que le rebbe m'incite à chercher des raisons de dire « oui » au lieu de m'inviter à justifier mon refus, mais il n'en fit rien. Ne venait-il pas de déclarer la proposition « excellente » ? Je ne pouvais ni le contredire ni lui souffler ses paroles. J'étais là pour écouter, et accepter.

Le rebbe attendit, sourcils levés, puis il relut le kvitel que je lui avais remis, et m'observa de nouveau. « Chaïm Goldstein n'a rien à se reprocher. Il a fondé une grande et belle famille. J'ai entendu dire beaucoup de bien du *keren*. Ce keren est un bon keren », conclut-il.

En yiddish, le terme *keren* désigne le capital financier placé dans un investissement. Je demeurai d'abord perplexe, avant de comprendre qu'il s'agissait d'une métaphore. Un homme tel que le rebbe ne pouvait employer un mot aussi ouvertement féminin que « jeune fille » ou « promise ». Aussi désignait-il Gitty de manière détournée. Cet investissement, m'assurait-il, est un bon investissement.

« C'est une bonne chose, ce keren, insista-t-il avec un large geste de la main. Un bon keren. Un keren très intéressant, vraiment ! Il n'y a aucun souci à se faire. » Il m'effleura la main du bout des doigts. « Puisses-tu être béni par Celui qui nous gouverne. Et que cette alliance soit bientôt conclue de manière favorable ! »

Quelques jours plus tard, je m'installai sur la banquette arrière d'une voiture pour aller rencontrer ma future femme. Le mois de décembre venait de commencer ; nous nous apprêtions à allumer les bougies de Hanoukka pour la troisième nuit consécutive. Les premiers flocons étaient tombés plus tôt que de coutume : des pelletées de neige s'entassaient déjà le long des rues et des gamins faisaient de la luge dans une allée de Lincoln Avenue.

« Tu te sens nerveux ? » demanda Berish, assis à l'avant, à côté du chauffeur.

Je haussai les épaules, évitant son regard. Je n'étais pas nerveux au sens où il l'entendait. Je savais que la famille Goldstein désirait cette union. Je ne craignais pas d'être rejeté.

La voiture se gara le long du trottoir devant une maison brillamment éclairée. Une petite foule était rassemblée à l'intérieur – j'aperçus leurs silhouettes derrière un rideau de tissu. Ma mère m'accueillit dans le hall avec un enthousiasme qui me parut contraint.

« Elle est adorable », dit-elle en souriant. Je décelai une légère tristesse dans sa voix, comme si elle avait le cœur lourd, elle aussi. Mais nous ne pouvions plus refuser la proposition. Le rebbe m'avait donné sa bénédiction. Il n'y avait plus rien à dire.

Chaïm Goldstein sortit d'une des pièces du fond, me serra la main en souriant, et nous conduisit, Berish et moi, dans la salle à manger. Ma mère nous emboîta le pas.

Ma future épouse se tenait debout, près de la table, au côté de sa mère. Ses cheveux bouclés, d'un blond foncé, étaient coupés court. Elle portait des vêtements ordinaires – une longue jupe plissée, un gilet en V boutonné sur un chemisier blanc à jabot. Elle détourna les yeux en me voyant entrer, puis reporta brièvement son regard sur moi, un sourire crispé aux lèvres.

Nos proches quittèrent la pièce et nous nous installâmes, Gitty et moi, de part et d'autre de la grande table. Depuis mon entrée à la yeshiva, cinq ans plus tôt, je n'avais plus le droit d'adresser la parole aux filles de mon âge. Notre tête-à-tête me parut donc étrange, presque inconvenant. On m'avait expliqué qu'il m'appartenait de lancer la conversation, mais le caractère inhabituel de l'entrevue m'avait plongé dans une sorte de stupeur. Je demeurai silencieux pendant une longue minute, incapable d'entamer la discussion.

« Souris de toutes tes dents », m'avait conseillé l'un de mes amis plus tôt dans la soirée en apprenant que j'allais rencontrer ma fiancée. « Souris de toutes tes dents. Tout le temps. Tu dois lui montrer que tu es ravi d'être là.

– Tout le temps ?

– De toutes tes dents, tout le temps. » Il en était convaincu.

Son conseil m'avait laissé perplexe. Sourire de toutes mes dents m'obligerait à contracter les muscles de ma mâchoire de manière peu naturelle. Difficile de garder un tel sourire aux lèvres pendant les quinze minutes que devait durer l'entretien ! Et puis, ne risquais-je pas de passer pour un hypocrite ? C'était pourtant la seule stratégie que mon ami avait pu me conseiller. Il l'avait employée lui-même avec succès lorsqu'il avait rencontré sa promise quelques mois auparavant. « De quoi faut-il parler ? lui avais-je demandé ensuite. – De tout et de rien », avait-il affirmé. Là encore, j'étais resté perplexe. Comment m'adresser à une fille qui n'avait jamais étudié le Talmud ni assisté au tisch du rebbe – une fille dont la vie semblait si éloignée de la mienne que nous n'avions peut-être rien en commun ? Cette fois, mon ami n'avait su que répondre. Le temps avait passé, avait-il marmonné, ses souvenirs s'étaient effacés. Et sa future femme lui avait facilité la tâche : ce soir-là, elle avait plus parlé que lui.

Ce n'était pas le cas de Gitty : elle n'avait pas ouvert la bouche depuis que nous nous étions retrouvés seuls dans la salle à manger. En désespoir de cause, je finis par lui poser des questions dont je connaissais déjà les réponses : suivait-elle encore les cours de l'école de filles ? Combien de frères et de sœurs avait-elle ? Souhaitait-elle rester à New Square après notre mariage ? Non, répondit-elle en secouant la tête, elle n'allait plus à l'école : elle avait obtenu son diplôme de fin d'études quelques mois auparavant. « J'ai onze frères et sœurs », ajouta-t-elle dans un murmure à peine audible. Et oui, elle souhaitait rester à New Square. De mon côté, enchaînai-je, j'espérais poursuivre mes études « pendant deux ans, au moins ». Elle acquiesça. Mon projet n'avait rien d'extraordinaire : tous les hommes mariés de la communauté devaient étudier le Talmud et la Torah pendant deux ans.

Les yeux baissés, elle veillait à ne pas croiser mon regard. Lorsqu'elle consentit, un bref instant seulement, à relever la tête, je lui offris le grand sourire que mon ami m'avait exhorté à plaquer sur mes lèvres. Elle me sourit à son tour, l'air crispé. J'espérais qu'elle me confierait ses projets, comme je venais de le faire, mais elle garda le silence. Elle n'avait rien à ajouter, apparemment. Bientôt, la conversation se tarit d'elle-même. Nous attendîmes le retour de son père sans rien dire, figés l'un en face de l'autre.

« Vous avez terminé ? » demanda Chaïm en faisant irruption dans la pièce un moment plus tard.

La réponse s'imposait d'elle-même. Oui, nous avions terminé. Au lieu du quart d'heure prévu, l'entretien avait à peine duré sept ou huit minutes. Je me levai avec soulagement.

Gitty et moi fûmes ensuite conduits chez le rebbe dans deux voitures différentes. Un petit groupe d'amis et de parents nous attendait. Tous me félicitèrent avec enthousiasme. Ils semblaient réellement heureux pour moi. Même l'assistant du gabbaï consentit à se départir de sa brusquerie habituelle pour m'offrir un sourire réjoui.

Les hommes entrèrent en premier ; les femmes en second. Près de la table, le rebbe nous accueillit en agitant la main. Il souriait, lui aussi. Lorsque l'assemblée fut au complet, les hommes massés autour de la table s'effacèrent pour permettre au rebbe d'observer ma promise, qui se tenait avec les autres femmes au fond de la pièce.

L'assistant referma la porte.

« Mazel tov, mazel tov ! s'exclama le rebbe. Que votre union soit solide et constante ! Puisse-t-elle donner le jour à des générations d'enfants loyaux et talentueux ! »

La bénédiction du rebbe scellait mon avenir aussi sûrement que le marteau d'un juge. Nous étions désormais fiancés.

L'assistant apporta un gâteau au chocolat, qu'il posa devant le rebbe. Sous le regard des femmes, toujours massées au fond de la pièce, les hommes s'avancèrent un à un devant lui pour en recevoir une part, qu'ils accompagnèrent d'un petit verre de vin doux. Ensuite, ils reformèrent la file, quêtant cette fois la bénédiction du rebbe. « *Lekhaïm !* répétait-il. – À la vie ! » En tant qu'invité d'honneur, je m'avançai en premier. Le rebbe tint mes doigts entre les siens pendant un long moment tout en murmurant une bénédiction – celle qu'il avait murmurée à des milliers d'autres fiancés avant moi. Bien qu'il cherchât ma promise du regard pour l'inclure dans ses pensées, son geste me parut froid et impersonnel. Était-ce là ce dont j'avais rêvé ? Je tentai de m'en persuader. Le rebbe avait approuvé mes fiançailles avec Gitty Goldstein. N'étais-je pas heureux ? Je *devais* l'être puisque, de toute évidence, le rebbe l'était pour moi. Or le rebbe nous aimait plus que nous ne nous aimions nous-mêmes. Il éprouvait plus de joie lorsque nous nous réjouissions, et plus de chagrin lorsque nous étions dans l'affliction. Voilà ce que nous nous disions les uns aux autres à longueur d'année. Je m'étais moi-même répété ces mots un nombre incalculable de fois. J'y croyais, à présent. Je m'étais *entraîné* à y croire. Je savais qu'il ne pouvait en être autrement.

3

Je ne savais quasiment rien du rebbe la première fois que je l'ai vu. J'avais treize ans et j'étudiais à la yeshiva de la communauté skver, dans le quartier de Williamsburg, à Brooklyn, quand on m'avait annoncé sa visite. J'avais haussé les épaules et observé avec amusement la vague d'excitation qui s'emparait de mes camarades et des enseignants. Les tables branlantes de la salle d'étude furent réparées à la hâte ; les planchers furent lessivés et cirés ; une équipe d'ouvriers guatémaltèques fut appelée en renfort, à des heures indues, pour remplacer les lambris et repeindre les salles de classe ; et nous reçûmes l'ordre de récurer nos dortoirs. Même les toilettes furent débarrassées de leurs graffitis : « Reb Lazer est un gros naze » disparut brusquement, ainsi que « Se toucher est pire que fumer ».

Je ne m'étais pas inscrit dans cette yeshiva par dévotion pour le rebbe, comme la plupart de mes camarades, mais parce que les skver avaient la réputation de n'être pas trop exigeants. Alors que la majorité de mes amis avaient cherché à s'inscrire dans des écoles talmudiques de bonne réputation à l'issue de leurs études élémentaires, je m'étais fixé des objectifs moins ambitieux. J'avais entendu parler des examens d'entrée organisés par les prestigieuses institutions du quartier : on m'avait décrit des entretiens oraux de plusieurs heures portant sur de nombreuses pages du Talmud assorties de leurs princi-

Montréal, avait la réputation d'être doué pour les bénédictions aux jeunes mariés : c'était sa spécialité, m'avait-on dit. Mais ces rebbes et leurs fidèles vivaient trop loin de Brooklyn. Ils me semblaient presque irréels.

En voyant les skver se préparer pour la visite du rebbe à la yeshiva, je compris que cet homme revêtait à leurs yeux autant d'importance que les rebbes d'autrefois, et je ricanai intérieurement, incapable de partager leur émotion.

« As-tu vu ton nom sur la liste ? me demanda mon ami Chaïm Elya quelques jours avant la visite du rebbe.
– Quelle liste ?
– Celle du tirage au sort. Pour décider qui fera quoi pendant la visite du rebbe. Tu as obtenu les Psaumes. »

Ainsi qu'il me l'expliqua, les enseignants avaient réparti par tirage au sort les différentes tâches, toutes considérées comme des privilèges, dont les élèves devraient s'acquitter auprès du rebbe : ouvrir la portière de sa Cadillac noire lorsqu'il arriverait à l'école, tenir son aiguière et sa coupe en argent massif tandis qu'il se laverait les mains, avancer ou reculer son fauteuil chaque fois qu'il voudrait se lever ou s'asseoir. Tout semblait organisé pour qu'il ne bouge pas le petit doigt sans l'aide d'assistants choisis au préalable. Quant à moi, j'aurais l'honneur de lui tendre mon propre Livre des Psaumes afin qu'il nous en lise cinq sections après les prières du matin.

La nouvelle me laissa d'abord indifférent. Que le rebbe se serve ou non de mon livre ne me faisait ni chaud ni froid.

« Je peux voir ton livre ? » me demanda un de mes camarades le jour suivant. D'autres élèves s'approchèrent tandis que je sortais le recueil modestement relié en similicuir que m'avait offert un ami de mes paux commentaires. Vrais ou non, ces récits m'avaient terrifié. Au cours de l'été qui avait suivi ma bar-mitsvah, mon ami Chaïm Elya m'avait appris que les skver cherchaient à recruter de nouveaux étudiants pour leur petite yeshiva de Williamsburg. De ce fait, ils se montraient peu sélectifs et n'exigeaient pas d'examen d'entrée. Ravi, j'avais annoncé à mes parents que je souhaitais m'inscrire dans une école skver. Mon père s'était d'abord étonné d'un tel choix, puis il s'était incliné, visiblement satisfait. « Ils sont *ehrliche*, les skver », avait-il déclaré. *Ehrlich*. Des gens honnêtes et pieux. De bons Juifs.

Pourtant, les skver et leur mode de vie me semblaient étranges. J'avais grandi au sein de la communauté satmar. Ils avaient un rebbe, eux aussi, mais je ne l'avais quasiment jamais vu. À l'école, nos enseignants n'en parlaient guère. Mon père avait suivi l'enseignement et les préceptes du rebbe précédent, le grand rabbin hassidique Joël Teitelbaum, mort en 1979, mais il n'avait jamais rendu visite à son successeur.

« Ah ! Les rebbes d'autrefois ! » s'exclamaient mes professeurs d'un ton nostalgique lorsqu'ils faisaient référence aux fondateurs du hassidisme. À force de les écouter, j'en avais déduit que les rebbes d'aujourd'hui n'étaient que de pâles copies de ceux d'autrefois. Ces derniers n'étaient-ils pas capables, dans les bourgades et les villages des Carpates ou de la Zone de résidence créée par Catherine II à l'ouest de l'Empire russe, de provoquer un accident pour faire périr un propriétaire terrien antisémite, de faire naître des enfants chez un couple stérile jusqu'à un âge avancé, et de lire le bien et le mal, passé et à venir, dans les yeux de leurs fidèles ? Rien de tout cela, à présent. Les temps avaient changé.

Il y avait tout de même quelques exceptions. On racontait que Reb Yankele, installé à Anvers, accomplissait quotidiennement des miracles extraordinaires ; le rebbe de la communauté tash de Boisbriand, dans la région de parents pour ma bar-mitsvah. Penchés au-dessus de ma pochette à tefilines bleu marine, mes amis se redressèrent en secouant la tête. Trop ordinaire. « Ce n'est pas le bon, décrétèrent-ils.

– Pourquoi ? répliquai-je.

– Le rebbe se sert uniquement d'une édition *shloh*. »

Les marges de ce type de recueil destiné aux mystiques et aux Juifs extrêmement pieux étaient remplies de commentaires kabbalistiques. Le rebbe ayant une prédilection pour cette version annotée des Psaumes, tout bon skver se devait de l'utiliser. Ce n'était évidemment pas mon cas.

L'un de mes camarades m'entraîna à l'écart.

« Je peux échanger mon privilège avec le tien, si tu veux.

– Qu'as-tu obtenu ? » demandai-je.

Il se mordit la lèvre. « Tenir la serviette après les tefilines... De toute façon, le rebbe ne pourra pas utiliser ton Livre des Psaumes ! »

Perplexe, je demandai des éclaircissements à Chaïm Elya, ma source de renseignements en matière de culture skver. « Quand tu tiens la serviette, m'expliqua-t-il, le rebbe s'essuie les mains, et c'est tout. Il la remporte avec lui. Tandis qu'avec les Psaumes, c'est ton livre qu'il utilise. Ensuite, tu écris un petit mot à l'intérieur pour préciser que le rebbe s'en est servi. Et tu peux le garder toute ta vie. »

Plusieurs autres élèves vinrent me trouver pour me proposer d'échanger leur privilège contre le mien. À chaque fois, ils insistaient sur le fait que le rebbe ne pourrait pas se servir de mon livre. D'après eux, je ferais mieux d'accepter leur proposition – sans quoi je me retrouverais sans rien.

Piqué au vif, j'éprouvai soudain un regain d'intérêt pour la visite du rebbe. N'avais-je pas obtenu loyalement mon privilège ? Je décidai d'interroger Reb Chezkel, le directeur de la yeshiva. Mon Livre des Psaumes conviendrait-il au rebbe ? N'était-il pas trop ordinaire ? Il balaya les critiques de mes camarades d'un geste de la main. « Ton édition est tout à fait correcte. Bien sûr qu'elle conviendra au rebbe ! »

Certains élèves revinrent à la charge. « Tu n'es même pas un vrai skver ! s'écria l'un d'eux. Qu'est-ce que ça peut te faire ? » Un autre me proposa dix dollars en échange de mon privilège. Je me demandai brièvement si je n'aurais pas intérêt à faire monter les enchères. Je songeai aux pains au chocolat exposés dans la vitrine de l'épicerie du coin, aux rayonnages de la librairie judaïque de Bedford Avenue, aux hot-dogs casher du delicatessen installé sur Lee Avenue. Mais vendre le privilège de présenter mon Livre des Psaumes au rebbe serait incorrect, voire insultant pour le guide spirituel de la communauté. Et puis, j'en avais maintenant mesuré toute l'importance. Je ne voulais plus m'en séparer.

Le grand jour arriva. J'attendis l'arrivée du rebbe avec les autres élèves, tous massés dans la salle d'étude de la yeshiva. Enfin, nous vîmes la porte tourner lentement sur ses gonds. Un frémissement parcourut l'assemblée. « Chut ! Chut ! Il arrive ! »

Un homme d'un certain âge fit son apparition : barbe poivre et sel, nez bulbeux, air las et dédaigneux. Il me fallut quelques instants pour comprendre qu'il ne s'agissait pas du rebbe, mais de son assistant. Il entreprit de balayer du bout de sa chaussure des grains de poussière imaginaires sur le sol, avant d'écarter les élèves dont les coudes empiétaient sur l'espace réservé au rebbe. À peine eut-il terminé qu'un petit homme corpulent, pourvu d'une barbe brune aux reflets roux parsemée de fils d'argent, s'avança dans la travée. Sous son chapeau à large bord, qu'il portait bas sur son front plissé, ses sourcils semblaient froncés en permanence. De toute évidence, il s'agissait cette fois du grand homme en personne – celui que les skver appelaient « Son Honorable Sainteté, Notre Maître, Notre Professeur, Notre Rabbin, l'Origine vertueuse du Monde, le Rebbe de Skvyra – puisse-t-il vivre de longues et belles années ! ».

Il ne ressemblait pas à un rebbe. Il n'avait ni le regard d'un souverain ni l'allure d'un érudit. À vrai dire, il n'y avait rien de « rebbéien » chez lui. Pour commencer, sa barbe n'était ni blanche ni imposante (à peine mesurait-elle la largeur de mon poing) ; il ne portait pas de longues papillotes blanches, mais de courtes boucles rousses, qu'il nouait au-dessus de ses oreilles. Son expression me parut tout aussi inattendue. J'avais toujours prêté aux rebbes un air languissant et rêveur, les imaginant paupières baissées ou à demi closes, ou bien le regard tourné vers le ciel. Or ce rebbe-ci avait les yeux bien ouverts et le regard pénétrant. Il marchait en penchant la tête vers le sol, mais sous ses épais sourcils broussailleux, ses yeux sombres pétillaient de vivacité. Bien qu'il n'ait pas encore prononcé un seul mot ni esquissé le moindre geste inhabituel, il dégageait un charisme impressionnant, dont témoignait l'épais silence qui s'était abattu sur l'assemblée ; chacun de nous, le souffle court, l'observait avec fascination. Il s'approcha du pupitre dressé à son intention au milieu de la pièce, sortit son châle de prière richement brodé de sa pochette en cuir et le drapa d'un geste ample sur sa tête et son torse, soufflant une légère brise sur nos fronts mouillés de sueur.

La prière commença peu après. Nous formions un demi-cercle autour du rebbe. Comme la plupart de mes camarades, je ne distinguais pas son visage, seulement sa silhouette, épaisse et agitée de balancements. Un petit groupe d'élèves plus baraqués que les autres occupaient le premier rang, créant un champ de force invisible autour du rebbe, tandis que les moins costauds, dont j'étais, jouaient des coudes pour tenter de l'apercevoir.

« Celui qui fait régner la paix dans les cieux fera régner la paix sur nous », énonça l'officiant, entonnant les derniers versets du kaddish. La prière prenait fin. Lorsque les derniers « Amen ! » eurent résonné dans la vaste salle d'étude, je me frayai un passage parmi les élèves et m'avançai vers le rebbe. Je plaçai d'une main tremblante mon Livre des Psaumes sur le pupitre. Le rebbe s'en empara, couvrant le petit volume de sa paume. À demi dissimulés sous les plis de son châle de prière, ses yeux cherchèrent les miens, me scrutèrent brièvement, puis se posèrent sur le volume. Je reculai de quelques pas, le souffle court. Le rebbe ouvrit le recueil et lut mon nom, inscrit sur la première page en lettres dorées. N'allait-il pas se tourner vers l'assemblée et déclarer que mon livre ne lui convenait pas ? Mon cœur s'était accéléré, mais je fus vite rassuré : il me lança un second regard et je vis l'ombre d'un sourire étirer ses lèvres, comme s'il appréciait l'audace qui m'avait incité à lui offrir un volume aussi ordinaire. Grisé par ma victoire, je me sentis pousser des ailes.

Après les prières, le rebbe visita rapidement l'établissement en compagnie de Reb Chezkel, suivi à distance respectueuse par l'ensemble des élèves. Ce ne fut pas long : déjà, l'heure du départ approchait. Lorsque la Cadillac rutilante eut disparu au coin de la rue, gyrophare allumé et sirènes hurlantes pour annoncer aux hassidim de Williamsburg le passage du rebbe de Skvyra, nous entreprîmes d'analyser sa visite dans les moindres détails. Chacun de ses pas, chacun de ses gestes et de ses froncements de sourcils avait été observé avec ferveur. Pendant plusieurs jours, ce fut l'unique sujet de conversation de mes camarades de classe.

Sur les conseils de mon ami Chaïm Elya, j'écrivis la phrase suivante au dos de la couverture de mon Livre des Psaumes : « Le rebbe de Skvyra, puisse-t-il vivre de longues et belles années, a lu les sections 91 à 95 de ce Livre des Psaumes le jeudi du 27ᵉ jour de hechvan, 5748. »

C'est lors de ma première visite à New Square que j'ai vraiment compris ce qui différenciait la communauté skver des autres sectes juives ultra-orthodoxes. Les enseignants de la yeshiva organisèrent une excursion d'une journée dans ce village du comté de Rockland, berceau de la communauté, où devait être célébré l'anniversaire de la mort de Reb Duvidel de Skvyra, le grand-père du rebbe. À cette occasion, ce dernier présiderait un tisch, grand repas traditionnel auquel tous les fidèles étaient conviés.

Je n'avais pas vraiment envie d'y aller. Les rebbes ne me fascinaient guère, à l'époque. J'en croisais beaucoup dans mon quartier de Borough Park – ou du moins, beaucoup de rabbins qui prétendaient au titre de rebbe – et ne les tenais pas en haute estime. Ils me paraissaient interchangeables, dénués de charisme et très occupés à afficher leur piété jusqu'à la caricature. Qu'il s'agisse du rebbe de la communauté hassidique de Munkatch, de Bobov, de Stoline, de Sculeni ou de Rotmistrivka, qu'ils soient d'origine hongroise, polonaise, roumaine, galicienne ou même lituanienne, ils avaient tous la même allure : longue barbe blanche et vaporeuse, regard vitreux sous les verres épais de leurs lunettes, caftan bleu ou blanc à motifs floraux. Les rares fois où j'avais assisté à l'un de leurs tischen, je les avais écoutés sans enthousiasme marmonner d'une voix étrangement monocorde de longs prêches portant invariablement sur l'étude de la Torah, la prière, le *kugel* du shabbat, les bons Juifs et les méchants non-Juifs. Je demeurais tout aussi indifférent lorsque les fidèles se mettaient à chanter, entonnant sans entrain des mélodies insipides reprises par une assemblée clairsemée. Je ne me rendais à ces tischen que lors des grandes célébrations, en compagnie de mes amis, attiré par les festivités organisées pour l'occasion : pièces de théâtre jouées chez les munkatch pour les fêtes de Pourim, allumage des bougies de la ménorah chez les ultra-orthodoxes de Rachmastrivka, rondes et danses rituelles jusqu'à l'aube avec les bobov au cours de la septième nuit de Pessah – autant de distractions qui me plaisaient pendant cinq minutes, mais certainement pas pendant cinq heures. Dans l'ensemble, ces festivités me laissaient de marbre : je m'y rendais à contrecœur, craignant de froisser mon caftan, d'érafler mes chaussures noires ou de voir mon chapeau de fourrure atterrir dans un bol de soupe au poulet.

Cette fois, je ne pouvais y échapper. Reb Chezkel s'était montré catégorique : les élèves de la yeshiva devaient tous se rendre à New Square.

Le shtetl ne se trouvait qu'à une heure de Brooklyn, mais je fus profondément dépaysé par le spectacle qui s'offrit à moi lorsque notre car scolaire fit son entrée dans le village. Les garçons de mon âge, vêtus à l'identique de pantalons noirs, de bretelles noires et de chemises aux couleurs fanées, laissaient flotter leurs longues papillotes sur leurs épaules – contrairement à nous, les garçons de Brooklyn, qui les portions courtes et impeccablement bouclées. Leurs chapeaux avaient visiblement enduré de nombreuses averses et tous, petits et grands, arboraient les lunettes bon marché remboursées par la Sécurité sociale (d'épaisses montures papillon en plastique noir ou marron) ; ils portaient leurs *gartels*, les fines ceintures noires que les Juifs hassidiques utilisent pendant la prière, enroulées autour de la taille sur de longues gabardines mal coupées ; leurs chaussures, ...sées et éraflées, étaient incrustées de boue. Même les femmes semblaient plus pieuses, plus austères que celles de Brooklyn, avec leurs fichus bien serrés sur leurs perruques. Ensemble, ils formaient un tableau un peu repoussant et pourtant enchanteur. Je m'attendais presque à voir des poules apparaître au détour d'une rue ou des vaches en train de paître dans un pré.

Le car s'arrêta au centre du village devant un grand bâtiment rectangulaire dépourvu de tout ornement, hormis un petit auvent au-dessus de l'entrée et deux gros piliers en béton de chaque côté de la porte. C'était la principale synagogue de la communauté skver. Une immense table avait été dressée dans le sanctuaire, composée de plusieurs dizaines de petites tables couvertes de nappes autrefois blanches, mais désormais jaunies et constellées de taches de graisse. De longs bancs à hauts dossiers permettaient aux membres les plus vénérables de la communauté de s'asseoir de part et d'autre de la table ; derrière eux, appuyés sur ces mêmes dossiers, se trouvaient d'autres hommes, âgés d'une quarantaine d'années. Certains d'entre eux étaient venus avec leurs bambins, qu'ils tenaient par la main ou juchés dans leurs bras. Derrière eux, cinq rangées de gradins complétaient l'installation : destinés aux jeunes gens et aux adolescents, ils étaient déjà entièrement occupés, cependant des fidèles continuaient de grimper les marches pour s'installer. Tous avaient les yeux rivés sur l'extrémité de la table, où le rebbe viendrait bientôt prendre place.

On me tapota l'épaule. L'homme qui se tenait derrière moi, grand et mince, me tendit la main.

« *Shalom alekhem*, dit-il. – Bienvenue. »

Je le dévisageai, intrigué. L'avais-je déjà rencontré ? Il s'éloigna sans ajouter un mot. Déjà, un autre s'approchait pour me serrer la main, puis un autre, et encore un autre. Certains souriaient ; la plupart s'en abstenaient, comme si ces témoignages de bienvenue constituaient un rituel devant être effectué avec gravité. Quelques hommes me demandèrent comment je m'appelais et d'où je venais, mais la plupart me quittèrent aussitôt après m'avoir salué. Tantôt molles, tantôt fermes, leurs poignées de main se révélaient aussi variées que leurs physionomies. Un cinquantenaire tout sourire joignit même les deux mains pour prendre la mienne, comme si nous étions de vieux amis, avant de me quitter sans un mot, lui aussi.

Soudain, des appels au silence résonnèrent dans l'assistance. Saisis de frénésie, les fidèles se précipitèrent vers les places qui leur étaient assignées, selon leur âge et leur rang dans la communauté. Je me dressai sur la pointe des pieds pour tenter d'apercevoir le centre de la salle – en vain : j'étais noyé dans un océan de chapeaux noirs, de têtes et d'épaules. Le rebbe venait manifestement de surgir d'une pièce attenante, située près de l'entrée de la synagogue.

On me tapota de nouveau l'épaule. Cette fois, c'était Chaïm Lazer, un de mes camarades de classe.

« Viens avec moi sur les *parentchlech*, dit-il en désignant les rangées de gradins remplies de garçons de notre âge.

— Je crois qu'il n'y a plus de place, répondis-je.

— Ils t'en feront. À Skvyra, on trouve toujours de la place. »

Je suivis Chaïm tout en haut des gradins, à près de cinq mètres du sol. Déjà tassés, les garçons se pressèrent encore les uns contre les autres, puis se penchèrent pour nous serrer la main. Une légère odeur musquée flottait dans l'air, m'emplissant parfois les narines : les fidèles massés transpiraient sous leurs épais vêtements et leurs chapeaux de fourrure.

Le silence se fit. Tous les regards se tournèrent vers le rebbe, qui s'était assis sur la grande chaise dorée, tendue de cuir rouge, placée en bout de table. Une couronne en bois sculpté, dorée également, surmontait le dossier de la chaise, de sorte que le rebbe semblait la porter sur sa tête. Je le vis soulever une brioche tressée de la taille d'un nouveau-né. Il en coupa une tranche, dont il mangea une bouchée, lentement, en balançant la tête d'un côté, puis de l'autre, comme s'il priait, tandis que son assistant se chargeait de trancher le reste de la *hallah* en plus petites portions. Elles furent elles-mêmes coupées en centaines de petits morceaux, bientôt distribués d'un bout à l'autre de la synagogue. Certains ne reçurent que des miettes, qu'ils divisèrent encore avant de les donner à leurs voisins. Considérés comme sacrés, les *shirayim*, ces restes du repas du tsadik, constituent une source de bénédiction pour les *haredim* : ils peuvent guérir les malades, apporter la bonne fortune et instiller en chacun la crainte de Dieu.

D'autres mets, tous dressés dans d'immenses plats en argent, furent ensuite posés devant le rebbe : un saumon entier, cuit au four ; des soupières remplies de bouillon de poule, une montagne de pilons et de cuisses de volailles rôties, des piles de carottes. Le rebbe avalait une bouchée de chaque plat en se balançant doucement de droite à gauche, puis ses assistants servaient les restes aux autres convives, qui les passaient eux-mêmes à l'assemblée des fidèles.

Un vieil homme entonna une chanson bien connue, dont la mélodie simple et joyeuse résonne dans tous les jardins d'enfants hassidiques :

> *Accorde-nous de bonnes intentions*
> *Pour que nous Te servions*
> *Dans la vérité, la crainte et l'amour !*

Le rebbe appuya son front sur sa main droite, dissimulant la moitié de son visage. Ses joues s'étaient empourprées. Sa barbe rousse clairsemée de gris oscillait doucement au rythme des mouvements de son corps, qui épousaient ceux de la mélodie.

La foule se joignit au vieil homme. D'abord retenues, les voix des fidèles se renforcèrent à chaque couplet, emplissant bientôt tout l'espace du sanctuaire. Peu après, le rebbe ôta sa main de son front et abattit son poing sur la table à plusieurs reprises. À chaque fois, l'assistance répondit en tapant des pieds. Bientôt, même les lustres en bronze se mirent à vibrer au rythme de la chanson, dont le refrain fut répété encore et encore jusqu'à ce que les centaines d'hommes et d'enfants ne forment plus qu'un seul corps hurlant sa requête à pleins poumons :

Accorde-nous, accorde-nous de bonnes intentions !
Accorde-nous, accorde-nous de bonnes intentions !

Les hommes profitaient des courtes pauses entre chaque refrain pour tirer leur mouchoir de leur poche et essuyer leur front baigné de sueur. La mezzanine réservée aux femmes, dissimulée aux regards des hommes par de hauts panneaux en bois ajourés, surplombait la scène. J'aperçus quelques doigts fins agrippés aux entrelacs de la cloison ; parfois, le contour d'un visage apparaissait entre les lamelles de bois, révélant les traits indistincts des rares femmes qui avaient souhaité assister à une cérémonie auxquels seuls les hommes étaient conviés.

Un énième plat fut proposé au rebbe, puis rapidement distribué aux fidèles. La foule sembla se tendre, soudain fébrile. Dans les gradins, les chuchotements précipités succédaient aux silences lourds d'impatience. Enfin, le rebbe fit un signe de la main à un des convives attablés près de lui. L'homme entonna une lente mélodie, dont je reconnus aussitôt les paroles : il s'agissait d'une prière de repentir habituellement réservée aux fêtes les plus importantes, adressée non à Dieu, mais à ses anges :

Rappelle-Lui, fais-Lui entendre
L'étude de la Torah et les bonnes actions
De ceux qui reposent sous la terre.

La foule répéta le refrain, faiblement d'abord, puis de plus en plus fort, comme la fois précédente. Lorsque la chanson fut terminée, l'assistance la reprit au début. Certains hommes avaient les larmes aux yeux. Près de moi, les garçons oscillaient au rythme de la mélodie, paupières closes. Même les plus jeunes se laissaient gagner par la solennité de l'instant : l'air grave, les yeux rivés sur le rebbe, ils joignaient leurs voix au chœur des adultes :

Rappelle-Lui leur amour et veille sur leur descendance
afin que le souvenir de Jacob ne soit pas perdu.
Car les brebis du fidèle berger
ont été soumises à l'humiliation,
et la nation d'Israël à l'insulte et au mépris.

Le dernier couplet était adressé à Dieu lui-même, comme si toute réserve nous quittait, la ferveur de notre supplique nous autorisant à passer par-delà la bureaucratie divine :

Réponds-nous vite, Dieu de salut,
Délivre-nous des vils décrets,
Et sauve, dans ton infinie miséricorde,
Ton loyal serviteur et ta nation.

Il y eut d'autres mélodies, certaines plus lentes, d'autres plus vives, accompagnées de paroles ou de simples syllabes répétées à l'envi – *ya di da di daï, ya di da di daï !* Gagné par une énergie communicative, main dans la main avec mes voisins, je tapais des pieds en même temps qu'eux et partageais leur ferveur, l'odeur puissante de leur sueur et les shirayim sanctifiés par leur rebbe.

Ce soir-là, je perçus pour la première fois le véritable sens du tisch, dont mes parents et mes professeurs m'avaient tant de fois vanté l'importance. Il ne s'agissait pas seulement, comme je l'avais toujours cru, d'un rituel essentiel à notre pratique religieuse : c'était avant tout une expérience intérieure – vivante, foisonnante, quasiment indescriptible. Une expérience unique, issue des sensations provoquées par la foule, le festin, les corps pressés les uns contre les autres, oscillant au rythme des mélodies, et les sourires chaleureux des hassidim. Fasciné, je commençais à comprendre que l'existence d'un hassid ne se limitait pas à l'étude journalière du Talmud et à la stricte observance des nombreuses lois qui régissaient notre quotidien.

Je découvrais enfin la joie et l'extase dont on m'avait parlé en déplorant leur disparition. Le tisch du rebbe de Skvyra faisait revivre les coutumes et les pratiques des premiers Juifs hassidiques. « Les leçons du Baal Shem Tov ont été oubliées », avait déclaré le vieux rebbe des satmar dans un prêche demeuré célèbre. Ici, au sein de la communauté skver, elles semblaient pourtant bien vivantes.

C'est à la suite de cette soirée que je pris l'habitude de répondre « Je suis un skver » à tous ceux qui m'interrogeaient.

Les autres haredim, ou du moins ceux qui vivaient dans le quartier de Brooklyn où j'avais grandi, me paraissaient très différents de ceux de New Square. Ils accordaient une grande importance à leurs lustres en cristal et à leurs tapis persans, se vantaient d'avoir un bungalow dans les monts Catskill, et se mettaient en quatre pour marier leurs enfants aux descendants de familles prestigieuses. L'après-midi du shabbat, les hommes paradaient à Borough Park dans leurs plus beaux atours. Les pompons de leurs gartels en soie, tissés main, battaient doucement leurs flancs ; la fourrure noire de leurs *shtreimels*, qu'ils portaient haut sur la tête, brillait au soleil et se hérissait sous la brise, formant de petits tortillons du meilleur effet. Mais aucun d'eux ne tapait des pieds en criant : « Accorde-nous de bonnes intentions ! » Les hassidim de Borough Park faisaient souvent rénover leur cuisine et savaient négocier le meilleur prix lorsqu'ils achetaient une voiture dernier cri, mais je n'avais jamais vu l'un d'eux se serrer sur un banc pour permettre à un autre hassid de se joindre au tisch d'un rebbe. « Connards ! » s'était écrié le père de mon ami Shloime Samet en découvrant une légère éraflure sur la carrosserie de son Oldsmobile flambant neuve. J'en étais resté stupéfait – comment un homme pouvait-il se mettre dans un état pareil pour une simple rayure sur sa voiture ? « N'abîme pas le mobilier », avait grommelé le père de Nuchem Zinger, un autre de mes camarades, en me voyant passer trop près d'un vaisselier en acajou dans leur salle à manger. Borough Park bruissait de récits édifiants mettant en scène tel homme ayant tout quitté pour mener une vie d'ascète, tel autre qui n'allait pas se coucher avant d'avoir distribué jusqu'à sa dernière pièce de monnaie aux indigents. Pourtant, nous nous comportions comme si ces récits ne nous apprenaient rien. Les skver, eux, étaient différents. Ils semblaient vivre comme les Juifs simples et pieux qui peuplaient autrefois les shtetls d'Europe de l'Est. Leur sobriété m'attirait. Déjà, je brûlais d'être un des leurs.

Je partis quelques mois plus tard pour Montréal, où mes parents m'avaient inscrit dans une yeshiva ultra-orthodoxe pour la durée de l'année scolaire. J'avais treize ans. Le directeur, ainsi que la plupart des élèves, était issu de la communauté satmar, mais il y avait aussi des belz, des vichnitz, des bobov et même un loubavitch. Quant à moi, je formais avec deux autres camarades une petite enclave skver au sein de l'école. Je retournai un an plus tard étudier à la yeshiva de Williamsburg, avant de rejoindre, à seize ans, la grande yeshiva de New Square, mais ce fut durant ces quelques mois à Montréal, au contact de ces différentes communautés hassidiques, que je pris vraiment conscience de ma nouvelle identité.

Le samedi soir, alors que la nuit tombait sur la ville, nous nous rassemblions dans le réfectoire pour partager le troisième repas du shabbat. En me servant de harengs marinés et de pois chiches, je songeais à New Square, où les mêmes plats étaient proposés aux fidèles massés autour du rebbe dans la grande synagogue, toutes lumières éteintes, comme cela se faisait en Ukraine un siècle plus tôt, lorsque les bougies allumées la veille s'étaient toutes consumées et qu'il fallait attendre la tombée de la nuit pour en allumer d'autres.

Quand mes camarades de classe chantaient « les fils de la chambre intérieure, qui brûlent d'admirer le visage de Ze'er Anpin ! », je m'offusquais de leur entrain, préférant psalmodier les versets d'une voix morne, comme je l'avais fait dans le shtetl des skver, parmi des centaines d'autres fidèles vêtus et chapeautés de noir. Nos caftans sombres se fondaient dans l'obscurité du sanctuaire, créant une atmosphère irréelle, à la fois mélancolique et étrangement joyeuse. « Réjouissez-vous ! Ni colère ni fureur en cette heure pleine de bonne volonté ! » s'était écrié le rebbe en tremblant. L'écho de ses sanglots avait résonné dans la vaste synagogue enténébrée. J'avais senti mes cheveux se dresser sur ma tête tandis qu'un frisson glacé me parcourait l'échine. « Viens près de moi, retiens ma force, car il n'y aura ni jugement ni reproches », avait-il ajouté, portant mon émotion à son comble.

« Alors, le skver, t'as perdu tes bottes ? » me lançait souvent un de mes camarades satmar d'un ton moqueur. Une fois mariés, les hommes de la communauté skver portent de grandes bottes noires le jour du shabbat, non des knickers et des bas blancs comme les autres hassidim. À l'époque, la boutade de ce jeune garçon, loin de me vexer, m'emplissait de fierté. « Moi aussi, me disais-je, je porterai ces grandes bottes un jour prochain, quand j'aurai trouvé une fiancée issue d'une famille skver, que je l'aurai épousée et que nous élèverons nos enfants dans le respect de nos traditions. »

4

Quelques semaines avant la cérémonie qui devait m'unir à Gitty Goldstein, je commençai à assister aux « cours de préparation au mariage » dispensés par Avremel Shayevitz. Sitôt arrivé chez lui, je m'asseyais sous la lumière crue de deux longs tubes au néon, autour de la table en Formica marron de la salle à manger, en compagnie d'une dizaine d'autres jeunes gens. Des cris, des pleurs et des rires d'enfants fusaient de la cuisine voisine, vite étouffés par la voix courroucée de Mme Shayevitz : « Chut ! *Tatti* travaille avec les *boukherim*. »

« Respecte-la plus que toi-même ! s'exclama Avremel lors du premier cours en citant le Talmud, gestes saccadés et poings fendant l'air. Mais comment faut-il comprendre ce passage ? De quelle manière respecte-t-on une femme ? » Il enroula un poil de son épaisse barbe noire autour de son doigt, l'arracha et le laissa tomber distraitement sur la table, avant de reprendre : « En étant vigilants, mes chers enfants – voilà comment les respecter ! Chacun de vous doit craindre ce qu'*elles*, en tant que *femmes*, peuvent faire à un homme s'il n'est pas constamment sur ses gardes. » Il agita son index au-dessus de sa tête. « Si vous n'êtes pas vigilants, elles vous feront sombrer dans le *sheol tachtis* – l'abîme de la tentation ! »

Avremel n'était pas seul pour dispenser ce genre de « cours ». Il était épaulé par plusieurs autres instructeurs :

Reb Noach (barbe blonde clairsemée, démarche bondissante et petit sourire narquois) nous parla du corps féminin et des multiples lois associées à ses fonctions ; Reb Shraga Feivish m'expliqua, au cours de l'après-midi qui précéda mon union avec Gitty, comment je devrais pratiquer la « mitsvah » le soir même et tout au long de ma vie conjugale ; Reb Srulik se chargea de répondre aux diverses questions que je lui posai après la cérémonie (questions embarrassantes pour la plupart, puisqu'elles avaient trait aux sécrétions corporelles, de teinte rouge, brune ou ocre, susceptibles d'interrompre la « pureté » de notre union).

Je me suis rendu chez Avremel avant, après et entre chacune de ces cessions. C'est lui qui synthétisait et clarifiait les informations complexes relatives aux femmes et au mariage. Il nous les présentait de manière appropriée, en veillant à ce qu'elles soient bien assimilées et correctement appliquées.

J'avais commencé à assister aux cours d'Avremel trois ans auparavant, lors de ma première année à la grande yeshiva de New Square. À l'époque, nos réunions n'avaient pas pour objectif de nous préparer au mariage, mais de nous conseiller sur diverses questions d'ordre général. Très mince, Avremel avait les joues creuses et de grands yeux sombres qu'il écarquillait volontiers (révélant leur partie blanche) ou plissait à outrance (les réduisant à deux fentes effarantes). Il appartenait au petit groupe de cadres choisis par le rebbe pour être nos mentors. Au fil du temps, j'en viendrais à considérer Avremel comme une sorte de Savonarole du monde hassidique, un fanatique si excessif qu'il en devenait caricatural, mais, à l'époque, je lui vouais une admiration sans limites. Excellent orateur, il était capable de transformer dans une seule phrase des citations talmudiques sur l'enfer et la vie après la mort en une tragi-comédie sur la bêtise absolue de ceux qui ne pouvaient résister aux tentations de la chair et s'écartaient « de la sainteté et de la pureté ».

Une fois par mois, lors des repas organisés pour la nouvelle lune, plusieurs dizaines de jeunes gens se massaient dans la petite salle à manger d'Avremel. J'en faisais partie, évidemment. Assis autour de la table, sur le vieux canapé adossé au mur, ou en tailleur à même le sol, nous trempions des morceaux de hallah dans des bols remplis de *yishke* (un mélange de tomates très mûres, de rondelles d'oignon et de harengs marinés, le tout arrosé d'huile de friture), et buvions de grands verres d'eau de Seltz éventée tout en écoutant Avremel disserter sur les méfaits de la gourmandise et autres tentations terrestres, les mauvaises pensées que nous avions durant notre sommeil, ou le manque de dévotion susceptible d'entacher nos prières ou nos relations avec le rebbe. Nous entrions par la porte de derrière afin de ne pas croiser l'épouse ou les filles d'Avremel, mais nous entendions leurs voix désincarnées s'élever de l'autre côté de la cloison. De temps à autre, l'un des plus jeunes fils d'Avremel venait nous écouter. Haut comme trois pommes, il refermait rapidement la porte derrière lui, preuve qu'il avait déjà assimilé les consignes. Tout, dans ce petit appartement, était en parfaite conformité avec les règles édictées par le rebbe. Quant à Avremel lui-même, il constituait pour nos jeunes âmes un modèle de virilité hassidique.

Tenus secrets, axés sur des questions d'ordre intime, les cours de préparation au mariage se révélèrent bien différents : seuls les futurs mariés y étaient conviés et nous avions ordre de n'en parler à personne. Chaque semaine à l'heure dite, nous quittions discrètement la salle d'étude de la yeshiva, conscients des regards furtifs que nous lançaient nos camarades.

J'assistai à mon premier cours en avril, deux mois avant la cérémonie fixée début juin. Ce jour-là, j'attendis que tous les élèves soient partis et demandai à Avremel si je pouvais m'entretenir avec lui. Il m'invita à reprendre place derrière la table et s'assit en face de moi, l'air intrigué. Qu'avais-je à lui dire ? Je me souviens d'avoir vainement cherché les mots justes, avant de résumer dans un coassement lamentable le tourbillon d'émotions qui m'assaillaient depuis quatre mois, me faisant passer de la colère à la mélancolie, et de la mélancolie à la résignation : « Je ne suis pas heureux », balbutiai-je.

Avremel écarquilla les yeux, l'air emporté, presque courroucé. « Et pourquoi donc ? »

De nouveau, comme dans le bureau du rebbe, je me voyais sommé de répondre à une question au lieu d'obtenir moi-même une réponse. J'avais espéré qu'il serait plus facile de me confier à Avremel. Il n'en était rien : impossible de m'épancher, là encore. Mes pensées me paraissaient incorrectes, presque coupables. Elles n'avaient pas lieu d'être. Mes émotions non plus.

« Je ne sais pas », marmonnai-je, avant de fondre en larmes, vaincu par le désespoir. Je ne voulais pas épouser cette fille. Le jour, l'heure, l'instant où nous serions unis approchait à grands pas, et je n'y pouvais rien. J'aurais voulu m'enfuir, m'échapper vers une destination inconnue où je pourrais commencer une nouvelle vie sans avoir honte de mes désirs, mais où aller ? Terrassé par la situation, j'enfouis mes joues dans le pli de mon coude, incapable de contenir mes pleurs.

Lorsque je relevai la tête, Avremel me dévisageait, sourcils froncés, front plissé, comme s'il venait enfin de comprendre que nous avions un problème à régler. Et pour ce faire, il avait besoin d'en savoir plus. « Réfléchis, me demanda-t-il. As-tu autre chose à me dire ?

– Pas vraiment, répétai-je. Enfin, si, peut-être... Je crois que... nous n'avons rien en commun, elle et moi. »

Avremel acquiesça lentement, puis laissa passer un long silence, les yeux rivés sur la table, avant de décréter : « Tu espérais trouver une amie. » Il lissa sa barbe du plat de la main. Des postillons brillaient dans son épaisse moustache.

Je haussai les épaules en guise d'assentiment. Le problème était peut-être là, en effet.

« Une épouse n'est pas une amie, asséna Avremel en secouant vigoureusement la tête. Rappelle-toi les termes de la Genèse : *ezer kenegdo* – notre épouse est là pour nous *aider*. Tu continueras de fréquenter tes camarades de la yeshiva et de trouver des amis parmi eux. »

Je fixai les fausses rainures du Formica « imitation bois » en m'efforçant d'assimiler ses propos. Il m'observa sans rien dire pendant plusieurs minutes, puis reprit la parole d'une voix plus ferme. D'après lui, je m'étais fait une conception erronée de la vie conjugale. « Une épouse n'est pas censée être une amie, insista-t-il. Nous ne devons pas lui accorder d'importance excessive. Le mariage est un commandement biblique. En prenant femme, nous respectons la volonté divine. Notre épouse est là pour nous aider à servir Dieu du mieux possible – rien de plus », conclut-il, les yeux toujours rivés sur moi.

Par la suite, je découvris les termes qui m'avaient manqué lors de mes entretiens avec le rebbe et Avremel, des termes inusités au sein de notre petit univers clos sur lui-même. Dans un quotidien régi par les tischen, l'étude du Talmud et les cours de préparation au mariage, personne ne parlait d'attirance, d'affinités, ni même d'atomes crochus. Plus tard encore, j'appris d'autres mots : passion, liaison, excitation, désir, autant d'émotions auxquelles il m'était interdit d'aspirer. Les sentiments, les pensées et les gestes qui gouvernaient les relations entre les sexes dans la société américaine étaient farouchement bannis de la nôtre.

Je garde un souvenir précis du moment où j'ai compris qu'il existait un monde extérieur, imprégné de passions interdites. J'approchais de mon quatorzième anniversaire et j'étudiais à la yeshiva de Montréal depuis quelques mois, quand une pensée étrange me traversa l'esprit. « As-tu remarqué, demandai-je à mon ami Avrum Yida, un satmar de Williamsburg, qu'ici, à Montréal, les hommes et les femmes se tiennent par la main ? Je vois des couples à chaque coin de rue ! »

Avrum Yida me lança un regard perplexe. Je tentai alors de lui expliquer ce qui, pour moi, tenait de l'évidence. À Borough Park, les pères marchaient avec leurs fils et les mères avec leurs filles, mais ici, hommes et femmes cheminaient ensemble, deux par deux. On les croisait partout – sous les arbres de l'avenue Saint-Viateur, le long des églises catholiques désaffectées, sur les bancs du parc Outremont, mains, bras et jambes entremêlés, ou devant les joailleries de l'avenue Bernard, les yeux dans les yeux, le souffle court dans l'air glacial de janvier.

Ce doit être une habitude française, ai-je pensé ce jour-là, croyant avoir trouvé l'explication. Je savais que les Québécois étaient d'origine française. Or, le peuple français, m'avait-on dit, était le plus décadent au monde ; d'après mes professeurs, Paris était la capitale du *shmutz*, le berceau de la mode féminine la plus perverse : on y concevait les jupes trop courtes et les chemisiers trop échancrés qui envahissaient la planète pour inciter les hommes au péché. D'où, me disais-je, l'étalage impie des manœuvres de séduction auxquelles se livraient les Montréalais.

Quand Avrum Yida comprit enfin de quoi je voulais parler, il balaya mon explication d'un geste impérieux. « C'est un truc de goyim, dit-il. Ils se tiennent aussi par la main à Manhattan. » Il s'exprimait avec l'assurance d'un grand sage, et je le pris au mot, impressionné par l'étendue de ses connaissances. Rien à voir avec la France, donc.

Qu'il s'agisse d'un « truc de goyim » ou d'une coutume française, le verdict était le même : nous ne devions pas observer les couples d'amoureux. C'était interdit. Pourtant, je ne pouvais pas m'en empêcher. Le front collé à la fenêtre du premier étage de la yeshiva, je les regardais passer, main dans la main ou bras dessus, bras dessous ; je les voyais s'embrasser sur les lèvres, se frotter le nez ou nicher leur tête au creux de l'épaule de leur partenaire. Bouche bée, les yeux écarquillés, je savourais le spectacle prohibé, puis sursautais et jetais un regard derrière moi pour vérifier que personne ne m'avait vu.

« Détournez les yeux, répétaient nos professeurs. C'est par vos yeux que les mauvaises pensées se fraient un chemin jusqu'à votre âme. » Dès le lendemain de ma bar-mitsvah, mes proches se prirent soudain d'intérêt pour la pureté et la sainteté de mon âme. Si, à douze ans, je pouvais encore jouer à former des figures entre mes doigts à l'aide d'un morceau de ficelle avec la sœur d'un de mes camarades de classe, à quatorze ans, ce type de jeu m'était déjà interdit. À treize ans, je pouvais encore me disputer avec Bruchy Feldman à propos d'un livre, mais, à quinze ans, je devais baisser les yeux chaque fois qu'une femme entrait dans la pièce ou croisait mon chemin dans la rue.

« Gare à ton alliance ! » m'avertit le tuteur chargé de me préparer à la bar-mitsvah. Je le regardai sans comprendre jusqu'à ce qu'il se lance dans une explication plus détaillée : si je touchais mon alliance et qu'elle devienne longue et dure, je sombrerais dans le pire des péchés. « Le péché bien connu ! » ajouta-t-il en me dévisageant avec gravité. *S'il est connu*, pensai-je, *comment se fait-il que je ne le connaisse pas ?* Peut-être portait-il un autre nom ? Avais-je le droit de poser la question ?

« À partir de demain, annonça mon père le soir de ma bar-mitsvah, tu devras t'immerger chaque matin dans le *mikveh* avant de réciter tes prières. » En guise d'explications, il fit vaguement allusion aux « impuretés » susceptibles de venir me souiller pendant la nuit, et que les eaux purifiantes du bain rituel se chargeraient de nettoyer.

« Tu es allé chez Eichler ? » s'écria peu après ma sœur Chani d'un ton horrifié en me voyant arriver avec un sac frappé du logo de la librairie judaïque Eichler, située sur la 13ᵉ Avenue, la principale artère commerçante de Borough Park. « Tu ne devrais même pas *t'approcher* de cette avenue ! » poursuivit-elle, visiblement scandalisée – et pour cause : la 13ᵉ Avenue était pleine de mères de famille et de collégiennes. Âgée de deux ans de plus que moi, Chani savait pertinemment que ses trottoirs bondés recelaient bien trop de tentations pour un jeune garçon de treize ans.

À onze ans, Bruchy Feldman, la sœur de mes amis Nusy et Eli, le savait déjà, elle aussi. Elle entreprit de me mettre en garde contre ces mêmes « tentations » lorsqu'elle me surprit en train de lire un roman que j'avais discrètement chipé dans sa chambre. Rentré de Montréal pour rendre visite à ma famille, j'étais allé saluer les Feldman, qui vivaient dans la maison voisine de la nôtre. Je m'étais aventuré dans la chambre de Bruchy, dont j'aimais les rayonnages remplis de livres : récits de survivants de la Shoah, biographies de Sages et romans centrés sur la vie quotidienne de jeunes filles ultra-orthodoxes. Après les avoir passés en revue, j'avais remarqué un ouvrage abandonné au pied de son lit, comme si Bruchy l'avait jeté ou oublié. L'illustration de couverture, qui montrait un adolescent muni d'une paire de jumelles, m'avait intrigué. Un instant plus tard, j'étais assis sur le palier, à l'entrée de la chambre de Bruchy, les yeux rivés sur les pages du volume abîmé et écorné.

« Tu ne devrais pas lire ça, avait décrété Bruchy en surgissant de l'escalier, un sourire faussement innocent aux lèvres. Ce n'est pas pour les garçons. »

J'avais grommelé et m'étais écarté de quelques centimètres lorsqu'elle s'était penchée pour s'emparer de l'ouvrage. J'avais treize ans, j'étais inscrit à la yeshiva et je commençais à étudier le Talmud. Je n'allais tout de même pas me laisser dicter ma conduite par une gamine de onze ans !

Bruchy avait tourné les talons… et resurgi quelques minutes plus tard. « Tu ne devrais pas lire ça, avait-elle répété, d'un ton réprobateur, cette fois. Ce n'est pas pour les garçons ! » Certaine d'avoir raison, elle m'avait arraché l'ouvrage d'un geste vif, le visage à demi dissimulé derrière les mèches de ses longs cheveux blond foncé, qu'elle laissait encore libres sur ses épaules.

Elle avait tort : ce livre était destiné aux garçons. Ce n'était pas un de *nos* livres, mais un roman profane, emprunté à la bibliothèque du quartier. Il racontait l'histoire d'un adolescent qui espionnait une fille de son âge, domiciliée dans la maison située en face de la sienne. Muni d'une paire de jumelles, il suivait ses allées et venues et la regardait se déshabiller, tirant profit du fait qu'elle ne fermait jamais ses volets. Une fois couché, ou plus tard dans la journée, il repensait à ce qu'il avait vu. Il éprouvait alors une sensation étrange dans le bas-ventre, une raideur qu'il tentait de dissimuler sous un imperméable lorsqu'il sortait de chez lui – car, il en était persuadé, tout le monde pouvait la voir. Il fit aussi la découverte de ce que l'un de ses professeurs appelait les « émissions nocturnes », et dont la description correspondait point par point au phénomène étrange et terriblement gênant qui m'accablait depuis quelques mois.

Si je fus surpris de découvrir un tel ouvrage chez les Feldman, je ne tentai pas d'éclaircir le mystère. Bruchy l'avait probablement emprunté à la bibliothèque sans l'accord de ses parents. Son père était rabbin. Il passait ses journées absorbé dans l'étude des textes sacrés et prêtait peu d'attention aux lectures de ses enfants. Mme Feldman, qui était elle-même grande lectrice, avait manifestement omis de vérifier la teneur des ouvrages que sa fille avait récemment empruntés à la bibliothèque.

Malgré tout, Bruchy savait, comme toute personne dotée d'un minimum de bon sens, que ce roman ne devait pas tomber entre les mains d'un garçon. Chez les Juifs ultra-orthodoxes, les garçons doivent veiller à la pureté de leur âme et consacrer leurs journées à l'étude de la Torah. Les filles, elles, peuvent s'en abstenir. « Celui qui enseigne la Torah à sa fille, affirment les Sages, lui enseigne la futilité. » Les filles, nous expliquait-on, n'ont pas les mêmes besoins et ne sont pas soumises aux mêmes tentations que les garçons. Aussi sont-elles autorisées à regarder les garçons, tandis qu'ils doivent, eux, éviter leur regard à tout prix. Certains disaient en outre que les femmes avaient l'âme plus élevée que les hommes, raison pour laquelle elles n'étaient pas tenues d'étudier la Torah et de respecter autant de commandements que leurs conjoints. Cette particularité les autorisait également à étudier la littérature anglo-saxonne, l'histoire, et même un peu d'art et de sciences : elles possédaient une telle noblesse d'âme que ces matières ne pouvaient leur faire de mal – du moins, pas autant de mal qu'aux garçons. J'avais appris tout cela, et Bruchy aussi. Nous savions tous deux qu'il était de son devoir de m'empêcher de lire un ouvrage qu'elle n'aurait elle-même pas dû lire, mais qui se révélerait bien plus dangereux s'il était lu par un garçon.

Je dus attendre plusieurs décennies avant de découvrir que cet ouvrage, intitulé *Et puis, j'en sais rien*, avait été, comme d'autres titres du même auteur, une certaine Judy Blume, jugé transgressif et banni des écoles et des bibliothèques américaines. À l'époque, je n'avais qu'une certitude : ce livre évoquait avec une telle précision les différents mystères qui assombrissaient ma vie intime que je ne pouvais réprimer l'envie dévorante de poursuivre ma lecture. Bruchy, hélas, s'y opposa fermement. Au cours des jours suivants, je tentai à plusieurs reprises de l'amadouer, lors de mes visites chez les Feldman. « Je t'en supplie, disais-je, laisse-moi le regarder encore une fois. Je voudrais seulement le tenir dans mes mains ! » Rien à faire. « Ce n'est pas pour les garçons ! » sifflait-elle entre ses dents d'un air courroucé et moralisateur.

Une semaine plus tard, je repris le car pour Montréal et me trouvai coincé contre la vitre par le passager assis côté couloir, un rabbin imposant qui passa la majeure partie des huit heures de trajet à me dispenser ses conseils culinaires – il prétendait être un des spécialistes mondiaux du tcholent. Je l'écoutais distraitement, l'esprit encore accaparé par l'adolescent aux jumelles. Comment se terminait l'histoire ? me demandais-je. Le garçon parvenait-il à parler à la jeune fille de la maison d'en face ? En apprenait-il davantage sur les mystères de son propre corps ? Tandis que le rabbin m'expliquait comment choisir les haricots et de quelle manière couper les pommes de terre, d'autres questions tournaient en boucle dans mon esprit : pourquoi certains livres n'étaient-ils pas pour les garçons ? En quoi les garçons et les filles étaient-ils différents ? Et pourquoi éprouvais-je un étrange frisson chaque fois que la fille du rabbin, assise de l'autre côté de la travée centrale (une adolescente mince et pâle, aux longs cheveux noirs nattés dans le dos), lançait un regard dans ma direction ?

« Les pensées perverses ne corrompent que les esprits dépourvus de sagesse », me répétaient mes professeurs à longueur d'année. Aussi me suis-je efforcé, pendant toute la durée de mes études à la yeshiva, de me concentrer exclusivement sur l'étude de la Torah. Rien d'autre ne devait s'immiscer dans mon esprit. Hélas, j'avais beau lutter, certaines « pensées perverses » continuaient à venir me hanter, le plus souvent quand je m'y attendais le moins.

Un jour, j'appris dans le Talmud que « si la femme plante la semence en premier, l'enfant sera un garçon ». Je demeurai perplexe. Comment la femme s'y prenait-elle pour « planter » une telle semence ?

Certains passages de la Bible éveillaient aussi ma curiosité : que signifiait l'expression « partager sa couche », employée à de nombreuses reprises – notamment à propos de Pharaon et de Sarah, la femme d'Abraham ; de Reuben et de Bilhah, la concubine de son père ; de Judas et de Tamar, sa belle-fille ? Pressentant qu'il s'agissait, là encore, d'une pensée perverse, je m'interdisais de laisser vagabonder mon esprit sur le sens exact de cette mystérieuse expression.

Il y en avait d'autres, bien sûr. « *Tachmich hamitah* », par exemple. Je l'avais rencontrée à plusieurs reprises lors de mes études, mais personne ne m'avait donné de précisions à son sujet. Mes enseignants l'avaient toujours énoncée brièvement, sans autre forme d'explication. J'en connaissais la traduction littérale : « service du lit ». Je savais aussi qu'il était interdit de pratiquer ce « service » pendant Yom Kippour ; que c'était l'acte (désigné dans la Bible par le verbe « jouer ») qu'Isaac accomplissait avec sa femme, Rebecca, sous le regard d'Abimelech, le roi des Philistins, qui les observait par la fenêtre ; et que l'impureté rituelle liée à sa pratique imposait aux hommes de s'immerger dans l'eau avant d'être de nouveau admis au temple de Jérusalem ou invités à partager la viande abattue lors d'un sacrifice rituel. Mais, concrètement, de quoi s'agissait-il ? Je n'en avais aucune idée.

À douze ans, plusieurs mois avant ma bar-mitsvah, je me tournai un soir vers mon père alors qu'il se dirigeait vers son bureau, un verre de thé à la main. Sans réfléchir, je lui posai soudain la question qui me taraudait : « *Tatti*, peux-tu m'expliquer ce que signifie l'expression "*tachmich hamitah*" ? »

Il se figea, stupéfait. Grand et mince sous son vieux *chalatel* noir, la longue tunique en coton qu'il portait à la maison, serrée à la taille par son gartel, il me dévisagea avec attention, comme si j'étais gouverné par des motivations secrètes qu'il lui incombait de percer. Puis il m'invita à le suivre dans son bureau, s'assit dans son fauteuil et m'ordonna de fermer la porte.

L'expression « *tachmich hamitah* », m'expliqua-t-il, faisait référence à un acte très intime entre une femme et son mari. « Un acte qui consiste à se toucher de manière à exprimer des sentiments », précisa-t-il en m'observant pour s'assurer que je comprenais le sens de son propos. Je hochai la tête, persuadé d'avoir réellement appris quelque chose. Je n'avais jamais surpris le moindre contact physique entre des époux au sein de notre communauté. La seule pensée que des Juifs hassidiques pussent se toucher, comme le faisaient les autres couples, me plongeait dans un tel étonnement que je ne songeai pas à lui poser d'autres questions.

« Tu comprendras mieux quand tu seras plus grand », ajouta mon père. Le caractère ambigu de son propos ne m'apparut qu'un instant plus tard, lorsque je fus sorti de son bureau. Qu'avait-il voulu dire, au juste ? De quelle manière les époux se touchaient-ils ? Et comment exprimaient-ils leurs sentiments ? En se tenant par la main ? En se caressant la joue ? Et pourquoi leur fallait-il un lit ?

Le mystère s'épaissit encore quelques mois plus tard, à l'occasion d'un cours d'enseignement biblique dispensé un dimanche après-midi par Reb Meshulam, notre professeur principal.

« "Et tu entreras dans l'arche, toi et tes fils, ta femme et les femmes de tes fils" », énonça-t-il, les yeux baissés sur la Bible. La plupart d'entre nous l'écoutaient d'une oreille distraite : nous connaissions déjà ce passage, consacré au déluge et à l'arche de Noé. Nous l'étudiions chaque année depuis près de dix ans, et l'histoire ne variait jamais d'un iota : Noé construisait son arche ; Dieu déclenchait le déluge ; tout le monde périssait, sauf ceux qui s'étaient réfugiés dans l'arche. Nous connaissions tout cela par cœur.

« Lisons le commentaire du Rachi, à présent », déclara Reb Meshulam en pointant le doigt vers la moitié inférieure de la page.

Rachi, ou Salomon de Troyes, était un rabbin français du XIe siècle. Il avait rédigé des commentaires essentiels sur la Bible et le Talmud – mais ce passage-là aussi, nous le connaissions par cœur.

Je jetai un regard à mes camarades. Au fond de la salle, Shloimy Rubin griffonnait dans les marges de son recueil de textes bibliques ; Eli Green écoutait d'un air las, le menton niché au creux de son coude ; près de moi, un élève bâilla, puis un autre. L'après-midi touchait à sa fin. Encore une heure de cours, et nous pourrions rentrer chez nous.

« "La Bible nous dit que les hommes et les femmes entrèrent séparément dans l'arche, lut Reb Meshulam, citant le Rachi. Nous apprenons ainsi qu'il était interdit de pratiquer *tachmich hamitah* dans l'arche." »

Tachmich hamitah ? Je m'arrachai à ma torpeur. Le « service du lit ». L'expression mystérieuse refaisait surface dans un commentaire du Rachi que j'avais pourtant entendu des dizaines de fois. À croire qu'elle venait d'être insérée dans nos recueils ! Ma surprise fut telle que j'énonçai à voix haute la question qui me brûlait les lèvres : « *Tachmich hamitah* était interdit dans l'arche ? Pourquoi ? »

Reb Meshulam se tut. Shloimy cessa de griffonner dans les marges de son recueil et Eli détacha son menton de son coude.

« Le monde était en deuil, répondit enfin Reb Meshulam en détournant les yeux. Il aurait été inconvenant d'agir autrement. »

Il laissa encore passer un bref silence, puis il poursuivit sa lecture. Shloimy se remit à griffonner. Eli reposa son menton au creux de son coude.

« Tu sais ce que veut dire *tachmich hamitah* ? » Shloimy et Eli me rattrapèrent en courant dans la 43ᵉ Rue après le cours de Reb Meshulam. Je venais de longer une école laïque, où des gamins jouaient au softball dans le préau, quand ils arrivèrent à ma hauteur. « On t'a entendu poser une question, poursuivit Eli en reprenant son souffle. Alors on s'est dit que tu savais forcément ce que c'était.

— C'est vrai, dis-je. Je le sais. »

Ils attendirent, espérant une réponse plus détaillée.

« Je le sais, mais je ne peux pas vous le dire, esquivai-je. Ce n'est pas convenable d'en parler.

— Nous, on pense aussi le savoir, intervint Shloimy en me fixant avec intensité. Eli a vu une photo dans un magazine – pas vrai, Eli ? »

L'intéressé acquiesça.

« Dites-moi ce que vous savez, répliquai-je, et je vous dirai si vous avez raison. »

Shloimy regarda Eli, qui sourit d'un air penaud. Puis, comme Eli semblait incapable de prononcer les mots nécessaires, Shloimy s'en chargea pour lui, énonçant d'une voix à peine audible : « L'homme met son devant dans le derrière de la femme. »

Les mots de Shloimy me revinrent à l'esprit cinq ans plus tard, à l'approche de mon mariage. Était-ce là ce que mon père avait cherché à définir ? J'avais peine à le croire, mais qui sait ? Shloimy avait peut-être raison. Pressé d'en avoir le cœur net, je passai à l'étape suivante de ma préparation au mariage : une série de leçons dispensées par Reb Noach.

Au cours de la semaine suivante, je me rendis chez lui tous les après-midi. Assis sur une chaise en plastique moite dans sa salle à manger, je l'écoutai délivrer, deux heures durant, ses instructions sur un tout nouveau sujet : les impuretés du corps féminin. « "Tu n'approcheras pas une femme rendue impure par ses menstruations, lut-il le premier jour dans la bible hébraïque posée en face de lui. Si un homme partage sa couche avec une femme qui a ses menstruations, tous deux seront bannis de leur peuple." »

« Comme toute femme, votre épouse perdra du sang chaque mois, expliqua Reb Noach. Vous ne devrez absolument pas l'approcher pendant cette période. C'est interdit. » Nous apprîmes que nous ne pourrions pas non plus, durant ce laps de temps, partager des ustensiles avec elle, lui passer des objets, la toucher ou même toucher ses vêtements, ni regarder les parties de son corps qui sont généralement couvertes (le haut des bras, les cuisses, les épaules, et même les cheveux). Nous n'aurions pas le droit de nous asseoir sur son lit, de lui servir un verre de vin ou d'échanger des paroles affectueuses. Enfin, nous devrions tenir un calendrier précis de son cycle menstruel afin de prévoir chaque mois l'arrivée de ses règles.

Je compris vite qu'il s'agissait d'un énième ensemble de lois, assez similaires à celles qui régissaient le jeûne de Yom Kippour, la circoncision des nouveau-nés ou le fait de devoir lacer notre chaussure gauche avant notre chaussure droite. De très nombreux ouvrages avaient été écrits sur le sujet. Pourtant, le mystère demeurait entier : je ne savais toujours pas en quoi consistait le « service du lit ».

La date de la cérémonie avait été fixée un mois avant mon dix-neuvième anniversaire. Le jour dit, je me rendis en milieu d'après-midi chez Reb Shraga Feivish pour mon tout dernier cours de préparation au mariage.

Je m'étais levé à l'aube pour réciter l'intégralité du Livre des Psaumes. Je n'avais rien mangé : la cérémonie était considérée comme un Yom Kippour personnel pour les futurs mariés, un jour de jeûne, de repentir et d'expiation. Après les prières du matin, je m'étais rendu chez le rebbe pour recevoir sa bénédiction. Enveloppé dans son châle de prière, il avait lu mon kvitel et m'avait tendu la main. « Puisse la cérémonie se présenter sous d'heureux auspices », avait-il déclaré en tenant ma main du bout des doigts.

À 15 heures, Reb Shraga Feivish, un rabbin émacié pourvu d'une longue barbe qui lui descendait jusqu'au nombril, me conduisit dans son bureau, envahi de textes et d'ouvrages religieux. Il ouvrit un gros volume posé sur la table et lut à voix haute la phrase suivante : « "Celui qui épouse une vierge doit prendre possession d'elle et s'en séparer aussitôt." » Il entreprit alors de détailler la série de règles qu'il me faudrait observer après avoir « pris possession » de mon épouse. Je l'écoutai avec une panique grandissante : avait-il omis la partie la plus cruciale de son exposé ? Ou avais-je manqué un cours essentiel sans m'en apercevoir ? J'avais besoin qu'il m'explique le b.a.-ba de l'acte lui-même, pas ce qui venait ensuite ! Il continua pourtant sur sa lancée, trop absorbé par le flot de ses instructions pour remarquer mon désarroi. Quant à moi, j'étais trop soucieux et trop abasourdi pour l'interrompre.

Reb Shraga Feivish disserta ainsi pendant une vingtaine de minutes, puis il referma son livre et se pencha vers moi. « Ton épouse et toi commencerez à vous préparer dès que vous arriverez chez vous.

— *Ce soir ?* m'écriai-je, alarmé.

– Oui. La mitsvah doit être accomplie avant le lever du jour. Il sera certainement très tard quand vous rentrerez. Aussi devras-tu veiller à ne pas perdre de temps. »

Je ne m'attendais pas à être obligé d'aller si vite. Je m'étais imaginé que nous aurions le temps de réfléchir, de nous accoutumer l'un à l'autre. Cette fois encore, j'aurais voulu poser des questions, mais Reb Shraga Feivish avait déjà repris le fil de son exposé. La mitsvah, déclara-t-il, devait être accomplie deux fois par semaine, le mardi et le vendredi soir, après minuit, dans l'obscurité la plus complète.

« Es-tu allé dans ton nouvel appartement ? demanda-t-il. Y a-t-il des volets ou des stores de bonne qualité à la fenêtre de la chambre ? »

J'avais visité l'appartement, mais je n'avais pas pensé à vérifier la qualité des stores.

« Ne t'en fais pas, marmonna Reb Shraga Feivish d'un air pensif. Ce n'est pas très grave. Ce soir, tu pourras fixer une couverture devant la fenêtre si nécessaire. »

Sur ce, il consentit enfin à entrer dans les détails. En s'aidant de ses mains, il effectua une série de gestes censés représenter l'acte sexuel. Je finis par comprendre plus ou moins de quoi il s'agissait. Je ne m'en faisais pas encore une idée très nette, mais je fus soulagé d'apprendre que Shloimy et Eli s'étaient trompés.

« Avant l'acte lui-même, poursuivit le rabbin, allonge-toi près d'elle et parle-lui.

– À propos de quoi ?

– Il est recommandé d'évoquer la vie d'un Juste. Seules quelques minutes seront nécessaires. Le temps que ton épouse se détende.

– De quel Juste faut-il parler ?

– Aucune importance. Choisis celui que tu veux. Insiste sur le fait que ce Juste craignait Dieu et qu'il aimait son peuple, *notre* peuple, plus que lui-même. »

Il marqua une pause pour s'assurer que j'avais bien

compris. « Ensuite, tu monteras sur elle et tu lui diras que tu l'aimes.
— Comment ? fis-je. Avec quels mots ? » Une question stupide que je regrettai aussitôt.

Reb Shraga Feivish s'interrompit, visiblement étonné par le caractère abrupt de mon intervention. « Dis-lui "Je t'aime", tout simplement. »

Je n'avais jamais imaginé que je puisse *aimer* mon épouse. Le mariage était un devoir, rien de plus. Prétendre le contraire me semblait ridicule.

« C'est ainsi, reprit le rabbin avec un haussement d'épaules. La loi stipule que tu dois lui déclarer ton amour. »

Inutile de tergiverser. La loi était la loi.

« Tu devras aussi l'embrasser deux fois : avant et pendant l'acte », précisa Reb Shraga Feivish. Il dressa ensuite la liste des situations contraires à la pratique de cette mitsvah : on ne devait pas l'accomplir lorsqu'on était en colère ; pendant la journée ; quand on avait trop bu, après un repas, ou avant d'aller aux toilettes. Il était interdit de le faire si la femme se montrait trop audacieuse (« Elle ne doit pas le réclamer explicitement, mais faire allusion à son désir de manière indirecte »), en présence d'un enfant ou de livres sacrés. Et surtout, il fallait suivre les préceptes du grand sage Rabbi Eliezer, qui accomplissait la mitsvah « avec révérence et effroi, comme forcé par un démon ».

Quand je me levai, à l'issue du cours, j'avais plus de questions que de réponses, mais le temps pressait. Il était 16 heures. La cérémonie devait débuter à 18 heures. Reb Shraga Feivish me rassura du regard et m'accompagna jusqu'à la porte, un sourire chaleureux aux lèvres. « Mazel tov, dit-il en me serrant la main. N'hésite pas à m'appeler si tu as le moindre problème. »

En fin d'après-midi, je m'assis devant une petite table couverte d'une nappe en plastique blanc. Lourdement perché sur ma tête, mon shtreimel avait imprimé une marque rouge dans la chair de mon front ; mes grandes bottes noires, trop rigides, me faisaient mal aux pieds. J'écoutai la lecture du contrat de mariage, puis quelqu'un brisa une assiette en verre tandis que l'assistance s'écriait joyeusement : « Mazel tov ! Mazel tov ! » On m'enveloppa la tête dans un linceul blanc, évocateur de la mort et du Jugement dernier, puis je fus conduit dans la rue, où mes amis se mirent à chanter :

Ce soir encore, nous entendrons dans les villes de Judée
et les rues de Jérusalem
des cris de joie et des cris de bonheur,
les rires et les cris des jeunes mariés !

Nous nous rendîmes ensuite dans la partie de la salle des mariages réservée aux femmes, où je devais accomplir le *badeken*, le rituel consistant à couvrir d'un voile le visage de la mariée. Encadré par Chaïm Goldstein et Berish Greenblatt, qui avait accepté de remplacer ce jour-là mon père décédé, je m'avançai vers Gitty dans une sorte de stupeur, le dos droit, les yeux dûment baissés pour éviter de voir les femmes massées dans la pièce. La marée humaine se scinda devant moi, révélant le trône nuptial richement orné sur lequel Gitty était installée. Elle croisa brièvement mon regard, puis baissa la tête. Au cours des six mois qu'avaient duré nos fiançailles, nous ne nous étions pas rencontrés, ni même parlé, une seule fois. Nous étions encore de parfaits étrangers l'un pour l'autre. Quelqu'un me tendit un voile blanc que je posai sur son front, avant de le laisser retomber sur ses épaules. Ma mère se tenait à sa gauche, les yeux brillants de larmes. Ma sœur Chani était près d'elle, accompagnée de ses deux petites filles. Elle me regarda et me sourit.

La mère de Gitty, qui se tenait à sa droite, me fixait, le visage dénué de toute expression.

La *houppa*, un dais en velours bleu bordé de franges dorées, avait été dressée sur le parvis de la synagogue, où se tenait déjà un petit groupe d'invités, tous masculins. « Le pied droit d'abord », m'indiqua mon beau-père tandis que je pénétrai sous le dais nuptial, aussi bleu que le ciel de juin.

Je ne garde qu'un souvenir assez vague de la cérémonie elle-même. Le dayan officiait, le rebbe se balançait en silence à son côté. Un océan de larmes envahit mes yeux lorsque Gitty tourna sept fois autour de moi. Je crois avoir été surpris de ne pas parvenir à briser d'un seul coup de talon la coupelle en verre que je devais casser. Affaibli par une journée de jeûne et d'émotions, je dus m'y reprendre une seconde fois. J'abattis alors ma lourde botte sur la coupelle d'un geste furieux. « Mazel tov ! Mazel tov ! » s'exclama la foule avant de se remettre à chanter.

Après l'office, Gitty et moi effectuâmes en voiture le court trajet de la synagogue à la salle des mariages. Assis l'un près de l'autre sur la banquette arrière, nous n'échangeâmes pas un mot. Conduits dans une petite pièce, nous brisâmes le jeûne et répondîmes poliment aux félicitations de nos proches, avant d'être de nouveau séparés : je me dirigeai vers le premier étage du bâtiment, réservé aux hommes, tandis que Gitty allait célébrer notre union au troisième étage, avec les femmes.

Les heures suivantes s'écoulèrent dans une sorte de brouillard : musique permanente, cacophonie sonore, rondes et farandoles menées par des hommes extatiques, qui tournaient et tapaient des pieds de plus en plus vite, de plus en plus fort. Vers minuit, quand vint le moment d'entamer la *mitsvah tantz*, la danse rituelle, de nombreux invités étaient déjà partis. Gitty me rejoignit au premier étage et s'empara de l'extrémité d'un châle de prière tandis que plusieurs hommes, qui tenaient l'autre extrémité, s'avançaient vers elle en traînant des pieds, afin de réaliser la prédiction des Sages : « Celui qui réjouit le cœur d'un jeune marié et de son épouse agit comme s'il avait reconstruit les ruines de Jérusalem. »

La dernière danse était réservée aux mariés, qui devaient l'effectuer seuls, au milieu de la salle. Dans d'autres communautés hassidiques, le châle était alors emporté, le marié prenait son épouse par la main, et ils dansaient ensemble pour la première et seule fois de leur vie. Chez les skver, de telles inconvenances n'étaient pas permises. Je pris l'extrémité du châle et j'effectuai la danse rituelle devant Gitty qui tenait l'autre extrémité. Je veillai à ne pas la toucher tandis qu'elle oscillait d'avant en arrière comme si elle priait.

Il était 3 heures du matin quand nous arrivâmes dans notre nouvel appartement. Nos proches nous aidèrent à monter les cadeaux, puis ils partirent, nous laissant complètement seuls, Gitty et moi, pour la première fois depuis notre rencontre. Nous contemplâmes la montagne de présents empilés autour de nous et comptâmes les chèques que nous avions reçus. Nous nous parlions d'un ton hésitant mais cordial, échangeant des questions polies sur le déroulement de la soirée – « As-tu dansé ? » « As-tu mangé ? » –, afin de différer la tâche embarrassante qui nous attendait.

Le temps pressait, hélas. Nous étions au début du mois de juin : le jour ne tarderait pas à se lever. Je pris la pochette qui renfermait mon châle de prière et j'en sortis le petit livret d'instructions que m'avait remis Reb Noach. La page relative à la nuit de noces contenait la liste des prières requises.

« Seigneur, accorde-moi une semence pure et sacrée, fructueuse et bénie, récitai-je. Purifie mon corps et sanctifie mon esprit. Offre-moi la force d'accomplir Ta volonté. »

Cette prière devait être suivie d'une incantation recommandée par les kabbalistes et rédigée en araméen – un avertissement à Lilith, la première épouse d'Adam. De tempérament rebelle, celle-ci refusa de se soumettre à son époux et fut bannie de sa couche. D'après les kabbalistes, Lilith se tapit dans l'ombre quand un homme répand sa semence, qu'elle collecte avidement pour s'en imprégner et donner naissance à des démons. « Au nom de Dieu, je t'ordonne de ne pas entrer et de ne pas te montrer, énonçai-je. Repars, repars, la mer t'appelle. Je suis rivé à un lot sacré, je suis drapé dans un manteau de sainteté souveraine. »

L'heure était venue d'accomplir le dernier rituel d'une longue journée. La loi nous l'ordonnait. Nous avons fixé une couverture sur le cadre de la fenêtre pour plonger la chambre dans une obscurité complète, puis nous nous sommes maladroitement glissés entre les draps, intimidés par cette soudaine intimité.

Étendus l'un près de l'autre une heure plus tard, nous nous sommes rendus à l'évidence : certains détails nous échappaient. Nous avions besoin de conseils. « N'hésite pas à m'appeler si tu as le moindre problème », m'avait glissé Reb Shraga Feivish sur le pas de sa porte. Nous avons jeté un regard au réveil : les chiffres verts indiquaient 4 h 30. J'hésitai encore un instant, puis je m'emparai du téléphone. Le rabbin décrocha à la première sonnerie, comme s'il attendait mon appel. Il écouta attentivement mes questions sur l'anatomie féminine, les frictions, les diverses réactions physiologiques nécessaires à l'accomplissement de la « mitsvah », et me suggéra de continuer à faire ce que nous faisions. « Ce n'est pas très compliqué, assura-t-il. Accordez-vous un peu de temps, et vous finirez par y arriver ! »

Il nous fallut plusieurs tentatives, cette nuit-là et les suivantes, et plusieurs autres appels à Reb Shraga Feivish, pour parvenir au résultat escompté. Si l'acte lui-même demeura laborieux, maladroit et dépourvu d'érotisme, nous connûmes quelques moments de tendresse – fugace, mêlée d'agacement et de frustration, mais bien réelle. Je me souviens de longs soupirs et de rires étouffés, parfois même de francs éclats de rire de part et d'autre. En y repensant, j'associe ces premières nuits d'intimité conjugale à ce que nous endurons tous lorsque nous devons monter un meuble préfabriqué : on a beau lire les instructions, vérifier la forme des pièces et la manière dont elles doivent être agencées, l'ensemble nous résiste. Les vis et les écrous ne ressemblent pas à ceux du manuel, les planches n'ont pas la taille requise – impossible de les emboîter les unes dans les autres. Index sur le menton, nous tâchons de trouver la solution, quand notre épouse tend la main vers le meuble, donne un petit coup sur une planche ou tire sur une autre. *Non, ce n'est pas comme ça*, pensons-nous, avant de nous exclamer : « Regarde ! Ça marche ! » Nous nous tournons alors vers elle avec un sourire satisfait, comme si nous avions toujours su ce qu'il fallait faire.

5

« IL Y A LE FEU, MESSIEURS ! IL Y A LE FEU ! »

Les poings serrés, levés de chaque côté de la tête, Avremel nous fixait de ses yeux exorbités et injectés de sang.

« Un incendie s'est déclaré ici même, dans nos murs ! Cet édifice sacré, bâti par notre ancien rebbe, ce charbon ardent rescapé de l'enfer de l'Holocauste, menace de s'effondrer sur lui-même ! Et c'est à son successeur, notre rebbe actuel, qu'incombe la lourde tâche de préserver l'intégrité de ces lieux sacrés... » Il s'interrompit, la voix brisée par l'émotion. Nous sentîmes, nous aussi, les larmes affleurer à nos paupières à la pensée du fardeau qui pesait sur les épaules fatiguées du rebbe.

En ce dimanche matin, nous étions assis autour de notre professeur dans une salle humide du sous-sol de la yeshiva. Deux tables bancales pour quinze étudiants triés sur le volet : Avremel nous réunissait une fois par semaine, à l'aube, afin d'approfondir certains aspects des textes mystiques, qu'il élucidait et commentait avec exaltation, toujours prompt à condamner ce qui lui paraissait « impur ». Soucieux d'écarter de notre petit groupe ceux qui préféraient la chaleur de leurs draps aux propos enflammés des maîtres à penser du hassidisme, il avait délibérément fixé nos réunions à une heure indue, avant le lever du soleil. Seconde exigence : il fallait être marié pour y participer. La vie conjugale favorisait, d'après lui, l'assimilation des textes sacrés : en perdant notre virginité, nous avions jugulé l'énergie débridée et les désirs interdits qui troublaient notre adolescence. Nous pouvions dès lors accéder au surcroît de sainteté et de pureté qu'il s'attachait à nous prodiguer.

Si Avremel était connu pour ses gestes et sa rhétorique dramatiques, ce matin-là, il semblait réellement pris de panique. Nous étions en plein hiver. Nos papillotes, qui s'étaient durcies et couvertes de givre pendant le court trajet que nous devions effectuer à pied entre le mikveh et la yeshiva (une minute de marche tout au plus), libéraient à présent des gouttes d'eau glacée qui tombaient sur nos livres et nos genoux tandis que nous l'écoutions, abasourdis.

Il continua sur sa lancée, les joues écarlates, le cou marbré de veines bleutées que la colère faisait saillir sous sa peau : « J'ai découvert que des étudiants se comportent de manière abominable au cœur même de cet édifice sacré et qu'ils entraînent d'autres élèves avec eux dans les profondeurs du *sheol* ! »

Effarés, nous apprîmes que certains individus regardaient la télévision sur de petits appareils portatifs *à l'intérieur même de la yeshiva* ; que d'autres écoutaient de la musique profane, ou sortaient du village en cachette pour aller visionner des films dans les salles obscures ; que d'autres encore se faisaient conduire en taxi dans des lieux de perdition qu'aucun être humain digne de ce nom ne fréquentait. « À vous de mettre un terme à ces terribles agissements ! conclut-il. À vous de prendre la lance de Phinéas et de terrasser le mal qui s'est insinué dans le cœur de ces blasphémateurs ! »

Nous rejoignîmes les autres étudiants pour la prière du matin, l'esprit échauffé par ces injonctions. Il faisait grand jour, à présent. Le sanctuaire bruissait de jeunes gens occupés à déplier leurs châles de prière et à fixer les lanières de leurs tefilines. Nous étions le dixième jour du mois de tevet, un jour de jeûne, marqué par la lecture d'un passage important de la Torah :

Et Moïse implora l'Éternel, son Dieu, en disant :
« Seigneur, pourquoi T'enflammes-tu contre Ton peuple ?
C'est une nation d'hommes au cou roide. »
Et Dieu répondit : « Je leur ai pardonné. »

Le texte était clair : seul Dieu a le pouvoir de pardonner. L'homme, lui, doit agir contre ceux qui ont déchaîné Sa colère. Or regarder la télévision, lire des magazines ou écouter de la musique profane mettait Dieu en colère, nous en étions convaincus. Après la prière, nous nous regroupâmes dans un coin de la salle pour discuter à voix basse. Nous alertâmes aussi ceux qui n'avaient pas assisté à la réunion avec Avremel. Scandalisés, de nombreux camarades acceptèrent de nous prêter main-forte.

Une demi-heure plus tard, nous étions une vingtaine. Réunis dans une des grandes salles de classe desservies par le couloir principal du bâtiment, nous examinions la liste de noms que nous avions dressée. Elle regroupait ceux que nous soupçonnions d'avoir mal agi – des amis, des camarades de classe avec lesquels nous avions partagé d'innombrables heures de lecture et d'étude.

Nous les convoquâmes un par un. Nuta Margulis fut le premier à comparaître devant notre tribunal improvisé. « Assieds-toi, s'il te plaît », ordonna l'un d'entre nous lorsqu'il poussa la porte. Nuta obtempéra, visiblement troublé. Il offrait une vision pathétique, assis sur l'un des longs bancs en fonte, les mains posées sur ses genoux, tandis que nous lui faisions face, adossés au mur.

Un membre du « tribunal » prit la parole : nous, en tant que groupe, ne pouvions tolérer le type d'activités dont nous avions entendu parler. Dorénavant, tout étudiant qui serait surpris en possession d'un appareil ou d'un objet prohibé, qu'il s'agisse d'une radio ou d'une petite télévision portative, d'un magazine ou de cassettes de musique profane, serait enroulé dans un châle de prière et roué de coups ; la fréquentation de certains individus notoirement transgressifs serait également interdite. Pour l'heure, il ne s'agissait que d'un avertissement. La prochaine fois, nous ne serions pas aussi cléments.

Nuta tenta de se défendre (« Je n'ai pas... » « Je n'ai jamais... » « Je ne... »), mais nous le réduisîmes au silence. Ses dénégations n'avaient aucune importance.

D'autres camarades furent convoqués, sommés de s'asseoir et de nous écouter. Avant de les faire entrer, nous nous concertions brièvement pour déterminer lequel d'entre nous prendrait la parole. Quel que soit l'orateur, le discours restait le même. Les réactions des « suspects » ne variaient guère, elles non plus : ils nous écoutaient d'un air horrifié en se demandant ce qui avait pu transformer leurs amis de longue date en inquisiteurs. Seul Yossi Rosen déclara qu'il ne se laisserait pas intimider.

« *"Mi somchu le'ish ?* – De quel droit vous prétendez-vous les maîtres ?" » répliqua-t-il, citant un verset du Livre des Nombres.

Menashe Steiner, qui menait l'entretien, leva la main. « C'est la question qu'a posée le maudit Datan à Moïse. Et que lui est-il arrivé ensuite ? » Il laissa la question planer dans le silence. Nous connaissions tous la réponse : Datan et ses partisans avaient basculé dans le gouffre que le Seigneur avait ouvert sous leurs pieds. L'atmosphère s'alourdit brutalement, chacun songeant à leur fin tragique, tandis que Yossi quittait la salle sans plus de protestations.

Une demi-douzaine de camarades furent ainsi convoqués et mis en garde, mais leur nombre ne suffit pas à éteindre notre colère. Le caractère relativement modéré de nos avertissements nous laissait sur notre faim. Nous en voulions plus.

Mendy Klein n'ayant pas répondu à notre convocation, plusieurs d'entre nous furent chargés d'aller le chercher. Ils parcoururent la synagogue, la grande salle d'étude, les salles de classe et le réfectoire du sous-sol sans le trouver. Il n'était pas non plus dans sa chambre, dont la porte était fermée à clé. *Fermée à clé ?* Ce constat suffit à enflammer notre imagination. Une porte verrouillée cachait forcément un secret inavouable.

« Allons-y ! » suggéra un étudiant. Nous nous regardâmes en silence. « On n'a pas le droit d'aller dans leurs chambres », déclara finalement un autre membre du groupe.

Tous les membres de notre clique de justiciers étaient mariés. Or le règlement de la yeshiva, conformément aux ordres du rebbe lui-même, interdisait aux étudiants mariés d'entrer dans les dortoirs. Les raisons de cette interdiction ne nous avaient jamais été explicitées mais, à l'instar de la règle précisant que deux étudiants ne devaient pas s'enfermer à clé, celle-ci était manifestement destinée à prévenir toute forme de transgression sexuelle.

L'urgence de la situation nous semblait maintenant décuplée. Nous faudrait-il renoncer, pour une question purement technique, à mettre notre zèle en pratique ? Nous étions en train d'en débattre à l'entrée de la salle d'étude quand Reb Yankel Gelbman, un des rabbins de la yeshiva, qui passait également pour l'un de nos meilleurs spécialistes de la Torah, gravit l'escalier, un paquet de textes à la main. L'un d'entre nous s'avança pour solliciter son avis sur la question qui nous occupait.

Reb Yankel plissa le front et promena un long regard sur notre groupe d'étudiants. « "Tu devras chasser le mal qui croît en ton sein", déclara-t-il en citant la Bible. Sur ce point, la Bible est sans équivoque ! »

Une chambre mise à sac constitue un spectacle repoussant ; pour nous, il fut d'une beauté indicible. Une fois la porte enfoncée, les couvertures et les draps arrachés au matelas, les tiroirs de la commode renversés et leur contenu répandu au sol, nous passâmes les effets personnels de Mendy au peigne fin, convaincus que nous allions trouver la preuve de ses forfaits – la preuve, aussi, que notre indignation n'avait pas été vaine et que nous avions eu raison de nous transformer en ardents zélateurs des bonnes mœurs.

L'un de nous découvrit un petit coffre pourvu d'un cadenas. Un marteau fut apporté, le cadenas fut brisé d'un coup sec. Un cri de triomphe s'éleva dans l'assistance : le coffret contenait une pile de cassettes audio sans titre. On partit chercher un magnétophone, et l'une des cassettes fut insérée dans le lecteur. Une voix masculine jaillit des petits haut-parleurs, entonnant les premières notes d'une chanson en hébreu. Quelqu'un appuya aussitôt sur le bouton « stop » d'un air dégoûté. Le chanteur semblait profane, sans doute israélien, mais cela ne suffisait pas à qualifier la cassette d'indécente. Si la voix avait été féminine, le péché eût été patent, mais ce n'était pas le cas. La cassette fut éjectée avec dépit. La suivante se révéla tout aussi décevante : il s'agissait de l'enregistrement d'une conférence donnée par Avremel plusieurs années auparavant.

Un paquet de photographies nous redonna espoir : nous y trouvâmes un cliché montrant Mendy et plusieurs autres étudiants de la yeshiva vêtus de tee-shirts et de casquettes de base-ball. N'était-ce pas la preuve que nous cherchions ? Pourquoi Mendy et ses camarades avaient-ils troqué leurs longues gabardines noires et leurs chapeaux à large bord contre ces vêtements vulgaires et informes, typiques de l'Américain moyen ? Nous apprîmes par la suite que les étudiants figurant sur la photo étaient partis couper des roseaux dans la campagne du New Jersey en prévision des fêtes de Souccot. Ils avaient simplement revêtu une tenue plus appropriée à la tâche qui les attendait.

Nous avions tout fouillé et quasiment rien trouvé. Soudain, le hululement d'une sirène se fit entendre dans la rue. Un étudiant surgit dans l'encadrement de la porte. « Mendy a appelé la police ! » cria-t-il. La pièce se vida en quelques secondes. Je restai seul avec mon ami Mayer Goldhirsch, toujours occupé à fouiller dans les affaires répandues au sol. « Viens ! » intimai-je en lui attrapant le bras. Rien à faire : il refusait de bouger. Je le lâchai, décidé à partir sans lui. Il leva les yeux et m'agrippa l'épaule. « Shulem, il faut qu'on trouve quelque chose !
— Trouver quoi, Mayer ? On ne sait même pas ce qu'on cherche ! »

Il se redressa à contrecœur, promena un dernier regard autour de lui et me suivit dans le couloir. La sirène venait de s'arrêter. Déjà, des bruits de pas précipités résonnaient dans l'escalier.

« Vite, de l'autre côté ! » s'écria Mayer. Nous traversâmes le couloir à toutes jambes pour emprunter l'autre escalier. Je risquai un regard derrière moi avant de pousser la porte : Mendy entraînait deux policiers vers sa chambre, l'air furieux. Mayer et moi dévalâmes les marches deux à deux et rejoignîmes en courant le bâtiment principal de la yeshiva.

Cette voie n'avait pas toujours été la mienne. Mon père était ultra-orthodoxe, lui aussi, mais d'un genre plus modéré et plus tolérant, savant mélange d'humanisme, d'antisionisme satmar et d'un mysticisme hérité des hassidim de Breslov. Enseignant et érudit, il passait une grande partie de son temps à expliquer aux Juifs non pratiquants en quoi consistait l'observance minutieuse de la religion juive pour nous, les ultra-orthodoxes.

Il agissait pourtant souvent d'une manière qui l'était peu, orthodoxe, à mes yeux comme à ceux des autres hassidim.

L'année de mes onze ans, il m'invita à l'accompagner un samedi soir jusqu'à Long Island, où il devait donner une conférence dans un centre culturel juif. Nous entrâmes, lui et moi, dans une salle remplie d'hommes et de femmes visiblement peu religieux : les hommes ne portaient pas de chapeau, les femmes arboraient des jupes et des manches courtes, dévoilant leurs genoux et leurs coudes. En outre, loin d'être séparées des hommes, elles étaient assises à leurs côtés, ce qui me causa un véritable choc. Je levai les yeux vers mon père. Était-il troublé, lui aussi ? Impossible de le savoir : son expression demeurait impénétrable. Il m'indiqua un siège libre dans un coin de la salle, tandis qu'il grimpait sur l'estrade. Le silence se fit à la vue de ce grand Juif hassidique coiffé d'un chapeau de fourrure, vêtu d'un long caftan noir et de bas blancs.

« *Gut voch* », déclara-t-il en guise d'introduction. Dans le public, quelques personnes hochèrent la tête en souriant. « Avant de commencer, reprit-il, j'aimerais que les hommes se regroupent dans une partie de la salle, et les femmes dans l'autre. » Sa requête fut accueillie par des expressions étonnées, indignées ou perplexes. Chacun regardait son voisin pour savoir comment procéder. « Je tiens à vous dire que je comprends et que je respecte le désir d'éviter une telle séparation, ajouta mon père. Mais je ne l'approuve pas. » Il répéta cette phrase plusieurs fois pour en souligner l'importance : « Je le comprends, mais je ne l'approuve pas. »

Finalement, chacun se leva et se déplaça, les femmes d'un côté, les hommes de l'autre. Lorsque tout le monde fut de nouveau assis, mon père les remercia, puis il fit une plaisanterie accueillie par une cascade de rires qui acheva de détendre l'atmosphère. Il entama alors son exposé. Je ne compris pas tout, mais les expressions attentives de ses auditeurs, ainsi que la longue séance de questions-réponses qui s'ensuivit, m'indiquèrent que la conférence avait remporté un franc succès. À la fin, une femme s'approcha de moi dans le couloir. Le visage rayonnant, la main plaquée sur sa poitrine, elle se pencha, s'inclinant presque devant ma petite personne de onze ans, et s'exclama : « Ton père est un homme extraordinaire ! » Comme beaucoup d'autres ce soir-là, elle semblait avoir été profondément touchée par ce qu'elle avait entendu.

« Je le respecte, mais je ne l'approuve pas. » Pour moi, ces mots résument parfaitement la capacité qu'avait mon père de se conformer à ses principes tout en admettant que d'autres puissent vivre autrement, selon des convictions aussi fortes que les siennes. Au cours de mon enfance, son attitude a bien souvent apporté un contrepoids aux opinions plus tranchées de mes professeurs ou de mes camarades, marquées par un profond mépris pour tout ce qui se différenciait de notre vision du monde. Troublé, je ne pouvais m'empêcher de me demander qui, d'eux ou de lui, avait raison. Avions-nous le droit de respecter les autres, ou devions-nous vilipender ceux qui croyaient et vivaient autrement ? Mon père semblait favoriser la première option ; mes professeurs, la seconde. Dans ces conditions, quelle voie devais-je emprunter ?

Les opinions peu orthodoxes de mon père n'étaient pas réservées aux seuls Juifs : elles concernaient aussi les autres croyants.

« Le judaïsme admet l'existence des autres religions, me dit-il un jour, alors que nous nous rendions à la synagogue pour l'office du shabbat. Il reconnaît qu'elles constituent, pour leurs fidèles, un chemin d'accès vers Dieu. »

Je lui répétais alors ce que mon rebbe m'avait dit : « La gentillesse des autres nations conduit au péché. » Autrement dit : même lorsqu'un non-Juif commet une bonne action, il est animé de mauvaises intentions.

Mon père secoua la tête. « Ce n'est pas vrai », assura-t-il. Plus tard, lorsque nous fûmes de retour à la maison, il m'emmena dans son bureau et ouvrit un des ouvrages posés sur sa table. « Lis ce passage », dit-il en pointant l'index vers une ligne imprimée en petits caractères. « "Ainsi parla le prophète Élie, énonçai-je. J'en témoigne devant le ciel et devant la terre : tous les Israélites et les Gentils, qu'ils soient hommes ou femmes, esclaves ou domestiques, chacun d'eux selon ses actes, est béni par l'Esprit saint." »

Mon père s'installa dans son fauteuil et m'attira près de lui en passant son bras autour de mes épaules. « Je sais que tu entends bien souvent le contraire, mais tâche de te souvenir de cette phrase. C'est très important.

– Tous les goyim ne nous détestent pas, alors ? »

Il réfléchit un instant avant de répondre : « Certains d'entre eux nous détestent – moins aujourd'hui qu'autrefois, quand même –, mais pas tous. »

Pourquoi mon père avait-il choisi d'élever ses enfants dans un quartier peuplé de personnes qui professaient des opinions contraires aux siennes ? J'ignorais la réponse à cette question, et je n'aurais même pas su comment la formuler, mais je savais que le point de vue de mon père était loin d'être partagé : au sein des Juifs ultra-orthodoxes, il était même le seul à le soutenir.

Quant à moi, je me rangeais du côté de mes professeurs : ainsi qu'ils me l'avaient expliqué, citant Rabbi Chimon Bar Yohaï, « il est indéniable qu'Ésau déteste Jacob ». C'est une loi de la nature, me répétait-on : les non-Juifs mépriseront toujours les Juifs. Ce principe s'était vérifié tout au long de l'histoire humaine. Les épreuves subies par les Juifs espagnols du XVe siècle et, cinq siècles plus tard, par les Juifs allemands relevaient du même principe : aussi intégré soit-il, le Juif suscitera toujours la haine et le mépris du non-Juif – un mépris plus ou moins dissimulé selon l'époque et l'audace de chacun, mais un mépris bien réel.

L'attitude des non-Juifs qui vivaient à la périphérie de notre quartier, les *Taliens* et les *Portricains*, me confortait dans cette opinion. Quand nous les croisions dans la rue, mes amis et moi, ils nous lançaient des quolibets, parfois des insultes. « V'là les Juifs ! » s'écriait toujours l'un des gamins portoricains en s'esclaffant bruyamment. Si j'étais seul, l'un d'eux s'approchait et faisait tomber ma kippa d'une pichenette bien placée, sous les acclamations de ses copains restés en arrière. Et si l'un d'eux passait devant chez moi lorsque j'étais assis sur le perron, en train de lire ou de déguster une glace à l'eau, je l'accueillais d'un regard inquiet.

« … ta mère ! » lançait-il en riant.

« Je ne comprends pas, dis-je un jour à ma mère. Pourquoi les goyim crient-ils "ta mère" quand ils passent devant moi ?

— C'est leur manière de s'exprimer, répondit-elle, les yeux baissés sur la casserole de ragoût qu'elle était en train de préparer. Un truc de goy. Laisse-les dire. Ça n'a pas d'importance. »

Lorsque nous longions l'église catholique de la 16ᵉ Avenue, mes amis et moi, nous prenions soin de traverser, puis nous crachions vers le bâtiment en récitant trois fois de suite la formule suivante : « Tu la détesteras et tu l'abhorreras de toute ton âme, car c'est un lieu maudit. »

« Tu ne prendras pas le chemin des autres nations », lisions-nous dans la Bible. Voilà pourquoi, d'après nos rebbes, nous ne devions pas jouer au base-ball, porter des vêtements américains ou nous faire couper les cheveux à la dernière mode.

Mes voisins non-juifs me laissaient parfois perplexe. Je me souviens que mes amis et moi avions demandé à un gamin italien croisé près de l'école la signification du célèbre « mot en F ». Nous avions onze ans et débordions de curiosité.

« Le mot en F ? répéta le gamin.

– Oui. Tu sais bien, celui qu'il y a après "Va te faire…" Qu'est-ce que ça veut dire ?

– Oh, fit-il en souriant jusqu'aux oreilles. Celui-là. Vous ne le savez pas ? »

Nous n'en avions pas la moindre idée. Le gamin continua de sourire, mais refusa de nous répondre. « C'est un gros mot », dit-il pour se justifier. Nous étions restés stupéfaits. En quoi cela le dérangeait-il ? Les goyim n'employaient-ils pas ces mots du matin au soir ? Ne proféraient-ils pas des insanités aussi aisément que s'il s'agissait d'aller promener leur chien ou de jeter un œil sous le châssis de leur voiture ?

« Le rabbin est là ? Aurait-il un peu de monnaie à me donner pour le bébé ? »

La femme restait sur le seuil tandis que l'un de nous courait chercher mon père, généralement enfermé dans son bureau. « *Tatti !* La dame du coin te demande ! » lancions-nous sans autre forme de précision. Nous ne connaissions pas son prénom, de toute façon. Elle passait ses journées assise sous l'auvent de l'immeuble décrépit et couvert de graffitis qui se dressait à l'angle de la rue, sous les voies du métro aérien. Quand elle ne fumait pas, elle buvait au goulot d'une bouteille cachée dans un sac en papier brun. Elle venait souvent chez nous en compagnie d'une adolescente qu'elle nous présenta comme sa fille, et d'un bébé – dont je ne sus jamais s'il était le sien ou celui de sa fille. Lorsqu'elle partait, elle laissait derrière elle une odeur tenace et nauséabonde que nous ne parvenions pas à identifier.

Mon père fouillait ses poches, en sortait un billet froissé et se dirigeait vers l'entrée pour le lui remettre. Il lui demandait de ses nouvelles. Elle répondait d'un ton plaintif, égrenant la litanie de ses malheurs, qu'il écoutait patiemment, avant de lui souhaiter des jours meilleurs.

« J'espère que tout finira par s'arranger, disait-il avant de refermer la porte.

— Dovid ! s'écriait aussitôt ma mère. Pourquoi fais-tu ça ?

— Elle dit qu'elle a faim. Je n'ai pas besoin d'en savoir plus, répliquait-il.

— Mais c'est une goy ! protestait mon frère Avrumi.

— Effectivement, acquiesçait-il. Et alors ? »

Si sa générosité agaçait ma mère, elle provoquait chez moi un sentiment d'admiration : l'attitude de mon père m'évoquait celle d'un tsadik, un de ces Justes sages et vertueux qui émaillaient l'histoire du peuple juif. Lorsqu'il priait, il demeurait plusieurs heures debout, sans bouger, ses paupières mi-closes ne laissant voir que le blanc de ses yeux, comme s'il était plongé dans une sorte de transe méditative. D'aussi loin que je me souvienne, je l'avais toujours vu prier de cette façon. Pourtant, ma fascination restait intacte. Enfant, je m'imaginais qu'il partait en voyage dans un royaume spirituel exaltant, ne laissant que son corps dans la pièce. Je me rappelle très bien avoir dû, à quatre ans, insister pour qu'il accepte de quitter la synagogue à la fin d'un office de prières, alors que les autres fidèles étaient déjà partis. Les yeux levés vers lui, je l'implorais d'admettre un fait qui semblait lui avoir échappé : « *Tatti* ! Tous les gens sont rentrés chez eux ! » Debout mais immobile, il demeurait sourd à mes appels. Pourquoi ne répond-il pas ? me demandais-je en tirant avec insistance sur les pompons de son gartel, espérant ainsi le ramener à son état normal.

En grandissant, je compris peu à peu que ma famille était différente des autres. Alors que mes frères et moi nous entretenions en yiddish, appris dans les diverses écoles juives que nous fréquentions depuis le jardin d'enfants, nos parents s'adressaient le plus souvent à nous en anglais. Ils s'intéressaient à des sujets inattendus et professaient des valeurs acquises ailleurs, dans une vie précédente. Contrairement à mes amis, qui vivaient dans des intérieurs meublés avec élégance – lustres en cristal dans la salle à manger, tapis persans dans le salon et voiture neuve dans l'allée –, j'avais toujours vécu modestement, auprès de parents peu soucieux des apparences. Je m'étais vite aperçu que la plupart de mes vêtements étaient souvent trop petits, que les chaises qui entouraient la table de la salle à manger étaient bancales et dépareillées. Je rechignais à inviter des amis chez moi, inquiet à l'idée qu'ils puissent remarquer l'absence d'armoire vitrée – un meuble qui ornait toutes les bonnes maisons hassidiques. Généralement en acajou, cirée avec soin, elle servait à exposer l'argenterie de la famille : hanoukia, boîte à cédrat, meguila dans son étui cylindrique, gobelet du kiddouch. Or nous avions peu de vaisselle en argent, pas de service en porcelaine et aucun bibelot précieux hérité de nos ancêtres. Nul besoin, par conséquent, d'avoir une armoire vitrée dans le salon.

Une fois par semaine, mes parents prenaient le métro pour se rendre dans un quartier de New York qu'ils appelaient « le Village ». Un quartier où, d'après ma mère, ne vivait aucun Juif. Ils y allaient pour acheter des fruits et des légumes biologiques, introuvables à Borough Park. Combien de fois ai-je lorgné, dans la supérette de notre quartier, des tomates rouge vif ou des grains de raisin blanc de la taille d'une balle de ping-pong tandis que ma mère levait les yeux au ciel, scandalisée. « Si tu savais la quantité de produits chimiques qu'ils mettent là-dedans ! » s'exclamait-elle en agitant la main avec dégoût, comme s'il s'agissait de fruits en plastique, destinés à imiter les vrais. Les céréales trop sucrées, les bonbons et les sodas ne franchissaient pas le seuil de la maison. Ma mère se représentait les géants de l'industrie alimentaire américaine sous les traits d'hommes corpulents, cigare au bec, qui versaient sans scrupule des ingrédients toxiques dans leurs produits de manière à ce que les enfants en veuillent toujours plus – d'affreux industriels qui riaient en engrangeant leurs profits tandis que les enfants s'empoisonnaient et que leurs dents se creusaient de caries. Peu de gens partageaient son opinion à Borough Park, où le mode de vie et les habitudes consuméristes de la classe moyenne étaient aussi enracinés que partout ailleurs aux États-Unis.

J'étais presque un jeune homme quand je compris enfin ce qui différenciait mes parents des autres membres de la communauté : ils n'avaient pas passé leur jeunesse en foulard et caftan dans l'univers ultra-pieux des hassidim, mais dans un environnement laïc où les adolescents portaient des vêtements américains, allaient au cinéma, fréquentaient des garçons et des filles de leur âge, et recevaient une éducation non religieuse. Ils parlaient peu de leur passé, préférant taire le fait qu'ils n'avaient pas toujours été ultra-orthodoxes. J'ai longtemps ignoré que ma mère, qui avait grandi dans le quartier new-yorkais de Queens, avait été fan des Beatles ; et que mon père, né à Baltimore, avait passé un moment à San Francisco à la fin des années 1960. Âgé d'une vingtaine d'années, il avait participé aux grandes manifestations pour les droits civiques, l'esprit exalté par une consommation intensive de substances psychédéliques. Comme ma mère, il avait longtemps été un parfait hippie ; c'était par idéalisme qu'ils avaient tous deux décidé de rejoindre la communauté ultra-orthodoxe – elle-même sortait à peine de l'adolescence. Ils avaient gardé de cette période de leur vie le plus grand dédain pour les conventions sociales.

« C'est vrai que ton père est un *baal techouva* ? » me demanda un de mes camarades de classe lorsque j'avais dix ans. Nous étions aux toilettes de l'école, chacun devant un urinoir. Yochanan s'était exprimé dans un murmure, comme s'il s'agissait d'une question honteuse.

Je lui jetai un regard horrifié par-dessus la courte cloison qui nous séparait. Nous employions l'expression yiddish « *baal techouva* » – littéralement « celui qui revient » – pour désigner les Juifs qui choisissaient de rejoindre la communauté hassidique à l'âge adulte, alors qu'ils avaient grandi dans un environnement profane. Bien que courageuse, leur démarche ne suscitait parmi nous qu'un intérêt limité. Nous les trouvions étranges, presque suspects, ces gens qui renonçaient aux tentations de leur ancienne vie pour l'existence stricte et enrégimentée qui était la nôtre. N'était-ce pas le signe d'un trouble psychologique ? Ou la preuve qu'ils avaient échoué à se faire une place parmi les goyim et venaient tenter leur chance chez les hassidim ?

Dans un cas comme dans l'autre, ce n'était pas un statut enviable, et je répliquai fermement à Yochanan qu'il s'était trompé. Je n'avais pas encore découvert la vérité. Je savais que mes parents étaient différents, que le comportement de mon père détonnait dans notre univers si convenu, où l'expression de la foi et de la vertu de chacun devait suivre des conventions bien précises, mais je me rassurais en attribuant son étrangeté à son goût pour la solitude. *Il vit dans son monde*, me disais-je. Il sortait de sa coquille quelques heures par semaine pour aller à la synagogue, donner ses cours et accorder un entretien à ceux qui sollicitaient son avis. Sa mission accomplie, il se retirait aussitôt dans son bureau débordant de textes sacrés pour prier ou pour étudier.

Je comprendrais par la suite que mes parents n'avaient qu'une connaissance superficielle du mouvement hassidique lorsqu'ils avaient décidé de le rejoindre. Fascinés par la grande piété des haredim, ils admiraient leur apparente droiture et leur quête de sens. Que d'amour ! Que de joie et de paix intérieure ! Aveuglés par leur idéalisme, ils n'avaient pas remarqué avec quelle brusquerie les enseignants ultra-orthodoxes traitaient les enfants, n'hésitant pas à les frapper s'ils ignoraient un mot en araméen ou s'ils cessaient un instant de suivre du bout de l'index les commentaires du Rachi, imprimés en petits caractères dans les marges de leurs talmuds.

« Ich bin a husid fun aïberchten. – Je suis un hassid de Dieu », me répondit un jour mon père, alors que je lui demandais à quelle communauté hassidique il appartenait.

Mes camarades de classe, au *heder* Krasna – l'école élémentaire de garçons de Borough Park –, étaient issus de familles liées à de petites communautés hassidiques – dynasties de Kasho, de Sighet, de Tzelem – qui n'avaient pas vraiment de rebbe, mais se voyaient affiliées, par leurs origines hongroises et roumaines communes, avec les satmar. *Et nous ?* me demandai-je souvent. *Que sommes-nous ?* J'avais dix ou onze ans, et cette question me taraudait. La réponse que m'avait fournie mon père, aussi honnête fût-elle, ne m'aidait guère à me sortir de certaines situations embarrassantes : que dire lorsqu'un camarade, un professeur ou une connaissance me questionnait sur notre appartenance à telle ou telle communauté ?

« De quelle obédience est ton père ? » me demanda un jour Reb Shimon Mauskopf à l'heure du déjeuner, tandis qu'il remplissait de chocolat chaud une rangée de gobelets en plastique alignés sur son bureau.

Je me décidai en un éclair. « Mon père est un breslov », répondis-je. C'était tout à fait plausible, puisqu'il se conformait aux enseignements des hassidim de Breslov comme à ceux des satmar, mais ce n'était pas la réponse que j'aurais aimé formuler. Les breslov étaient les excentriques de la communauté hassidique. Certains d'entre nous les surnommaient « les hassidim d'outre-tombe » parce qu'ils n'avaient jamais choisi d'autre rebbe après la mort de leur premier chef spirituel, Reb Nachman, au début du XIXe siècle. Considérés comme des désaxés au sein de notre petit univers, ils attiraient ceux du monde extérieur : ex-hippies, toxicomanes, anciens détenus et autres exclus de la bonne société américaine, tous séduits par l'intensité de leur message, leur goût pour les pratiques méditatives héritées du mouvement New Age, la clairvoyance attribuée à leur ancien rebbe et ses récits peuplés de mendiants et d'hommes des bois.

J'aurais préféré que notre famille fût d'obédience satmar. Les satmar étaient arrogants, fiers, prétentieux, pompeux et animés d'un profond dédain pour ceux qui n'appartenaient pas à leur communauté. Ils méprisaient les autres Juifs ultra-orthodoxes, même les plus amicaux, et se montraient franchement hostiles envers ceux qui osaient les contredire. Ils se comportaient en maîtres et j'enviais leurs airs victorieux. N'est-il pas doux de triompher ? *Mieux vaut être chef de bande que souffre-douleur*, me disais-je. Difficile, hélas, de prétendre que mon père était satmar. Contrairement aux breslov, ces derniers avaient un rebbe bien vivant, Reb Moshe, neveu et successeur du défunt Reb Joël, que les fidèles vénéraient et auxquels ils rendaient visite plusieurs fois par an, dans sa synagogue de Rodney Street, à Williamsburg. Or mon père n'y mettait jamais les pieds. Les pères et les grands-pères de mes camarades auraient vite dénoncé la supercherie si j'avais prétendu qu'il était satmar. Le qualifier de breslov était donc la meilleure solution, même si, sur le moment, elle me déplut fortement.

Je connaissais très peu les hassidim de Skvyra, à l'époque. Le heder Krasna, que je fréquentais depuis mon plus jeune âge, se dressait à l'angle du heder skver : nos cours de récréation étaient mitoyennes, ce qui nous permettait de lancer des bombes à eau de part et d'autre de la clôture en fil barbelé. « Bouffons de Skvyra ! criions-nous. – Minables de Krasna ! » répliquaient-ils. Nous en étions souvent là quand la cloche sonnait dans nos deux établissements, nous contraignant à regagner nos salles de classe où nous attendaient les mêmes extraits du Talmud et les mêmes coups de règle, de baguette ou de martinet de la part de nos rebbes respectifs.

On racontait que les skver brûlaient chaque année les livres des breslov lorsqu'ils faisaient brûler le *hamets* avant la fête de Pessah. On disait également qu'ils refusaient de prononcer le nom même des breslov, se contentant de marmonner l'expression « *yéné hévré* » – ces gens-là – pour les désigner. Nul ne connaissait l'origine exacte de cette hostilité vieille de plusieurs siècles, mais nous savions qu'elle s'était transmise de génération en génération et faisait maintenant partie des traditions.

Quelques années plus tard, lorsque j'envisageai de m'inscrire à la yeshiva de la communauté skver, cette animosité me sembla un obstacle : connaissant la sympathie de mon père pour les hassidim de Breslov, ne serait-il pas enclin à rejeter mon projet ? Je redoutai longtemps sa réaction – jusqu'au jour où il loua devant moi la grande piété des skver, me donnant ainsi son accord.

Dès mon entrée à la yeshiva, je découvris que la piété des skver, aussi intense que l'avait annoncé mon père, était surtout très singulière, marquée par une sorte de provincialisme inhabituel chez les hassidim nord-américains. Un matin, peu après le début de l'année scolaire, je discutais dans le hall avec mon ami Chaïm Elya quand notre professeur principal passa près de nous. Il s'arrêta net et me toisa de la tête aux pieds d'un air réprobateur.

« Pourquoi es-tu vêtu comme un *shaïgetz* ? » s'enquit-il.

Je me figeai, stupéfait. Moi, vêtu comme un shaïgetz ? Cette expression désignait ceux qui s'habillaient comme les goyim – en jean et en tee-shirt, la tête nue. Or je portais mon chapeau en fourrure et mon caftan noir, comme tous les autres élèves.

Notre professeur secoua la tête, visiblement agacé. « Où est ton gartel ? » insista-t-il. Je baissai les yeux.

J'avais ouvert les boutons de mon caftan et glissé mon gartel dans ma poche au lieu de le nouer autour de ma taille. Chez les hassidim de Skver, appris-je ce jour-là, on portait son gartel du matin au soir, pas seulement pendant les prières. Être sans gartel, c'était être vulgaire ; et être vulgaire, c'était être un shaïgetz, c'est-à-dire quasiment un goy.

Les responsables de la yeshiva convoquèrent l'ensemble des élèves dans le hall de l'établissement quelques heures après le saccage auquel nous nous étions livrés dans la chambre de Mendy Klein. Le directeur condamna notre initiative avec la plus grande fermeté. « Ce n'est pas aux étudiants de faire respecter le règlement », déclara-t-il.

« Il était obligé de tenir ce genre de discours », nous dit Avremel peu après, nous assurant que nous avions bien agi. D'ailleurs, nous n'avions pas été punis : aucun de nous ne fut renvoyé et personne n'eut à payer les cinquante dollars exigés à ceux qui rataient un examen, ni même les vingt dollars d'amende pour ceux qui manquaient une séance d'étude du Talmud.

Malgré tout, je me sentais honteux, sans bien savoir pourquoi. Au cours des semaines, puis des mois qui suivirent, je m'efforçai d'effacer cette journée de ma mémoire. J'avais pris part à ces agissements : je m'étais porté volontaire pour sermonner ceux que nous soupçonnions de comportement déviant ; j'avais fouillé, froissé et foulé aux pieds les affaires de Mendy. Je m'étais alors senti partie intégrante d'un groupe, élément insignifiant d'une volonté collective qui surpassait et enchaînait la mienne. J'avais mesuré, pour la première fois de ma vie, le pouvoir d'une foule en colère.

J'étais pourtant ami avec Nuta Margulis ; Yossi Rosen avait été mon compagnon d'étude et j'avais longtemps partagé une chambre avec Mendy Klein. Chaque vendredi après-midi, j'apportais à ce dernier une casserole de kugel : la tradition voulait que les étudiants mariés offrent à leurs anciens camarades de chambrée des plats cuisinés par leur épouse. Le vendredi qui suivit l'incident, je décidai de ne pas déroger à mon habitude. Je me rendis au dortoir avec une casserole de kugel aux pommes de terre, que je tendis à un étudiant en lui demandant de la remettre à Mendy. *Que va-t-il penser de moi ?* me demandai-je en partant. Quel genre de camarade étais-je, moi qui saccageais sa chambre le dimanche et lui apportais du kugel le vendredi suivant ? Ma question demeura sans réponse. Mendy ne mentionna jamais l'incident, et personne ne l'évoqua devant lui. Si nos amis nous en tinrent rigueur, ils ne l'exprimèrent pas. Pourtant, sous ce silence tacite couvait ma honte, aussi épaisse que les châles de prière richement tissés dont nous drapions nos épaules, aussi lourde que les ornements en argent tressé qui se balançaient au-dessus de nos têtes.

6

Gitty et moi étions mariés depuis six mois quand on commença à nous interroger sur l'arrivée de notre premier enfant. « Avez-vous une bonne nouvelle à m'annoncer ? » nous demanda le rebbe lors de l'entretien de soixante secondes qu'il accordait aux résidents de New Square à l'automne, avant Roch Hachana, puis de nouveau en décembre, durant les nuits de Hanoukka. Gitty m'observait depuis le fond de la pièce. Je sentis son regard peser sur moi lorsque je secouai la tête : non, pas de nouvelles. « *Nou !* répondit le rebbe. Ce sera pour bientôt, avec l'aide de Dieu ! »

Notre vie quotidienne était déjà bien réglée. Le matin, je me rendais à la yeshiva, tandis que Gitty allait travailler dans les bureaux de la compagnie de bus Monsey Trails, que dirigeait son père. Depuis la fenêtre de son bureau, situé au-dessus de l'atelier et du dépôt, à l'entrée de New Square, elle pouvait observer les mécaniciens qui réparaient les véhicules montés sur des ponts élévateurs. Je n'étais pas ravi de l'imaginer dans cet endroit plein de cambouis et envahi de gaz d'échappement, seule femme dans un monde d'hommes, mais elle appréciait les menues tâches de secrétariat qui lui étaient confiées et se réjouissait de quitter la maison quelques heures par jour.

Nous nous retrouvions à l'heure du dîner, que nous prenions calmement, en nous interrogeant sur notre journée. J'étais plus loquace que Gitty, qui se contentait généralement de m'écouter avec attention et ne répondait qu'à demi-mot. Lorsqu'elle prenait l'initiative d'une question ou d'une remarque, c'était dans un murmure, puis, après s'être éclairci la gorge, dans un coassement. Ses joues s'empourpraient et je détournai les yeux pour ne pas ajouter à son embarras, tandis qu'elle luttait contre l'anxiété que générait chez elle l'étrangeté de cette nouvelle relation.

Nos actes et nos conversations demeuraient contraints, dictés par les nombreuses lois garantissant la pureté de la vie familiale, la crainte d'un contact interdit planant sans cesse comme une menace au-dessus de nos têtes. Certains soirs, je trouvais en rentrant à la maison un petit bouquet de fleurs artificielles sur le plan de travail de la cuisine – ainsi avions-nous choisi d'évoquer cette période du mois sans avoir à l'énoncer à voix haute. Au cours des deux semaines suivantes, notre petit appartement semblait régi par la présence d'un phénomène invisible à mes yeux, mais mystérieux et inquiétant, une bactérie spirituelle bien plus nocive qu'une substance réelle. D'un instant d'inattention pouvaient résulter non seulement un grand péché, mais des générations d'âmes corrompues.

« Peux-tu apporter quelque chose au dayan ? » me demandait parfois Gitty durant les « sept jours propres » au cours desquels elle procédait à deux inspections quotidiennes. Le rouge lui montait aux joues lorsque je croisais son regard. Elle paraissait à la fois déterminée et profondément gênée, ce qui m'inclinait à penser qu'elle répugnait, plus encore que moi, à se plier à ce rituel. J'allais chercher le petit sachet plastique qu'elle avait posé sur la commode de la chambre à coucher. Il renfermait un carré de tissu de cinq centimètres de côté (celui dont elle s'était servie pour l'inspection) ou, plus rarement, un sous-vêtement. Je glissai le sac dans la poche de mon manteau en espérant trouver le dayan dans son bureau – sans quoi je serais obligé d'y retourner plus tard dans la journée.

« Voyons voir ce que nous avons là ! » s'exclamait-il toujours un peu trop fort, de sorte que les autres visiteurs comprenaient clairement de quoi il s'agissait. Il s'approchait de la fenêtre et levait le carré de tissu vers la lumière. Je détournais les yeux, pressé d'en finir avant que la personne suivante ne frappe à la porte. Quel serait le verdict ? Casher ou non ? J'éprouvais durant ces quelques secondes l'angoisse qui saisit le patient avant l'annonce du diagnostic. Si le dayan décrétait que le carré de tissu n'était pas casher, je devrais demander à Gitty de laisser passer sept autres jours, verdict qu'elle accepterait en silence, mais avec une consternation évidente.

D'après le Talmud, « qui voit la chevelure d'une femme découvre sa nudité ». Aussi doit-elle veiller à ne jamais montrer ses cheveux une fois mariée. Le Zohar, texte fondamental de la kabbale, indique que cette règle s'applique jusque dans sa propre demeure. Lorsque s'achevaient ses « sept jours propres », Gitty coupait ses cheveux ras à l'aide d'une tondeuse électrique, rangée au-dessus du lavabo de la salle de bains. Elle ne leur laissait que sept millimètres de longueur, que nul ne voyait – pas même moi : la loi exigeait qu'elle se couvrît la tête en permanence. Chez nous, pour de courtes visites à des proches ou de petites courses, elle portait un turban vert, bleu ou violet pendant la semaine, d'un blanc immaculé pendant le shabbat. Lorsqu'elle sortait plus longuement, elle se coiffait d'une perruque de cheveux synthétiques coupés court et d'un chapeau – une toque aux premiers temps de notre mariage, puis d'autres, au fil des changements de mode et de saison.

À l'issue des « sept jours propres », Gitty traversait le village pour se rendre au bain rituel, dont elle revenait le visage rayonnant, empreinte d'une sérénité inhabituelle. Ce jour-là, entre le moment de son retour et l'approche de minuit, lorsque nous nous retirions pour accomplir la mitsvah relative à cette période de son cycle, j'éprouvais pour elle les premiers picotements du désir, parfois même un véritable élan passionnel, si différents, bien qu'encore ténus, des ardeurs confuses et primitives qui avaient accompagné mon adolescence. Au fil des semaines suivantes, Gitty étant jugée « pure », nous apprenions à mieux nous connaître, même si, d'une nuit à l'autre, nous ne percevions pas d'amélioration notable.

Gitty se repliait parfois sur elle-même sans raison apparente. « Es-tu fâchée ? » demandais-je avec raideur. Elle détournait les yeux, murée dans un silence que je ne parvenais pas à m'expliquer.

« Il serait inconvenant d'appeler votre épouse par son prénom », nous avait affirmé Avremel pendant l'une de nos réunions matinales, et je veillais à suivre cette indication à la lettre. Pour attirer l'attention de Gitty, je m'éclaircissais la gorge, puis je toussotais ou je lançais : « Tu m'entends ? » Le même principe s'appliquait aux conversations que j'avais avec mes amis : je veillais, tout comme eux, à ne pas mentionner mon épouse ni les leurs autrement que par des moyens détournés, usant d'euphémismes ou d'expressions évasives. « La *maisonnée* m'a informé que nous sommes invités à un mariage la semaine prochaine », déclarait mon compagnon d'étude pour m'annoncer qu'il serait absent à la prochaine séance. Yitzchok Schwartz, quant à lui, évoquait volontiers sa *Yiddene*, sa Juive, suscitant les regards réprobateurs des passants, choqués par une telle impudence.

« As-tu une bonne nouvelle à m'annoncer ? » s'enquit Avremel lorsque je le croisai un soir dans le hall de la yeshiva. M'entendant répondre qu'il n'y avait « pas de nouvelles », il me décocha un regard courroucé. « Il devrait y en avoir, maintenant. Pourquoi n'as-tu rien à m'annoncer ? »

Je n'en avais pas la moindre idée, mais Avremel trouva rapidement une explication.

« Je pense que tu t'y prends mal », asséna-t-il.

Il me demanda des détails. Je récapitulai le déroulement des opérations, répétant presque mot pour mot les instructions que j'avais reçues avant mon mariage : nous accomplissions la mitsvah tous les mardis et vendredis soir après minuit, exactement comme on m'avait dit de le faire, en veillant à la « sainteté » et à la « pureté » de nos actes ; nous récitions les prières requises ; nous tendions une couverture en travers de la fenêtre ; nous évoquions la vie de certains Justes ; nous échangions deux baisers sur la bouche ; puis nous le faisions rapidement, « comme sous la menace d'un démon » – la puissance de cette expression suffisant effectivement à priver l'acte lui-même de toute charge érotique.

Avremel sembla troublé, puis contrarié. « Si c'est comme ça que tu t'y prends, autant renoncer, et te gaver de kugel aux nouilles : ce sera plus agréable ! »

Je me souviens encore de ma perplexité. Ne fallait-il pas, justement, éviter à tout prix d'éprouver du plaisir lors de la mitsvah ? N'était-ce pas le but recherché ? « Non », répliqua Avremel. C'était le but, en effet, mais pas tout à fait. S'il n'y avait pas de plaisir, l'acte demeurait superficiel. Ce n'était pas une « vraie » mitsvah. De plus en plus troublé, je le vis faire de grands moulinets avec ses bras tout en secouant la tête d'un air exaspéré. Lorsqu'il reprit la parole, ce fut avec une irritation palpable.

« Pour que le corps d'une femme réagisse, commença-t-il en levant la main à la hauteur de son nez, pour qu'elle puisse créer un enfant, il faut du *liebshaft*. » Ma confusion s'accrut encore à l'énoncé de ce terme yiddish qui désigne l'amour. Il me paraissait incongru dans la bouche d'un homme qui s'était toujours appliqué à me guider sur la voie de la sainteté et de la pureté. Je me demandais aussi comment Avremel en était venu à connaître les fondements de la physiologie féminine. Malgré tout, je n'avais aucune raison de douter de la véracité de son propos – même s'il provoquait chez moi un certain agacement.

« Il faut que je l'*aime* ? » dis-je. Cette idée me semblait grotesque. « Comment ?

– S'il n'y a pas d'amour entre vous, répondit Avremel, tu devras le créer. » Il secoua la tête, les yeux clos, comme s'il cherchait la solution d'un problème éminemment complexe, puis il les rouvrit et les fixa sur moi. « Débrouille-toi pour y parvenir. »

Plus tard ce soir-là, quand nous fûmes attablés, Gitty et moi, devant un dîner composé de poulet rôti et de nouilles sautées, que nous mangions en nous racontant calmement notre journée, je l'observai à la dérobée en me demandant si je pourrais l'aimer. Lorsqu'elle se leva et se dirigea vers l'évier, je remarquai le doux balancement et la courbure de ses hanches ; quand elle fit la vaisselle, je m'adossai au plan de travail pour la regarder, soudain charmé par le rose qui lui montait aux joues, par la douceur de son regard et de sa voix lorsqu'elle me demanda ce que je souhaitais pour mon déjeuner du lendemain.

En sortant de la yeshiva le soir d'après, je me rendis au Mazel Tov Gift Shop, une petite boutique de cadeaux installée en sous-sol. On y vendait de tout : canevas représentant le tombeau de Rachel, hanoukias en argent massif, bagues serties de diamants et bien d'autres articles encore. Ce soir-là, comme chaque semaine, le magasin restait ouvert pour la seule clientèle masculine de 22 heures à 23 heures. Reb Moshe Hersh, le patron, un type robuste sanglé dans un *talit katan* jauni et maculé de taches de gras, avait disposé plusieurs plateaux couverts de bagues et de boucles d'oreilles sur le comptoir. Je baissai les yeux sur les bagues, puis les relevai vers Moshe Hersh, qui se dressait en face de moi, les mains posées à plat sur le comptoir, dans l'attente de ma décision.

« Qu'en pensez-vous ? » dis-je. Je n'avais jamais acheté de cadeau à une femme. Les joyaux étalés devant moi me faisaient l'effet d'un tas de galets brillant au soleil. J'étais déconcerté.

Le patron de la boutique haussa les épaules. « C'est vous le client, pas moi. »

Je baissai de nouveau les yeux vers le plateau chargé de bagues. Sous le regard insistant de Moshe Hersh, dont la respiration emplissait la petite pièce, je pris le temps de les examiner une à une. Leurs différences m'apparurent alors plus clairement : certaines étaient en or, d'autres en argent ; certaines étaient lisses ou délicates, d'autres plus massives ou ouvragées. Je misai sur un anneau en argent surmonté de petits diamants incrustés dans un pourtour festonné. J'aimais son élégance discrète. Plairait-elle aussi à Gitty ? Je la connaissais trop peu pour en avoir la certitude.

Je posai l'écrin sur son oreiller le lendemain matin, juste avant de partir à la yeshiva, accompagné d'une feuille de papier blanc pliée en quatre sur laquelle j'avais inscrit, en caractères hébraïques (ceux que j'utilisais pour annoter les textes du Talmud ou pour retranscrire les explications de mes professeurs) un bref message approprié, me semblait-il, aux circonstances : « J'espère que notre amour grandira et durera toujours. » J'en parlais comme s'il existait déjà et que nous n'avions qu'à le nourrir pour le voir grandir. Avremel, comparant l'amour à la foi, n'avait-il pas décrété qu'il suffit de décider d'aimer pour aimer ?

En rentrant à la maison ce soir-là, je trouvai Gitty dans la cuisine. Elle me tournait le dos, occupée à remplir nos assiettes posées sur le plan de travail. Elle me salua sans mentionner la bague. Peut-être ne l'avait-elle pas encore trouvée ? Je me rendis dans la chambre : l'écrin n'était plus sur son oreiller. « As-tu vu… le paquet ? » demandai-je en regagnant la cuisine.

Elle hocha la tête sans se retourner, laissa passer un silence, puis souffla : « Merci » – rien de plus. Elle ne mentionna pas le cadeau au cours du dîner, et je m'en abstins également, bien que taraudé par le désir de savoir s'il lui avait plu. Avais-je réussi à créer un peu d'amour entre nous ?

J'eus la réponse quelques jours plus tard. Gitty se tourna timidement vers moi après avoir posé nos assiettes sur la table. « J'ai deux semaines de retard », déclara-t-elle, et son visage s'éclaira d'un sourire plus large que d'habitude. Elle semblait même sur le point d'éclater de rire, puis elle se ressaisit, comme gênée par sa propre exaltation. « Je n'en suis pas encore certaine, ajouta-t-elle. Je crois que je peux faire un test pour le savoir. » Je souris à mon tour, comprenant enfin de quoi elle voulait parler. Le test en question, m'expliqua-t-elle, se vendait en pharmacie. Elle en parlerait à sa sœur aînée et, si elle parvenait à se le procurer, nous serions fixés dès le lendemain.

Lorsque nous nous couchâmes cette nuit-là, je vis briller à sa main gauche la bague que je lui avais offerte. Sertis dans les festons d'argent, les minuscules diamants scintillaient à la faible lueur de notre lampe de chevet.

Nous avions donc enfin une bonne nouvelle à annoncer. Et cette nouvelle s'accompagnait de tant de questions, elle nous donnait tant à réfléchir et à organiser que notre relation en fut transformée, comme si nous étions soudain deux personnes complètement différentes. Il ne restait rien de nos réticences : le sentiment de malaise qui avait plané sur notre petit appartement, à l'extrémité de Roosevelt Avenue, s'était envolé comme s'il n'avait jamais existé. Nous discutions à bâtons rompus du prénom de notre futur enfant et des visites à effectuer au centre médical. Nous en vînmes même à nous confier notre ignorance mutuelle : au fond, nous ne savions ni l'un ni l'autre comment ce bébé viendrait au monde, ni ce que nous devrions faire ensuite.

Un soir, alors que nous étions couchés, chacun dans notre lit, je me tournai vers elle. « Je peux te poser une question ? »

Elle se dressa sur un coude.

« Comment le bébé va-t-il sortir ? » demandai-je. *Quelle question idiote !* songeai-je aussitôt, et je tentai de préciser mon propos. « Je veux dire : par où va-t-il sortir ? »

Cette conversation se déroulait avant la première consultation prénatale de Gitty. Nous n'avions pas encore lu les guides et les brochures que le médecin lui remit pour l'informer, ni observé avec enthousiasme les croquis et les diagrammes expliquant le fonctionnement des ovaires et des trompes de Fallope. Et je ne m'étais pas encore rendu à la librairie de mon quartier pour réclamer dans un murmure l'un des ouvrages cachés derrière la caisse, à l'abri des adolescents trop curieux qui se donnaient rendez-vous chaque soir entre les rayonnages de la boutique.

« Je ne sais pas, répondit Gitty. En fait, je me pose la question, moi aussi. » Elle me lança un regard à travers la pièce, et je vis passer une légère angoisse sur son visage faiblement éclairé par le rai de lumière qui filtrait à travers le store. « Tu ne crois pas qu'il faudra m'opérer, tout de même ? » Je ne sus que répondre. Cette interrogation venait de me traverser l'esprit, et j'étais tout aussi désemparé.

Quand vint l'heure de la première consultation, je lui demandai avec hésitation si je pouvais l'accompagner. Elle éclata de rire. « Quelle idée ! Les hommes n'accompagnent jamais leurs épouses chez le médecin. Mais je te répéterai tout ce qu'il m'apprendra », promit-elle.

Gitty avait pris rendez-vous au Refuah Health Center, un centre médical installé à l'entrée du village dans un immeuble imposant, connu pour sa belle façade Art déco. Un cabinet médical de Manhattan envoyait au centre l'un de ses cinq gynécologues chaque mercredi après-midi afin d'examiner les femmes enceintes de New Square. Pour peu qu'elles bénéficient de la Sécurité sociale, ce qui était presque toujours le cas, elles étaient suivies gratuitement, d'un bout à l'autre de leur grossesse, par d'excellents praticiens – un arrangement obtenu par certains dirigeants de la communauté, rompus aux us et coutumes de la politique locale. Les consultations ne duraient que quelques minutes, la plupart des grossesses ne présentant aucune complication, ce qui permettait au médecin d'enchaîner un maximum de rendez-vous dans un minimum de temps.

« Regarde : on voit sa tête ! » s'écria Gitty en rentrant d'une consultation. Elle brandissait les clichés de la première échographie. « Là, reprit-elle, tu vois ? Regarde ses mains ! Et ses pieds ! » Penché sur les zones sombres qu'elle pointait du doigt, incapable de discerner quoi que soit, j'éprouvai un pincement de jalousie pour l'attachement qui se formait entre ma femme et notre enfant. Parviendrais-je à le partager ? Je pressentis ce soir-là que ce ne serait jamais complètement le cas.

La naissance était prévue pour la fin de l'été, une période agitée, rythmée par les préparatifs des petites et grandes fêtes juives appelées à se succéder en l'espace d'une vingtaine de jours : Selihot, Roch Hachana, le jeûne de Guedalia, Yom Kippour, Souccot, Hol Hamo'ed, Hochana Rabba, Chemini Atseret et Simhat Torah. L'arrivée de notre enfant était imminente, mais j'y pensais peu, accaparé par la frénésie ambiante. Notre réfrigérateur débordait de victuailles, toutes emballées dans des bocaux ou des plats en aluminium : carpe farcie, poulet rôti, *farfel*, *kreplakh* et compote de pommes ; le congélateur, quant à lui, abritait plusieurs litres de bouillon de poulet aux vermicelles. Tandis que Gitty s'affairait en cuisine, occupée à préparer assez de hallot pour les quatre semaines à venir, je tentai de construire dans notre minuscule jardinet la cabane de deux mètres quarante de côté dans laquelle nous passerions les sept jours et les sept nuits de Souccot : grimpé sur une échelle adossée à la façade, je posais les traverses, j'enfonçais des clous et j'assemblais les panneaux de contreplaqué entre lesquels nous prendrions nos repas, lirions, recevrions nos amis et, comme l'ensemble des habitants de New Square, attraperions froid après plusieurs nuits passées à la belle étoile sous le ciel ombrageux de la mi-octobre.

« Aides-tu Gitty à tenir la maison ? » s'enquit ma mère à plusieurs reprises. Depuis que j'étais marié, elle m'abreuvait de conseils et de préceptes destinés à garantir mon bonheur conjugal : « Le mariage n'est pas à sens unique, m'avait-elle expliqué au lendemain de la cérémonie. Tu dois donner autant que te donne ton épouse. » Gitty ne semblait pas du même avis : elle se dérobait chaque fois que je lui proposais de l'aide. « Tu pourrais peut-être sortir la poubelle ? » suggérait-elle sans conviction, peu soucieuse d'encourager mon désir de me rendre utile.

« Comment se sent-elle ? demandait ma mère. – Je ne sais pas très bien, répondais-je. – Et si tu lui posais la question ? » répliquait-elle. Je me mettais donc en devoir d'interroger mon épouse au cours du dîner, profitant généralement du silence qui s'installait entre le pamplemousse et la soupe de pois cassés, entre la liste des prénoms possibles pour notre bébé et les commérages que glanait Gitty dans la salle d'attente du centre médical. « Et comment te sens-tu aujourd'hui ? » lançais-je d'un ton jovial. Gitty s'empourprait, comme chaque fois que je lui adressais la parole. Un sourire gêné étirait ses lèvres, signe que ma question, trop intime, la mettait mal à l'aise. « Je me sens bien », murmurait-elle, refusant d'en dire plus lorsque j'insistais, cherchant à savoir si elle souffrait de nausées matinales, de fatigue ou de maux de tête, comme me l'avait recommandé ma mère. « Je n'ai rien de tout ça », affirmait-elle avec un petit rire modeste.

« Elle dit qu'elle se sent bien, disais-je à ma mère. – En es-tu sûr ? » répliquait cette dernière, comme si les maux associés à la grossesse étaient si variés et si nombreux qu'il était impossible d'en être épargnée. « Je te promets que tout va bien, répondait Gitty quand je réitérais ma question. Je suis parfaitement en mesure de faire la cuisine, le ménage et la lessive. Et j'aimerais, si possible, que ta mère cesse de se mêler de nos affaires ! »

Deux jours avant Yom Kippour, je me rendis au centre commercial de New Square, devant lequel était dressé un grand enclos rempli de cagettes en plastique abritant des poulets vivants. Plusieurs femmes accompagnées de leurs enfants se tenaient au centre de l'enclos, où elles faisaient tourner trois fois les poulets au-dessus de leurs têtes, selon l'usage dit « des *kapparot* des expiations », un rituel censé transférer les péchés des fidèles dans le corps de la volaille terrifiée, qui serait ensuite abattue et offerte aux étudiants de la yeshiva, ravis d'en faire leur repas de fête.

Ce rituel se pratiquait de préférence la veille de Yom Kippour, au lever du jour – heure à laquelle, selon les docteurs de la kabbale, les cieux étant dans de bonnes dispositions, « un fil de bonté » se tendait en travers du cosmos. Soucieux de bien faire, j'achetai un poulet et demandai au vendeur de le mettre dans une petite boîte en carton, que j'emportai à la maison. Je sentis le poids de l'animal glisser d'un coin à l'autre de la boîte au cours du trajet. En arrivant, je la posai sur le sol de ma *souccah*, j'ouvris le couvercle et plaçai une tranche de pain et un bol d'eau à l'intérieur.

Je m'étais entendu avec mon ami Yakov Yosef Freund afin qu'il me téléphone à 4 h 30 le lendemain matin pour me réveiller. Nous aurions le temps, chacun de notre côté, de nous habiller rapidement, de nous immerger dans le mikveh et de réciter les prières de pénitence avant l'apparition du « fil de bonté » au-dessus des toits de New Square. Puis Yakov Yosef et moi saisirions nos poulets et les ferions tourner trois fois au-dessus de nos têtes. Le rituel accompli, il nous faudrait courir jusqu'au centre commercial où d'autres fidèles se presseraient, comme nous, dans l'impasse jonchée de détritus qui longeait l'arrière du bâtiment. Là, sur le seuil de la boucherie casher, le boucher trancherait la gorge de nos poulets. Nous aurions alors, d'après nos calculs, quelques minutes devant nous pour regagner la maison du rebbe et nous mêler aux hassidim entassés dans le sous-sol humide afin de voir le chef de la communauté faire tourner son poulet au-dessus de sa tête en chantant, le visage baigné de larmes : « Les fils de l'homme, assis dans les ténèbres et dans l'ombre de la mort. »

Nous allâmes nous coucher à 2 heures du matin, Gitty et moi. Peu après, je l'entendis prononcer mon prénom. Je ne réagis pas, croyant qu'elle parlait dans son sommeil, jusqu'à ce qu'elle annonce : « Shulem, j'ai perdu les eaux ! »

Je me levai d'un bond. Le réveil posé sur la table de nuit indiquait 4 heures. Gitty était couchée sur le côté, les yeux clos, le visage tordu de douleur. Seul le sifflement de sa respiration entrecoupée troublait le silence de la pièce. Je m'assis au bord du lit et la dévisageai avec appréhension. Que devais-je faire, exactement ?

« Préviens le docteur », indiqua Gitty dès que la contraction fut passée. Je composai le numéro qu'elle me montra dans son petit carnet d'adresses. Elle avait tout prévu avec son efficacité habituelle.

Le Mount Sinai Hospital se trouvait à une heure de route. Or j'avais le sentiment, en regardant Gitty, qu'elle allait accoucher d'un instant à l'autre. « Faut-il appeler une ambulance ? » demandai-je au médecin. Gitty leva les yeux au plafond d'un air las.

« C'est son premier enfant, répliqua le gynécologue. Il ne risque pas de sortir avant un bon moment. »

Gitty se leva pour s'habiller tandis que j'imaginais notre bébé naissant sur la banquette arrière d'un taxi conduit par un chauffeur apathique le long de Palisades Parkway.

« Appelle le rebbe », dit Gitty.

Il était plus de 4 heures du matin, mais Reb Shia, le vieux gabbaï, décrocha presque aussitôt.

« Oui ?
— J'appelle pour vous annoncer une naissance. Nous nous apprêtons à partir pour l'hôpital.
— C'est à quel nom ?
— Shulem Deen.
— Pas *votre* nom. Celui de votre épouse.
— Son nom à elle ? »

Je m'interrompis, l'esprit vide. Quel était le prénom de ma femme ? Impossible de m'en souvenir.

« Alors, comment s'appelle-t-elle ? insista le gabbaï avec impatience.
— Attendez... Gittel ! Gittel, fille de Chaïm.
— Donnez-moi le prénom de la mère ! »

Le prénom de la mère ? Je n'y comprenais plus rien. Ne venais-je pas de lui indiquer le prénom de mon épouse ? Et Gitty ne serait-elle pas mère dans la nuit ? Mais... Ah, oui ! C'était le prénom de la mère de Gitty qu'il fallait. « Gittel, fille de Chava Leah », répondis-je enfin, énonçant les informations dans l'ordre requis par le rebbe pour que ses prières portent leurs fruits.

« Bien. Je vais prévenir le rebbe, promit le gabbaï. C'est une bonne nouvelle. » Je raccrochai. Gitty me demanda aussitôt d'appeler un taxi. Debout face à la coiffeuse, elle tentait d'ajuster sa perruque. Puis elle prit la valise qu'elle avait préparée et m'attendit près de la porte tandis que j'attrapai quelques billets dans l'enveloppe remplie de dollars que nous rangions au fond du tiroir de la commode.

Un moment plus tard, quand le taxi accéléra sur Palisades Parkway en direction du George Washington Bridge, je sortis mon Livre des Psaumes (celui dont le rebbe s'était servi lors de sa visite à la yeshiva de Williamsburg six ans plus tôt) et l'ouvris au chapitre 20. J'avais aussi emporté *L'Ange Reziel* et *Noam Elimelekh*, deux textes fondateurs du hassidisme que je devais glisser sous l'oreiller de mon épouse afin d'apaiser ses douleurs. Assise seule sur la banquette arrière, Gitty avait ouvert son propre Livre des Psaumes, un recueil relié de cuir blanc où son nom de jeune fille avait été inscrit en lettres d'or.

« Le Psaume du chapitre 20 apporte une aide fabuleuse aux femmes sur le point d'accoucher », avais-je lu dans un ouvrage consacré aux coutumes ésotériques. Neuf versets pour les neuf mois de la grossesse ; soixante-dix mots pour les soixante-dix étapes du travail ; trois cent dix lettres pour les trois cent dix mondes paradisiaques des Justes. C'était imparable, assurait l'ouvrage. D'une efficacité redoutable.

Que l'Éternel t'exauce au jour de ta détresse.
Que le nom du Dieu de Jacob te protège !
Qu'Il t'envoie du secours depuis le sanctuaire.
Depuis Sion, qu'Il te soutienne !

Le chauffeur du taxi observa mon Livre des Psaumes à la dérobée, mais ne fit aucun commentaire. Quant à moi, je me retournai à plusieurs reprises vers Gitty, l'interrogeant du regard d'un air préoccupé. À chaque fois, elle hochait la tête et murmurait : « Tout va bien », avant de reprendre sa récitation des Psaumes entrecoupée d'exercices de respiration.

*Qu'Il se souvienne de tes offrandes
et qu'Il agrée tes holocaustes ;
Qu'Il te donne ce que ton cœur désire
et qu'Il accomplisse tous tes projets !*

Quand j'eus récité le Psaume 20 neuf fois de suite, je le récitai neuf fois de plus, puis neuf autres, jusqu'à ce que j'aie récité neuf fois chacun des neuf versets. Je jetai un regard vers la vitre : nous n'avions même pas dépassé la station essence et la supérette situées au milieu de Palisades Parkway.

Nous arrivâmes enfin au pavillon Klingenstein du Mount Sinai Hospital, où Gitty fut rapidement installée en salle de travail. Le visage baigné de sueur, elle demeura d'abord étendue sur le dos, puis elle se mit sur le côté, les jambes repliées, avant de se tourner de nouveau en quête d'une position confortable. Son turban s'était déplacé, révélant la naissance de ses cheveux coupés court sous sa perruque. Pour la première fois depuis notre rencontre, j'éprouvai le vif désir de la serrer dans mes bras. J'aurais aimé lui parler, la couvrir de paroles affectueuses, lui dire non pas que je l'aimais (ce n'était pas encore tout à fait vrai), mais que je tenais à elle. Je dus m'en abstenir : je ne devais ni la toucher ni lui témoigner mon affection. La loi hassidique l'interdisait. Après être allé lui chercher plusieurs gobelets remplis de glaçons au distributeur dressé dans la salle d'attente, je m'assis dans un coin de la chambre et me replongeai dans le Psaume 20, entamant une nouvelle série de neuf fois neuf lectures complètes.

« Je crois que tu ferais mieux de sortir », déclara Gitty quelques minutes plus tard en se tournant vers le mur opposé. Elle avait raison : il était temps pour moi de partir, puisque je n'avais pas le droit d'assister à la naissance – une autre loi hassidique à laquelle je ne devais pas déroger. Je quittai la pièce et commençai à faire les cent pas dans le couloir, mon Livre des Psaumes à la main. Un homme jaillit peu après de la chambre voisine, l'air radieux, un large sourire aux lèvres. Il m'observa, puis détourna les yeux. Se serait-il approché pour partager sa joie si j'avais été vêtu comme lui ? Peut-être. Mes vêtements hassidiques me parurent soudain lourds à porter. Ce soir-là, ils me séparaient des autres hommes, pourtant aussi inquiets et désœuvrés que moi. Mon chapeau, mes papillotes et mon caftan les rebutaient. Sans cela, nul doute qu'ils m'auraient souri ou adressé la parole après la naissance de leurs bébés.

L'obstétricien sortit de la chambre de Gitty et passa devant moi sans s'arrêter. Avait-il seulement remarqué que j'étais là ? Pas sûr.

« Comment va-t-elle ? lançai-je.

– Bien », marmonna-t-il.

Il avait déjà parcouru quelques mètres et ne s'était pas retourné pour me parler, comme si j'étais une créature étrange dont il devait endurer la présence, un boulet qu'il traînait derrière lui sans bien savoir pourquoi.

L'homme dont la femme venait d'accoucher sortit de nouveau de la chambre voisine, promena un regard dans le couloir, puis rejoignit sa compagne. « Il y en a une autre juste à côté, l'entendis-je annoncer. – Est-ce qu'elle crie beaucoup ? » s'enquit une voix féminine. Je n'entendis pas la réponse du type, énoncée dans un murmure, mais je l'imaginai sans peine : « C'est une de ces Juives ultra-orthodoxes... Tu sais bien... celles qui portent des perruques ! »

Une sage-femme entra peu après dans la chambre de Gitty. L'obstétricien la rejoignit quelques minutes plus tard. Je n'entendis ensuite, pendant un long moment, que la voix de la sage-femme qui comptait jusqu'à dix, puis criait : « Poussez ! Poussez ! » ou, d'une voix courroucée : « Non ! Pas maintenant ! Je vous ai dit de ne pas pousser ! » Gitty émettait parfois un râle à peine audible. Comme j'aurais voulu, alors, être auprès d'elle, lui tenir la main et éponger son front ! Trente minutes s'écoulèrent ainsi, portant mon angoisse à son comble, puis l'infirmière cessa de crier et j'entendis le vagissement d'un nourrisson. Ma gorge se noua. La sage-femme déclara : « C'est une fille », puis « née à 7 heures 22 minutes », et enfin « 2,8 kilogrammes ». J'appuyai mon front contre le mur du couloir et laissai libre cours à mes larmes.

Le médecin sortit de la chambre vingt minutes plus tard. Il passa de nouveau devant moi sans s'arrêter. Lorsqu'il atteignit la salle des infirmières, il se figea et se retourna, comme s'il venait tout juste de se rappeler qui j'étais. « Au fait, dit-il. C'est une fille. »

Je quittai Gitty vers 14 heures, l'estomac dans les talons. Je me souvins alors d'une phrase du Talmud affirmant que « celui qui festoie le neuf du mois de tichri agit comme s'il jeûnait le neuf et le dix ». Le jour de Yom Kippour, qui tombe le 10, est dévolu au jeûne et à la prière, mais avant et après, les fidèles sont invités à se réunir autour d'un bon repas. La veille de Kippour, chacun se prépare. Les fautes seront bientôt effacées ; les offenses seront oubliées. Les plateaux de la balance retrouveront leur équilibre et tout ira pour le mieux dans le grand livre des comptes célestes. « Si tes péchés sont de couleur écarlate, ils deviendront blancs comme neige ; s'ils sont d'un rouge cramoisi, ils prendront une couleur de laine. »

J'étais donc autorisé à festoyer, ce qui me réjouissait. Mais où trouverais-je des aliments casher dans cet hôpital ? Je n'avais mangé ce jour-là qu'une petite part de gâteau au miel, attrapée sur le comptoir de la cuisine avant de partir pour l'hôpital. Une infirmière m'ayant assuré que la cafétéria était équipée d'un distributeur de produits casher, je m'y précipitai. La machine était vide. « Hors service » proclamait une grande pancarte manuscrite placardée sur la vitrine. Les étagères dégarnies, encore munies de petites étiquettes – « sandwich au thon », « yaourt aux fraises », « crêpe au fromage » –, semblaient se gausser des gargouillis qui montaient de mon estomac.

Le spectre de Yom Kippour se dressait devant moi telle une menace : je ne voulais pas jeûner deux jours de suite. En outre, j'avais hâte de rentrer à New Square : la première des prières de pénitence commencerait à 16 heures. Je voulais annoncer au rebbe la naissance de notre enfant et recevoir sa bénédiction ; je souhaitais retrouver ma famille et mes amis, et échapper aux regards curieux ou hostiles des habitants de New York. Le dernier car de la journée à destination de New Square partirait à 15 heures de Midtown, au centre de Manhattan. J'avais une heure pour m'y rendre en taxi, ce qui suffirait amplement, j'en étais convaincu.

Je sortis mon porte-monnaie pour vérifier l'état de mes finances. Il était vide.

Je m'étais trompé dans mes calculs. J'avais emporté assez d'argent pour régler la course que nous avions effectuée au lever du jour, mais je n'avais pas pensé à celle du retour. J'avais bien un ticket pour le car de la compagnie Monsey Trails, offert par mon beau-père, mais il ne me servirait à rien si je n'arrivais pas à 15 heures à Midtown. Je n'avais pas de carte de crédit et j'avais oublié mon chéquier à la maison. Je me figeai devant l'hôpital, pris de panique.

C'est alors que je le vis. Il était assis au volant d'une voiture garée le long du trottoir, à quelques mètres de là. Un Juif ! Il semblait appartenir à la communauté litvak : ses papillotes épaisses et courtes étaient coincées derrière ses oreilles, et il portait une chemise blanche sans talit katan. Ce n'était pas un haredim, mais il était Juif et orthodoxe – que demander de plus ? Il était plongé dans la lecture d'un texte religieux (difficile d'en être sûr à cette distance), qu'il quitta des yeux en me voyant approcher.

Je lui expliquai la situation. Pouvait-il me prêter quelques dollars ? Je les lui renverrais par la poste dès que j'arriverais chez moi.

L'homme me jaugea d'un air impassible. Je m'étais attendu à ce qu'il me félicite de la naissance de ma fille et me souhaite un bon Kippour. J'étais absolument convaincu qu'il accepterait de m'aider – aucun Juif orthodoxe n'aurait agi autrement.

Au lieu de quoi, il plongea la main dans la poche de son pantalon et en sortit quelques pièces de monnaie, qu'il posa dans ma main en disant : « Prenez le bus. »

Je fixai les pièces de vingt-cinq cents avec stupeur. Le type s'était replongé dans son livre. Quel genre de Juif était-il donc ?

Je me souvins des paroles de notre ancien rebbe, qui interdisait à ses fidèles de se rendre à New York en train ou en bus. « Mourez plutôt que d'enfreindre la loi ! » avait-il décrété en classant l'usage des transports publics parmi les péchés cardinaux.

« Je vous en prie, dis-je au chauffeur de la voiture. Je ne peux pas... » Je m'interrompis, incapable de trouver les mots justes. L'homme profita de mon silence pour tendre l'index vers le bouton qui actionnait la vitre électrique. Il garda les yeux rivés sur son livre tandis que la vitre remontait, comme si ma présence n'était qu'une nuisance sonore de plus dans l'agitation de la grande ville.

« Un seul regard sur une chose ou une personne interdite, assurait l'ancien rebbe, et vous perdrez une année entière d'étude de la Torah. »

Détourne les yeux. Au bain rituel. Au supermarché. Dans la rue. « Celui qui regarde le petit doigt d'une femme aura péché comme s'il avait vu la partie la plus cachée de son corps. » Il faisait chaud, ce jour-là. Comment pouvais-je monter dans un bus sans poser les yeux sur des dizaines de corps à demi nus ?

Mais avais-je le choix ? Non, songeai-je avec lassitude en ôtant mes lunettes aux verres épais, cerclés de plastique noir. Autour de moi, le monde perdit ses contours, se résumant à un océan de formes et de couleurs indistinctes. Je montai dans un bus, trouvai un siège libre et m'assis en gardant les yeux baissés.

Je savais que le car de Midtown à New Square, géré par des skver, serait très différent : un rideau de tissu serait tendu dans la travée centrale pour séparer la zone réservée aux femmes de celle des hommes. J'arrivai devant l'arrêt à l'instant où le véhicule démarrait. Je grimpai à la hâte, tendis mon ticket au conducteur, puis m'avançai dans l'allée. Je remarquai alors que le rideau avait été poussé vers le fond du bus. Les voyageurs étaient sans doute trop fatigués par leur journée de travail pour se donner la peine de le tirer. Ils seraient ravis que quelqu'un s'en charge pour eux, estimai-je. Je posai mon châle prière et mon shtreimel sur un siège libre, puis j'entrepris de tirer convenablement le rideau.

« Qu'est-ce qui vous prend ? glapit un voyageur. Vous ne trouvez pas qu'il fait assez chaud comme ça ? »

Il était litvak, lui aussi. Les propos d'un de mes professeurs me revinrent alors à l'esprit : « Les litvak accordent peu d'importance aux questions de sainteté et de pureté. »

D'autres passagers se joignirent au litvak, formant bientôt un chœur de voix acerbes.

« On s'en fiche, de ce rideau !

– Il fait trop chaud. Vous voulez nous asphyxier ?

– Asseyez-vous et fermez les yeux, si ça vous chante ! »

D'abord stupéfait, puis troublé, je sentis bientôt la colère me gagner. « N'avez-vous pas honte ? criai-je à l'un des voyageurs. N'avez-vous pas honte d'exposer vos yeux à tant d'impudeur ? La veille de Kippour, en plus ! »

Il était 16 h 30 quand le car s'arrêta enfin au coin de Truman et de Washington Avenue, à New Square. Les prières venaient de s'achever : des flots de haredim sortaient de la synagogue. Je me précipitai à l'intérieur pour être certain de voir le rebbe. Il quitta un instant plus tard l'antichambre aménagée à l'avant du bâtiment et s'engagea dans la travée centrale, entre les rangées de fidèles. Je m'avançai pour le saluer.

« Ma femme vient de donner naissance à notre enfant, dis-je. C'est une fille. »

Le rebbe ralentit le pas, tendit la main et serra mollement la mienne du bout des doigts, comme si mon annonce n'avait guère plus d'importance que le passage du facteur. « Mazel tov », dit-il d'un ton morne.

Je fis un pas de côté et le suivis du regard tandis que la foule se refermait derrière lui.

« Nos bonnes nouvelles réjouissent plus le rebbe que nous-mêmes », affirmait souvent Avremel lors de ses nombreuses allocutions. *Est-ce vraiment le cas ?* me demandais-je soudain.

Je me dirigeai vers Roosevelt Avenue d'un pas lent. Je me sentais exténué – j'avais très peu dormi la nuit précédente et le trajet en bus m'avait fatigué. La joie que m'avait procurée la naissance de ma fille, mêlée à l'anxiété que j'avais éprouvée tout au long de la journée, me submergeait au point que j'en oubliais ma faim. Je n'avais plus qu'un désir : rentrer chez moi. Je m'aperçus que Gitty me manquait – c'était la première fois. Notre enfant aussi me manquait, ce bébé aux yeux clairs et grands ouverts sur le monde, avec son duvet de cheveux couleur pêche et sa tache de naissance, d'un rouge framboise, au creux de la nuque.

J'approchais de la maison quand la mémoire me revint : je n'avais pas accompli le rituel des kapparot. Mes fautes ne seraient pas complètement expiées. Le poulet était resté dans sa boîte en carton, en plein soleil, sans eau ni nourriture. Je me précipitai vers la souccah. L'animal redressa la tête quand je jetai un œil dans la boîte. Soulagé de le trouver en vie, je glissai une tranche de hallah à l'intérieur et remplis son bol d'eau fraîche. Puis je montai dans la chambre à coucher et m'allongeai sur mon lit, tout habillé. J'avais terriblement sommeil, mais je me forçai à rester éveillé. La journée n'était pas terminée : j'étais attendu à un repas de famille avant le début du jeûne de Kippour, puis je devrais courir au mikveh, et allumer un cierge à la synagogue en mémoire de mon père ; l'office de *kol nidré* commencerait peu après. Les prières se succéderaient bien au-delà de minuit.

Une demi-heure plus tard, lorsque je fus assis dans la salle à manger de mes beaux-parents devant une table garnie de hallot, de carpe farcie et de bouillon de poulet aux vermicelles, je repensai aux divers incidents qui avaient émaillé la journée – l'attitude revêche de l'obstétricien, l'animosité du litvak qui m'avait jeté quelques pièces dans la main sans même me regarder, la colère des passagers du car, furieux de me voir si zélé, et l'indifférence du rebbe envers la bonne nouvelle que je lui annonçais. Les manières simples et sans prétention de ma belle-famille me parurent alors infiniment appréciables.

Quand Gitty revint à la maison quelques jours plus tard, nous nous installâmes avec le bébé chez ses parents, dans une pièce spécialement préparée pour l'occasion, comme le voulait la coutume. Durant trente jours, la mère et son nourrisson constituaient une proie de choix pour Lilith et ses démons ; pour cette raison, ils ne devaient jamais être laissés seuls. Les murs de notre chambre étaient ornés de textes mystiques imprimés sur papier plastifié, qui citaient les noms des anges protecteurs et ordonnaient aux forces du mal de se tenir à distance.

Notre fille fut couchée dans le tiroir d'une commode posé entre deux chaises – il fallait attendre trente jours avant de pouvoir utiliser un berceau ou un couffin –, et nous nous penchâmes au-dessus d'elle, l'admirant en silence. Très éveillée, elle semblait nous rendre notre regard. Je me tournai vers Gitty, qui me sourit. Nous étions plus calmes, moins nerveux l'un envers l'autre. Presque sereins. Quelque chose avait changé – mais quoi ?

Ce fut bientôt l'heure de la tétée, et Gitty s'assit sur le lit en face de moi, se couvrit l'épaule et la poitrine d'un lange, puis défit les boutons de sa blouse. Tout en nourrissant le bébé, elle engagea la conversation sur l'allaitement, les différents types de change et les mérites relatifs des divers modèles de tétine vendus sur le marché. Je compris alors ce qui avait changé.

Nous avions créé de l'amour.

7

Ce fut l'année des séances photo, tous ces instants de bonheur qui semblaient parfaitement mis en scène, n'attendant plus que le déclic de l'appareil pour passer à la postérité.

Voici Tziri en train de sortir de gros sacs d'oignons et de pommes de terre du placard de la cuisine ; Tziri assise par terre, une tomate dans chaque main, chipées dans les sacs de supermarché posés près d'elle, le visage et le nez couverts de petites graines et de pulpe rouge ; Tziri en équilibre encore instable sur ses petites jambes, une main posée sur la poubelle, l'autre crispée sur un petit bol en plastique, le nez, le front et les joues maculés de pudding au chocolat, les yeux écarquillés par la culpabilité ; Tziri occupée à arracher les pages des livres qu'elle a pris sur les étagères les plus basses de la bibliothèque dans la salle à manger ; Tziri assise sur le lit de Gitty, la main tendue vers le téléphone sans fil abandonné sur l'oreiller ; ou encore Tziri barbouillant au crayon rouge la couverture du *Manuel à l'usage des jeunes mariées* que Gitty avait placé sur sa table de nuit.

Ce fut une année radieuse. L'angoisse diffuse qui avait empoisonné mon adolescence s'était évanouie ; disparue également l'impression de gêne et de malaise qui avait accompagné les premiers temps de mon mariage. Je ne ployais pas encore sous les responsabilités d'un père de famille nombreuse, je ne redoutais pas de tomber malade ou de manquer d'argent ; je n'avais pas encore à gérer les disputes entre frères et sœurs, les refus de porter tel ou tel vêtement, les exposés à préparer et les devoirs en retard ; j'étais encore loin de m'interroger sur ma foi et sur la manière de gérer mes doutes et mes questionnements. Même les nuits s'écoulaient sans heurts : de tempérament calme, Tziri dormit huit heures d'affilée dès l'âge de quatre mois.

J'éprouvais tout de même quelques moments de frustration, notamment lorsque je tenais Tziri dans mes bras : j'avais alors l'impression de l'avoir « empruntée » à sa mère, comme si Gitty avait accepté de partager son précieux trésor avec moi, sous son étroite surveillance ; comme si j'étais une sorte de parent consort, sans attributs ni véritable pouvoir. Au début du printemps, nous prîmes l'habitude de nous installer sur la terrasse pour profiter des premiers rayons du soleil. Assis sur des chaises de jardin, nous tenions Tziri sur nos genoux. Je me souviens d'un après-midi où, ayant remarqué qu'elle avait la chair de poule, je m'étais levé pour aller lui chercher un chandail. Gitty avait détourné les yeux, l'air agacé. C'était elle qui déterminait les besoins et les humeurs de notre fille : Tziri avait-elle chaud ou froid ? Faim ou mal au ventre ? Avait-elle décidé d'être un « bon bébé » ou de nous faire tourner en bourrique ? Autant de sujets sur lesquels je n'avais pas mon mot à dire. Lorsque, peu après sa naissance, je proposai de changer Tziri, Gitty me dévisagea avec stupeur, comme si ma suggestion dépassait l'entendement. Que connaissais-je aux bébés, moi, un jeune homme à peine sorti de la yeshiva ? Comment aurais-je pu changer ses couches alors que j'avais l'esprit entièrement occupé par la prière et l'étude de la Torah – loin, très loin, de toute considération d'ordre domestique ?

Elle me faisait mal, cette impression que mon enfant appartenait plus à sa mère qu'à moi, mais j'appris à l'accepter. Loin de me tenir à l'écart, je me laissais envahir par l'amour que j'éprouvais pour Tziri, par la joie indicible, presque douloureuse que me procurait sa seule existence. Je me demandais parfois d'où provenaient ces émotions, si intenses qu'elles me laissaient pantois lorsque je la regardais dormir, manger, ou même pleurer, fasciné par son visage rouge et plissé, charmé par ses vagissements quasi mélodieux.

D'autres enfants viendraient au cours des années suivantes, et nous les aimerions profondément, Gitty et moi, mais ce que j'éprouvai à la naissance de Tziri ne se reproduisit pas avec les suivants. L'arrivée de ce premier bébé avait réparé quelque chose en moi. Ses frères et sœurs eurent ensuite un rôle moins important à jouer. En épousant Gitty, j'avais eu le sentiment de me détourner de mon chemin pour emprunter celui d'un autre, de ne plus écouter mes désirs, mais d'obéir à ceux qui m'avaient été assignés par un monde et une communauté qui formaient pour moi des projets que je n'avais pas complètement choisis, mais auxquels je devais me plier. Tziri fut ma consolation. Quand je rentrais à la maison après une longue journée d'étude, je trouvais ma femme et ma fille sur la terrasse. Gitty nourrissait Tziri à la cuillère – purée de carottes ou de petits pois, compote de pommes – et toutes deux se tournaient vers moi en me voyant arriver. Gitty m'offrait un gentil sourire, Tziri levait les bras en l'air ou se lançait dans une série de petits cris perçants qui me mettaient aux anges.

Je me souviens très bien du jour de janvier 1996 où je l'ai prise dans mes bras – elle avait alors seize mois – pour la présenter à sa sœur, Freidy, qui venait de naître. Tziri tenait un objet à la main, oblong et vaguement menaçant (que j'associe dans ma mémoire à une louche ou à un rouleau à pâtisserie, alors qu'il s'agissait sans doute d'un jouet), lorsqu'elle aperçut le nourrisson qui s'endormait, installé dans un berceau de fortune entre nos deux lits jumeaux. Elle observa le petit paquet de langes, puis elle reporta son regard sur nous et éclata de rire. *Dites-moi que c'est une blague*, semblait-elle vouloir dire en riant nerveusement comme l'aurait fait un adulte. Elle brandissait l'objet vers Freidy, prête à frapper cet être odieux qui osait prendre sa place. Gitty et moi avons ri à notre tour, un peu inquiets, mais sous le charme.

L'arrivée de Freidy nous fit mesurer à quel point nous manquions d'expérience. Les joues rondes, sujette aux coliques, Freidy hurla tout au long des douze premiers mois de sa vie. Gitty était occupée du matin au soir par les deux enfants, tandis que je continuais à étudier, à prier et à assister aux tischen du rebbe. Nous avions tous deux vingt et un ans et deux bambins à charge. Nous avons vite compris que nous n'avions pas les moyens de nos ambitions.

« Demain, il faut payer le loyer », me rappela Gitty un matin. Le soir du même jour, elle agita un paquet de factures sous mon nez. « DERNIER AVIS AVANT COUPURE », annonçait un courrier de notre fournisseur d'électricité en lettres capitales imprimées à l'encre rouge. La liasse contenait également une facture de téléphone et une autre d'une compagnie de vente par correspondance à laquelle Gitty avait acheté un grille-pain dernier cri pour la somme de cent vingt dollars, payable en trois petites mensualités. Nous avions des dettes au supermarché, à la poissonnerie et à la boucherie. « M. Greenberg m'a demandé de régler une partie de la note », ajouta Gitty, et j'en voulus terriblement à M. Greenberg de ne pas comprendre qu'un crédit plafonné à trois cents dollars ne suffisait pas à nourrir une famille de quatre personnes dont les seules ressources provenaient de l'étude de la Torah.

Au début, mes obligations de père de famille me parurent relativement simples à assumer. Ce n'était pas compliqué, en fait. Puisque tout le monde y parvenait, c'est qu'il devait y avoir une formule. Je l'apprendrais en temps voulu et tout se passerait bien. L'important était de lancer le processus. Je m'imaginais que le « système », le cocon d'institutions et de réseaux de soutien accessibles à tout hassid de sa naissance à sa mort, se chargerait du reste. Sans compter que nous étions entourés de nos parents respectifs, qui se feraient une joie de nous inviter à dîner en semaine ou pour le shabbat, et de pourvoir aux besoins de notre premier enfant jusqu'à son premier anniversaire. Je savais que je pourrais, en cas de problème, bénéficier des provisions destinées aux nécessiteux pour les repas du shabbat, obtenir un emprunt à taux zéro pour acheter une maison, être remorqué gratuitement si je tombais en panne sur l'autoroute, et me faire soigner en urgence par des médecins hassidiques hautement qualifiés ; je pourrais également obtenir une bourse pour marier mes enfants, et faire mes courses à bas prix à la coopérative si j'étais enseignant ou père de famille nombreuse ; tout résident de New Square pouvait déjeuner et dîner gratuitement au réfectoire de la yeshiva s'il le souhaitait ; on trouvait du café tous les matins à la synagogue et chacun pouvait se laver au mikveh sans débourser un sou (un morceau de savon fendillé et une serviette raisonnablement propre étaient fournis aux fidèles).

Toutes les autres dépenses – le loyer, les factures d'eau et d'électricité, l'achat d'une paire de chaussures ou d'une nouvelle perruque si cela se révélait vraiment nécessaire – seraient pourvues par l'allocation que je recevrais du *kolel*, le centre d'études rabbiniques qui prolongeait le système de la yeshiva et dans lequel tous les résidents masculins de New Square devaient étudier pendant les deux premières années de leur vie conjugale.

Je n'y connaissais rien, ou presque, en matière de budget et d'économie domestiques, mais j'étais convaincu que le kolel avait calculé la somme nécessaire à chaque étudiant et pourvoyait au mieux à leurs besoins et à ceux de leur famille.

Une semaine après mon mariage, je me rendis dans les bureaux de l'administration du kolel pour m'inscrire. Le bâtiment principal du centre, un édifice sans charme dont la façade était ornée de décorations en stuc gris et rose, formait un des quatre côtés du quadrilatère érigé au centre du village, dans lequel se trouvaient également la synagogue principale, la demeure du rebbe et le long bâtiment en pierre de la grande yeshiva. L'administrateur du kolel, un homme âgé qui s'exprimait d'une voix monocorde, me tendit une pile de documents que je remplis et signai tandis qu'il entrait mon nom et mon numéro de Sécurité sociale dans un très vieil ordinateur. Lorsqu'il eut terminé, il énonça les règles relatives au versement de l'allocation d'une voix traînante, sans marquer la moindre pause : « Quatre cent trente dollars par mois soyez toujours à l'heure cinq minutes de retard un dollar d'amende vingt dollars d'amende chaque fois que vous manquez une séance d'étude deux examens par semaine cinquante dollars d'amende si vous ne vous présentez pas à un examen merci et bonne fin de journée. »

Quatre cent trente dollars par mois. La somme me parut amplement suffisante. Le règlement de la communauté n'imposait que deux années d'étude aux jeunes mariés, mais j'envisageai d'y rester plus longtemps. J'étais même persuadé de le faire. « Ah, ce ne sera pas facile ! » nous répétions-nous, mais la tâche n'en serait que plus gratifiante. Dans le grand hall du kolel, on croisait à toute heure du jour ou de la nuit des étudiants discutant avec ferveur des moindres détails de la loi juive : jeunes mariés aux barbes clairsemées ou grands érudits, chenus et courbés, qui se dirigeaient d'un pas chancelant vers les toilettes réservées aux plus âgés d'entre nous, situées juste à côté de la porte principale.

Bien sûr, il y avait parmi nous des jeunes gens peu enclins à se consacrer à la Torah : hommes impies ou de peu de volonté, pensions-nous, hommes dépourvus de la passion ou de la discipline nécessaires à la poursuite d'une quête éminemment spirituelle. Ces âmes infortunées quittaient le kolel dès la fin des deux années d'étude obligatoires et devenaient caissiers au supermarché, livreurs pour le boucher ou le poissonnier, plombiers, électriciens ou hommes à tout faire. Certains d'entre eux se lançaient dans les affaires : vente de vêtements d'enfants au sous-sol de leur maison, service de garderie à domicile dans leur salon. Un de mes amis, particulièrement entreprenant, ouvrit une minuscule sandwicherie dans la petite galerie marchande de New Square afin de sustenter d'un bagel ou d'une salade aux œufs durs les fidèles qui sortaient affamés de l'office du matin. Un autre misa sur les loisirs créatifs. Il ferma boutique au bout de quelques mois, lorsqu'il comprit que les besoins de la population locale en nécessaires à broder n'étaient pas infinis et ne suffiraient pas à remplir ses caisses d'un bout à l'autre de l'année.

Quand il m'arrivait de songer à ce que je ferais à l'issue de mes études au kolel, je n'envisageais jamais la question sous un angle financier : gagner ma vie était le dernier de mes soucis. Seul comptait à mes yeux le caractère spirituel de mon futur métier. Je tenais à ce qu'il appartienne à la catégorie des *kleï kodesh*, les « porteurs du sacré » qu'empruntait la sainteté pour parvenir aux fidèles : cantors, bouchers casher, scribes et copistes, professeurs au heder ou à la yeshiva. Je pensais alors, plus ou moins clairement, que cette dernière catégorie me conviendrait mieux qu'une autre : je m'imaginais devant une classe d'enfants, voire un groupe d'adultes, leur expliquant une page de la Torah, ou donnant des cours du soir sur les commentaires de la Bible. *Peut-être deviendrai-je un véritable érudit ?* me disais-je parfois, rêvant d'échanger mon savoir avec d'autres spécialistes des grands textes sacrés.

Après la naissance de notre deuxième fille, je dus admettre que quelque chose clochait. Mon système ne fonctionnait pas comme prévu. J'étais confronté à des dépenses que je n'avais pas prises en considération. Certes, mes beaux-parents nous avaient offert un berceau, mais il nous fallait aussi un landau, une poussette-canne, une commode et des vêtements de bébé – interminable succession de fanfreluches rose pâle, de barboteuses brodées d'oursons à l'air perplexe, de pyjamas au plastron orné de cubes de couleur vive ; il fallait également des livres en tissu remplis de girafes et de tigres au regard tendre, destinés à semer les graines de la critique littéraire dans le cerveau de nos enfants ; enfin, il nous fallait une quantité impressionnante de hochets, tétines, biberons et objets bruyants en tout genre, dont ma mère et ma belle-mère m'assuraient qu'ils étaient absolument nécessaires au bon développement de nos chérubins.

Quant aux paquets de couches, ils se consumaient à une vitesse alarmante. Gitty, qui se contentait heureusement des choses les plus simples, n'achetait que des couches premier prix. « Regarde ça ! » s'écriait-elle en me montrant du doigt les paquets de Pampers empilés au-dessus du rayon fruits et légumes chez Braun, la supérette du quartier. Neuf dollars le paquet. « C'est du vol ! » concluait-elle en claquant la langue. Puis elle s'engageait dans l'allée dédiée aux produits d'hygiène et se penchait pour attraper les couches les moins chères, en bas des rayonnages.

« Tu pourrais peut-être chercher du travail ? » me suggéra Gitty un matin. Elle remuait une casserole de bouillie pour bébé tout en berçant Freidy, nichée au creux de son bras.

« Du travail ? » Cette suggestion me paraissait terriblement vulgaire.

« C'est juste une idée », dit-elle.

Je savais qu'elle avait raison. Aussi m'arrêtai-je devant la porte du kolel quelques jours plus tard, attiré par l'offre d'emploi qui venait d'y être placardée.

> TENTEZ VOTRE CHANCE ! Proposition sérieuse. Travail de bureau dans le New Jersey. Formation assurée. Aucune expérience requise. Parfait pour les étudiants du kolel en quête d'un premier emploi.

Si l'idée de me transformer en employé de bureau me paraissait absurde, je ne pouvais m'empêcher de rêver aux perspectives associées à un tel emploi : davantage de confort matériel, un salaire régulier, une voiture, voire une maison à nous dans un futur proche. Peut-être ces avantages me consoleraient-ils d'avoir abandonné ma quête spirituelle ? Je déchirai l'un des rectangles de papier prédécoupés au bas de l'annonce et le glissai dans ma poche.

« Nous organisons une réunion d'information dans le sous-sol du kolel demain matin à 7 h 30 », annonça la femme qui décrocha lorsque je composai le numéro de téléphone.

Si j'avais craint de trahir mes aspirations religieuses en délaissant les salles du kolel, je fus rassuré de voir que je n'étais pas seul : quand j'arrivai le lendemain matin, plusieurs hommes patientaient déjà dans le couloir situé entre les bureaux de l'administration et la « réserve des textes sacrés », comme nous nommions la grande bibliothèque. J'aperçus Bentzion Grunwald, un prodige qui avait réussi à étudier l'intégralité du Talmud avant son mariage, achevant la lecture de la dernière page juste avant de partir pour la synagogue ; je vis aussi Chaïm Yidel Gold, qui restait souvent jusqu'à plus de minuit dans la salle d'étude de la yeshiva et y revenait dès 4 heures du matin. Tous deux me sourirent d'un air penaud. Comme moi, ils tentaient vainement de prendre la situation à la légère, mais la résignation se lisait sur leur visage. « Tu viens aussi pour le travail de bureau ? » me lança Chaïm dans un soupir.

Gavriel Blum, surnommé « l'homme le plus intelligent du village », apparut bientôt dans l'escalier, qu'il descendit d'un pas vif en enroulant ses papillotes autour de ses oreilles. Ainsi coiffé, avec ses oreilles rouges et comprimées sur elles-mêmes, il paraissait tout sauf intelligent. Il inclina la tête vers la porte de la bibliothèque et nous le suivîmes à l'intérieur, une trentaine d'hommes en tout, bientôt assis autour des cinq grandes tables.

Gavriel nous expliqua la situation : une compagnie de télécommunications basée dans le New Jersey, dirigée par des Juifs orthodoxes, souhaitait embaucher des haredim fraîchement émoulus de la yeshiva. Tout ce que nous avions à faire, assura-t-il, était de remplir un formulaire destiné à leur donner une idée de nos « *cévais* » respectifs. Joignant le geste à la parole, il posa une pile de formulaires sur chaque table. Assis à côté de moi, mon ami Zundel les examina en fronçant les sourcils, comme un enfant tentant de déchiffrer un imprimé fiscal.

« C'est quoi, un *cévai* ? demanda-t-il.

– En Amérique, expliqua Gavriel, avant de vous donner du travail, les entreprises ont besoin de recueillir un certain nombre d'informations sur vous. Les *cévais* permettent à toutes les personnes concernées de gagner du temps. » L'essentiel, d'après lui, consistait à dresser la liste de nos *compétences*. Ce terme, qu'il prononça en anglais, parut incongru dans son discours déclamé en yiddish d'un ton impérieux. Mes compagnons le dévisagèrent en silence, visiblement perplexes.

« Nos compétences ? répéta enfin Zundel. Est-ce qu'il ne faut pas aller à l'université pour en acquérir ? »

Gavriel secoua la tête. « Pas nécessairement. Vous pouvez écrire que vous savez vous servir d'un ordinateur, par exemple. Ou que vous êtes doués en maths. Ce genre d'informations se révélera très utile. » Il promena un regard sur notre petite assemblée, timidement penchée sur les formulaires. « Ne soyez pas modestes, ajouta-t-il. C'est le moment de jouer les fanfarons, au contraire. »

Le silence se fit tandis que chacun s'interrogeait. Fanfaronner, d'accord – mais à quel sujet ? Nous étions très *compétents* sur le commerce en Palestine au Ier siècle de notre ère. Nous pouvions rédiger des contrats de vente qui auraient été parfaitement légaux à Babylone au Ve siècle. Certains d'entre nous savaient précisément comment on abattait et dépouillait un bœuf dans l'ancien Temple de Jérusalem : le dépeçage de la carcasse, son nettoyage et la découpe des morceaux réservés aux grands prêtres n'avaient aucun secret pour eux. Malgré tout, c'était la première fois que nous entendions parler de *cévais*.

Après avoir lentement rempli les cases relatives à l'identité et aux coordonnées des candidats, chacun s'efforça de trouver, dans son parcours, des éléments susceptibles d'être transformés en *compétences*.

« Excellent anglais parlé et écrit », inscrivis-je après mûre réflexion. La formule elle-même me parut témoigner de ma parfaite maîtrise de la langue de Shakespeare.

« Excellent anglais ? lut Gavriel d'un ton moqueur lorsque je lui remis le formulaire.

– J'ai grandi à Borough Park, expliquai-je.

– Mon ami, dit-il en posant une main sur mon épaule, tu es peut-être meilleur que ces gars-là. » Il désigna les hommes qui patientaient en file indienne derrière moi. « Mais ton anglais ne vaut pas la moitié d'un radis comparé à celui des diplômés de la Yeshiva University. »

Je rentrai chez moi le cœur lourd, blessé dans mon amour-propre. À quoi ressemblerait ma vie si je décrochais un poste dans cette entreprise ? La perspective semblant s'éloigner, je me risquais à imaginer le réveil sonnant au petit matin, le trajet en bus au côté d'autres banlieusards, les longues heures de travail dans un petit bureau, le ronronnement du télécopieur, la sonnerie incessante du téléphone, les discussions avec des clients en colère. Sans oublier les relations avec les autres employés – hommes et femmes mélangés.

Je croisai Gavriel à la synagogue quelques jours plus tard. Il enroulait son gartel autour de ses doigts à l'issue des prières du soir.

« Tu as reçu des nouvelles de l'offre d'emploi ? » demandai-je. Il détourna les yeux. « Ils ont renoncé à travailler avec nous. » Il acheva d'enrouler son gartel et le glissa dans la poche de son manteau, avant d'ajouter : « Nous manquions de compétences. »

Plusieurs semaines s'écoulèrent avant l'apparition d'une autre annonce sur la porte du kolel.

> *Cherchons professeurs remplaçants. S'adresser à Mordche Goldhirsch.*

Mordche travaillait à la direction du heder. Je composai son numéro aussitôt rentré chez moi pour déjeuner.

« Pouvez-vous venir à 14 heures ? demanda-t-il. Un des enseignants de dernière année doit s'absenter pour aller chez le dentiste. »

L'horloge de la cuisine indiquait 13 h 15. Si j'allais au heder, je manquerais un après-midi d'étude au kolel et devrais régler une amende de vingt dollars. Mais j'en gagnerai trente en donnant trois heures de cours aux élèves de dernière année. Mon choix fut vite fait.

« Entendu, dis-je à Mordche. Je serai là à 14 heures. »

Sur la porte de son bureau, une plaque indiquait « Rabbin Mordechaï Goldhirsh, Directeur, 4ᵉ, 5ᵉ et 6ᵉ année ». Je le trouvai à l'intérieur, une fine baguette à la main, face à un gamin terrifié qui tendait sa paume vers lui. Mordche lui ordonna d'attendre et m'escorta jusqu'au bout du couloir.

« Regardez chacun d'eux dans les yeux. Ne les laissez pas vous effrayer », dit-il. Je fus brusquement saisi par une peur panique en me souvenant de la manière dont mes camarades et moi traitions les remplaçants. Un été, l'un de nos professeurs nous avait même dit, juste avant de prendre quinze jours de congé, qu'« avec les remplaçants, on peut s'offrir du bon temps ». Au cours des deux semaines suivantes, nous nous étions effectivement offert du bon temps avec le remplaçant en plantant des épingles sous le coussin de sa chaise, en versant du sel dans son café et en couvrant de colle liquide les carreaux de vinyle sous son bureau, pour le seul plaisir de le voir, ensuite, tenter désespérément d'essuyer les semelles de ses chaussures.

J'entendis un enseignant lire le Talmud d'une voix mélodieuse dans l'une des salles de classe ; d'une autre s'échappaient des voix d'enfants récitant quelques versets de la Bible. De la dernière salle, située au fond du couloir, s'échappaient des rires et des cris. Mon cœur s'accéléra. Mordche posa la main sur la poignée de la porte, mais il ne l'ouvrit pas : il se pencha d'abord vers la vitre pour observer le spectacle. À l'intérieur, les garçons grimpaient sur les tables, tiraient sur les papillotes de leurs voisins et se poursuivaient d'un bout à l'autre de la pièce. Soudain, l'un d'eux nous aperçut et bondit vers sa chaise. L'instant d'après, tels des dominos, l'ensemble des élèves avaient regagné leurs places. Quand Mordche tourna la poignée, chacun d'eux était sagement penché sur son recueil de textes bibliques.

Mordche ne leur dit rien : ni mon nom ni mes fonctions. Il fit un pas de côté pour me laisser entrer, s'inclina avec raideur et partit en refermant la porte derrière lui.

Je m'assis derrière le bureau et les dévisageai un à un, comme le directeur m'avait conseillé de le faire. Je m'efforçai également de dissimuler l'angoisse qui me saisit lorsqu'ils me rendirent mon regard – deux douzaines de paires d'yeux braquées sur moi, jugeant mes forces et mes faiblesses.

L'après-midi s'écoula rapidement et sans incident notable. Je fis cours sur l'extrait de la Bible qu'ils étudiaient cette semaine-là, leur racontai l'histoire d'un saint de l'Antiquité et les quittai à deux reprises pour aller chercher du café en salle des professeurs. Trois heures plus tard, j'avais rempli ma mission. Je rentrai chez moi en glissant ma rémunération au fond de ma poche : trente dollars en bons d'achat.

« Des *bons d'achat* ? s'écria Gitty d'un ton incrédule lorsque je les agitai fièrement sous son nez. Que veux-tu que nous fassions avec des bons d'achat ? »

Ces bons d'achat, imprimés et distribués par l'administration du système scolaire pour rémunérer ses enseignants, constituaient une sorte de monnaie locale. Nous en avions tous et ne savions qu'en faire. En théorie, ils étaient échangeables contre toutes sortes d'articles ou de denrées alimentaires dans les magasins de New Square. Les commerçants se rendaient régulièrement dans les bureaux de l'administration pour les échanger à leur tour contre une somme en dollars, amputée d'une importante remise.

Autrefois, les enseignants devaient attendre des semaines, voire des mois, avant d'être payés. Ce n'était plus le cas depuis que la direction avait créé son propre ministère des Finances, un petit bureau situé au rez-de-chaussée de l'école de garçons : équipé d'un ordinateur et d'une vieille imprimante à jet d'encre, le maître des lieux pouvait émettre autant de bons d'achat que nécessaire – des liasses de cinq, dix ou vingt dollars locaux que sa jeune secrétaire rangeait, à peine sortis des rouleaux de l'imprimante, dans les tiroirs prévus à cet effet.

En pratique, ces bons d'achat constituaient une source de contrariété permanente pour les résidents de New Square. Nous avions parfois le sentiment que les commerçants changeaient quotidiennement de politique à leur égard. Quand la direction de la mercerie Pollack's Dry Good Store annonçait qu'elle accepterait désormais les bons d'achat, chacun se ruait dans cette petite boutique située dans un entresol de Lincoln Avenue, où les stocks de sous-vêtements, de chaussettes et de layette disparaissaient aussitôt des étagères. Quelques heures plus tard, la boutique concurrente, Einhorn's Basics and Beyond, se voyait obligée de suivre son exemple, tandis que la librairie Grossman's Books & Judaica, en revanche, faisait savoir qu'elle ne prendrait plus de bons d'achat.

Ce soir-là, je jugeai la réaction de Gitty exagérée. Nous pourrions faire beaucoup de choses avec mes bons d'achat, j'en étais persuadé. « On les échangera peut-être contre des bons d'alimentation américains ! » lançai-je avec enthousiasme.

Si les bons d'achat suscitaient le mépris, les bons d'alimentation, eux, vous ouvraient toutes les portes. Chez Grossman, on les acceptait sans hésitation ; même chose chez les deux merciers et *idem* chez le bijoutier installé au sous-sol de Winkler's, sur Jackson Avenue. Lors du dîner annuel organisé par la direction de la yeshiva pour lever des fonds, de nombreux pères de famille les donnaient par carnets entiers, et se voyaient gratifiés de hochements de tête approbateurs. Même le vieux vendeur ambulant qui dressait chaque mercredi soir, dans le foyer de la synagogue, son étal garni de Walkman et de réveille-matin réparés par ses soins, acceptait très volontiers les bons d'alimentation. Contrairement aux bons d'achat, qui n'étaient valables qu'à New Square, les bons d'alimentation pouvaient être utilisés à Monsey, à Williamsburg, et même au-delà.

J'obtins rapidement d'autres missions de remplacement, parfois jusqu'à plusieurs par semaine : l'été venait de commencer et de nombreux enseignants prenaient deux semaines de congé à cette période. Mes bons d'achat s'empilèrent bientôt dans une enveloppe glissée au fond du tiroir de la cuisine, près des couverts réservés aux produits laitiers. Nous pouvions désormais acheter tout ce que nous voulions à l'épicerie et compléter notre stock de barboteuses roses et jaunes à la mercerie, mais nous n'avions toujours pas de quoi régler le loyer et les factures d'électricité.

8

J'eus du mal à m'habituer à l'enseignement. Mes nouvelles fonctions me semblaient étranges, vaguement frauduleuses. Mes années de heder n'étaient pas si lointaines et j'avais souvent l'impression de ne pas être assez âgé, sage ou érudit pour enseigner à mon tour. Je me laissais envahir par mes souvenirs d'enfance, qui affluaient à ma mémoire maintenant que j'étais un rebbe assis au bureau, et non plus un élève derrière un pupitre.

J'avais été un enfant rêveur, un trait de caractère que mes professeurs considéraient comme une terrible offense : nul ne devait se laisser distraire par des considérations extérieures à la leçon du rebbe ni quitter le texte du doigt.

« *SHULEM, VIE HALT MEN ?* »

C'est la question que j'ai le plus entendue au cours de mon enfance. Quelles que soient l'heure ou l'époque de l'année, elle m'arrachait toujours à une douce rêverie. De ma première à ma neuvième année de heder, mes professeurs me l'ont serinée sur tous les tons : bourru, courroucé, impatient ou résigné.

« SHULEM, OÙ EN SOMMES-NOUS ? »

La question concernait le passage, la ligne, le mot sur lequel nous nous étions arrêtés dans l'extrait du Talmud que nous étudiions ce jour-là. Nous étions censés savoir en permanence où nous en étions sur la page, au cœur d'un passage que nous suivions du bout du doigt, penchés sur les petites lettres carrées, tandis que le rebbe nous guidait à travers la jungle compacte et dépourvue de ponctuation d'un texte en araméen, résumant les discussions rabbiniques qui agitèrent les anciennes cités babyloniennes de Soura et de Poumbedita.

Quand la question me tirait de ma rêverie, je cherchais désespérément à me souvenir d'un passage, d'une expression ou même d'un mot énoncé par le rebbe au cours des minutes précédentes. Des bribes de phrase refaisaient surface, se répercutant en écho dans ma boîte crânienne : « Ce passage n'est pas... d'après Rav Sheshet » ou : « Ravina a posé la question à Rav Achi. » Je parcourais la page du regard avec une panique croissante, dans l'espoir d'y trouver l'un de ces termes, jusqu'à ce qu'un terrible doute m'envahisse : la phrase était-elle extraite de la Guemara ou du Rachi ? Étais-je seulement à la bonne page ?

Si je ne parvenais pas à répondre à la question, le rebbe me faisait signe d'approcher. Je me levais, jambes et bras tremblants, et me dirigeais vers l'estrade. Toujours sans un mot, il désignait mon bras. Je tendais la main droite, paume vers le plafond. Le rebbe s'emparait de mes doigts, puis saisissait sa baguette – la barre d'un vieux cintre en bois –, qu'il levait très haut avant de l'abattre sur ma paume ouverte. Zou. Bing. À son signal, je tendais l'autre main, et les coups s'enchaînaient jusqu'à ce que, de manière arbitraire, le rebbe s'estime satisfait. Les mains rouges, le corps crispé de douleur, je priais pour que ça s'arrête, pour que la baguette se brise, pour que le rebbe soit victime d'une crise cardiaque.

Les rebbes nous frappaient fréquemment et n'épargnaient personne, mais la honte m'assaillait, malgré tout, lorsque je regagnais ma chaise en frottant mes paumes écarlates sur mon pantalon de velours bleu ou marron. Pourtant, je n'ai jamais remis en cause les châtiments qui m'étaient infligés. Si la forme d'un nuage cotonneux, les coups de klaxon d'un chauffeur de taxi en colère ou le hurlement d'une sirène de pompiers suffisaient à me distraire, il me paraissait logique que je sois puni. Puisque Ravina avait une question à poser à Rav Achi, il m'incombait de lui accorder toute mon attention. Les questions de Ravina étaient de la plus haute importance, comme toutes celles que posaient les rabbins du Talmud. Pour être un bon élève hassidique, puis devenir un bon fidèle hassidique, les jeunes garçons devaient prêter la plus grande attention aux questions posées par les rabbins – et taire toutes celles qui leur venaient à l'esprit.

« Voici les lois que tu leur présenteras. » Ainsi parla Dieu à Moïse, qui apprit ensuite aux enfants d'Israël à percer correctement les oreilles de leurs esclaves (plaquez-les au préalable contre le montant d'une porte), à décider du sort d'une jeune esclave vendue par son père (mariez-la ou affranchissez-la après six années de travail à votre service), ou à juger de la somme d'argent due à un maître si son esclave était encorné par le bœuf d'un autre (trente shekels d'argent).

Chaque semaine, nous abordions un nouvel aspect de la Bible : les vêtements sacerdotaux, le recensement des Israélites dans le désert du Sinaï, le veau d'or, la mise en jachère des terres, les règles de pureté et d'impureté.

« Il y a onze journées depuis Horeb, par le chemin de la montagne de Séir, jusqu'à Kadès-Barnéa. » J'étais en cinquième année au heder, l'été approchait, et nous trépignions d'impatience : dans quelques jours, nous partirions tous en camp de vacances. Ma mère avait déjà préparé ma valise : maillot de bain, lampe de poche, sac pour le linge sale, coupelle et bassine pour le rituel du *negel vasser*, les ablutions du soir, pratiquées au pied du lit. Elle ajoutait plusieurs paquets de chips et de bretzels que je retrouverais en miettes, déjà rassis, une semaine plus tard.

Entre les murs de notre salle de classe au heder Krasna de Borough Park, Moïse vivait ses derniers jours. Les quarante années d'errance dans le désert seraient bientôt terminées ; nous partirions alors en camp de vacances à la campagne, Moïse rendrait son dernier soupir à la fin de notre séjour, et nous, les élèves du camp, grimperions à bord de plusieurs autocars scolaires jaune vif qui se rendraient en file indienne à la fête foraine, où nous prendrions d'assaut les autos tamponneuses et le grand huit.

À la campagne, nous pourrions participer à des jeux et à des activités en plein air, et même à des tournois sportifs par équipes, mais seulement en fin d'après-midi. Jusqu'à 17 heures, nous poursuivrions notre découverte des paroles de Moïse, extraites des mêmes volumes écornés du Deutéronome et lus par les mêmes rebbes qu'au heder de Brooklyn. Même ton sec, mêmes réprimandes, mêmes coups de baguette sur les mains. Tout l'été, Moïse réprimanderait, châtierait et sermonnerait son peuple pour l'inciter à aimer Dieu de tout son cœur et de toute son âme, à lui sacrifier toutes ses possessions, parce que ceux qui cessaient d'aimer Dieu sont frappés par la guerre, la peste et la famine jusqu'à ce que l'amour de Dieu leur soit rendu – à la suite de quoi nous partirions nous baigner ou jouer au ballon dans le pré.

Pour l'heure, cependant, nous étions encore à Brooklyn, et venions tout juste de commencer l'étude du Deutéronome : ce jour-là, Moïse passait un sacré savon aux enfants d'Israël, qui s'étaient très mal comportés au cours des quarante années précédentes.

« Chaïm Burich, lança le rebbe, que désigne l'expression "onze jours" ? »

Chaïm Burich cilla, regarda le rebbe, puis la baguette posée sur son bureau. Il ne connaissait pas la réponse.

« Shea ? Que signifie l'expression "onze jours" ? »

Shea le regarda sans rien dire, lui aussi.

« Shulem ! Que signifie l'expression "onze jours" ? »

Je n'en savais rien, mais j'étais soulagé de ne pas être le seul. Le rebbe continua d'interroger les élèves un à un sans obtenir de réponse. Finalement, il se tourna vers Nusi, le garçon le plus intelligent de la classe.

La voix de Nusi s'éleva dans la salle, vibrante de fierté et de suffisance. « L'expression désigne une *distance* de onze jours.

– Exactement, acquiesça le rebbe. Nusi, lisez-nous le Rachi ! »

Nusi posa son index sur les petites lettres rondes qui occupaient la moitié inférieure de la page. « "Ainsi parla le très saint Rachi, entonna-t-il tandis que nous gigotions sur nos chaises. La présence divine était si forte que vous avez effectué en trois jours une distance qui se parcourt en onze jours. Puis vous avez péché, et vous avez erré pendant quarante ans." »

Le rebbe prit sa baguette et se dirigea vers Chaïm Burich. Chaïm tendit la main, le rebbe attrapa ses doigts, la bouche de Chaïm s'arrondit quand la baguette s'abattit sur sa paume et il laissa échapper un cri étouffé. Le rebbe lâcha la main de Chaïm et s'approcha de Shea, puis de moi, de Srul Yosef, de Motty, de Berry et de Shloimy. Ce jour-là, vingt-quatre garçons reçurent un coup de baguette ; vingt-quatre garçons frottèrent leur paume brûlante sur leur pantalon, punis pour avoir oublié le commentaire du Rachi sur les « onze jours ». Seul Nusi demeura assis, un demi-sourire aux lèvres, le menton appuyé sur son bras, tandis que nous tentions de ravaler nos larmes.

Mes souvenirs du heder ne se limitent heureusement pas aux coups que j'ai reçus sur les doigts. Outre l'étude du Talmud et de la Bible, j'y ai aussi appris un peu d'anglais et des rudiments de mathématiques : le heder Krasna disposait d'un véritable « département d'anglais », ce qui n'était pas le cas de toutes les écoles hassidiques. De 16 heures à 18 heures, quatre jours par semaine, nous apprenions à compter, à lire et à écrire dans la langue de Shakespeare.

La plupart des élèves se moquaient de ces cours et de ceux qui les dispensaient, imitant en cela la grande majorité des adultes, pour qui l'anglais et les mathématiques n'étaient qu'une perte de temps, une contrainte administrative futile qui détournait leur progéniture de l'étude de la Torah. Même les rebbes, chargés de notre instruction religieuse de 8 heures à 16 heures, manifestaient un dédain évident pour l'« anglais », expliquant qu'il s'agissait d'une « concession » accordée à contre-cœur à l'État et au système éducatif américains. Certains élèves quittaient régulièrement l'école à 16 heures en prétextant que leurs parents leur interdisaient d'apprendre l'anglais. Le reste de la classe, moi compris, les observait avec envie : nous aurions tant aimé que nos parents soient aussi pieux que les leurs !

Nous commencions l'anglais en troisième année. Mon premier professeur, M. Bernstein, un homme grand et mince, les joues rouges à force de crier, portait une petite kippa sur ses cheveux bruns. Il arrivait en classe à 16 heures précises, son joli cartable en cuir noir à la main. Il saluait poliment le rebbe d'un signe de tête, et le rebbe le saluait en retour avec une pointe de condescendance. La petite kippa en crochet rouge et bleu de M. Bernstein n'était, de toute évidence, pas de taille à lutter contre le grand chapeau noir à large bord du rebbe. Ce fut l'une de mes premières leçons : les petits couvre-chefs doivent toujours se montrer déférents envers les plus grands.

Avec le temps, j'en vins à apprécier ces deux heures de cours. En anglais au moins, ma propension à la rêverie ne m'empêchait pas de maîtriser l'orthographe exacte de « *cat* » et de « *house* ». Deux plus deux égale quatre – quoi de plus simple ? Rien à voir avec les discussions des rabbins de l'Antiquité, toutes ces arguties à propos d'une lettre ou d'un mot supplémentaire dans la Bible, qui semblaient si éloignées de mes préoccupations.

Les cours d'anglais me plaisaient pour une autre raison : le maître ne nous frappait pas. Les profs d'anglais pouvaient crier, taper des pieds, s'empourprer de rage au point d'en devenir cramoisis, jamais ils ne levaient la main sur nous. Ils n'en avaient pas le droit. Et puisqu'ils traitaient uniquement de questions profanes, nous étions appelés à leur témoigner un profond mépris – « *Aynglish, foy !* » scandions-nous à tue-tête pendant la classe.

Un matin, pendant la récréation, je décidai de ridiculiser plus encore M. Bernstein en le représentant, d'un trait de crayon, assis sur le siège des toilettes. J'étais alors en troisième année. Mes camarades se massèrent autour de mon pupitre pour observer ma performance artistique impromptue. Adoubé par mon public, je ne m'en sentis que plus légitime et noircis plusieurs pages de mon cahier avec jubilation.

Notre rebbe, un satmar de Williamsburg dépourvu de sens de l'humour, ne partagea pas l'enthousiasme général. Lorsqu'il entra dans la salle à la fin de la recréation et trouva les élèves groupés autour de mon pupitre, il s'approcha et s'empara de mes dessins. Je fus châtié, non pour avoir bafoué l'honneur de M. Bernstein, mais pour avoir entretenu des pensées honteuses. Les toilettes et ce qu'on y faisait étaient *tameh* – impurs. Nous ne devions pas en parler, et encore moins les représenter entre les pages de nos cahiers.

Le rebbe referma ses doigts sur mon bras, me souleva et m'entraîna fermement vers son bureau.

« *Halt aroïs di hant.* – Tends la main. »

Zou. Bing. L'autre main. Zou. Bing. L'autre main. Zou. Bing. Mes camarades nous observaient avec lassitude tandis que le rebbe levait et abattait sa baguette de manière quasi robotique, le bras tendu vers le plafond. La baguette fendait l'air et achevait sa course sur ma paume ; le rebbe énonçait un mot à chaque coup, veillant à suivre le rythme : Tu. Paf. Ne dois pas. Paf. Profaner. Paf. Cette salle de classe. Paf. Avec des images honteuses. Paf. Paf. Paf.

J'avais vingt-deux ans, à présent. Quatorze années s'étaient écoulées depuis que j'avais été frappé pour avoir couvert mon cahier de croquis profanes ; huit années avaient passé depuis que j'avais été giflé pour avoir mangé un paquet de chips pendant un cours sur les pénalités infligées à ceux qui creusaient des trous dans les lieux publics. Ces châtiments corporels me revinrent soudain en mémoire tandis que je tentais d'expliquer aux élèves de Srulik Schmeltzer – des sixième année particulièrement dissipés – les lois relatives à la recherche et à la destruction du pain levé la veille de Pessah. Les gamins bavardaient comme si je n'étais pas là. Certains d'entre eux s'étaient même levés et passaient à leur guise d'une table à l'autre.

« Chaïm Nuchem Braun, peux-tu retourner à ta place et rester tranquille ? lançai-je à un garçon filiforme qui venait de se pencher par la fenêtre et répondait maintenant à un de ses camarades assis à l'autre extrémité de la pièce.

– Chaïm Nuchem Braun, peux-tu retourner à ta place et rester tranquille ? » répéta-t-il en imitant le ton de ma voix, avant de regagner son pupitre, un sourire narquois aux lèvres. Toute la classe éclata de rire. Je sentis un flot de sang affluer à mes tempes, et me figeai, incapable de réfléchir : l'humiliation m'avait terrassé. Je vacillai et dus serrer les dents pour ne pas montrer que ma mâchoire s'était mise à trembler. Je remplaçais Srulik Schmeltzer depuis la veille. Il serait absent pendant quinze jours. *Je n'y survivrai pas*, pensai-je, avant de me ressaisir. J'étais marié et père de famille. Je n'allais tout de même pas me laisser intimider par des gamins de dix ans !

Je quittai le heder à 12 h 45 et rentrai déjeuner chez moi. Les cours reprendraient une heure plus tard, comme à l'accoutumée. L'école étant située à quelques centaines de mètres de notre appartement, j'effectuai le trajet à pied. En longeant une maison en construction sur Clinton Lane, j'aperçus un tube en caoutchouc au bord de la chaussée. Il ressemblait à celui que mon rebbe de quatrième année utilisait pour nous taper sur les doigts : de couleur blanche, rond et creux, il était assez long pour être plié en deux et tenu d'une main.

« *Halt aroïs di hant.* » Combien de fois avais-je entendu cette phrase lorsque j'étais enfant ? Sans réfléchir davantage, je me penchai et ramassai le tube en caoutchouc, l'enroulai autour de mes doigts et le glissai dans la poche de mon caftan.

L'après-midi se déroula sans troubles excessifs, ponctué par des rires ou des cris occasionnels auxquels je commençais à m'habituer. Rassuré, je décidai de ne pas recourir à la manière forte. Je m'en sortirais autrement, d'une façon ou d'une autre – et les quinze jours seraient vite terminés. Le lendemain, hélas, les élèves se montrèrent plus dissipés. Quand j'ordonnai à Berry Glancz de cesser de bavarder avec son voisin, il me répondit avec une telle impertinence que je perdis patience.

« *Ich feif dich uhn.* » Il n'avait pas été jusqu'à énoncer la phrase à voix haute, se contentant de la murmurer entre ses dents, mais je l'avais saisie sans difficulté. C'était un mot d'enfant, une formule provocatrice, de celles que les gamins emploient dans la cour de récréation ou à la maison, lorsqu'ils se disputent avec leurs frères et sœurs. *Ich feif dich uhn* – littéralement : Je prends mon fifre et je te souffle au visage. Je me fiche de toi, de tes ordres ou de tes désirs, et je t'envoie une bouffée d'air chaud à la figure. Parce que tu ne signifies rien pour moi.

Je n'étais pas rien pour Berry : j'étais son rebbe. Je plongeai la main dans la poche intérieure de mon caftan, où le tube en caoutchouc attendait son heure, roulé contre mon torse. Puis je m'élançai vers le gamin, prêt à lui ordonner de « tendre la main ». Au lieu de quoi, comme mû par une volonté propre, mon bras se leva et s'abattit sur le sien avec un sifflement aigu, d'une telle violence que j'en demeurai abasourdi. Berry porta aussitôt sa main droite sur la peau rougie de son avant-bras, tandis que sa bouche s'arrondissait de stupeur.

Je lus la douleur, la colère aussi, dans son regard, mais je n'y prêtai aucune attention. Il pouvait souffler tant qu'il voulait, à présent ! Ma fonction me donnait autorité sur lui. J'avais parfaitement le droit de le frapper comme je venais de le faire. Comme je pourrais le refaire si nécessaire. Il le savait, à présent. Je vis son visage se crisper de fureur tandis qu'il soutenait mon regard sans rien dire. Les autres s'étaient tus, eux aussi, et je regagnai mon bureau dans un silence de plomb. Aucun d'eux ne le troubla jusqu'à la fin de la journée. Pas un mot non plus le lendemain, ni le surlendemain.

J'avais gagné le silence, pas leur respect. Ils se montraient dociles, mais pleins de mépris. Je n'avais pas prouvé ma force, mais ma faiblesse – je le lisais dans leurs yeux. Ils m'avaient brisé, et je leur en voulais.

Dans la salle des professeurs située au fond du couloir, les rebbes discutaient souvent des changements à l'œuvre dans les écoles des communautés ultra-orthodoxes. Les rebbes de New Square avaient toujours eu la réputation d'être plus rudes que ceux de Borough Park. Lorsque j'étais enfant, des anecdotes terribles circulaient sur leur compte : tel rebbe avait battu un élève à coups de gartel jusqu'à ce qu'il s'effondre en hurlant, incapable de se relever ; tel autre avait tant frappé la paume d'un gamin que les zébrures s'étaient ouvertes, emplissant sa main de sang ; l'un de mes amis m'avait raconté que son rebbe, en première année, croyant le voir sortir des bonbons de son pupitre, l'avait frappé avec une telle violence, rouant de coups son dos et ses fesses, que mon ami n'avait pas pu s'asseoir pendant plusieurs jours. Le véritable coupable, lui, avait été découvert quelques minutes plus tard.

Les rebbes actuels n'en venaient plus à de telles extrémités : certains se contentaient de gifler leurs élèves au lieu de les frapper à coups de bâton. « Tâche de mesurer la douleur que tu infliges, m'expliqua sincèrement l'un des professeurs en charge des cinquième année. Si tu as mal à la main après une gifle, c'est que tu es allé trop loin. » D'autres avaient encore recours à la baguette, mais ils veillaient à dispenser les coups de manière « judicieuse » : de nos jours, assuraient-ils, plus personne ne battait un gamin jusqu'à ce qu'il soit incapable de se relever. Berel Eisenman, qui enseignait depuis près de vingt ans, avait totalement changé de méthode : autrefois craint pour sa brutalité (on disait qu'il était le rebbe le plus violent de New Square), il avait cessé de frapper ses élèves. « Je n'utilise plus de bâton, me dit-il. Je ne donne plus que des chocolats glacés. » Au lieu de punir les mauvais comportements, il récompensait les bons. Ses collègues jugeaient son approche trop laxiste. Même le directeur du heder secouait la tête d'un air réprobateur. « Les enfants ont besoin d'une bonne correction de temps en temps, affirma-t-il lorsque je soulevai la question. Et ça n'est pas près de changer ! »

En rentrant de l'école ce soir-là, je repensai aux propos de Berel Eisenman. Des chocolats glacés ? Pourquoi pas ? Je ne voulais pas frapper mes élèves. Je voulais qu'ils m'apprécient. Je voulais être un « bon rebbe ». Fort de ces certitudes, j'achevai mes deux semaines de remplacement auprès des sixième année de Srulik Schmeltzer et commençai la mission suivante, auprès des septième année de Reuven Mashinsky, de manière inédite.

« Nous allons travailler différemment, vous et moi », dis-je avant d'ouvrir le traité Kiddouchin posé sur le bureau de M. Mashinsky. J'expliquai aux enfants que nous allions scinder la classe en deux équipes rivales et que chaque équipe serait responsable de ses membres. J'accorderais des points aux élèves qui se tiendraient bien et j'en ôterais à ceux qui se tiendraient mal. « J'offrirai des chocolats glacés aux gagnants. »

Les gamins m'écoutaient avec méfiance. Ils se demandaient visiblement si mon plan était dans leur intérêt ou dans le mien. Ils avaient l'habitude d'être frappés et punis, pas d'obtenir des points.

Au cours des deux semaines suivantes, je ne me servis pas d'une baguette ni d'un tube en caoutchouc, mais d'un petit carnet jaune et vert, dans lequel j'inscrivis scrupuleusement les noms des élèves qui avaient fait gagner un point à leur équipe, et de ceux qui leur en avaient fait perdre. Leur attitude en classe ou durant les temps de prière, les notes obtenues aux interrogations écrites, la ponctualité – tout comptait. Au lieu de crier ou de frapper, tout ce que j'avais à faire pour rétablir l'ordre, c'était de sortir mon carnet de ma poche. Un jour, alors que Chaïm Greenfeld se penchait vers Shea Goldstein pour lui murmurer quelque chose à l'oreille pendant la prière de l'après-midi, je vis Shea rouler des yeux effarés. « Chut ! siffla-t-il entre ses dents. Le rebbe nous enlève des points ! » Et Chaïm reporta vivement son attention sur son livre de prières.

Mordche Goldhirsch, le directeur du heder, me convoqua peu après pour me complimenter. « Je ne sais pas comment vous faites, mais vous savez tenir une classe ! » Il m'avait observé par la porte vitrée de la salle : le spectacle des élèves penchés sur leurs textes l'avait agréablement surpris. Il était rare que les remplaçants s'en sortent aussi bien. « Accepteriez-vous d'assurer de manière permanente l'enseignement de la Michna aux élèves de cinquième année ? » reprit-il. Le cours avait lieu de 16 heures à 17 heures tous les après-midi. J'acquiesçai aussitôt.

Contrairement à la Guemara, le « complément » de la Michna, qui s'attachait à expliquer, sur des pages entières, pourquoi telle loi était rédigée de telle manière, et comment elle devait être interprétée, l'étude de la Michna et de son corpus de lois se révélait à la fois simple et laborieuse.

Deux hommes se présentent avec une cape. Chacun d'eux dit : « C'est la mienne. » La cape doit être coupée en deux.

À propos des œufs pondus les jours de fête : l'école de Shammaï dit qu'ils peuvent être consommés ; l'école de Hillel dit qu'il ne faut pas les manger.

Un bœuf encorne une vache, et la vache est trouvée morte avec le fœtus à son côté. Le propriétaire du bœuf doit rembourser la moitié de la valeur de la vache et le quart de la valeur du fœtus.

Les textes au programme cet été-là concernaient l'ensemble des lois et des rituels relatifs à la fête de Yom Kippour telle qu'elle était pratiquée dans l'ancien Temple de Jérusalem. J'expliquai aux élèves que le grand prêtre devait pouvoir être remplacé « s'il se révélait impropre au culte » : il fallait donc prévoir un prêtre de substitution, mais également, d'après Rabbi Juda, une épouse de remplacement, au cas où la femme du grand prêtre viendrait à mourir pendant Kippour, empêchant ce dernier « d'expier ses fautes et celles de sa maisonnée », comme l'ordonnait le Lévitique.

Je soumis ensuite aux enfants des questionnaires à choix multiple que j'avais volontairement rédigés de manière simpliste (les mauvaises réponses, stupides et cocasses, sautaient aux yeux). Enchantés, ils se firent une joie de les remplir. Pour les récompenser d'avoir bien travaillé, je leur proposais des « sorties » dans les bois environnants : nous marchions jusqu'à une clairière, où ils s'asseyaient en demi-cercle autour de moi. Je leur tendais alors des esquimaux à demi fondus et leur racontais des histoires de rabbins qui guérissaient les malades, parlaient aux morts, conversaient avec les anges et combattaient les démons – souvent au cours d'une seule et même journée. Il m'arrivait aussi d'organiser un « match de Michna » : je scindais la classe en plusieurs équipes, lançais des questions et jetais des bonbons à ceux qui répondaient correctement.

Ma stratégie se révéla payante : ils m'écoutaient avec attention. Presque trop, parfois.

Yom ha-kippurim assour – Pendant Yom Kippour, il est interdit :
Be-akhilah ou vechtiyah. – De manger et de boire.
Ou-virkhitzah. – De se laver.
Ou-vissikhah. – De se frictionner le corps avec des onguents.
Ou-vene'ilat sandal. – De porter des chaussures en cuir.
Ou-vetachmich hamitah...

Je me tus, pris de court. Comment expliquer le « service du lit » à des gamins de dix ans ?

Je passai au verset suivant : « "Un roi et son épouse peuvent se laver le visage..." »

– Il en manque une ! s'écria Berri Neuberger.
– Pardon ?
– Il manque une interdiction. Vous n'avez pas traduit *tachmich hamitah*. »

Je fis mine de ne pas avoir entendu, mais il insista. « Vous avez dit qu'il y avait cinq interdictions. Vous n'en avez expliqué que quatre.

– La dernière n'est pas importante, dis-je. Il n'y aura pas de questions là-dessus à l'examen. »

Berri plissa les yeux, comme s'il était le maître et moi, l'élève dissipé.

La cloche retentit peu après. Les élèves rassemblèrent leurs affaires et se précipitèrent dans le couloir déjà encombré d'une nuée d'enfants. En sortant, je croisai Mordche Goldhirsh. Il me demanda comment s'était passé le cours.

« Berri Neuberger m'a demandé de lui expliquer le sens de l'expression *tachmich hamitah*, répondis-je.
– *Nou ?*
– J'ai éludé sa question. Je lui ai dit que l'examen ne porterait pas là-dessus. »

Mordche demeura songeur. « La prochaine fois, reprit-il, contentez-vous de le regarder sévèrement – comme ça. » Il plissa les yeux, exactement comme Berri l'avait fait en classe. « Tout est dans le regard ! insista-t-il. Il faut lui faire comprendre qu'il ne doit plus jamais vous poser ce genre de question. »

Je haussai les sourcils, peu convaincu, mais il hocha la tête avec gravité.

« Il comprendra, c'est certain, affirma-t-il. Vous aussi, vous comprenez, n'est-ce pas ? »

Remplacer mes collègues pendant leurs congés et donner une heure de cours sur la Michna chaque après-midi ne correspondait guère à l'idée que je m'étais faite de l'enseignement, mais je dus m'en contenter : le heder n'avait, semblait-il, pas besoin d'un autre professeur à plein temps. Chaque fois que je posais la question au directeur, il m'offrait la même réponse : « Vous voudriez quelle classe, déjà ? » J'affirmais pourtant chaque fois que toutes les classes m'intéressaient. Je n'avais aucune préférence. Je voulais un poste fixe, un salaire à la fin du mois. J'étais même prêt à accepter une pile de bons d'achat si nécessaire ! Nous avions plusieurs mois de retard dans le paiement du loyer et la compagnie de gaz nous menaçait toujours d'une coupure imminente. Freidy commençait à marcher : il lui faudrait bientôt de nouvelles chaussures. Nous avions utilisé tous nos bons d'achat (qui s'étaient finalement révélés utiles) et nous devions plusieurs centaines de dollars à la supérette du quartier.

« Toujours rien. » Mordche secouait la tête sans lever les yeux de la photocopieuse ou des papiers éparpillés sur son bureau. « Je vous tiendrai au courant dès qu'il y aura du nouveau. »

Mordche m'aborda dans le hall un après-midi, alors que je sortais de mon cours sur la Michna. Il me proposa d'assister à une réunion d'information.

« À quel sujet ? » demandai-je.

Il sembla surpris, comme si toutes les réunions, quelles qu'elles soient, valaient le déplacement. « C'est juste une réunion, répéta-t-il en haussant les épaules. Gavriel Blum vous parlera de son nouveau projet. »

Je me rendis à l'heure dite au premier étage de l'école, dans la vaste pièce qui servait de salle de conférences aux personnalités officielles et, chaque mercredi matin, de « salle d'audience » : un juge statuait sur les infractions au Code de la route, distribuant des amendes à ceux qui n'avaient pas marqué un stop, s'étaient garés dans un endroit interdit en cas de chute de neige, ou avaient dévalé Washington Avenue à cent dix kilomètres heure pour aller s'immerger dans le mikveh avant que les sirènes du village annoncent le début du shabbat.

Nous étions six rebbes ce jour-là, tous spécialistes de la Michna, assis face à Gavriel Blum, celui qui s'était chargé de collecter nos *cévais* pour une société de télécommunications quelques mois plus tôt.

« Le gouvernement souhaite favoriser le développement du soutien scolaire, annonça-t-il. Il a créé pour cela un programme à l'échelle nationale auquel nous pouvons adhérer. L'administration vous rétribuera treize dollars de l'heure pour chaque élève que vous prendrez en charge.

– Treize dollars de l'heure ? » s'écrièrent mes collègues, visiblement choqués. Je demeurai silencieux. Contrairement à eux, cette somme me semblait correcte. Nous n'étions payés que neuf dollars de l'heure pour nos cours sur la Michna.

« Le gouvernement vous paiera treize dollars de l'heure, confirma Gavriel, mais rien ne vous empêche de fixer vos propres tarifs. Les parents vous régleront la différence. »

Un grand drapeau américain se dressait dans un coin de la pièce. Il paraissait incongru dans cette assemblée de chapeaux à large bord et de caftans noirs.

« Est-ce une arnaque ? » lançai-je vivement.

Gavriel me décocha un regard méfiant. « Pas du tout, assura-t-il. Le rebbe est très vigilant, à présent. Il tient à ce que tout soit fait dans les règles. »

La communauté avait été épinglée quelques années auparavant pour usage frauduleux de certaines aides gouvernementales. Quatre hommes, dont Gavriel, avaient été condamnés à des peines allant de plusieurs mois à six ans de prison. Trois autres résidents du village s'étaient enfuis pour échapper à la justice. Nous avions retenu la leçon.

Gavriel promena un long regard sur notre petit groupe pour s'assurer que nous l'avions bien compris.

« Puisqu'il s'agit d'un programme national, vous devrez remplir des formulaires attestant des progrès de chaque élève, reprit-il. Je compte sur vous pour faire preuve d'imagination. Vous raconterez où vous en êtes en maths, en anglais, en sciences sociales...

– On fera du soutien en maths, en anglais ou en sciences sociales ? »

Gavriel me décocha un regard las, comme si j'étais un gamin stupide. « Bien sûr que non ! Mais nous n'avons pas le choix, puisque le gouvernement ne finance pas les cours d'instruction religieuse. »

Je jetai un regard à mes collègues assis autour de la table : aucun d'eux ne semblait inquiet. De mon côté, j'étais terrifié. Une succession d'images se présentaient déjà à mon esprit : un coup frappé à la porte au petit jour. Des menottes. Un uniforme de détenu trop grand pour moi.

Je n'étais pas, hélas, en position de refuser l'offre de Gavriel : j'inscrivis mon nom sur la liste des professeurs intéressés et commençai peu après. Cinq élèves par jour, âgés de neuf à treize ans. Au programme, les règles relatives à la restitution d'objets perdus ; aux bœufs tombés dans des fossés au bord des routes ; au shabbat ; aux bœufs qui encornent des vaches ; aux temps de prière ; aux bœufs qui encornent des vaches tombées dans des fossés pendant les temps de prière.

Je notais chaque soir les progrès de mes élèves sur les formulaires du gouvernement :

Mendy s'améliore en multiplication, mais il a toujours du mal avec les divisions.

L'orthographe de Chezky demeure préoccupante.

Yanky a fait des progrès considérables depuis que nous nous servons du manuel d'écriture : il forme ses lettres de mieux en mieux.

En réalité, il n'y avait ni tables de multiplication ni manuel d'écriture. Les enfants ne progressaient pas, et ne régressaient pas non plus, dans aucune de ces matières. Je remplissais et signais de faux comptes rendus. J'étais payé pour un travail que je n'effectuais pas.

« Ça ne t'inquiète pas ? » demandai-je à mon ami Chaïm Nuchem, qui recevait ses élèves dans la salle voisine de la mienne.

Il haussa les épaules. « Tu crois que les types du gouvernement se donneront la peine de venir vérifier ? » répliqua-t-il.

Je lui lançai un regard abasourdi. N'avait-il pas eu vent du scandale ? Des membres de la communauté avaient été envoyés en prison. D'autres s'étaient enfuis. Des familles avaient été détruites. New Square avait été calomniée dans la presse. N'était-ce pas la preuve que les agents du gouvernement étaient venus vérifier ce que nous faisions de leur argent ?

Chaïm haussa les épaules. « Les gars dont tu parles ont détourné des millions de dollars. On gagne treize dollars de l'heure avec le tutorat. Pourquoi veux-tu que le gouvernement s'intéresse à nous ? »

Il avait raison, mais je continuais de détester ce programme. Je détestais le fait de dépendre financièrement du gouvernement. Je détestais la manière dont la communauté dans son ensemble flirtait sans cesse avec les limites de la légalité. Je détestais devoir m'assurer chaque année que ma déclaration de revenus, calculée au cent près, ne me ferait pas passer *au-dessus* du seuil de pauvreté – nous aurions alors perdu nos bons d'alimentation, nos allocations logement et nos chèques d'alimentation pour jeunes enfants. Je détestais le fait que les finances du village, jamais suffisantes, nous contraignaient à tricher en permanence. « Déclaré ou non ? » était la première question qu'on posait avant de signer un contrat.

Et même en trichant, nous étions constamment à court d'argent.

9

C'était une belle soirée d'automne, douce et agréable, la dernière des fêtes de Souccot – le soir de Chemini Atseret. Minuit approchait, les rues étaient désertes. Je me rendais à pied chez le rebbe, où le dernier tisch de Souccot commencerait une heure plus tard pour durer jusqu'au petit matin. Nous avions dîné tôt, Gitty et moi, et j'avais décidé de me promener sur Washington Avenue avant de rejoindre les autres fidèles sous la grande souccah du rebbe. Les mots « Yeshiva Avir Yakov », inscrits en hébreu et en lettres dorées au fronton de la grande yeshiva, brillaient au clair de lune. Les étudiants et leurs invités étaient sans doute encore attablés dans la souccah dressée à l'arrière du bâtiment. Je décidai de les rejoindre : je trouverai certainement un ami avec qui discuter avant le début du tisch.

Je m'apprêtais à traverser la rue quand j'entendis un bruit de moteur. Assez loin, mais bien distinct. Qui pouvait traverser le village à une heure pareille ? Aucun fidèle ne devait prendre sa voiture les jours de fête. C'était interdit. Il s'agissait sans doute d'une ambulance de l'association juive Hatzalah, appelée en urgence pour une crise cardiaque, un accident domestique (un gamin qui s'était brûlé en renversant son assiette de bouillon de poulet ?) ou un accouchement prématuré. À moins que ce soit un chauffeur de taxi haïtien venu de Spring Valley pour déposer chez lui un employé de la maison de retraite ? Ou, plus simplement, un conducteur désorienté, perdu dans le labyrinthe des petites rues du quartier ? *Oui, ce doit être ça*, pensai-je. *Il comprendra rapidement qu'il s'est trompé et fera demi-tour en arrivant au bout de Washington Avenue.* Peut-être aura-t-il besoin d'indications pour retrouver son chemin ? Je jetai un regard par-dessus mon épaule. La voiture n'était pas encore en vue, mais je l'entendais approcher du virage situé en contrebas.

Elle surgit un instant plus tard et se dirigea vers moi à vive allure. Mieux valait ralentir pour traverser le village : les rues étaient remplies d'enfants, de femmes et de poussettes, et les personnes âgées, surtout pendant les fêtes, avaient l'habitude de marcher au milieu de la chaussée.

Je bondis sur le trottoir et tendis le bras pour attirer l'attention du conducteur. « Ralentissez ! » ordonnai-je. La voiture accéléra, au contraire. Lorsqu'elle passa devant moi, je vis les visages hostiles, furieux, de ses passagers. Puis je les entendis crier : « SALES JUIFS ! »

Ils éclatèrent de rire. Et crièrent de nouveau, plus fort encore, lorsqu'ils eurent parcouru plusieurs dizaines de mètres sur l'avenue : « HASSIDIQUES DE MERDE ! »

Je me figeai. J'avais entendu parler de ce type d'incidents. Aux premiers temps de la communauté, alors que le village venait d'être construit, les goyim qui cherchaient la bagarre étaient accueillis par une insulte en yiddish répétée d'un bout à l'autre de New Square : « *Shkutzim !* » Vermine. Sales porcs. Puis les poings se fermaient, les coups pleuvaient, des os se brisaient – et le tempérament timoré de nos ancêtres faisait place à une nouvelle génération de haredim, qui refusaient de céder face à leurs agresseurs. L'incident se reproduisait, à présent. J'en étais à la fois l'unique témoin et la seule victime.

« *Shkutzim !* »

J'avais tenté d'élever la voix, mais mes poumons m'avaient trahi, comme s'ils refusaient de se vider pour l'occasion. Je me tournai vers la yeshiva, le cœur battant. Personne aux fenêtres. Aucun signe de vie derrière les vitres sombres. Il était trop tard. En revanche, des chants s'élevaient d'une des maisons situées de l'autre côté de la rue. Voix d'hommes et de garçonnets mêlées, basses et sopranos, pères et fils unis pour entonner un même refrain : « Et tu auras le cœur en joie en ce jour de fête ! » Une salve d'applaudissements lui succéda, puis vint le martèlement des couverts que les convives frappaient en rythme sur la table.

Je pris une profonde inspiration.

« *SHKUTZIM !* »

J'avais crié, cette fois, mais il ne se passait toujours rien. Je n'avais pas l'habitude de hurler, encore moins de hurler assez fort pour que ma voix transperce des murs, des portes et des fenêtres fermées.

« *SHKUTZIM !* »

Enfin. Des visages apparurent aux fenêtres et dans l'embrasure des portes. Plusieurs personnes sortirent en courant de la souccah de la yeshiva. La voiture était presque arrivée à l'extrémité de Washington Avenue. Je distinguais encore la lumière rouge de ses feux arrière.

« *SHKUTZIM !* »

Je n'étais plus seul. Une dizaine d'hommes m'avaient rejoint, qui répétaient et amplifiaient mes cris. D'autres accouraient vers nous en hurlant, rouges de colère, les yeux exorbités. Certains portaient leur chapeau et leur long manteau noir ; d'autres étaient en manches de chemise ; les pans et les franges de leurs talits jaunis flottaient dans l'air nocturne. Des femmes et des fillettes apparurent aux fenêtres et sur le seuil des maisons. Quelques gamines intrépides s'étaient élancées vers la chaussée, qu'elles observaient depuis l'extrémité de leur pelouse. Déjà, l'insulte s'élevait de toutes les rues environnantes et je n'avais plus besoin de crier.

Parvenue à l'extrémité de Washington Avenue, la voiture tourna dans Wilson Avenue, et nous la perdîmes de vue. Mais c'était une impasse, nous le savions tous. Le conducteur et ses passagers ne pourraient pas aller bien loin. Je me tenais maintenant au milieu d'une petite foule d'hommes en colère. Plusieurs d'entre eux tendaient le doigt vers l'endroit où la voiture avait disparu. Ses occupants ne nous échapperaient pas, de toute façon.

« *Shkutzim ! Shkutzim !* » C'était une véritable clameur, à présent.

« Les voilà ! » cria quelqu'un. La tension monta d'un cran. Les phares venaient de reparaître au bout de l'avenue. La voiture tourna et s'engagea dans Washington Avenue sur les chapeaux de roue. L'affrontement était imminent. Je me penchai vers le sol, comme la plupart de mes comparses, pour ramasser des cailloux ou des détritus susceptibles de me servir de projectiles. En face de nous, la voiture ralentit, puis s'arrêta comme un animal pris au piège. Quelques dizaines de mètres nous séparaient encore. Les passagers nous avaient vus et discutaient de la marche à suivre.

Nous demeurâmes ainsi quelques instants, chaque partie campée sur ses positions. Soudain, le conducteur fit rugir le moteur. Je vis la voiture bondir sur nous comme un taureau dans l'arène. La foule se dispersa et la berline s'engouffra vivement dans l'espace libre, entre les groupes d'hommes en noir, qui se mirent à hurler. Le vacarme devint assourdissant. Pris pour cibles, le pare-brise et les feux arrière explosèrent sous un tir nourri de cailloux tandis que la carrosserie se déformait sous les impacts. Lorsque le conducteur longea la yeshiva, des résidents jetèrent un banc en fer forgé depuis le dernier étage du bâtiment ; usé par des années de bons et loyaux services dans la salle d'étude, il se fracassa d'abord sur le toit du véhicule, avant de rebondir et de finir sa vie sur la chaussée, dans un grand bruit de métal froissé.

La foule s'élança derrière la voiture. Un groupe d'hommes nous rejoignit à l'angle de Jefferson Avenue, et nos rangs grossirent encore aux intersections suivantes. Je courais et criais avec les autres quand une silhouette se détacha du groupe et prit une bonne longueur d'avance sur les autres. Je reconnus mon ami Mechy Rosen. Armé d'une longue barre métallique, il avait pris plusieurs longueurs d'avance sur les autres poursuivants. Lorsqu'il fut presque à hauteur de la berline, il lança la barre à travers la vitre côté passager comme un chasseur visant un animal sauvage dans la brousse. À l'instant où la vitre se brisait, j'entendis une femme hurler à l'intérieur de la voiture.

Le conducteur ne ralentit pas, mais il dérapa au virage suivant. Il redressa les roues de justesse avant d'accélérer de nouveau. Il avait trop d'avance, désormais. Nous ne pouvions plus le rattraper, mais nous continuions de courir. Et nous étions toujours plus nombreux : des hommes venaient de toutes les directions pour se joindre à cette horde de fidèles en noir et blanc. De plus en plus ténus, les feux arrière de la berline disparurent lorsqu'elle prit le dernier virage sur Washington Avenue. Nous parcourûmes encore quelques dizaines de mètres. La route 45, qui desservait l'ensemble de l'agglomération, nous apparut en contrebas.

Nous pensions avoir perdu la voiture quand nous l'aperçûmes, à l'entrée de la route. Immobile. Puis nous entendîmes des cris et des pleurs. La berline avait manqué le virage et s'était abîmée contre l'énorme chêne qui marquait l'entrée de New Square.

Déjà, des voitures ralentissaient. Plusieurs conducteurs s'arrêtèrent pour porter secours aux blessés tandis que notre groupe, qui comptait désormais plusieurs centaines d'hommes, courait vers l'intersection. Emporté par le flot, j'entendis d'abord un homme crier des obscénités, puis je vis la voiture : le capot avant avait heurté l'arbre de plein fouet. Une jeune fille, assise à même le sol, le visage ensanglanté, pleurait près de la portière ouverte, côté conducteur. Un adolescent jaillit de l'arrière du véhicule, qu'il contourna en boitant, l'air hébété. Les jurons provenaient d'un autre homme, debout près de la portière passager. Il faisait de grands gestes vers la foule, maintenant alignée de l'autre côté de la route. Il ne semblait pas blessé, seulement très en colère. *Il nous en veut à nous ?* pensai-je, stupéfait. Notre rage s'était évanouie – apaisée, peut-être, par le spectacle d'un châtiment que nous estimions mérité. Des sirènes de police se firent entendre un instant plus tard, mêlées à celles des ambulances qui arrivaient à vive allure. Sur la route 45, les voitures roulaient au pas : l'embouteillage semblait s'étendre à perte de vue. Les deux adolescents furent pris en charge par les secouristes tandis que nous nous congratulions, heureux d'avoir remporté la bataille. Il ne fallait pas venir nous insulter. Ces imbéciles l'avaient certainement compris, désormais.

« Le tisch va commencer dans cinq minutes ! » cria l'un d'entre nous, et la foule se dirigea vers Washington Avenue. Nous rejoignîmes peu après les autres fidèles déjà massés dans la grande souccah du rebbe. À nous tous, nous formions une assemblée de mille hommes, voire plus, assis ou debout sur des gradins si élevés que les shtreimels de la dernière rangée frôlaient la charpente. J'avais encore l'esprit en ébullition quand le rebbe entreprit de réciter le kiddouch : « Sois loué, Éternel, notre Dieu, roi de l'Univers, qui nous as choisis entre tous les peuples, qui nous as élevés au-dessus de toutes les nations et nous as sanctifiés par Tes commandements... » Choisis. Élevés. Sanctifiés. Quel sens avaient ces mots ?

Quelle différence y avait-il entre nous et ceux qui nous haïssaient ? Les adolescents qui avaient fait irruption dans les rues de New Square témoignaient d'un antisémitisme ordinaire, dans la lignée de celui qui avait porté Hitler au pouvoir en Allemagne. Ils nous auraient certainement attaqués physiquement s'ils en avaient eu l'occasion. Mais en quoi étions-nous différents, eux et nous ? Quelle fureur nous avait incités à former une horde vengeresse, lancée aux trousses d'un groupe de jeunes gens qui s'étaient contentés, dans ce cas précis, de proférer des insanités par la vitre de leur voiture ?

Si nous les avions rattrapés avant l'accident, que leur aurions-nous fait ?

Quelques mois plus tard, je me rendis dans un atelier de carrosserie à Monsey, où un jeune mécanicien réparait ma voiture. Il s'appelait Matt. Je le trouvais sympathique et engageai la conversation avec lui tandis qu'il finissait son travail.

« Vous habitez New Square ? » me demanda-t-il en lisant l'adresse que je venais d'inscrire sur le bon de commande.

J'acquiesçai.

« J'y étais la nuit dernière, reprit-il. Je fais partie d'une équipe de pompiers volontaires. On a été appelés en urgence pour un incendie. C'est assez dingue, comme endroit.

— Vraiment ? C'est ce que vous avez ressenti ? »

Il se tourna rapidement vers moi avant de se replonger sous le capot.

« Ben oui. D'autant que... Vous savez bien. Je n'aurais pas eu le droit d'aller là-bas si j'étais pas pompier, alors, oui, ça m'a intéressé.

— Comment ça, vous n'auriez pas eu le droit ? »

Quantité de personnes se rendaient à New Square sans y vivre : ouvriers du bâtiment, portiers, chauffeurs de taxi, caissières, employés de supermarché. Je n'avais jamais entendu parler d'un quelconque contrôle exercé à l'entrée. Il était interdit, par décret municipal, de vendre un bien immobilier à des acheteurs extérieurs à la communauté, mais New Square restait un lieu public. Ses rues étaient ouvertes à tous.

Matt se tourna de nouveau vers moi. « Vous ne pouvez pas aller à New Square si vous n'êtes pas membre de la communauté, déclara-t-il d'un ton docte, comme s'il m'enseignait une loi de la nature. Vous vous ferez taper dessus.

— Ce n'est pas vrai », répliquai-je, sur la défensive.

Matt se redressa et posa une main sur le capot. Il tenait un chiffon noir de suie dans l'autre, qu'il tendit vers moi.

« Vous, dit-il en agitant le chiffon de haut en bas pour englober toute ma personne, vêtue et chapeautée de noir, vous pouvez y aller. Si j'y vais, moi, par simple curiosité, je me ferai lyncher. »

Ai-je éclaté de rire ? Sans doute, car je l'entends encore me répondre : « Vous trouvez ça drôle ? Ces gens-là ont leurs propres lois, leurs propres règles. Si je me pointe à New Square sans raison apparente, juste pour jeter un œil, je m'attirerai des ennuis, c'est sûr ! »

Il se remit au travail, puis il se redressa de nouveau. « Attention, je respecte tout le monde, moi ! » Il prit son chiffon et essuya une pièce située sous le capot, avant de conclure : « Mais si t'habites pas New Square, t'y vas pas. C'est comme ça. »

DEUXIÈME PARTIE

10

« *Kol bo'eho lo yechouvoun*. – Celui qui va vers elle ne revient pas. »

Tels sont les mots de la Bible envers la femme adultère. Tels sont ceux du Talmud envers l'hérésie.

D'après les Sages du Talmud, les hérétiques ne peuvent se repentir. « Nous n'accepterons jamais qu'ils reviennent, écrivit Maïmonide, le sage du XIIe siècle connu pour son approche rationnelle de la foi. Nous n'admettons pas le repentir des hérétiques parce que nous ne les croyons pas. Bien qu'ils semblent se repentir, nous affirmons qu'ils agissent ainsi de manière trompeuse. »

D'autres assurent que les hérétiques ne peuvent pas se repentir parce qu'ils n'ont pas, à eux seuls, les forces nécessaires pour combattre la puissance de l'hérésie : c'est un piège insidieux dont ils ne peuvent sortir. Nul ne sait où se tapit l'hérésie. Elle peut siéger dans les propos apparemment innocents d'un inconnu, dans des connaissances extérieures à la Torah, dans les écrits de quiconque n'a pas été agréé par les Sages de sa génération. Elle peut surgir d'un récit anodin, s'il est énoncé avec de mauvais mots, par la mauvaise personne, ou via le mauvais média, car sa visée malfaisante est si subtile qu'elle passe quasiment inaperçue.

J'avais treize ans quand je mesurai pour la première fois l'ampleur du risque que représente l'hérésie pour un jeune fidèle. J'étudiai cette année-là à la yeshiva Dzibeau de Montréal. Un soir, après une longue journée d'étude, je décidai de lire quelques pages avant de m'endormir. Mon camarade de chambrée, Yeedel Israel, était en train de cirer ses chaussures ; Sender Davidovitch, assis sur son lit, se coupait les ongles des pieds. Moshe Friedman, dont la couchette se trouvait sous la mienne, était parti se brosser les dents. Moi aussi, j'aurais dû me préparer pour la nuit ; mais je préférais me plonger dans mon livre, *Akiba*, une réécriture romanesque de la vie de Rabbi Akiva, le Sage du IIe siècle, par l'auteur juif allemand Marcus Lehmann. J'en avais trouvé une traduction en anglais, que j'avais entamée avec plaisir quelques jours auparavant.

Le Talmud nous livre un résumé de la vie de Rabbi Akiva. Jusqu'à l'âge de quarante ans, c'était un pauvre berger inculte qui gardait le troupeau de Kalba Savoua, un aristocrate de Jérusalem. Quand Akiva tomba amoureux de Rachel, la fille de Kalba Savoua, celle-ci n'accepta de l'épouser que s'il promettait de se consacrer à l'étude de la Torah. Akiva promit, et le couple se maria. Peu après, Akiva partit étudier la Torah auprès des Sages Nahum de Gimzo, Eliezer ben Hourcanos et Joshua ben Hanania, les grands maîtres des écoles de Lod et de Yabneh.

Pendant vingt-quatre ans, Akiva vécut dans la maison d'étude tandis que sa femme restait seule dans leur village natal. Au bout de vingt-quatre ans, Akiva lui rendit visite, escorté de vingt-mille étudiants. Désormais, il était Rabbi Akiva, le plus grand rabbin de tout Israël, peut-être même de toute l'histoire juive. Rachel, qui avait passé tant d'années dans la solitude, apprit le retour de son mari, et s'avança à sa rencontre. En l'apercevant, elle tomba à genoux et se prosterna pour baiser l'ourlet de son manteau.

« Va-t'en ! » crièrent les étudiants à la femme agenouillée devant le grand maître. Mais Rabbi Akiva la reconnut : « Laissez-la, dit-il à ses étudiants. Car tout ce qui est à vous, et tout ce qui est à moi, lui appartient. »

« Pourquoi n'es-tu pas encore en pyjama ? » rugit une voix furieuse.

Reb Hillel se tenait sur le pas de la porte, l'air féroce malgré sa carrure modeste. Sa moustache hirsute, d'un noir de jais, dissimulait sa bouche et se mêlait à sa barbe broussailleuse. Reb Hillel était l'un des enseignants les plus craints de la yeshiva. Ses gifles étaient légendaires – il en donnait toujours deux à la suite, d'un geste souple, la paume frappant la joue gauche puis se rabattant vivement pour asséner un revers sur la joue droite. Jusqu'à ce soir-là, j'avais réussi à l'éviter.

« Et qu'est-ce que nous avons là ? » glapit-il en désignant mon livre d'un mouvement de barbe.

J'entendis mes camarades courir dans le couloir, la porte de la salle de bains s'ouvrir puis se refermer bruyamment, tandis que les pensionnaires se préparaient pour la nuit.

« C'est... un *biechel* », répondis-je. Un livre. Un *petit* livre. Pas un livre sur la Torah ou l'un de ses commentaires, mais un livre de connaissances générales. Un récit.

« UN BIECHEL ! aboya Reb Hillel. Ne sais-tu pas ce que le Hatam Sofer a dit du biechel ? »

Je ne savais pas ce que le Hatam Sofer avait dit du biechel, mais je connaissais d'autres paroles du Hatam Sofer, notamment celle-ci : « Tout ce qui est nouveau est interdit par la Torah. » Cela incluait un grand nombre d'éléments, dont les tenues modernes, le langage moderne, les noms modernes et les idées modernes.

« Biechel signifie *"Kol bo'eho lo yechouvoun"* », précisa Reb Hillel d'un ton courroucé.

Biechel. *Beyz, yud, khof, lamed*. B-Y-K-L. *Kol Bo'eho Lo Yechouvoun*. « Celui qui va vers elle ne revient pas. »

C'est ce que la Bible dit de la femme adultère. C'est ce que les Sages du Talmud disent des idées hérétiques. C'est ce que le Hatam Sofer dit des *petits livres* – ce qui, je le supposais, signifiait *petits livres d'un certain genre*, des livres de provenance inconnue, écrits dans des langues étranges par des gens étranges. Le livre qu'à cet instant j'avais dans les mains, parce qu'il était en anglais et non en yiddish ou en hébreu, semblait suspect aux yeux de Reb Hillel.

Pourtant, ce livre était parfaitement casher.

« C'est un *ma'aseh* biechel, dis-je. Il parle de Rabbi Akiva. » La vie d'un Sage. Ce n'était pas la Torah, mais ce n'était pas non plus complètement extérieur à la Torah.

Reb Hillel, qui se tenait près de mon lit, frôlait mon visage de ses narines dilatées tandis que je demeurais allongé, la tête rivée à l'oreiller. Il leva la main, me faisant sursauter – mais il se contenta d'attraper le livre. Je le vis en examiner la jaquette, avant d'en feuilleter quelques pages. Je compris qu'il était incapable de le lire.

Quelques secondes plus tard, il jeta le livre sur mon lit. Il se retourna un bref instant pour fusiller du regard Sender et Yeedel, qui s'étaient figés sur leurs couchettes, puis il revint à nouveau vers moi : « Tu n'aurais pas pu trouver un livre sur Rabbi Akiva en yiddish ? »

Même si mon petit livre ne contenait aucune hérésie, je comprenais fort bien le point de vue de Reb Hillel. Les livres de l'extérieur apportaient des idées de l'extérieur et des influences de l'extérieur. Avant d'avoir eu le temps de dire « ouf », on parlait mal de Dieu et de Son oint.

« Tout ce qui est nouveau est interdit par la Torah », disait le Hatam Sofer, un rabbin autrichien très éloigné des racines polonaises et ukrainiennes du hassidisme.

Ses principes n'étaient en rien liés aux enseignements hassidiques et, d'une certaine façon, allaient même à leur encontre. Quand le hassidisme était apparu, au milieu du XVIIIe siècle, ce mouvement cherchait à libérer le peuple juif d'une vision du monde ossifiée par des siècles d'arcanes légalistes. Le hassidisme voulait fuir l'artificiel, le prétentieux et les formules toutes faites. Promouvoir l'esprit de la loi davantage que sa lettre, et découvrir les strates infinies de cet esprit. Glorifier l'expérience mystique davantage que la querelle savante. Il proclamait les affaires du cœur et de l'esprit supérieures à l'excès piétiste.

Ce furent cependant les principes du Hatam Sofer, plus que ceux du Baal Shem Tov, qui vinrent à caractériser la vision du monde du hassidisme moderne. Aux XVIIIe et XIXe siècles, avec la diffusion de la Haskalah, le courant de pensée juif influencé par l'esprit des Lumières, de nouveaux défis firent naître des priorités nouvelles chez les Juifs pratiquants. Les enseignements du hassidisme, s'aperçurent nombre d'entre eux, n'étaient pas de taille à lutter contre le mouvement des Lumières. Les hassidim se rangèrent donc sous la bannière du Hatam Sofer et se hâtèrent d'adopter ses principes.

« *Tout ce qui est nouveau est interdit par la Torah.* »

Des années plus tard, je lirais en grimaçant les ouvrages de Martin Buber, d'Abraham Joshua Heschel et d'Elie Wiesel, agacé par leurs descriptions idéalisées du hassidisme, de ses enseignements, mais aussi des hassidim eux-mêmes, comme si tous les Juifs ultra-orthodoxes vivaient forcément selon les principes fondateurs du mouvement. En vérité, à l'exception d'un petit bataillon de mystiques et de quelques survivances de pratiques anciennes – dévouement au rebbe et manifestations collectives accompagnées de chants et de danses –, les hassidim du XXe siècle paraissent bien loin du mysticisme, de l'extase, de la mélancolie et de la joie du Baal Shem

Tov et de ses disciples. Ils semblent au contraire avoir régressé vers l'autoritarisme et l'inflexibilité auxquels le hassidisme avait pourtant cherché à mettre fin.

« Grâce à trois principes méritoires, les enfants d'Israël furent délivrés d'Égypte : ils ne modifièrent ni leurs noms, ni leur langue, ni leurs vêtements. » Cette formule midrashique résume la philosophie du monde hassidique moderne, un univers défini par les valeurs simples de la fidélité culturelle. Le but en est la ghettoïsation volontaire. Se distinguer par sa langue et sa tenue permet de réduire au minimum les échanges avec le monde extérieur, et contribue à vous en maintenir à l'écart. Limiter l'éducation profane et le savoir venu de l'extérieur tient à distance les idées étrangères. Interdire les médias et les divertissements populaires préserve de la tentation. C'est ainsi que les hassidim se voient épargnés par les calamités du monde moderne.

« Avant, mon père écoutait la radio », m'avoua un jour mon ami Motty.

Motty, un ancien camarade de classe en compagnie de qui je passais la soirée à étudier le Talmud, avait depuis peu fait l'acquisition d'une voiture, un vieux minivan Dodge marron. Dans son véhicule, à l'abri du regard inquisiteur de sa femme, il s'était mis à écouter la radio. Il avait grandi dans la communauté hassidique skver de Montréal et emménagé à New Square dans le but d'étudier à la yeshiva et de se marier – deux buts qu'il avait atteints. Pourquoi, alors, tentait-il de m'expliquer que l'écoute de la radio n'était pas, somme toute, un péché cardinal ?

« Crois-tu que mon père manquait de piété ? »

Motty me lança un bref regard, comme pour souligner le caractère grotesque de sa question. Son père, qui se levait chaque matin à l'aube pour étudier le Talmud avant de partir travailler, était un proche confident de l'ancien rebbe. Il se montrait généreux à l'égard des nécessiteux et avait élevé une douzaine d'enfants, dont la plupart étaient devenus érudits ou épouses d'érudit. « Crois-moi, la radio n'est vraiment pas le plus grave péché au monde ! » ajouta Motty.

C'était vrai. L'interdiction d'écouter la radio ne faisait pas partie des trois cent soixante-cinq interdits de la Bible, pour lesquels le châtiment, en théorie, allait de la flagellation à la condamnation à mort et au *karet*, le retranchement. Ce n'était même pas vraiment un interdit rabbinique, puisqu'il n'était pas mentionné dans le Talmud.

Motty me jeta un regard en coin. « D'ailleurs, ça te plairait bien, à mon avis. » Il rassembla ses doigts en bouquet devant son visage, puis les écarta brusquement de manière théâtrale. « Ouvre-toi l'esprit. » Il me raconta à quel point c'était fascinant de bout en bout – les bulletins d'informations suivis de bulletins sur la circulation, suivis de publicités, suivies de prévisions météo et d'émissions sportives, le tout parfaitement enchaîné et calibré pour occuper le temps d'antenne dévolu à chaque programme. « La technologie moderne. Ça t'en boucherait un coin, tu peux me croire. »

À vrai dire, nous avions déjà un peu de cette technologie moderne à la maison. Dans la cuisine, un appareil Panasonic équipé d'un double lecteur de cassettes trônait sur le réfrigérateur.

Quand je l'avais rapporté à la maison au cours de l'été 1993, fier de ses lignes épurées et de sa couleur argentée, Gitty avait froncé les sourcils.

« Il y a une fonction radio », avait-elle déclaré avec un regard accusateur.

L'appareil, tout juste sorti de sa boîte, était posé sur la toile cirée en chintz de la table de la cuisine. Gitty avait pointé l'index vers une zone précise de la face supérieure de la machine, près du réglage du volume. *Cassette*, *AM*, *FM* étaient imprimés en minuscules lettres blanches le long des stries du bouton rond. Impossible de le nier.

« On fera comme tout le monde », avais-je répondu, agacé à l'idée d'être soupçonné d'impiété. Nombre de mes amis possédaient un lecteur de cassettes. Quand l'appareil s'accompagnait d'un récepteur de radio intégré, la marche à suivre était la suivante : déposez de la colle forte sur le bouton enfoncé en position « cassette », collez un bout de ruban de masquage sur les indicateurs de fréquence, et profitez du moment où vous sortez la poubelle pour vous débarrasser de l'antenne. L'étude du Talmud nous avait rendus particulièrement débrouillards : nous excellions en lacunes juridiques et solutions de rechange.

J'affirmai à Gitty que je mettrais la radio hors service, mais elle se contenta de secouer la tête et retourna à ses tâches ménagères. Le lecteur de cassettes ne tarda pas à atterrir en haut du réfrigérateur – où il resterait, malgré quatre déménagements successifs et la naissance de nos cinq enfants, pendant toute la décennie suivante.

Je ne mis jamais la radio hors service. Pour une raison ou pour une autre, je repoussais sans cesse la tâche au lendemain – peut-être trouvais-je utile de la conserver en cas d'urgence ? Pourtant, nous ne l'allumions jamais, lui laissant comme unique fonction celle d'une présence spectrale décadente au sein de notre foyer pur et pieux. Le lecteur de cassettes servait surtout à divertir nos enfants, qui venaient répandre leurs Lego, leurs camions Tonka et leurs poupées American Girl sur le sol de la cuisine tandis que tournaient à l'infini des bobines de contes musicaux mettant en scène Yanky, Chaneleh et Rivky, de gentils enfants juifs qui ne mentaient jamais, aimaient beaucoup le shabbat, et faisaient toujours honneur à leurs parents.

Enfant, je n'avais quasiment jamais entendu ou vu de radio à la maison, mais je me souviens d'un incident survenu à ce propos. J'avais environ dix ans. C'était un samedi soir, assez tard. Mon père avait accepté de répondre aux questions d'une station de radio juive sur son rôle d'enseignant auprès des Juifs laïcs et non pratiquants. Ma mère avait emprunté une radio pour la soirée à l'un de nos voisins non hassidiques, et toute la famille s'était réunie autour de la table de notre petite cuisine, tandis que mon père, dans son bureau au bout du couloir, répondait à l'interview par téléphone. Je ne me souviens guère de l'entretien lui-même : je passai l'essentiel de cette séquence d'une demi-heure à m'émerveiller du mystère que représentait la voix de mon père, acheminée depuis l'autre bout de l'appartement jusqu'à un studio situé en quelque lieu inconnu, puis nous revenant dans la cuisine. Je me rappelle aussi que cela me semblait aussi bizarre qu'insolite. Tout élément profane constituait une telle abomination, au regard de notre existence, que la présence de cette radio sur la table de la cuisine, juste à côté des chandeliers de shabbat en argent que ma mère venait de retirer de la table du séjour, me paraissait terriblement incongrue.

Au cours de mon adolescence et des premières années de mon mariage, personne n'écoutait la radio à New Square. Nous apprenions ce qui se passait à l'extérieur par des moyens démodés. Dans la salle à manger de la yeshiva, la nouvelle du coup d'État manqué contre Boris Eltsine à Moscou, ou celle de l'invasion du Koweït par Saddam Hussein, passait d'un étudiant à l'autre en même temps que les plats de farfel ou de kugel de nouilles. Quand le Premier ministre israélien Yitzhak Rabin serra la main de Yasser Arafat sur la pelouse de la Maison-Blanche à l'invitation de Bill Clinton, nous levâmes brièvement le nez de nos talmuds pour écouter l'élève qui affirmait tenir l'information de source sûre – probablement du concierge non juif de l'école –, avant de nous replonger en hâte dans l'étude. Plus tard, une fois rentrés chez nous, nous répétions la nouvelle à nos femmes, qui la propageaient plus loin encore, à leurs mères, leurs sœurs et leurs voisines.

Au fil du temps, cependant, j'en vins à lever des yeux envieux vers la radio posée sur le réfrigérateur. À ce moment-là, je connaissais déjà deux règles essentielles. Le bouton FM, je le savais, diffusait de la musique – profane, vulgaire, abjecte, surtout s'il s'agissait de voix féminines. Le péché était si grand que je ne pouvais même pas me sentir tenté. C'était le bouton AM qui m'intriguait. Motty m'avait expliqué qu'il diffusait des informations, des conseils et toutes sortes de renseignements fascinants sur le monde. Je commençai à songer à ce qui s'offrirait à moi du seul fait d'appuyer sur un bouton, et ma curiosité devint presque insoutenable.

Plus j'y pensais, plus la tentation grandissait. Motty avait raison, me dis-je. Je ne transgresserais pas la loi juive, seulement celle de notre communauté. Chaque fois que je prenais place à la table de la cuisine et mangeais le dîner préparé par Gitty, mes yeux vagabondaient jusqu'à la bande rouge des indicateurs de fréquence de l'appareil posé sur le réfrigérateur. Le bouton semblait me susurrer de manière tentatrice : *J'ai des choses à te dire*. Mais Gitty m'inquiétait. Si elle me surprenait en train d'écouter la radio, elle me ferait une scène et m'accuserait de laisser entrer des impuretés dans mon cœur, et, par extension, dans le sien et celui de nos enfants.

Finalement, je n'y tins plus. Une nuit, tard le soir, alors que Gitty et les enfants dormaient à l'autre extrémité du couloir, mes yeux se posèrent sur l'appareil à double cassette. Je commençai par repousser la tentation, comme tant de fois auparavant, mais plus j'essayai de la refouler, plus mon désir allait croissant.

Dans l'un des tiroirs de la cuisine, au milieu de factures d'eau et d'électricité et d'un assortiment d'élastiques multicolores, je trouvai une vieille paire d'écouteurs. Veillant à ne pas faire de bruit, je plaçai une chaise près du réfrigérateur, montai dessus, et branchai les écouteurs dans la minuscule prise jack. Posant les coudes dans la poussière amassée sur le frigo, je tournai lentement le bouton, écoutant d'une oreille le grésillement des parasites, tandis que l'indicateur blanc oscillait le long de la bande rouge, tout en tendant l'autre oreille pour déceler d'éventuels bruits en provenance des chambres à coucher.

Je passai d'une fréquence à une autre, les publicités pour avocats spécialisés dans les erreurs médicales, concessionnaires de voitures et soldes de grands magasins m'inondant d'un plaisir défendu. Les étranges thèmes musicaux, la succession fluide du point sur la circulation routière aux informations et à la publicité me fascinaient ; le fait que les soldes aient lieu *cette semaine seulement*, ou que je ne sois pas au même instant sur la voie express Brooklyn-Queens – qui, je le savais maintenant, était embouteillée jusqu'au pont de Brooklyn à la suite d'un accident sur la voie de droite –, importait peu. J'avais l'impression d'être un visiteur venu d'une autre époque, soudain confronté au monde moderne, fasciné par son prosaïsme même.

Je finis par tomber sur un talk-show. L'invité, furieux, était particulièrement contrarié par les pitreries de quelqu'un qu'il nommait « Alan les mains sales ». Je mis plusieurs minutes à comprendre qu'« Alan les mains sales » était un progressiste, et que les progressistes étaient peu recommandables. Ils étaient favorables à des pratiques scandaleuses telles que l'avortement, et à des idées farfelues telles que le mariage homosexuel. J'écoutais les auditeurs en ligne, les uns après les autres, reprocher à « Alan les mains sales » de vouloir arracher les valeurs conservatrices du cœur de l'Amérique. *Le cœur de l'Amérique*, quoi que ce fût et où que ce fût, avait tout mon soutien. « Alan les mains sales » s'opposait aux croyants, qui, j'étais ravi de l'apprendre, existaient même en dehors du monde hassidique.

« Tu as écouté la radio, hier soir ? » demanda Gitty le lendemain matin, tout en retournant une tranche de pain perdu dans la poêle. Je restai muet de stupeur devant sa mystérieuse intuition. Je tentai de nier, mais elle ne fut pas dupe.

« Tu avais promis de la mettre hors service, dit-elle. Ça commence par la radio et l'instant d'après, on se retrouve à manger *traïf* et à conduire pendant le shabbat. »

Je lui assurai, d'un ton peu enthousiaste, que j'allai immédiatement la mettre hors service. Mais les jours passèrent, et je n'en fis rien. Je voulais encore écouter cet animateur de talk-show. Je voulais entendre d'autres bulletins d'informations, d'autres « points route » évoquant les voitures coincées sur la voie de gauche de la BQE et la circulation sur les axes traversant l'Hudson, d'autres publicités pour les concessionnaires automobiles de Lodi ou les vendeurs de matelas de Paramus.

Quelques soirées plus tard, le volume proche de zéro, je passai une nouvelle heure debout sur la chaise près du réfrigérateur, pressant fort les écouteurs sur mes oreilles. Une fois de plus, Gitty me fit des reproches le lendemain matin. Elle refusa de me dire comment elle savait. De fait, elle refusa d'en dire beaucoup plus, mais son air furibond laissait entendre qu'elle n'allait pas tarder à jeter l'appareil du balcon de notre premier étage.

Pourtant, je refusai de céder. Je serais un hassid respectant tous ses devoirs, sauf celui-ci. Gitty devrait m'accepter tel que j'étais.

Gitty avait raison. La radio ne fut que la première étape.

Un jour, je remarquai une petite annonce dans le bulletin local de la communauté. *Voiture d'occasion. Excellent état. 1 500 dollars.*

Pour un jeune hassid de Skvyra, il n'était pas convenable de posséder une voiture, surtout s'il était mû par des aspirations piétistes. L'ancien rebbe nous avait avertis : les voitures mènent droit au péché. « Une seule pression du pied, et l'on peut se retrouver n'importe où », avait-il déclaré. Mais j'étais loin de la salle d'étude, et désormais moins soucieux d'être un bon hassid que curieux de découvrir ce que le monde avait à offrir. Avec une voiture, je pourrais faire des courses pour Gitty ou l'emmener dans des boutiques situées en dehors de New Square. Je pourrais chercher et trouver un travail à l'extérieur. Je pourrais aller facilement d'un endroit à un autre.

J'optai pour une berline Oldsmobile grise de 1985, longue et massive, dont la ligne tout en angles était passée de mode. La climatisation ne fonctionnait plus, et les clignotants ne s'allumaient plus sur le tableau de bord, mais elle semblait en bon état de marche. Après avoir marchandé avec le vendeur, un mécanicien israélien yéménite, je parvins à l'obtenir pour 750 dollars et la rapportai à la maison.

Le lendemain après-midi, je repris le volant. J'avais une destination en tête, mais je savais que je devais résister à la tentation. Je songeai aux paroles de l'ancien rebbe. « Une seule pression du pied, et l'on peut se retrouver n'importe où. » Mais je fus incapable de résister. Tout en luttant contre mon idée, je parcourus les quatre à cinq kilomètres qui me séparaient de la médiathèque locale, la Finkelstein Memorial Library, située dans la ville voisine de Spring Valley. Je m'engouffrai dans le parking souterrain, à l'abri des regards des hassidim susceptibles de se trouver dans la rue passante longeant l'établissement.

La médiathèque se trouvait dans un bâtiment rouge et blanc érigé sur une colline jouxtant la route 59, la plus importante du comté, à mi-chemin entre New Square et Monsey. J'étais déjà passé devant à plusieurs reprises, et, à travers les hautes fenêtres courant le long de la façade de ce bâtiment de plain-pied, j'avais pu voir les rayonnages remplis de livres. À présent que j'en franchissais la porte, je ne savais plus où donner de la tête. Que fallait-il lire en premier ?

« Vous pouvez emprunter jusqu'à cinq livres par section », m'expliqua l'un des bibliothécaires.

Il me montra la liste des différentes sections : histoire, sciences, philosophie, politique, littérature... Après un rapide calcul, je m'aperçus que je pouvais emprunter plusieurs dizaines de livres en même temps. C'était comme de s'entendre dire qu'on peut avoir tous les beignets du magasin de beignets, et soudain ne pas savoir quoi faire de tous ces beignets – ou n'avoir aucun moyen de les rapporter chez soi, ou de placard assez grand pour les stocker. La perspective d'emporter autant de livres me pétrifiait.

Je flânai quelques minutes dans le coin des nouvelles parutions, puis je déambulai dans la section jeunesse, près de l'entrée de la bibliothèque. Devant moi, des gamins lisaient *George le petit curieux* et *Amelia Bedelia*. *Je n'ai rien à faire ici*, songeai-je, prêt à m'en aller – avant de remarquer, derrière les enfants et disposée sur un rayon bas, une édition en vingt volumes de la *World Book Encyclopedia*.

Pendant les trois heures qui suivirent, je demeurai assis sur une minuscule chaise orange devant une table basse jaune et verte, avec une pile croissante d'ouvrages à côté de moi. Tandis qu'un petit garçon feuilletait à une allure folle *Les Coquinours*, je lus des articles sur Archimède et Einstein, Elvis Presley et les hiéroglyphes égyptiens, l'électromagnétisme, l'histoire de l'imprimerie et la production d'avocats dans le centre du Mexique.

Au cours des années suivantes, je me remémorerai la joie enivrante de ces premiers jours à la médiathèque.

À l'heure de Google et de Wikipédia, les plaisirs simples procurés par une encyclopédie de base sont peut-être difficiles à appréhender, mais l'expérience, à l'époque, fut grisante. J'avais soudain l'impression que toute ma curiosité concernant le monde pouvait être satisfaite dans la petite section jeunesse de cette bibliothèque.

Cela faisait des années que je n'avais pas lu de livre consacré au savoir profane. J'avais toujours beaucoup lu, mais l'essentiel de mes lectures d'enfant tournait autour de la vie des grands Sages, les *tannaïm* et les *amoraïm*, du Baal Shem Tov et du Gaon de Vilna, d'érudits et de saints combattant les forces du mal, aussi bien physiques que spirituelles, et venant en aide à leurs frères grâce à leur sagesse, leur érudition et, de temps à autre, à un incroyable miracle.

J'étais parfois tombé par inadvertance sur des ouvrages profanes. À onze ans, j'avais découvert une pile abandonnée des enquêtes des *Frères Hardy* au fond d'un magasin à prix unique encombré et poussiéreux, situé à deux rues de mon école. Les livres avaient été jetés dans un grand sac-poubelle noir gisant derrière un tas de cartons emplis d'autres marchandises inutiles. On était à Borough Park, et le gérant du magasin avait dû se rendre compte que ces ouvrages ne seraient pas vendus de sitôt. J'y retournai plusieurs semaines d'affilée, tous les jours après l'école, m'installant au fond, dans le creux formé par l'angle du mur, entre les étagères tapissant les parois, pour éplucher toute la pile jusqu'à ce qu'il n'y ait plus rien à lire.

Nous avions aussi quelques livres profanes à la maison, la plupart appartenant à ma sœur Chani. Les filles n'étant pas obligées d'étudier la Torah, mes parents l'autorisaient à lire quelques ouvrages profanes, pour l'essentiel des titres qu'ils jugeaient provenir d'une époque plus saine que la nôtre. Je me glissais souvent dans sa chambre, prélevais des livres dans la petite bibliothèque blanche et rose jouxtant sa porte – *Fifi Brindacier*, *Princesse Sarah*, *La Petite Maison dans la prairie* –, les cachais entre mon lit et le lambris en pin du mur de ma chambre, puis les lisais jusque tard dans la nuit avec une petite lampe de poche.

Je trouvais aussi des livres dans les demeures de voisins plus impliqués que nous dans le monde extérieur, chez des familles vivant de manière moins contrainte, dont les enfants faisaient du sport et regardaient de temps à autre un film de Disney. Souvent, en fin d'après-midi, alors que nous avions rendu visite à une famille du voisinage et que celle-ci s'apprêtait à passer à table, on me retrouvait caché dans l'une des chambres, plongé dans *Le Vent dans les saules* ou *Ma montagne*.

Bientôt, cependant, j'aurais treize ans, et tout cela prendrait fin. Pour un garçon de plus de treize ans, tout ce qui ne relevait pas de nos textes saints était, dans le meilleur des cas, considéré comme frivole.

Je retournai plusieurs fois lire ces volumes encyclopédiques à la médiathèque. La responsable du rayon jeunesse, une charmante dame d'âge mûr, finit par me remarquer et me décocher un sourire en me voyant entrer. Je me sentis brusquement gêné. Un hassid dans la force de l'âge, assis tous les jours sur cette minuscule chaise orange, devant les tables vert et jaune. Je passai donc, non sans hésitation, aux sections adultes de l'étage supérieur, où les encyclopédies étaient plus lourdes, plus denses, et moins illustrées – les différentes sections fonctionnant comme un labyrinthe dans lequel le but n'était pas de trouver la sortie, mais de traîner et de flâner dans chaque cul-de-sac pour cueillir en chemin le plus de trésors possible.

Je ne me souviens pas des premiers ouvrages de la bibliothèque que je rapportai à la maison – mais je me rappelle le mutisme inquiétant de Gitty quand j'entrais avec une pile de livres, ainsi que les centaines de fois où, après s'être contenue pendant des heures, voire des jours, elle finissait par exploser : « Je ne veux pas de ces livres de goyim, de tout ce traïf dans ma maison ! »

Elle le disait tantôt avec colère, tantôt avec tristesse. Parfois, elle tremblait presque de rage, parfois d'une angoisse profonde, mais emplie de douceur. Les mots, cependant, étaient toujours les mêmes : « Je ne veux pas de ces livres de goyim, de tout ce traïf dans ma maison ! »

Ce que je lisais n'avait rien de particulièrement dangereux. Il s'agissait surtout d'ouvrages traitant de politique, d'histoire, de sciences, ou des diverses religions et cultures du monde. J'implorais Gitty de comprendre que je ne faisais rien de fondamentalement immoral, et que, en supposant que ce fût le cas, mes défaillances religieuses ne regardaient que moi. J'en étais seul responsable. Mes arguments ne l'apaisaient pas, au contraire.

« Ne les lis pas, si tu les désapprouves », lui disais-je, et sa colère grandissait. Elle se retranchait encore davantage dans sa conviction que je ne pervertissais pas seulement ma propre personne, mais aussi la pureté de notre foyer.

Bientôt, il y eut pire que les livres : je commençai à rapporter des journaux et des magazines. Aux yeux de Gitty, ils constituaient un délit plus grand encore. Au début de notre mariage, c'était moi qui avais dénoncé le danger des journaux. J'avais refusé de lire jusqu'au *Monsey Advocate* que nous recevions gratuitement dans la boîte aux lettres, rédigé à moitié en anglais et à moitié en yiddish, et publié par des hassidim de Monsey. « Si c'est écrit sur des "feuilles de journal", ce sont de mauvaises nouvelles », avait dit l'ancien rebbe. Même *Der Yid* et *Di Tzeitung*, des hebdomadaires yiddish publiés à Brooklyn par des satmar, n'étaient pas vendus à New Square.

Désormais, dans ma vieille Oldsmobile grise, je roulais tous les vendredis soir jusqu'à une station-service du voisinage pour acheter un exemplaire du *Jerusalem Post*, du *Jewish Daily Forward* et, de temps à autre, du *New York Times*. Au début, je les lisais dans la voiture, restant stationné des heures sur le parking du centre médico-social Refuah, à l'entrée du village. Puis je jugeai injuste d'être banni de ma propre demeure. Je me mis à dissimuler les journaux au fond d'un sac, dans l'un des tiroirs de ma chambre, et à les lire aux toilettes ou derrière la porte close de la salle à manger. Gitty ne fut pas longue à les trouver, et sa découverte me fit gagner en assurance : je commençai à les lire ouvertement. Nous nous disputions continuellement au sujet des livres, des journaux et de la radio. Quand j'oubliais par mégarde un journal sur la table de la cuisine, Gitty l'attrapait du bout des doigts, le visage froncé de dégoût, et le lançait dans la poubelle.

La radio, les livres et les journaux m'incitèrent à aller encore plus loin. Chez un ami équipé d'un ordinateur, je feuilletai un catalogue de vente par correspondance, et pris soudain conscience de mon besoin urgent d'acheter un ordinateur, moi aussi. J'enseignais encore, à l'époque, et je me persuadai que je pourrais m'en servir pour concevoir des documents pédagogiques, à l'aide d'un traitement de texte et d'un logiciel de PAO.

Plusieurs semaines s'écoulèrent avant que je passe la commande, et plusieurs jours encore avant que soit livré l'ordinateur, dans une boîte gigantesque. Gitty et les filles restèrent sur le seuil du séjour tandis que je posai le tout sur un petit secrétaire d'angle.

Dans le lot de logiciels livrés avec la machine se trouvait une disquette de 3,5 pouces ornée d'une étiquette *America Online. 30 jours d'essai gratuit.*

« Qu'est-ce que c'est ? » demanda Gitty.

Je ne le savais pas plus qu'elle, mais le mode d'emploi indiquait qu'il fallait relier un cordon d'alimentation à la ligne téléphonique avant d'installer le logiciel. Intrigué, je suivis les instructions, et nous écoutâmes tous les quatre les tonalités sifflantes et suraiguës du modem à connexion bas débit.

« Bienvenue ! » annonça une voix féminine.

« Vous avez un message ! » fit une voix masculine.

Des icônes et des images aux couleurs vives apparurent sur l'écran – une panoplie vertigineuse de liens offrant chacun un monde complètement nouveau : actualités, shopping, forums de discussion. C'était si joyeux, si attrayant. Je ne pouvais que m'émerveiller du monde qui s'offrait ainsi à moi.

« Viens voir ! criai-je pour attirer l'attention de Gitty, quelques jours plus tard. Je suis en pleine discussion ! »

Gitty vint jeter un coup d'œil à l'écran.

« Regarde, dis-je. Je tape un truc, alors ce type tape un truc, et je tape un autre truc, et ainsi de suite. Et ça se voit tout de suite sur l'écran ! » Si je ne parvenais pas à masquer mon enthousiasme, Gitty, quant à elle, semblait perplexe.

« Donc... C'est comme un téléphone, sauf que tu tapes sur le clavier au lieu de parler ? » demanda-t-elle.

Comme un téléphone ? L'espace d'une seconde, je m'interrogeai : n'était-ce rien de plus que cela ? Mais non, c'était évidemment bien plus.

« C'est un inconnu ! Une personne choisie au hasard !
– Pourquoi aurait-on envie de parler à une personne choisie au hasard ? »

Impossible de lui faire comprendre. Elle ne partageait pas ma curiosité et, contrairement à moi, ne s'intéressait guère au monde extérieur. J'étais soudain relié à des milliers de personnes avec qui je pouvais dialoguer. Ravi, je ne tardai pas à découvrir un monde empli de gens très différents de ceux que je connaissais. Je rencontrai des

Juifs qui mangeaient du porc et conduisaient pendant le shabbat, des chrétiens qui ne semblaient pas antisémites, des musulmans qui n'étaient pas des terroristes.

L'une de ces conversations me marqua beaucoup. Un Juif vivant quelque part dans le Midwest, que je rencontrai sur le forum de discussion « Communauté juive » d'AOL, me fit part de sa passion pour l'érudition juive. Il me parla de ses séances régulières d'étude du Talmud et de Maïmonide, auprès du rabbin conservateur de sa ville.

Ce n'était pas un orthodoxe. Il observait parfois le shabbat, disait-il, quand c'était possible, mais, selon lui, observer le shabbat avait moins à voir avec le respect des règles qu'avec l'idée de « réflexion » et de « s'abstenir de toute activité créatrice ». Parfois il mangeait casher, parfois non. Ses remarques m'exaspéraient.

« Ce que vous dites est absurde ! » pianotai-je furieusement sur mon clavier. Si les règles n'étaient pas immuables, qui fixait la liste de nos devoirs ? « Vous contentez-vous de choisir comme bon vous semble ce qui vous convient ? Ce n'est pas du judaïsme.

– Peut-être pas à vos yeux, dit-il. Mais il y a d'autres façons de l'envisager. »

Je ne comprenais pas. Cet homme faisait voler en éclats l'histoire qu'on m'avait racontée. Je savais qu'il y avait des Juifs non orthodoxes, mais j'avais supposé qu'ils étaient incultes. S'ils avaient étudié le Talmud, Maïmonide et les autres ouvrages des grands Sages de la Torah, ils se seraient aperçus qu'il n'y avait qu'une seule façon de pratiquer le judaïsme. Pourtant, mon correspondant avait étudié tous ces auteurs. Malgré tout, sa pratique demeurait fort différente de la mienne.

« Comment pouvez-vous étudier le Talmud et ne pas observer le shabbat ? lui demandai-je. Comment pouvez-vous manger traïf si vous savez que c'est interdit ? »

L'homme se montra patient : « Il y a plus d'une façon de vivre la religion. Je ne conçois pas la Torah comme la parole littérale de Dieu mais comme un document d'inspiration divine créé par l'homme, c'est tout. »

Gitty était peut-être dans le vrai, me dis-je. Parler à des gens extérieurs à notre communauté me donnait à réfléchir. Or nous le savions tous : avec la réflexion commençaient les problèmes.

Malgré tout, j'étais incapable de résister à l'attrait de cette ouverture sur le monde. Tous les soirs, pendant des heures, je me connectais à America Online et j'engageais la conversation avec des inconnus, désireux de leur prouver que leur façon de vivre n'était pas la bonne, mais aussi follement curieux de connaître leurs points de vue et les mondes dans lesquels ils vivaient.

À l'époque où j'achetai l'ordinateur, au printemps 1996, ce n'était qu'un équipement de bureau parmi d'autres. Il n'était pas jugé plus menaçant pour les croyances religieuses d'un ultra-orthodoxe qu'une fontaine à eau pourvue d'une pile de cônes en carton. Assurément pas pire qu'une photocopieuse ou qu'un fax. Au fil des ans, cependant, les fidèles furent de mieux en mieux informés et équipés. Le lecteur DVD ne tarda pas à devenir la norme. Bientôt, les hassidim purent accéder à tout ce que la culture populaire, autrefois hors d'atteinte, avait à offrir : films, séries télévisées, documentaires, interviews. Avec Internet, un hassid pouvait aller plus loin encore : observer et consumer, certes, mais aussi communiquer.

Ce n'était plus un équipement de bureau. C'était un corrupteur de l'esprit, qui rattrapa vite le champion en titre du grand concours du « Réceptacle à obscénités » – le poste de télévision.

Gitty, comme on pouvait s'y attendre, se montra de plus en plus réticente envers notre connexion internet.

« Les rabbins l'ont interdit », prit-elle l'habitude de me rappeler.

C'était vrai. Les rabbins venaient de l'interdire pour ce mois-ci, après l'avoir interdit pour le mois précédent et aussi pour le mois d'avant. Interdit, interdit, interdit. Pourtant, disait-on, l'usage d'Internet au sein de notre communauté ne cessait de croître, comme si, à chaque nouvelle interdiction placardée sur la porte de la synagogue, une foule de hassidim se ruaient vers le vendeur d'ordinateurs le plus proche afin de savoir pourquoi on en faisait toute une histoire.

Si Gitty approuvait les rabbins, elle-même ne restait pas de marbre devant le charme d'Internet. En mon absence, elle se connectait à AOL et se mettait en quête de bons de réduction, de remises sur les chaussures ou sur les paquets de couches. Un jour, elle fit allusion à une information qu'elle avait lue sur un forum de discussion.

« Sur un forum de discussion ? Toi ? »

Je tombais des nues.

« J'y suis allée pour voir ce que racontaient les gens », répliqua-t-elle, sur la défensive, comme si le fait de ne pas avoir participé à la conversation atténuait la gravité de son péché.

Hormis ces petits moments de faiblesse, Internet trouvait rarement grâce à ses yeux. Quand, en 1997, nous apprîmes la mort de la princesse Diana, je montrai à Gitty les reportages sur Internet. Ni elle ni moi n'avions jamais entendu parler de Diana, mais en regardant les images qui inonderaient le monde au cours des semaines suivantes, Gitty se mit à bafouiller d'indignation.

« Cette femme me dégoûte ! »

Tout ce qu'elle voyait, c'étaient des bras nus, des épaules découvertes, et une clavicule audacieusement impudique.

« Ce n'est que du shmutz, tout ça. Internet tout entier – des obscénités, des obscénités, encore et toujours.

– Pourquoi tu t'en sers, alors ?

– Seulement parce que tu le fais. Si tu arrêtes, moi aussi. »

Mais nous n'arrêtâmes pas, ni elle ni moi. Bientôt, nous eûmes chacun un pseudonyme, avec un indicatif téléphonique en guise de nom de famille : Shulem914 et Gitty914. Un jour, elle me parla d'un homme qui avait cherché à flirter avec elle via la messagerie instantanée d'AOL, un homme que j'avais déjà rencontré sur le forum de discussion « Communauté juive ». Il prétendait être un hassid de Brooklyn. « Êtes-vous la femme de Shulem914 ? » demanda-t-il quand il vit son pseudonyme. Quand elle répondit par l'affirmative, il mentionna les quelques éléments qu'il connaissait à mon sujet et l'embarqua dans une discussion.

Plus tard, ce soir-là, elle me parla de cette rencontre. « Il a terminé sa conversation par "Je vous embrasse" », dit-elle avant de pincer les lèvres pour réprimer un gloussement.

Je me mis à rire. « On dirait que ça t'a plu. »

Son visage devint cramoisi. « C'est exactement pour ça qu'Internet est si néfaste ! »

« Pourquoi faut-il que tu fasses ce genre de choses ? » me demanda-t-elle un vendredi soir, alors que nous étions tous deux assis à discuter, après le dîner de shabbat. Les enfants dormaient. Les bougies, au bout de la table, étaient presque entièrement consumées et ne luisaient que faiblement, leurs flammes dansant au-dessus d'une mare de cire fondue dans nos grands chandeliers en argent. Derrière eux se trouvait le meuble contenant l'ordinateur – portes closes, ordinateur dissimulé à la vue –, que l'on avait fermé à clé de manière que les enfants n'en ouvrent pas le battant par mégarde.

Je ne savais pas pourquoi je faisais « ce genre de choses ». J'ignorais pourquoi je ne pouvais m'empêcher d'écouter la radio, de lire des journaux, d'aller à la médiathèque ou de dialoguer avec des inconnus sur Internet.

« Que se passerait-il si tu arrêtais ? » Gitty était une femme pragmatique qui posait des questions pragmatiques. « Et si tu faisais une liste des pour et des contre ? » suggéra-t-elle. Je m'apercevrais, comme elle l'avait fait, que je ne perdrais rien au change. « Peut-être as-tu besoin d'étudier davantage ? » ajouta-t-elle.

Mon intérêt pour les textes religieux déclinait et je négligeais de plus en plus mes séances d'étude avec Motty. J'avais commencé par arriver dix minutes en retard, puis vingt. Certains soirs, je n'y allais pas. Motty, lui aussi, ne tarda pas à arriver en retard, voire à ne pas venir du tout.

De temps à autre, Motty et moi renouvelions notre promesse, nous répétant qu'il fallait étudier avec davantage de sérieux. Je fournissais un effort accru pour me montrer plus assidu aux offices célébrés à la synagogue, au lieu de les expédier comme une corvée. Tout en oscillant au-dessus de mon talmud pendant les prières, ou sur les gradins pendant les tischen du rebbe, je songeais que je m'imprégnais de nouvelles idées, bien différentes de celles qu'on m'avait inculquées.

« Biechel. *Kol bo'eho lo yechouvoun*. Celui qui va vers elle ne revient pas. »

Les propos de Reb Hillel surgissaient souvent à mon esprit. Je me demandais alors si quelque chose n'était pas, en effet, en train de changer. Gitty avait sans doute raison. Je perdais peu à peu une forme d'innocence. Celle-ci me quittait tandis que je restais là, immobile, tendant la main pour l'attraper, la relâchant l'instant suivant – pour mieux tendre la main et l'empoigner une dernière fois, sans succès.

11

Une semaine avant Pessah, j'aperçus Chezky Blum à la synagogue. Il priait face au mur, dans une alcôve tapissée d'ouvrages religieux. Son livre de prières, ouvert devant lui, reposait sur une étagère. Il était tard – près de minuit – et le dernier groupe de fidèles s'apprêtait à quitter les lieux. Au fond du sanctuaire, ils écoutaient l'un des leurs réciter le kaddish des endeuillés. L'écho des consonnes sifflantes, fréquentes dans notre manière de prononcer l'araméen avec l'accent yiddish, se répercutait doucement d'un mur à l'autre de la grande salle caverneuse, bientôt déserte : « ... yiss-*borakh*, *vè*-yish *taba'h, vè*-yiss-*po'er, vè*-yiss-*romem*, *ve*-yiss-*nassè*... » – loué, glorifié et sanctifié soit le nom du « *koudsha brich hou* » !

Vêtu de son long caftan noir, la fine cordelette de son gartel nouée autour de la taille, Chezky se balançait doucement. Il se penchait et se redressait, donnant un petit coup de talon chaque fois qu'il s'étirait vers le haut. Je m'incline, je me relève, je tape du talon, je m'incline, je me redresse, je tape du talon. La porte à deux battants qui permettait de regagner le hall se trouvait derrière lui. Il se tourna vers moi quand je passai près de lui pour sortir, et rencontra mon regard. Il haussa les sourcils pour me saluer, comme le font deux personnes qui se connaissent sans être proches lorsqu'elles se croisent dans un lieu public.

J'aurais pu faire de même – le saluer et poursuivre mon chemin –, mais je m'arrêtai. Des années plus tard, je me demanderais encore ce qui m'incita à lui parler cette nuit-là. Nous nous connaissions à peine, lui et moi. Je n'aurais pas manqué de courtoisie en m'engouffrant dans le hall sans lui adresser la parole. Au lieu de quoi, je me figeai et lui tendis la main.

« *Shalom alekhem*, dis-je. Il y a longtemps que je ne t'ai pas vu. »

Chezky ferma son livre de prières et le frôla du bout des lèvres, avant de me répondre. « J'arrive d'Israël. J'y retournerai après les fêtes. » Il s'était exprimé avec un léger dédain, comme si New Square avait peu à lui offrir, comme s'il revenait pour faire plaisir à sa famille et à ses amis d'enfance, mais brûlait déjà de repartir.

Nous nous connaissions depuis la yeshiva. De deux ans mon cadet, il avait la réputation d'être un élève difficile : il posait trop de questions, semblait-il. Il interpellait les rabbins sur des sujets qui les mettaient mal à l'aise. À l'époque, je l'avais aperçu à plusieurs reprises en compagnie de Reb Anshel, le conseiller spirituel des élèves de deuxième année. Connu pour sa barbe rousse, ce dernier était considéré comme un « grand penseur » auquel les étudiants pouvaient adresser de « grandes questions ». Chezky passait de longues heures à discuter avec lui dans un coin de la salle d'étude. Il parlait beaucoup, exposant un à un ses arguments, qu'il ponctuait de gestes éloquents. Reb Anshel l'écoutait sans rien dire en tirant sur sa moustache fauve.

Chezky disparut peu après. Je ne le croisai plus à la yeshiva. Il avait été renvoyé, disait-on, mais les détails demeuraient obscurs. Il est trop malin pour nos rabbins, assuraient certains de mes camarades. Trop malin pour son propre bien. Plus tard, j'appris qu'il était allé poursuivre ses études en Israël.

Nous quittâmes la synagogue ensemble cette nuit-là. « Qu'est-ce que tu deviens ? » demandai-je alors que nous débouchions sur le parvis. Il commença par éluder ma question, comme si son parcours était trop compliqué à expliquer. « Tu rentres chez toi par Washington Avenue ? » lança-t-il en désignant l'artère principale du village.

Je hochai la tête. Nous allions dans la même direction. Je le suivis sur le parking de la synagogue, où il se montra plus disert. « Je me suis engagé dans le *kirouv* », confia-t-il.

Je lui lançai un regard étonné. Il s'était engagé dans le kirouv ? La formule résumait à elle seule la sophistication et l'expérience qu'il semblait avoir acquises au fil de ses voyages. Il avait prononcé ces mots avec fierté, manifestement heureux de l'effet qu'ils produisaient. Le mouvement kirouv, qui signifie « rapprocher » en hébreu, était une noble entreprise visant à encourager les Juifs non pratiquants à renouer avec la religion, l'observance des lois et l'étude de la Torah. Les animateurs du mouvement, qui donnaient des cours et des conférences, suscitaient l'admiration et le respect : ils sauvaient des âmes et ramenaient des brebis égarées dans le giron du judaïsme.

La communauté skver ne participait pas au kirouv. Entrer en contact avec des Juifs non pratiquants nous aurait contraints à nous aventurer dans le monde extérieur, à répondre à des questions qu'il aurait mieux valu taire, à nous immiscer dans des modes de vie qu'il aurait mieux valu ne pas observer ; pour s'engager dans le mouvement, il fallait comprendre les attitudes souvent blasphématoires des non-croyants afin de pouvoir leur répondre. Or nous ne voulions ni les connaître ni les comprendre. Pourtant, nous ne pouvions nous empêcher d'admirer ceux qui endossaient cette mission délicate.

En remontant Washington Avenue, Chezky me décrivit la révolution en cours. En Israël, des milliers de Juifs laïcs se pressaient dans les auditoriums loués par les ténors du mouvement. Après plusieurs heures de conférences, ils se ruaient vers les kippas, les foulards et les petits châles de prière distribués par les membres de l'association. Des hommes coupaient leurs cheveux longs et jetaient leurs boucles d'oreille en or dans de grandes corbeilles. Les bijoux étaient ensuite refondus pour fabriquer les couronnes des rouleaux de la Torah. Les femmes se couvraient la tête et promettaient d'appliquer les lois de la pureté familiale. De nombreuses institutions se créaient afin que ces nouveaux pratiquants puissent étudier la Torah et rattraper le retard pris dans leur jeunesse ; des stars de cinéma, des chanteurs célèbres ou des vedettes du petit écran se laissaient pousser la barbe et passaient des heures sur les bancs de bois de ces yeshivot, penchés sur le Talmud et les lois juives que leur enseignaient les rebbes du kirouv.

Tous ces succès étaient dus, d'après Chezky, à la renaissance d'une école de pensée ancestrale : le judaïsme rationnel.

« Tu as sûrement entendu parler de Gerald Schroeder ? Le physicien nucléaire ? Celui qui a écrit *La Genèse et le Big Bang* ? »

Il me lança un regard entendu, comme s'il s'attendait à me voir acquiescer, mais je secouai la tête.

« Dovid Gottlieb, alors ? Le hassid de Boston qui enseignait la philosophie à l'université Johns Hopkins ? »

Ces penseurs, m'expliqua-t-il, cherchaient à réunir la foi et la modernité, si souvent dissociées. Leurs noms ne me disaient rien : je ne connaissais ni ce John Gottlieb ni ce Dovid Hopkins ; ni même Schroeder, Schrodinger ou Schroedowitz. En revanche, j'avais bien connu certains pionniers du mouvement kirouv.

« Mon père s'était engagé dans le kirouv », déclarai-je.

Chezky me dévisagea avec un regain d'intérêt. Une pointe de respect, aussi. « Vraiment ? » fit-il, m'incitant à poursuivre. Je lui parlai brièvement de l'organisation pour laquelle il travaillait, des cours qu'il donnait sur le judaïsme et le hassidisme. Puis, le voyant intrigué, j'ajoutai : « J'ai gardé plusieurs enregistrements de ses conférences. Je peux te les prêter, si tu veux. »

Il accepta volontiers. En arrivant à la maison, il demeura sur le seuil de la cuisine, où Gitty, gênée par l'irruption de cet inconnu, demeura rivée à la table, les joues rouges de confusion. Fort de ses voyages à l'étranger, Chezky se montra nettement plus à son aise, plus « moderne » aussi : il lui adressa un signe de tête courtois, presque engageant, qui porta à son comble l'embarras de mon épouse. Elle détourna vivement les yeux et ne les releva pas jusqu'à son départ.

Je pris l'escabeau et grimpai au grenier. Mes cassettes audio étaient empilées dans un carton, près des panneaux de contreplaqué qui me servaient à construire la souccah, contre une cagette remplie de plats de service pour le repas de Pessah. J'attrapai quelques enregistrements, refermai la trappe et rejoignis Chezky.

Il repartit un instant plus tard, les cassettes en poche. Quand la porte se fut refermée derrière lui, Gitty me lança un regard éloquent, l'air de dire : *C'était qui, ce type ?*

« Chezky Blum, répondis-je. Le petit-fils de Meilich Blum.

– Oh, celui-là ! » Elle demeura songeuse quelques instants, avant de reprendre : « Il n'est toujours pas marié ? »

Je secouai la tête et nous échangeâmes un regard entendu. Le parcours de Chezky nous offrait un exemple édifiant : voilà ce qui arrivait à ceux qui étaient trop différents, trop indépendants, trop intelligents. Ils restaient vieux garçons.

Au sein de la communauté, rares étaient les personnes susceptibles d'apprécier les conférences de mon père. J'avais donc proposé les cassettes à Chezky avec plaisir et me réjouissais qu'il les ait acceptées. Quand j'étais enfant, mon père partait travailler tous les mardis et les jeudis soir en disant : « Je vais au centre. » Ma mère hochait la tête et répondait : « *Behatzla'ha !* – bonne chance ! »

Le « centre » était un lieu mystérieux. Je n'y étais jamais allé, mais je savais que mon père s'y rendait pour parler à des gens qui vivaient en dehors de nos communautés ultra-orthodoxes. Plus tard, j'ai appris qu'il s'agissait d'une salle aménagée dans le sous-sol d'une synagogue, quelque part à Manhattan ; elle abritait le « centre d'études juives » où mon père donnait des conférences sur le judaïsme. Il invitait souvent les auditeurs les plus intéressés à venir chez nous partager le repas du shabbat, ou à suivre les cours plus approfondis qu'il donnait également dans le sous-sol de la synagogue. Encore peu habitués à porter la kippa, les hommes vérifiaient souvent, d'un geste de la main, qu'elle était bien en place. Les femmes ne portaient ni perruque ni foulard.

Tous me confiaient à quel point ils admiraient l'intelligence et l'érudition de mon père.

« Je ne comprends pas tout ce qu'il dit, m'indiqua un homme, mais il le dit si bien !

– Il emploie tellement de mots savants ! renchérit un autre. Ton père est un dictionnaire ambulant. Un Oxford en chair et en os ! »

Je savais à quel dictionnaire il faisait référence : mon père possédait l'édition compacte, en deux volumes, de l'*Oxford English Dictionary*. Elle était rangée dans un coffret spécial, doté d'un petit tiroir dans lequel se trouvait une loupe – nécessaire pour déchiffrer les minuscules caractères romains, réduits de manière à faire tenir sur une seule page les définitions qui en occupaient quatre dans la première édition, en onze volumes, du fameux dictionnaire unilingue. Mon père gardait ce coffret dans son « petit bureau », une pièce où, contrairement au « grand bureau », je n'étais pas censé entrer. « Je préfère que tu n'y ailles pas », disait-il.

Les deux bureaux étaient remplis de livres, mais ceux que l'un et l'autre abritaient étaient bien différents. Le « grand bureau » accueillait les textes sacrés : le Talmud, bien sûr, mais aussi les premiers codes de la loi juive, le *Choulhan Aroukh* et le *Michné Torah* composé par Moïse Maïmonide. S'y trouvaient également de nombreux volumes traitant du mysticisme juif, dont le Zohar et les écrits du Ari. Les dix volumes reliés en rouge et or des *Paroles de Yoel*, l'œuvre du grand rabbin Joël Teitelbaum, fondateur de la dynastie hassidique de Satmar, occupaient la place d'honneur, sur une étagère fixée au-dessus de la table de travail.

Il régnait une atmosphère bien différente dans le « petit bureau », où tout semblait plus mystérieux, plus secret. La plupart des ouvrages étaient en anglais. J'avais compris, à la lecture des titres, qu'ils traitaient de religions, de théories philosophiques ou de pratiques différentes des nôtres, parfois très éloignées de notre culture. Mon père me surprit un jour le nez plongé dans un ouvrage qui avait attiré mon attention. Le titre, je m'en souviens encore, contenait les mots « judaïsme » et « christianisme » – une religion dont j'ignorais tout, mais dont les fidèles, m'avait-on raconté, avaient persécuté les Juifs pendant des siècles. J'avais sorti le livre du rayonnage et commencé à le feuilleter. Au détour d'un paragraphe, j'avais appris avec stupeur que les premiers chrétiens étaient des Juifs qui respectaient les lois du shabbat. J'en étais là de ma lecture quand mon père avait fait irruption dans la pièce.

« Je ne veux pas que tu lises ça, déclara-t-il en me prenant l'ouvrage des mains. Et je te prie de ne pas venir ici en mon absence ! » Mon père était un homme doux et patient. Ses colères m'impressionnaient d'autant plus qu'elles étaient rares. Pétrifié, je gardai le silence tandis qu'il remettait l'ouvrage à sa place. Puis il se retourna vers moi et me tapota les cheveux en m'appelant « *chéfélé* » – petit agneau –, une habitude qui remontait à mon enfance et qui, à l'époque, commençait à m'embarrasser. « Je sais que tu es un garçon curieux. Si tu souhaites lire un des ouvrages rangés dans cette pièce, dis-le-moi d'abord et nous en parlerons ensemble. »

Je ne suis jamais allé le trouver pour lui parler d'un de ces ouvrages, mais j'ai eu l'occasion d'entrer brièvement dans son univers, les rares fois où il m'a invité à l'accompagner à une conférence. J'avais douze ans lorsqu'il m'a emmené au quartier général des Nations unies, où il avait été invité à participer à un « séminaire interconfessionnel », comme il me l'expliqua dans le taxi qui nous conduisait à Manhattan. Des rabbins, des prêtres, des imams et des pasteurs se réunissaient ce jour-là pour discuter des idées partagées par les fidèles de toutes obédiences. Il était inhabituel qu'un rabbin hassidique accepte de s'adresser à une telle congrégation, mais je savais que mon père était un homme inhabituel. Je savais aussi que je ne pourrais pas raconter la conférence à mes camarades en rentrant à Williamsburg. Le mouvement kirouv était encore trop récent, à l'époque, pour être compris – même au sein de notre cercle d'amis.

Chezky comprendrait, en revanche. Lui qui s'adressait à son tour à des fidèles différents, extérieurs à la communauté, saurait apprécier l'intelligence et la tournure d'esprit inhabituelle de mon père.

Je cherchai Chezky le lendemain soir à la synagogue et nous rentrâmes de nouveau ensemble après la prière.

« Alors, qu'est-ce que tu en penses ? » demandai-je.

Il secoua la tête en pinçant les lèvres, puis détourna les yeux d'un air gêné. « Je ne suis pas d'accord avec certains éléments du discours de ton père. »

Je fus décontenancé. Je m'étais imaginé qu'il s'extasierait, lui aussi, sur l'érudition, le charisme et la personnalité fascinante de mon père. Quand je lui demandai des précisions, il éluda ma requête. « Ce serait trop long à expliquer, marmonna-t-il. Tu ne comprendrais pas. »

De toute façon, il ne pouvait pas s'attarder, ajouta-t-il. Sa mère lui avait demandé de cashériser les éviers avant Pessah ; son grand-père souhaitait qu'il aille chercher plusieurs paquets de galettes *matsot* ; il avait promis à son frère cadet de lui apprendre une chanson spéciale pour les Quatre Questions. L'avenue était encombrée d'hommes et d'adolescents qui marchaient d'un pas vif, pressés de rentrer chez eux pour terminer les préparatifs de Pessah. Une femme passa en courant sur le trottoir d'en face, comme si elle cherchait à fuir la présence de tous ces inconnus.

J'étais pressé, moi aussi, mais je refusais d'en rester là. J'avais toujours entendu parler de mon père avec admiration. Pourquoi Chezky faisait-il exception ? Quelles étaient ses réserves, exactement ?

« Inutile de rentrer dans les détails, insistai-je. Mais donne-moi au moins une indication. »

Chezky se figea, se mordit la lèvre inférieure, puis hocha la tête.

« D'accord. Ton père prétend que la foi échappe à la raison.
– Et alors ?
– Je ne suis pas d'accord. La foi est parfaitement rationnelle, au contraire. »

Chezky avait raison. La discussion s'annonçait complexe, et nous n'avions pas le temps de l'aborder ce soir-là. Il était également vraisemblable que je n'en saisirais pas tous les éléments. Il m'offrit une synthèse de ses arguments au cours des jours suivants, lorsque nous eûmes l'occasion d'en reparler. « Non seulement la foi est totalement rationnelle, déclara-t-il, mais cette approche rationnelle de la foi est la seule qui soit en phase avec la société actuelle. C'est même la raison pour laquelle tant de Juifs laïcs redeviennent pratiquants ! Ces gens-là ont fait des études. Ils vivent dans le monde moderne. La perspective de croire aveuglément ne les séduit pas. Ils se fichent de nos enseignements, aussi beaux soient-ils ! Et le mysticisme ne les intéresse pas. Ils désirent connaître la vérité, tu comprends ? Ils veulent des faits. » Il frappa dans ses mains pour appuyer son propos. « Ils veulent des données scientifiques. Des arguments solides. »

Les Juifs orthodoxes qui œuvraient à la promotion du « judaïsme rationnel » ne parlaient jamais des « rebbes d'autrefois » et de leurs miracles. Ils ne s'adonnaient pas à des pratiques bizarres – aucun d'eux ne faisait tourner un poulet au-dessus de sa tête pour expier ses fautes et ils ne cherchaient pas à grappiller des miettes de kugel ou de carpe farcie laissées par le rebbe pendant le tisch. Ces gens-là, m'expliqua Chezky, étaient parfaitement rationnels. Professeurs d'université, philosophes, scientifiques, hommes et femmes cultivés et sensés, ils étaient en quête d'une nouvelle approche de la religion. Ils avaient déjà fait paraître de nombreux ouvrages pour expliquer comment les écrits des Sages se voyaient confirmés par les dernières avancées de la science. Des statisticiens s'attachaient à montrer que tous les événements de l'histoire humaine, passés et présents, étaient inscrits en langage crypté dans la Bible ; des philosophes rédigeaient des formules d'une logique imparable qui prouvaient la véracité des anciens dogmes.

Chezky avait rencontré plusieurs d'entre eux et m'en parla avec enthousiasme, tentant de me convaincre. Peine perdue : plus il se passionnait, plus je réfutais son discours. Ce qu'il me décrivait me semblait à la fois stupide et dangereux. Les Sages ne nous avaient-ils pas mis en garde contre la *filozofia*, susceptible de nous faire basculer dans l'hérésie et la vilenie ? Même les grands docteurs de la Torah nous avaient appelés à la prudence. « Quatre hommes sont entrés dans le jardin de la connaissance », raconte le Talmud. Le premier était mort, le deuxième s'était perdu, le troisième était devenu fou ; seul le quatrième, Rabbi Akiva, en était sorti sain et sauf, l'esprit et la foi intacts. La connaissance qui poussait dans ce jardin était dangereuse. Loin de chercher à comprendre ou à raisonner, le Juif croyant et pratiquant devait constamment repousser la raison et se fier aux traditions, à l'héritage transmis de génération en génération ; il ne suffisait pas d'ignorer les doutes : il fallait arracher jusqu'à la racine des moindres questions qui appelaient à une compréhension du monde inaccessible à l'esprit humain.

« La foi, disait Reb Mendel de Vitebsk, consiste à croire sans aucune forme de raison. » Toute autre forme de pensée provoquait une lente érosion de la foi et menait à l'hérésie.

Finalement, Chezky décida de s'installer dans l'État de New York. « Le mouvement kirouv a aussi besoin de militants aux États-Unis », m'expliqua-t-il pour justifier sa décision. Il décrocha un poste d'enseignant à la faculté Ohr Somayach, une yeshiva kirouv située à Monsey. Fondée dans les années 1980, elle avait longtemps occupé plusieurs bâtiments décrépits sur un vaste terrain situé à l'angle de la route 306 et de Viola Road. Puis, le mouvement prenant de l'ampleur au fil des années 1990, la yeshiva avait bénéficié de fonds supplémentaires. Les bâtiments avaient été rénovés et comptaient maintenant de vastes dortoirs, des salles d'étude et une bibliothèque somptueuses.

Grâce à Chezky, les lieux et leur fonctionnement me devinrent bientôt familiers. La yeshiva accueillait de jeunes adultes issus de la « génération MTV », comme il disait : diplômés en droit ou en médecine, ils habitaient de jolis pavillons de banlieue, possédaient une ou deux belles voitures et appréciaient leur vie professionnelle. Ils venaient à la yeshiva en quête de traditions et de spiritualité. Ils étaient accueillis par des enseignants « ouverts d'esprit » – et Chezky de me raconter l'histoire d'un étudiant qui avait été renvoyé parce qu'il portait un chapeau noir à large bord.

« Il faut franchir les étapes une par une, m'expliqua-t-il. Tout le monde n'est pas prêt à porter un chapeau. Les étudiants doivent demander la permission du directeur. » Ce n'était pas une institution hassidique, ajouta-t-il. La direction ne souhaitait pas que les élèves explorent par eux-mêmes des courants orthodoxes qu'elle-même ne leur avait pas recommandés. Toutes les requêtes devaient être présentées d'une certaine manière et dans un certain ordre.

Nous devînmes de très bons amis, Chezky et moi, mais ce ne fut pas une amitié facile. Ses opinions menaçaient les miennes. Malgré moi, nous en venions souvent à aborder des questions relatives à notre foi, et à la meilleure manière de la pratiquer dans le monde moderne.

« Je suis inquiète, disait souvent Gitty. Je crois qu'il va te changer. » Il m'arrivait de penser qu'elle n'avait pas tout à fait tort. Certains jours, j'étais résolu à couper tout lien avec lui. Son point de vue exerçait sur moi une telle fascination que je sentais mes convictions vaciller. Tout m'intriguait chez lui, à commencer par son désir d'asseoir nos croyances sur une base rationnelle. Cette base existait-elle vraiment ? Pouvait-on « prouver » la foi ? Se servir de la logique pour comprendre des notions fondamentalement incompréhensibles ? Était-il possible d'envisager l'existence de Dieu comme une question scientifique ou même philosophique ? De prouver la réalité de certains événements bibliques comme la traversée de la mer Rouge ou le don de la Torah sur le mont Sinaï ?

J'avais peine à le concevoir, mais si c'était possible, comme le prétendait Chezky, toutes ces « preuves » ne m'aideraient-elles pas à renforcer ma foi ? Une petite partie de moi brûlait de curiosité ; l'autre, celle qui abritait le hassid, savait qu'il faudrait, pour la satisfaire, emprunter un sentier plein de boue. Ma foi en sortirait peut-être intacte, mais souillée de manière irrémédiable. Mes croyances pures et simples, encore fraîches et étincelantes, en souffriraient. Voilà pourquoi je ne voulais pas m'engager sur cette voie.

Ce n'était pas la première fois que je mettais en doute mes croyances religieuses. J'avais connu une première crise, à quinze ans, durant le séjour estival que j'avais effectué dans les monts Catskill avec mes camarades et mes professeurs de la yeshiva. Troublé par les questions qui m'assaillaient, je m'étais confié à Menashe Einstein, mon meilleur ami. Adolescents maussades et rêveurs, nous avions tous deux une forte propension à broyer du noir et à nous interroger avec anxiété sur la vie qui nous attendait. Nous échappions souvent à la surveillance des rebbes pour nous enfoncer dans le petit bois qui s'étendait derrière les dortoirs. Là, après avoir contourné les ronces et les broussailles, enjambé des outils et des machines agricoles rouillés, abandonnés depuis des lustres, escaladé une colline escarpée et longé de hautes falaises, nous arrivions à une vaste clairière éclaboussée de soleil. Nous nous asseyions sur un gros rocher parmi les herbes folles, à l'extrémité du pré, espérant rester le plus longtemps et le plus loin possible de la salle d'étude du centre de vacances.

Un jour, j'annonçai à Menashe que je me posais des questions. Je me demandais si nos rebbes avaient la preuve de ce qu'ils nous enseignaient, si l'enfer et le paradis existaient vraiment, si le rebbe était vraiment un saint, si Moïse avait vraiment ouvert un passage dans la mer Rouge pour permettre aux enfants d'Israël d'échapper aux Égyptiens, et si les enfants d'Israël, les Égyptiens et Moïse avaient vraiment existé.

Menashe fit courir son doigt le long d'un brin d'herbe qui jaillissait entre les rochers. « J'ai lu quelque part, dit-il après un moment de réflexion, que les doutes sont causés par les pensées singulières. »

Les « pensées singulières » : c'était ainsi que nos manuels faisaient allusion aux rêveries et aux désirs interdits qui assaillaient nos jeunes esprits. Je fus d'abord pétrifié d'entendre Menashe en parler. N'était-ce pas le signe qu'il me savait en proie à de telles pensées ? Je me raisonnai, rassuré par la manière simple et naturelle dont il avait évoqué le sujet. Peut-être endurait-il les mêmes tourments, lui aussi ? Était-il traversé, comme moi, par des pensées singulières ? Devait-il lutter pour les repousser lorsque nous étions invités à nous recueillir après la prière collective ? C'était souvent, chez moi, le moment que choisissaient les pensées singulières pour s'insinuer dans mon esprit : quand je suppliais Dieu de « nous accorder la connaissance et la sagesse, de soigner les malades et de nous permettre de retourner dans Sa cité de Jérusalem », la vision des filles de Reb Chezkel, des jumelles de notre âge que je surprenais souvent en train de jouer à la corde à sauter devant le réfectoire du centre, leurs cheveux châtains attachés en queue-de-cheval, venait danser sous mes paupières closes. L'heure du coucher était tout aussi propice à ces images interdites – il faut dire que ma sœur invitait souvent ses amies à la maison et que je pensais à elles le soir venu, quand je me glissais sous les draps. Menashe était-il poursuivi par de telles visions lorsqu'il tentait de s'endormir dans le dortoir enténébré ?

Au cours des jours suivants, je fis mon possible pour éviter les pensées singulières : si elles m'amenaient à douter de ma foi, comme le supposait Menashe, mieux valait les réprimer une bonne fois pour toutes. Les doutes étaient pires que les mauvaises pensées : plus inquiétants, plus perturbants. Si je doutais de la parole de Dieu, de son origine et de sa véracité, si je commençais à penser que rien de tout cela n'était vrai, alors je n'aurais plus qu'à devenir *frei*, ce qui ne valait guère mieux qu'être goy. Quelle vie serait la mienne, dans ces conditions ?

Ces craintes m'incitèrent à exercer une surveillance constante sur mes pensées, et, surtout, à faire en sorte que les plus « singulières » d'entre elles ne puissent surgir à mon esprit. Le matin, lorsque je me rendais du dortoir au mikveh situé près du parking du centre, je faisais un long détour pour éviter d'emprunter le sentier qui longeait le réfectoire, où des femmes et des adolescentes – les épouses et les filles de nos professeurs – se rassemblaient pour le petit-déjeuner : je contournais les dortoirs et les quelques bungalows occupés par les enseignants, et m'approchais du petit bois, que je suivais jusqu'au mikveh. Je prenais le même chemin au retour, veillant à ôter mes lunettes au cas où une femme ou une jeune fille aurait surgi brusquement devant moi. Le soir, lorsque j'étais couché, je réprimais sévèrement les images « indécentes » qui se présentaient à mon esprit – il s'agissait le plus souvent d'une vision floue de Rachy, une camarade de ma sœur, vêtue d'une jupe plissée bleu marine, les cheveux attachés en queue-de-cheval. Je me frappais le crâne du plat de la main en me rappelant que je venais de passer une semaine sans faire de rêves honteux et qu'il serait terrible de me réveiller à nouveau dans un pyjama humide. Pas question de baisser la garde. J'orientais fermement mes pensées vers un passage de la Michna ou un verset des Psaumes en espérant faire disparaître les pensées singulières. Car, j'en étais certain, je devais les bannir pour triompher des doutes insidieux et des questions qui affaiblissaient ma foi.

En dépit de mes efforts, les pensées singulières continuèrent d'affluer à mon esprit tout au long de mon adolescence. Elles surgissaient aux moments les plus inattendus, se glissant entre les pages jaunies d'une vieille édition du Talmud, s'insinuant entre deux chansons lors d'une veillée, ou au beau milieu d'une danse pendant le tisch du rebbe. Elles semblaient profiter de mes rares instants de faiblesse pour m'entraîner dans un tourbillon d'images charnelles et de passions interdites.

Les doutes, en revanche, cessèrent de me hanter. Peut-être les deux n'étaient-ils pas aussi liés aux pensées singulières que l'avait prétendu Menashe ?

He'emanti ki adaber. Des années plus tard, Avremel Shayevitz taperait du poing sur la table en assénant ces mots qu'il attribuait à Rabbi Mordechaï de Lechevitch : « *"He'emanti* – J'ai cru – *ki adaber* – parce que j'ai parlé"* ! Plus vous parlerez de votre foi, plus vous croirez ! »

Alors chaque matin, après les prières, tandis que l'odeur du pain perdu et des œufs brouillés servis dans le réfectoire de la yeshiva se glissait sous la porte, je roulais les lanières en cuir noir de mes tefilines en récitant les treize principes fondamentaux de la foi juive compilés par Maïmonide, lentement, délibérément, dans l'espoir que ces mots viendraient renforcer mes convictions :

« *Ani ma'amin*, je crois d'une foi parfaite que le Créateur, béni soit Son nom, est le seul créateur et le seul guide du monde ;

« *Ani ma'amin*, je crois d'une foi parfaite que la prophétie de Moïse, notre maître, est vraie... que la Torah que nous possédons est celle transmise à Moïse ;

« *Ani ma'amin*, je crois d'une foi parfaite que le Messie viendra et, bien qu'il tarde à venir, je crois en sa venue. »

Quand je me rendais du dortoir au bain rituel, puis du bain rituel à la salle d'étude, je murmurais continûment ces mots : « *Ani ma'amin be'emuna chelema* ». Je les répétais encore et encore, comme un mantra, des centaines, des milliers de fois. « Je crois d'une foi parfaite. Je crois d'une foi parfaite. » Puis j'énonçais à voix basse les paroles d'un grand maître du hassidisme, Reb Mendel de Vitebsk : « Avoir la foi, c'est croire aveuglément, sans exiger de preuve, sans chercher de logique. Avoir la foi c'est croire sans raison aucune. »

Plus encore que les mantras, plus encore que les déclarations d'Avremel ou de Reb Mendel, c'était la crainte de l'inconnu qui m'incitait à garder la foi. Si je cessais de croire, me disais-je, qu'adviendrait-il de moi ? Cesserais-je aussi de manger casher ? De faire shabbat ? Irais-je danser à la synagogue sans mon chapeau ? Et qu'en penseraient les entremetteurs ?

12

Au fil des années suivantes, mon amitié pour Chezky et nos nombreuses discussions m'amèneraient à m'interroger de nouveau sur mes convictions religieuses, mais lorsque je le croisai à la synagogue aussitôt après son retour d'Israël, j'étais submergé par des soucis plus matériels – et bien plus pressants. Notre fille Chaya Suri était née en novembre 1997. À vingt-quatre ans, sans emploi fixe mais avec trois enfants et cinq bouches à nourrir, je n'avais qu'une question en tête : comment boucler mes fins de mois ?

Un vendredi, en plein hiver, alors que nous n'avions pas payé le loyer depuis trois mois et que le propriétaire nous menaçait d'expulsion, Gitty et moi décidâmes de mettre nos bijoux en gage. Je sortis d'un tiroir la montre en or que mon beau-père m'avait offerte après nos fiançailles ; elle me remit le bracelet et le collier en or que sa mère lui avait donnés pour la même occasion. D'après nos estimations, l'ensemble valait près de trois mille dollars.

Je lui lançai un dernier regard avant de sortir. « Tu es sûre de toi ? »

Accroupie près du frigo, Gitty fouillait dans le bac à légumes. Freidy, alors âgée de trois ans, se tenait derrière elle, les yeux rivés sur le contenu du bac, comme s'il renfermait un jouet nettement plus intéressant que la dînette en plastique rose vif, achetée dans un magasin d'occasion, étalée sur le sol de la cuisine.

« Oui, affirma Gitty sans me regarder. Je ne les porte jamais, de toute façon !
– Un jour, je t'achèterai le collier de perles le plus cher du monde ! »
Cette fois, elle se leva et me sourit. *Un sourire triste*, pensai-je en me dirigeant vers la boutique du prêteur sur gages.

« Qu'est-ce que ça veut dire ? me demanda-t-il en désignant l'inscription gravée au dos de la montre.
– C'est de l'hébreu. Mon nom. Et un message. » Je n'avais pas imaginé qu'il y attacherait de l'importance.
« Et le message, il dit quoi ? » insista-t-il en passant le doigt sur les lettres gravées dans le métal.
Fallait-il vraiment le traduire ? « Que votre union soit éternelle…, commençais-je.
– Je vois », grommela-t-il, puis il prit les bijoux et les emporta dans la pièce du fond. Une dame d'un certain âge entra avec un petit chien. Elle se dirigea vers le comptoir, qu'elle contourna sans un mot pour passer de l'autre côté. L'espace d'un instant, je crus avoir affaire à une cambrioleuse d'un nouveau genre. Je m'apprêtais à intervenir quand elle s'avança vers la pièce du fond en criant : « Tu as déjeuné, Mor ? »
L'homme revint quelques minutes plus tard.
« Quatre cents dollars », annonça-t-il.
La somme couvrait à peine la moitié d'un mois de loyer. J'acceptai à contrecœur, faute de mieux. Notre propriétaire ne fut pas ravi, mais je promis de régler le solde au plus vite, et il se laissa convaincre. Nous avions gagné un répit – un jour, une semaine, un mois. Encore aujourd'hui, je ne sais pas comment nous y sommes arrivés, mais nous avons survécu. Constamment sur la corde raide, évitant de justesse les coupures d'électricité ou de téléphone dont nous menaçaient nos fournisseurs.

Pourquoi sommes-nous dans cette situation ? me demandais-je fréquemment. *Et comment font les autres pour s'en sortir ?*

En fait, je savais comment s'en sortaient les autres : difficilement. La plupart de mes camarades de la yeshiva avaient suivi le même parcours que moi : certains étudiaient encore au kolel, d'autres enseignaient au heder, mais tous peinaient à joindre les deux bouts. Ils se débrouillaient du mieux possible avec les moyens du bord : bons d'achat de la yeshiva, bons d'alimentation, allocations logement. Pour gagner plus d'argent, ils se lançaient dans des entreprises farfelues, souvent vouées à l'échec : l'un de mes amis acheta une machine à pop-corn, l'installa dans sa cave et proposa des livraisons aux résidents du village. Un autre dressa un étal devant la synagogue pour tenter d'écouler un important stock de petits appareils audio censés aider les insomniaques à trouver le sommeil.

Le plus ambitieux fut mon ami Yakov Mayer. De deux ans mon cadet et déjà père de six enfants (dont des triplés), lui aussi se demandait comment subvenir aux besoins de sa nombreuse famille. Son dernier projet en date ? Vendre des assurances-vie.

« Le rendement est tout à fait décent », déclara-t-il en me tendant un formulaire de souscription. Je retins un sourire. Le « rendement », apparemment, était aussi attractif pour les clients que pour le démarcheur – Yakov venait de détailler les bénéfices qu'il espérait tirer de cette entreprise.

« *Si* tu parviens à en vendre », répliquai-je. Il n'avait pas vendu une seule police d'assurance depuis qu'il avait commencé.

Il hocha la tête. « Oui. *Si* je parviens à en vendre. » Il me dévisagea avec attention, comme s'il quêtait mon approbation. « Ça ne fait que trois mois, tu sais ! »

Yakov avait au moins le mérite d'avoir trouvé une idée, ce qui n'était pas mon cas. Je n'avais pas encore entamé au heder la véritable carrière d'enseignant que j'escomptais. Je m'étais lassé du tutorat ou plutôt de son aspect frauduleux : je ne supportais plus de rédiger de faux rapports vantant les progrès de mes élèves, de redouter perpétuellement un contrôle du gouvernement et de devoir réclamer un complément à des parents peu pressés de me rémunérer. Aussi renonçai-je volontiers à mes cours au heder quand, en juillet 1997, mon ami Motty me proposa de monter une petite entreprise avec lui. Fini l'enseignement : je me lançais dans les affaires.

L'idée de Motty semblait prometteuse : il s'agissait de mettre en sachets plusieurs variétés de noix et de fruits secs et de les vendre aux supérettes de la région, située à cheval sur trois États : l'État de New York, le New Jersey et le Connecticut. J'étais novice en affaires, mais le projet de Motty me plaisait. J'empruntai quelques milliers de dollars à plusieurs sociétés de crédit à taux zéro installées à New Square et à Monsey, et plaçai tous mes espoirs (et ceux de ma famille) dans la passion de la population locale pour les noix de cajou grillées et les cubes d'ananas séchés.

Nous avons tenu deux ans, ce qui, avec le recul, me paraît miraculeux. J'étais trop timide pour convaincre nos clients d'acheter des produits dont ils n'avaient que faire, trop impulsif pour contrôler nos propres dépenses, trop rêveur pour apprendre à gérer une entreprise – je préférais de loin passer mes journées à créer de splendides rapports financiers sur un ordinateur d'occasion, ce qui m'obligeait à me familiariser avec le langage DOS, son interface en mode texte, ses écrans noirs et son curseur blanc qui clignotait constamment dans l'attente de la commande suivante. Je me pris également de passion pour les fournitures de bureau : j'adorais acheter des chemises cartonnées, des classeurs et des agrafeuses. Elles fonctionnaient si bien que vous n'aviez qu'un désir : agrafer du matin au soir. Jusqu'au jour où l'agrafeuse rendait l'âme, vous forçant à en acheter une autre – électrique, cette fois, pour en profiter plus longtemps.

En avril 1999, nous avons dû nous rendre à l'évidence, Motty et moi : nous n'avions toujours pas engrangé le moindre bénéfice. Nous avons passé une annonce dans un journal local – une parution en yiddish destinée aux ultra-orthodoxes – et nous avons tout vendu : les listings des comptes clients, l'ordinateur sous DOS, le matériel qui nous servait à peser, à conditionner et à sceller nos produits, et la camionnette avec laquelle nous effectuions les livraisons.

Après cela, je suis passé pendant un moment d'un petit boulot à un autre, certains très brefs, d'autres plus durables. L'un d'eux ne dura que trois jours – le temps nécessaire pour traiter mon patron de fou et être viré sur-le-champ. À la tête d'une société florissante, ce type achetait et revendait des photocopieuses et des télécopieurs au marché noir. Il m'avait embauché comme comptable mais refusait de m'équiper d'un ordinateur, exigeant que j'inscrive toutes les dépenses et les recettes de la société dans un énorme registre à double entrée. Je m'étais rebellé. J'étais tout à fait disposé à tenir les comptes de son entreprise à l'aide d'un ordinateur et d'un logiciel en état de marche, mais travailler à l'ancienne, courbé sur un vieux grimoire ? Non. Ce type était fou.

J'ai ensuite passé quelques semaines à assurer le bon fonctionnement d'un service d'annuaire téléphonique destiné aux membres de la communauté hassidique. Les clients obtenaient des réponses enregistrées sans savoir qu'un être humain – moi – avait écouté leur requête et appuyé sur quelques boutons pour leur diffuser la liste d'adresses souhaitées. La plupart du temps, je traitais les demandes de mères au foyer désirant connaître la date de la prochaine vente de vêtements d'occasion dans leur quartier, ou celles d'hommes en quête de la librairie juive la plus proche de chez eux. Je répondais parfois à des adolescents (sans doute réunis dans le dortoir d'une yeshiva) à la recherche de « lingerie féminine ». Je les connectais alors à mon listing le plus « émoustillant » : une voix automatique énumérant les boutiques vendant des articles de bonneterie et des robes de shabbat.

Ma passion pour l'étude, les lectures pieuses et la prière s'était envolée. Subvenir aux besoins de ma famille était désormais ma seule obsession. Après avoir effectué une demi-douzaine de petits boulots en l'espace de six mois, j'eus le sentiment grandissant de ne pas être un adulte, mais un enfant. Quelque part, à un moment donné, une décision avait été prise : Gitty et moi devrions désormais « jouer au papa et à la maman » : elle serait la mère au foyer, moi le soutien de famille. Gitty s'était vite révélée parfaite dans son rôle : elle nourrissait, habillait et baignait nos bébés comme si elle y avait été préparée dès sa naissance. Je ne l'ai jamais vue s'arracher les cheveux devant une marmite de tcholent brûlé. De mon côté, en revanche, l'échec était patent. Je passais d'un job à l'autre en repensant à mes études, toutes ces années consacrées au Talmud et à la Torah, au cours desquelles personne ne s'était donné la peine de m'expliquer comment il fallait s'y prendre pour avoir un boulot et un salaire à la fin du mois.

Je consacrais mon temps libre aux ordinateurs : assis sur une chaise tendue de plastique devant la table en faux acajou de notre salle à manger, je cherchais à comprendre comment m'en servir, mais aussi comment ils fonctionnaient. Leurs composants me fascinaient ; j'étais émerveillé par la manière dont la mémoire vive travaillait en complément du disque dur magnétique, tous deux connectés par la carte mère à une série de dispositifs internes et externes. Mais, plus que tout, j'étais fasciné par les logiciels, cette parcelle d'esprit humain insérée dans des plaques de métal et de silicone.

« Pourquoi passes-tu tant de temps à ça ? » s'enquérait Gitty chaque fois que je revenais de la médiathèque les bras chargés d'ouvrages sur le fonctionnement interne du matériel informatique, l'écriture des algorithmes ou la mise en réseau de plusieurs postes de travail. D'après elle, j'aurais dû me consacrer à des activités plus productives – poser ma candidature au poste de caissier proposé par le poissonnier (elle avait vu l'annonce dans la vitrine), vendre des assurances-vie ou créer une autre entreprise. « À quoi vont-ils te servir, tous ces bouquins d'informatique ? »

Je haussai les épaules en marmonnant que c'était amusant, intéressant, fascinant. Gitty levait les yeux au plafond et nous en restions là. Je me gardais d'énoncer mes rêveries à voix haute, des rêveries qui me projetaient dans un tout autre avenir professionnel : à l'époque, j'espérais confusément devenir programmeur informatique.

J'ignorais tout de la marche à suivre pour embrasser ce type de carrière, mais ma fascination prenait de l'ampleur à chaque nouvelle lecture. Les manuels d'informatique s'empilaient dans la maison, sur le plan de travail de la cuisine, sur ma table de chevet, sur l'étroit rebord de la fenêtre, dans la salle de bains. Plus je m'initiais au système binaire, plus j'étais bouleversé par la beauté des mathématiques et la symétrie des nombres, autant de concepts auxquels je n'avais jamais songé auparavant : au heder, les mathématiques n'étaient pas enseignées au-delà de la septième année. Sur le moment, je m'en étais réjoui : cette matière me semblait répétitive et fastidieuse. Or ce que je découvrais à présent était nouveau et totalement envoûtant : le code informatique, recouvert par du langage d'assemblage, lui-même recouvert par du langage « high-tech » – C +, SQL, Perl –, recelait plusieurs niveaux d'abstraction bâtis sur des modules réutilisables. J'étais fasciné par le fait qu'on se serve d'une machine pour imiter le cerveau humain : les programmeurs scindaient les mécanismes de la pensée humaine et mettaient au jour ses composantes élémentaires, qui se voyaient réduites à quelques lignes de code informatique afin d'être imitées par les machines. Tout comme un levier mécanique permet d'actionner un outil, le code informatique permettait à un ordinateur de surpasser l'être humain dans des proportions quasiment infinies. Voilà ce que je découvrais. Et ce que je commençais à déchiffrer.

Je tenais certaines pages de code pour de véritables œuvres d'art. En rédigeant des algorithmes et des invites de commande basiques, j'étais saisi par une exaltation semblable à celle que j'éprouvais face à la logique imparable qui guidait les controverses relatées par les Sages du Talmud, à ceci près que les procédés informatiques ne concernaient pas d'antiques règles d'exégèse textuelle, mais des prémisses strictement logiques. Au niveau le plus basique, ils étaient d'une simplicité enfantine : si le crédit est supérieur à zéro, les fonds peuvent être retirés ; si l'horloge affiche 6 h 30, l'alarme se déclenche ; si l'alarme est mise en veille, elle se répète jusqu'à ce qu'elle soit arrêtée pour de bon. Pourtant, les possibilités, édifiées sur la seule base d'une série de 0 et de 1, éteint ou allumé, vrai ou faux, se révélaient littéralement sans limites, permettant la création de routines complexes, aussi belles qu'utiles. Des possibilités infinies à partir d'un simple système binaire. Il y avait aussi de la beauté dans le Talmud, mais elle souffrait de l'amalgame entre l'humain et le divin. Si le Talmud était bâti sur la parole rapportée de Dieu, ou présentée comme telle, cette parole me frappait par ses aspects terriblement humains, ses ambiguïtés, son caractère arbitraire et ses multiples niveaux de sens. Même le concept de foi suggérait l'intervention de l'homme : l'idée qu'il fallait se soumettre à une conviction, au lieu de se contenter d'admirer la beauté de l'univers. Les principes de la logique qui guidaient l'écriture informatique se fondaient, eux, sur des postulats immuables. Ce qui était vrai était vrai. Ce qui était faux ne l'était pas. Pas de zone grise, pas de compromis, pas de place pour l'ambiguïté, la contradiction ou l'interprétation. Tout était précis et prévisible. Et il ne servait à rien de prier quand votre application se trouvait coincée dans une boucle infinie.

Pendant ce temps, Yakov Mayer s'évertuait toujours à vendre des assurances-vie – sans grand succès, me dit-on. Lorsqu'il apprit que je m'intéressais à l'informatique, il s'y intéressa à son tour. Il se heurta vite à un problème de langue : contrairement à moi, il maîtrisait mal l'anglais et peinait à le lire. Difficile, dans ces conditions, de se former par lui-même, comme je le faisais en empruntant des piles d'ouvrages à la médiathèque. Les rares manuels parus en yiddish sur le sujet lui semblèrent vite insuffisants : il devait trouver une autre solution pour s'initier aux mystères de l'informatique.

Il me téléphona peu après et m'annonça avec excitation qu'une association orthodoxe donnait des cours de programmation informatique dans ses bureaux situés dans le sud de Manhattan. Baptisée « Agudath Israel of America », cette organisation cherchait à défendre les intérêts des Juifs ultra-orthodoxes aux États-Unis. Consciente du manque de formation professionnelle dont souffrait l'ensemble de la communauté, elle proposait, par l'entremise d'une de ses filiales, le COPE Institute, une série de cours destinés à orienter les Juifs hassidiques vers des professions dites « casher » : comptable, programmeur informatique, administrateur réseaux.

« Que dirais-tu de t'inscrire avec moi au cours de programmation informatique ? » conclut Yakov.

D'après lui, nous tenions là une chance unique de devenir de *vrais* programmeurs. J'éclatai de rire, persuadé qu'il fallait, pour atteindre un tel objectif, avoir suivi de longues études universitaires. Ou, au moins, être titulaire d'un diplôme de fins d'études secondaires. Et de toute façon, à quoi me servirait ce genre de cours ? Grâce à mes lectures, j'étais désormais capable de rédiger par moi-même des lignes de code parfaitement correctes, susceptibles d'être appliquées de manière concrète par des centaines d'entreprises. Le problème n'était pas de me former : c'était de gagner ma vie avec ce que j'aurais appris.

« Dans ce cas, tu pourras aussi t'inscrire à leur séminaire de recherche d'emploi », répliqua Yakov sans se démonter.

Quelques jours plus tard, nous nous installâmes, Yakov et moi, au fond de l'autocar de la compagnie Monsey Trails qui effectuait plusieurs trajets quotidiens vers Manhattan. Comme souvent, j'eus l'impression de voyager à bord d'une synagogue ambulante : mêmes sons, mêmes gestes, même protagonistes. Munis de leurs tefilines, enveloppés dans leurs talits, les paupières encore lourdes de sommeil, les voyageurs marmonnaient leurs prières, tournés vers le récitant qui se tenait au milieu de la travée centrale. Ce dernier énonçait d'une voix forte le début et la fin de chaque verset, laissant à l'assistance le soin de murmurer le reste. *Alléluia, alléluia*, chuchotis, chuchotis, *Et David bénit le Seigneur*, chuchotis, chuchotis, *Ce jour-là, Moïse chanta avec les enfants d'Israël*, chuchotis, chuchotis.

Les hommes étaient tous assis du même côté du bus, le long d'un rideau tiré pour nous séparer des voyageuses, dont nous n'apercevions que les chevilles (dissimulées sous des bas opaques) et les pieds, chaussés de ballerines dorées ou d'escarpins à la dernière mode.

Quand vint le moment de réciter le *Chemoneh esreh*, nous nous levâmes, Yakov et moi, et nous serrâmes avec les autres dans la travée centrale, manquant perdre l'équilibre chaque fois que le conducteur freinait ou déboîtait sur l'autoroute encombrée de voitures, de véhicules à remorque et de bus du New Jersey pressés de s'engouffrer dans le Lincoln Tunnel. Bientôt, un fidèle se fraya un passage parmi nous, muni d'un pochon en velours bleu marine sur lequel l'inscription « Rabbi Mayer, maître des miracles » était brodée en lettres dorées. Les piécettes qu'il contenait tintaient doucement chaque fois qu'un voyageur ajoutait les siennes pour venir en aide aux haredim de Jérusalem. Après la quête, nous demeurâmes debout pour écouter la lecture de la Torah : l'officiant tendit le bras vers le plafond et sortit le rouleau d'un coffre aménagé à cet effet. Un fidèle se chargea de lire le passage du jour. Trop faible pour franchir la barrière de corps massés d'un bout à l'autre de la travée, sa voix parvenait difficilement à l'arrière du bus. Je dus tendre l'oreille pour déceler ses phrases couvertes par les grondements du moteur, comme s'il nous parlait dans un combiné téléphonique depuis l'autre rive de l'Atlantique.

Tous ces hommes étaient des Juifs orthodoxes, mais seuls quelques-uns d'entre eux étaient hassidim. Les autres, vêtus de chemises amidonnées, de costumes élégants et de souliers pointus, travaillaient dans le secteur tertiaire au cœur de Manhattan : ils étaient avocats, comptables, médecins ou banquiers d'affaires. Les ultra-orthodoxes, eux, se spécialisaient dans la joaillerie ou le commerce d'appareils électroniques. Assis au fond du bus, ils étaient reconnaissables à leurs caftans élimés et mal coupés, à leurs chapeaux de fourrure tachés de pluie et à leurs barbes broussailleuses. J'étais des leurs, bien sûr. Lors de mes premiers trajets en bus, les autres voyageurs ne m'inspiraient que du dédain. Comment pouvaient-ils être aussi futiles ? Que de temps perdu ! pensais-je en observant leurs chaussures trop bien cirées et leurs pantalons trop bien repassés. N'avaient-ils pas mieux à faire ?

Puis j'avais dû me rendre à l'évidence : ces gens possédaient précisément ce qui me manquait. J'enviais la détermination qui brillait dans leur regard, le raffinement de leur mise, l'aura qui les entourait : de leurs cravates en soie à leurs boutons de manchette en or, tout en eux respirait l'argent et l'aisance matérielle. Voilà des hommes qui n'avaient certainement jamais été contraints de mettre les bijoux de leur femme en gage pour payer leur loyer.

Comment faire pour devenir un des leurs ?

Quelques années auparavant, cette question m'aurait horrifié. À présent, je me la posais sérieusement. Après tout, ces hommes étaient orthodoxes, comme moi. Ils priaient, faisaient shabbat et mangeaient casher. Mais, contrairement à moi, ils vivaient dans le monde moderne. Intégrés à la société américaine, ils quittaient chaque jour leur domicile pour aller gagner de bons salaires dans l'exercice honnête de leurs métiers. Puis ils rentraient chez eux et vivaient leur foi avec ferveur au sein de leur famille. Il était donc possible de tout concilier. Pourquoi n'y arriverais-je pas, moi aussi ?

Plus tard ce matin-là, nous entrâmes, Yakov et moi, dans un immeuble de bureaux situé dans une rue étroite de Wall Street. Invités à nous asseoir dans une salle remplie de tables rectangulaires, nous prîmes la pile de documents que nous tendit un petit homme nerveux. Les franges emmêlées de son talit katan dépassaient de sa chemise blanche, recouvrant sa ceinture. L'examen d'entrée auquel nous devions nous soumettre comportait trois parties : anglais, mathématiques et logique. Nous avions trente minutes pour remplir chaque questionnaire. Je passai d'une question à l'autre sans rencontrer de difficulté particulière.

- *Examinez cette suite de nombres : 16, 32, 64, 128. Quel est le nombre suivant ?*
- *Corrigez la phrase suivante : Sept homme porte ces lunettes de travert.*
- *Vrai ou faux ? Si tous les keneebels sont des gezeebels, alors tous les gezeebels sont des keneebels.*

« Je ne comprends pas pourquoi ils nous ont posé des questions aussi complexes ! s'exclama Yakov en sortant de l'immeuble. L'anglais n'a rien à voir avec la programmation informatique, que je sache ! »

Sur le chemin du retour, il me confia qu'il avait répondu à la plupart des questions au petit bonheur, sans la moindre certitude.

Nous n'avions pas du tout appréhendé ce « test d'aptitudes » de la même manière, ce qui ne me surprenait pas. Si toutes les écoles élémentaires hassidiques se contentaient de délivrer des connaissances minimales aux garçons dans les matières générales, celles de New Square étaient particulièrement défaillantes dans ce domaine : les cours d'« anglais » et de « mathématiques » de Yakov s'étaient limités à l'apprentissage de l'alphabet romain et des quatre opérations arithmétiques de base. Ses professeurs, qui avaient eux-mêmes grandi à New Square et suivi les cours du heder, étaient à peine plus instruits que leurs élèves. *« Aynglish, foy ! »* criions-nous au heder Krasna de Borough Park, peu soucieux de progresser dans ces matières jugées négligeables. À présent, j'étais heureux d'avoir bénéficié de ces deux heures de cours quotidiennes, chaque après-midi. J'y avais puisé quelques connaissances basiques sur lesquelles je pouvais m'appuyer aujourd'hui. Yakov n'avait pas eu cette chance.

En prévision de l'examen, il avait demandé à son épouse de l'aider à se préparer en mathématiques et en anglais. Malgré tout, les questions lui avaient paru trop difficiles.

Nous eûmes les résultats du test deux jours plus tard. Yakov avait échoué, j'avais réussi. « Je ne comprends toujours pas pourquoi ils nous ont posé des questions d'anglais », me dit-il au téléphone. Il n'était pas découragé pour autant et m'assura qu'il repasserait l'examen dès la prochaine session. D'ailleurs, il avait déjà recommencé à travailler avec son épouse afin de mettre toutes les chances de son côté.

Il repassa l'examen quelques semaines plus tard et fut admis – de justesse. Néanmoins, son dossier d'inscription, comme le mien, demeurait incomplet. Nous n'avions pas été au lycée et n'avions donc pas de diplôme de fin d'études secondaires. L'association proposait aux candidats qui se trouvaient dans notre cas de passer un autre test, censé vérifier que nous possédions un niveau scolaire équivalent à celui d'un élève de terminale.

« Tu es prêt pour l'examen suivant ? » demandai-je à Yakov.

Il demeura silencieux un long moment, avant de répondre : « Je ne crois pas. Je vais être obligé de me fabriquer un diplôme.

– Tu vas leur donner un faux ? répliquai-je, stupéfait.

– Je n'ai pas le choix. Si je passe cet examen, je vais droit à l'échec, c'est évident. »

Je retournai donc à Manhattan peu après – seul, cette fois – pour me soumettre à la seconde batterie de tests. Ils me semblèrent plus ardus que les précédents, surtout en mathématiques. Je me rappelle être resté bouche bée devant une équation à deux inconnues :

```
Simplifiez : 9x + 3y × 6 = 24x - 2
```

Des *lettres* dans un problème de maths ? Je n'en revenais pas. Je contemplai l'équation un long moment, tentant de comprendre. Devais-je partir du principe que A égale 1, B égale 2, et ainsi de suite jusqu'à X et Y ? Avions-nous abordé ce type de problème au heder, quand j'étais enfant ? Mes derniers cours de maths portaient sur les fractions : je me rappelais vaguement avoir appris à les réduire en cherchant le commun dénominateur, mais le rebbe ne nous avait pas parlé de la valeur des lettres, j'en étais certain.

Comme Yakov lors du premier examen, je répondis ce soir-là à la plupart des questions de manière intuitive, voire hasardeuse. À la fin du temps réglementaire, je rendis ma copie sans conviction, me demandant si je n'aurais pas mieux fait d'imiter Yakov et de joindre un faux diplôme à mon dossier d'inscription. Il était trop tard, à présent. Peut-être aurais-je dû écouter mon instinct ? Ce cours n'était manifestement pas conçu pour des gens comme moi. Il s'adressait en priorité aux non hassidiques, estimai-je, tous ces Juifs orthodoxes qui avaient grandi dans un univers moins fermé que le mien, qui avaient suivi des cours de maths au lycée et s'étaient instruits dans des domaines que nos yeshivot hassidiques ne se donnaient pas la peine d'aborder.

Peu après, j'appris avec étonnement que j'avais réussi l'examen. Sans être excellentes, mes notes témoignaient d'un niveau acceptable. Quant à Yakov, il fut admis, lui aussi, à s'inscrire en cours d'informatique, signe que son faux diplôme était plus vrai que nature. Par un matin brûlant de juillet 1999, nous nous rendîmes de nouveau dans les locaux de l'association à Manhattan – pour assister à notre premier cours, cette fois.

Deux mois plus tard, Yakov m'annonça qu'il renonçait à poursuivre la formation. « J'ai décidé d'arrêter, déclara-t-il en s'asseyant à la table voisine de la mienne. Chaque page me pose problème. » Il désignait le manuel posé sur la table, *Apprendre à programmer en langage C*. Il s'était exprimé d'un ton contrit, presque chagrin. Pour ma part, les cours s'étaient révélés plus intéressants que je ne l'avais imaginé. Ils m'avaient vite permis d'accroître et d'asseoir les connaissances que j'avais acquises par moi-même. Yakov était un jeune homme intelligent, parfaitement capable d'assimiler les concepts que nous abordions en classe. Il s'était montré bon élève tout au long de nos études à la yeshiva ; discipliné, déterminé, il ne manquait jamais un cours et remettait toujours son travail à l'heure. Mais son faible niveau d'anglais demeurait un handicap. Même avec l'aide de son épouse, il avait du mal à lire et à comprendre les documents qui nous étaient remis.

Toujours optimiste, il m'assura que c'était la meilleure décision à prendre. Il n'était pas fait pour la programmation informatique, voilà tout.

Son départ me plongea dans une certaine inquiétude – pour lui, mais aussi pour ma propre famille. C'était Yakov qui m'avait incité à suivre cette formation. Ses faiblesses, dues au manque d'instruction dont pâtissaient tous les enfants de la communauté skver, l'empêchaient de se lancer dans la carrière dont il rêvait. J'avais la chance d'avoir grandi dans un milieu plus ouvert que le sien, mais qu'en serait-il de mes enfants ? Connaîtraient-ils le même sort que Yakov ? Incités dès le plus jeune âge à endosser des rôles bien définis, se verraient-ils eux aussi privés des capacités nécessaires pour en changer ?

Le mois de janvier 2000 venait de commencer, et avec lui le nouveau millénaire. Ma formation touchait à sa fin. Le bug de l'an 2000, tant redouté, n'avait pas causé de catastrophes majeures. Des centaines de sociétés de commerce et de services en ligne entraient en Bourse, et l'économie américaine se portait mieux que jamais : moins d'un an plus tard, le président sortant, Bill Clinton, annoncerait que le gouvernement fédéral se trouvait à la tête d'un surplus budgétaire de 320 milliards de dollars – du jamais vu – qui permettrait de rembourser la dette intérieure avant la fin de la décennie.

Il soufflait un tel vent d'espoir sur le pays que je me laissais gagner, moi aussi, par l'euphorie ambiante. Dans ce contexte, il me parut presque naturel de recevoir l'appel d'une chasseuse de têtes intéressée par mon parcours. Je terminais mon projet de fin d'études dans la salle informatique du centre de formation quand je reçus son appel. J'avais enregistré mon CV sur plusieurs sites de recherche d'emploi, et cette femme l'avait sélectionné pour un de ses clients.

« Seriez-vous prêt à passer un entretien d'embauche ? demanda-t-elle. La société Bloomberg cherche des programmeurs informatiques. C'est une entreprise spécialisée dans l'information économique et financière.

– Bloomberg ? répétai-je, abasourdi.

– Oui, Bloomberg. Ils sont basés à Manhattan.

– Vous voulez dire… Ceux qui ont une chaîne de télé ?

– Oui, acquiesça-t-elle en riant. Ils ont leur propre chaîne de télévision. »

J'avais peine à y croire. Dire que j'étais encore étudiant au kolel quelques années plus tôt ! Jeune marié, bientôt père de famille, j'ignorais alors tout, ou presque, du monde extérieur. J'écoutais la radio en cachette de ma femme et me rendais secrètement à la médiathèque. Et maintenant, j'étais convoqué, moi le hassid en caftan et chapeau noirs, à un entretien d'embauche au sein d'une des compagnies les plus emblématiques de l'économie new-yorkaise. Vraiment, je n'en revenais pas.

Ce n'était pas la première fois que j'allais à un entretien d'embauche, mais celui-ci serait bien différent de ceux que j'avais passés à New Square ou à Monsey, au sein de la communauté hassidique. Le chef d'entreprise bedonnant qui s'asseyait deux rangs derrière moi à la synagogue, ou celui qui aimait, comme moi, rester un peu trop longtemps dans le bassin le plus chaud du mikveh le vendredi après-midi, ne m'intimidaient pas : s'ils m'avaient proposé un emploi, j'aurais envisagé notre discussion sans appréhension particulière. Aller chez Bloomberg, en revanche, était une tout autre histoire. Je devais m'y préparer. Je m'arrêtai chez Barnes & Noble sur le chemin du retour et achetai un manuel jaune vif intitulé *L'Entretien d'embauche pour les nuls*.

Je fus brusquement saisi d'angoisse dans le bus qui me ramenait à New Square. Si certains Juifs hassidiques se comportaient avec assurance, parfois même avec arrogance dans le monde extérieur – ils ne semblaient jamais gênés par leur manque d'instruction, leur faible niveau d'anglais ou même par leur *étrangeté* fondamentale –, ce n'était pas mon cas. Le seul fait de marcher dans une rue de Manhattan enveloppé dans mon long caftan noir me plongeait dans l'embarras. Mon accent yiddish me mettait tout aussi mal à l'aise. Dans ces conditions, comment ferais-je pour m'adapter à mon nouvel environnement professionnel si j'étais recruté chez Bloomberg ? Quelle connaissance avais-je de la vie de bureau dans une entreprise laïque, moi qui avais si longtemps rêvé de me consacrer à l'étude de la Torah ? Je commettrais forcément des bourdes. Et mes collègues auraient vite fait de me cataloguer – Shulem, le pauvre hassid, triste représentant d'une communauté d'arriérés incapables ou peu désireux de s'acclimater à la société moderne.

En arrivant à la maison en fin d'après-midi, je me postai devant le miroir de la salle de bains et m'examinai d'un œil critique. J'observai mes cheveux coupés ras, ma barbe broussailleuse, mes papillotes nouées au-dessus de mes oreilles ; puis je fixai longuement mes lunettes carrées, dont l'épaisse monture en plastique avait la particularité d'être noire en haut, grisée au milieu, transparente en bas. Leur laideur me sauta brusquement au visage. Je les portais depuis que j'étais adolescent. On nous expliquait à l'époque qu'il était inconvenant de prêter attention à son apparence. D'ailleurs, le bâtiment de la yeshiva ne comptait aucun miroir, ni dans les dortoirs ni dans les toilettes. « Il est interdit à l'homme de se regarder dans une glace, apprenions-nous, car il ne doit pas se comporter comme une femme. »

À présent, il me semblait nécessaire de procéder à quelques réajustements. Je me rendis en fin de journée chez un opticien de Monsey. Le patron, un hassid d'une cinquantaine d'années, m'offrit un large sourire lorsque je lui montrai du doigt une série de montures élégantes derrière le comptoir.

« Il est temps de changer de crémerie, pas vrai ? » Il hocha la tête d'un air approbateur quand je demandai à voir une fine monture en métal doré. « Givenchy, dit-il en la sortant du présentoir pour la poser sur le comptoir.
– Pardon ?
– Givenchy, répéta-t-il avec enthousiasme. C'est le nom de la marque. »

Je n'en avais jamais entendu parler, mais la monture me plaisait. Je sortis de la boutique d'un pas léger, plein d'une assurance retrouvée.

La veille de l'entretien, je fis halte chez Men's Wearhouse, une grande surface spécialisée dans la confection masculine en lisière de la route 59. C'était la première fois que j'entrais dans ce genre de magasin – je n'avais jamais porté que des vêtements hassidiques vendus dans des boutiques hassidiques –, mais je savais précisément ce que je cherchais. En lisant *L'Entretien d'embauche pour les nuls*, j'avais appris une règle fondamentale : quel que soit le secteur d'activité, écrivait l'auteur, les hommes doivent impérativement se présenter en costume-cravate à leur entretien d'embauche.

Je possédais un costume, mais je n'avais jamais porté de cravate. Autour de moi, personne n'en mettait. Les Juifs ultra-orthodoxes n'en portaient pas, tout simplement. Pour autant, aucune loi ne l'interdisait. J'étais donc autorisé à le faire – et cette perspective me ravissait. Une cravate ! Ce petit détail vestimentaire ferait de moi un homme moderne et raffiné.

Après avoir choisi une cravate dont le style et le coloris me paraissaient convenir à un entretien d'embauche, je rentrai à la maison et appelai Gitty pour lui montrer mon achat. Je la sortis du sac en plastique et la dépliai d'un geste solennel. N'était-elle pas superbe, avec son beau dégradé de bleus et de gris ?

« Tu as acheté une cravate rien que pour ce rendez-vous ?

– Je serai peut-être convoqué à d'autres entretiens d'embauche », répliquai-je avec espoir – oubliant un instant que l'objectif n'était pas d'accumuler les entretiens, mais d'être embauché rapidement.

Gitty demeura sceptique, comme elle l'avait été tout au long des six mois de ma formation. Ma nouvelle orientation professionnelle ne l'enthousiasmait guère. « Qui va te recruter ? » répétait-elle. Quand je lui avais annoncé que j'étais convoqué à un entretien chez Bloomberg, elle avait secoué la tête d'un air exaspéré. « As-tu seulement réfléchi au fait que nous perdrons nos bons d'alimentation ? »

Ce soir-là, elle mit le doigt sur un autre problème, bien plus pressant : « Depuis quand sais-tu nouer une cravate ? » Elle tourna les talons avant que je puisse répondre et se replongea dans la lecture d'un luxueux catalogue en couleur édité par une association locale qui organisait une vente aux enchères d'objets chinois.

J'emportai la cravate dans la salle de bains, redressai mon col de chemise et la passai autour de mon cou. Puis, face au miroir, je tentai de faire un nœud. Échec total.

Je retentai l'expérience d'une autre façon. Nouvel échec. Je soulevai les pans, les tirai, les nouai, les entortillai de toutes les façons possibles, manquant de m'étrangler – en vain. Je n'obtenais au mieux qu'une bosse informe à la base du cou, si lâche qu'elle se défaisait dès que j'ôtais ma main.

J'étais sur le point de m'avouer vaincu quand je décidai d'allumer l'ordinateur. Trente minutes plus tard, j'avais la réponse. « Vive Internet ! » criai-je à Gitty en courant de la salle à manger à la salle de bains, ma cravate et une liasse de feuilles à la main : je venais d'imprimer les instructions détaillées fournies par le site commentnouer-unecravate.com.

J'optai pour un nœud Windsor, que je fis et refis plusieurs fois devant la glace, puis je glissai soigneusement les instructions dans la poche de mon caftan. Elles pourraient se révéler utiles le lendemain, quand je descendrais du bus en provenance de New Square. Je me glisserais sous un porche ou à l'angle d'un immeuble et nouerais ma cravate avant d'aller chez Bloomberg. J'envisageai brièvement de la mettre avant de partir, puis je renonçai à cette idée. Impossible de monter dans le bus avec une cravate autour du cou. Les hommes m'observeraient fixement, les femmes me jetteraient des regards nerveux et les enfants me montreraient du doigt en riant : « Regarde ! Un hassid avec une cravate ! »

Chez Bloomberg, en revanche, personne ne rirait. Les recruteurs seraient impressionnés, au contraire. « Un hassid avec une cravate ! chuchoteraient-ils. Comme c'est original ! Voilà exactement l'homme qu'il nous faut ! »

Il était environ midi le lendemain quand je m'approchai de la paroi vitrée d'un immeuble de bureaux situé à l'angle de Park Avenue et de la 58e Rue. Je relevai mon col de chemise et fixai mon reflet, prêt à nouer ma cravate. Autour de moi, des hommes en costume bien coupé et des femmes en jupe droite, chaussées de hauts talons, longeaient le trottoir d'un pas décidé, s'engouffraient entre les bâtiments ou dans les portes à tambour de ces palais du capitalisme. À l'intérieur, des hommes en uniforme gardaient l'entrée : ils surveillaient les allées et venues des visiteurs et des employés d'un air sévère, levant les yeux à chaque battement de porte.

Je dus m'y reprendre à plusieurs fois, mais je parvins à nouer correctement ma cravate. Ce n'était pas parfait – le nœud me parut trop large et trop lâche, et je n'étais pas satisfait de la manière dont les pans retombaient sur ma ceinture –, mais je résolus de m'en contenter. Pas question d'arriver en retard à l'entretien.

La réceptionniste qui m'accueillit au siège social de Bloomberg m'invita à patienter dans l'espace réservé aux visiteurs. Je m'assis, posai mon chapeau de fourrure sur mes genoux et observai les grands poissons jaune et orange aux écailles iridescentes qui évoluaient dans les aquariums géants disposés aux quatre coins du hall. Boissons et friandises étaient accessibles à volonté dans la pièce voisine – j'aperçus un énorme réfrigérateur rempli exclusivement de canettes de Coca-Cola –, où allaient et venaient constamment les employés de la compagnie. Je les entendais bavarder de tout et de rien avec une aisance confondante. *J'en serais incapable*, songeai-je brusquement. J'avais presque du mal à les comprendre, comme s'ils s'exprimaient dans une langue étrangère. Je me redressai, rejetai les épaules en arrière et esquissai le demi-sourire, poli mais pas trop expressif, que j'avais remarqué sur les lèvres des hommes et des femmes d'un bout à l'autre du hall. Je parvins à les imiter, mais ce n'était qu'un masque. Avec ou sans cravate, j'étais un skver de New Square. Ce monde-là n'était pas fait pour moi. Je fus convoqué un instant plus tard par les cadres chargés du recrutement des informaticiens. Je répondis honnêtement aux questions cordiales et professionnelles qui me furent posées, mais je ne fus pas surpris lorsque la chasseuse de têtes m'annonça le lendemain que je n'avais pas été retenu. Je ne regrettais rien. À vrai dire, le seul fait d'avoir passé cet entretien m'emplissait de fierté. J'étais certainement le premier Juif ultra-orthodoxe de l'histoire à avoir décroché un entretien chez Bloomberg. Ce n'était pas rien, tout de même !

Un mois plus tard, je me rendis de nouveau dans le centre de Manhattan pour un entretien d'embauche. Cette fois, j'étais convoqué dans les bureaux d'une publication spécialisée destinée aux diamantaires et aux joailliers. Je m'étais dispensé de cravate. L'homme d'affaires israélo-américain qui dirigeait la revue avait l'habitude de recruter des Juifs hassidiques. Orthodoxe lui-même, il admirait ceux qui avaient aiguisé leur esprit, des années durant, sur la pierre d'achoppement du Talmud. Certains de ses clients étaient haredim, ajouta-t-il. Je hochai la tête. S'il m'embauchait, je ne serais pas dépaysé.

Il m'embaucha. Je commençai un lundi matin, en février 2000. Arrivé par le bus de 7 h 15 en provenance de Monsey, je débutai comme simple programmeur, chargé de créer des applications sur mesure pour la petite dizaine d'employés qui travaillaient à la revue. Bien que basique, mon poste était assorti d'un salaire plus important que tout ce que j'avais gagné précédemment. Je travaillais depuis trois semaines quand je touchai ma première paie. Conformément aux prédictions de Gitty, nous reçûmes peu après une lettre des services sociaux nous annonçant que nous ne pouvions plus bénéficier des bons d'alimentation. Peu m'importait : je me sentais un homme pour la première fois de ma vie.

Quand je revis Yakov Mayer, il m'annonça qu'il avait décidé de retenter sa chance dans les assurances-vie. « J'ai déjà vendu deux ou trois contrats, affirma-t-il. Ça finira par payer, avec l'aide de Dieu !
– Je te le souhaite du fond du cœur.
– Écoute, tu n'aurais pas un petit moment à me consacrer ? On devrait parler finances, toi et moi.
– Parler finances ?
– Oui. Certains contrats d'assurance peuvent se révéler d'excellents investissements. Et puis, tu sais, s'il t'arrivait quoi que ce soit – Dieu nous en garde... »

Je secouai la tête, sincèrement navré. Je n'étais pas en position de souscrire une police d'assurance-vie. Je commençais tout juste à trouver ma place dans la société. L'heure n'était pas encore venue de me prémunir contre la mort et la maladie. De toute façon, je n'avais guère les moyens d'économiser : les dépenses de mon foyer venaient encore d'augmenter. La famille s'était agrandie pour la quatrième fois quelques mois plus tôt : Gitty avait donné naissance à Akiva, notre premier fils, en septembre 1999.

13

Mon fils fut circoncis huit jours après sa naissance, conformément à la tradition. Ce matin-là, tout était prêt pour la cérémonie et la célébration qui s'ensuivrait. Dressées en travers de la partie sud de la synagogue, plusieurs tables nappées de blanc accueillaient des corbeilles de petites brioches tressées et des plats de carpe farcie – coupée en tranches parfaitement régulières et couverte d'une sauce au raifort et à la betterave. Installé dans l'angle de la pièce, le traiteur préparait les assiettes composées qui seraient servies à nos invités : poulet rôti, carottes glacées au beurre, kugel aux pommes de terre et strudel aux pommes. Ma sœur, son mari et leurs trois enfants étaient venus de Borough Park ; mes frères, accompagnés de leur épouse et de leurs enfants, venaient d'arriver, tout comme les parents de Gitty, ses frères et sœurs, certains de nos oncles, tantes et cousins et quelques amis de la famille. Debout près de la porte, ma mère tenait mon fils dans ses bras : il disparaissait sous plusieurs épaisseurs de dentelle blanche brodée de l'inscription « Élie, ange de l'alliance, voici ton serviteur. Regarde, il se tient devant toi ! »

Le rebbe venait de terminer les prières du matin. La *bris* devait commencer cinq minutes plus tard, après une courte pause. Le rebbe remplirait les fonctions de *sandik* : il tiendrait Akiva sur ses genoux pendant la circoncision, réciterait les prières d'usage et révélerait le prénom de notre enfant aux invités réunis pour l'occasion.

Ma mère m'adressa un sourire affectueux. Gitty n'était pas venue avec nous : la tradition voulait que la mère reste chez elle, entourée de ses amies, jusqu'à ce que le nouveau-né lui soit rendu, fraîchement entré dans l'alliance. Après la cérémonie, les hommes demeureraient dans la synagogue pour prendre part au banquet présidé par le rebbe, tandis que les femmes rejoindraient Gitty et partageraient avec elle le grand repas servi dans la salle à manger de ses parents.

« Reb Shulem, que dirais-tu de faire une donation en l'honneur de ce jour de fête pour toute ta famille ? »

Je sursautai. Zisha Schnitzler, qui récoltait des fonds pour la yeshiva (ou les mendiait, selon les appréciations) s'était approché et me tendait sa soucoupe. Je sortis un billet de cinq dollars de mon portefeuille. Zisha le regarda et recula d'un pas, comme saisi d'horreur.

« Cinq dollars – pour une bris ? » Il secoua résolument la tête. « Personne ne donne moins de cinquante-quatre – trois fois *haï*. » Il ouvrit les mains, paumes tournées vers le haut, d'un air navré. « Écoute. Voici ce que je te propose : donne-moi trente-six dollars – deux fois *haï* – et je te donnerai ma bénédiction, mes vœux de santé, de prospérité et de succès pour ton fils nouveau-né. Et tu sais bien, ajouta-t-il d'un ton las en écartant largement les bras, comme s'il en avait assez de répéter sans cesse la même chose à des ignares, tu sais très bien que mes vœux ont toutes les chances de se réaliser. »

J'envisageais de lui faire une contre-proposition – une demi-bénédiction pour dix-huit dollars, peut-être ? – quand les portes de la synagogue s'ouvrirent brusquement, livrant passage à un flot d'hommes et d'adolescents. D'autres les rejoignirent, s'engouffrant dans le bâtiment par les trois grandes entrées. Ils furent bientôt plusieurs centaines à se diriger vers l'avant de la synagogue. Cet afflux soudain de fidèles et la cacophonie qui en résulta me plongèrent dans une telle stupeur que je mis un moment à comprendre ce qu'ils faisaient là.

Puis la mémoire me revint. Ces hommes ne venaient pas assister à la circoncision de mon fils, comme je l'avais d'abord pensé avec effroi. Ce matin-là, nous célébrions aussi l'anniversaire de la mort d'un des illustres aïeux du rebbe, un grand sage méconnu qui avait passé l'essentiel de son existence à Skvyra, en Ukraine, au XIXe siècle. Comme toujours en de telles occasions, le rebbe s'apprêtait à distribuer du gâteau et du vin doux aux fidèles. La foule, constituée de l'ensemble des étudiants de la yeshiva et du kolel, venait donc pour le gâteau. Ma fête de famille, aussi raffinée soit-elle, avec ses tables couvertes de mets et ses assiettes garnies d'un strudel aux pommes absolument délicieux, se voyait subordonnée à un événement bien plus important : la commémoration de la mort de Reb Hershele de Skvyra.

J'avais peu de goût pour les célébrations familiales organisées en public. Il me semblait que ces réunions étaient d'ordre privé et devaient le rester. Je n'aimais guère me trouver au centre de l'attention, encore moins quand la plupart des personnes présentes m'étaient inconnues. La quantité de démarches à accomplir avant la célébration – décorer les lieux, passer commande au traiteur, informer le rebbe, le gabbaï, l'intendant de la synagogue, et bien d'autres personnes encore – suffisait à me rendre la fête insupportable avant même qu'elle ait commencé.

« Pourquoi ne pourrions-nous pas organiser cette fête à la maison ? lançai-je un jour à Gitty. Toi, moi, tes parents, nos frères et sœurs, quelques cousins. Ce serait parfait, non ? »

Gitty avait froncé les sourcils. « Et toi, pourquoi faut-il toujours que tu t'opposes aux traditions ? Quand accepteras-tu enfin de faire comme tout le monde ? »

Pour être honnête, les festivités liées à la naissance de nos enfants précédents s'étaient plutôt bien passées. Nos aînées étant des filles, les célébrations se limitaient à trois pour chacune d'elles : recevoir une pomme de la main du rebbe lors du tisch du vendredi soir ; lire la *paracha* de la semaine pendant l'office du samedi matin (le gabbaï avait ensuite hâtivement révélé le prénom de l'enfant) ; enfin, réciter le kiddouch après l'office du samedi matin (il fallait alors distribuer du vin et des pâtisseries dans un coin de la synagogue). Trois modestes cérémonies pour marquer la naissance d'une fille – puis aucune jusqu'à l'annonce de ses fiançailles. Rien d'insurmontable, en somme.

À la naissance d'un héritier mâle, en revanche, les célébrations se succédaient dans un tourbillon sans fin, et la communauté dans son ensemble, du plus jeune au plus âgé, se réjouissait de cette bénédiction : un garçon ! Quelle chance !

Tout commençait par le s*halom zachar* – littéralement : « paix sur l'enfant mâle » –, célébré le premier vendredi soir qui suivait la naissance du bébé. Après le repas du shabbat, les hommes se rassemblaient autour de l'heureux père, qu'ils félicitaient en mangeant des fruits, des pois chiches et de grandes quantités de cacahuètes grillées encore dans leurs coques. Ils les ouvraient en deux, extrayaient les fruits et jetaient les coques, qui formaient bientôt de grands amas sur la table, sur les chaises, sur le sol, si bien qu'elles se coinçaient sous les semelles des chaussures et que les invités les emportaient avec eux lorsqu'ils sortaient en titubant un long moment plus tard, enivrés par les nombreuses bouteilles de Heineken que leur avait servies l'heureux père.

Puis venait la *vach nacht*, « la nuit de veille » au cours de laquelle le père du nouveau-né étudiait la Torah jusqu'à l'aube, tandis que ses invités – amis ou inconnus, tous étaient les bienvenus – se régalaient de carpe farcie et de kugel en absorbant une grande quantité de whisky. Cette nuit-là, ils laissaient encore dans leur sillage des centaines de coques de cacahuètes que les femmes balayaient après leur départ.

Le lendemain, on célébrait la bris – prières du matin, cérémonie de la circoncision et repas de célébration.

Trois jours après la bris venait le *chlichi lamiloh* : le père devait accueillir les hommes de la communauté autour d'une table bien garnie pour célébrer le jour où Abraham reçut la visite des anges venus lui souhaiter une prompte guérison après sa circoncision. Carpe farcie et kugel étaient au menu, bien sûr. Il y avait aussi des cacahuètes – un peu moins que précédemment, tout de même.

Si le nourrisson était un premier-né, le père procédait à son « rachat », le *pidyon haben*, un mois après sa venue au monde. Ce jour-là, le bébé était posé dans un plat en argent, sur un lit de bijoux en or, de morceaux de sucre et de gousses d'ail, comme s'il était une volaille prête à passer au four (mais une volaille en pyjama bleu clair, avec tétine assortie), tandis que le père et un Cohen, descendant de la tribu sacerdotale de Jérusalem, faisaient mine de négocier le « rachat » de l'enfant, fixé à cinq shekels d'argent, pour lui éviter de consacrer sa vie à l'exercice de la prêtrise. Un repas venait ensuite. Re-carpe farcie, re-kugel.

D'autres célébrations étaient à prévoir au fil des mois et des années suivantes : pour la première coupe de cheveux du bébé (à l'âge de deux ans), pour son entrée au heder (à trois ans), pour son premier cours sur la Bible (à cinq ans). L'année de ses treize ans, on célébrait sa bar-mitsvah, précédée et suivie d'une série de célébrations et de rituels propres à l'événement lui-même.

Toutes ces célébrations se tenaient en public, dans des lieux ouverts à tous. Chez les skver, le rebbe participait à plusieurs d'entre elles, et lorsqu'il venait, il occupait la place d'honneur. Le rebbe devait être informé avant et après la naissance d'un enfant. Il devait également être consulté sur le choix du prénom. S'il s'autorisait à manquer une vach nacht ou un shalom zachar, il mettait un point d'honneur à assister à toutes les circoncisions pratiquées au sein de la communauté. On racontait que depuis le jour de mars 1968 où il était devenu rebbe, à l'âge de vingt-huit ans, il avait assisté à toutes les cérémonies de circoncision des résidents de New Square, sauf lorsqu'il partait en vacances (et même alors, plus souvent qu'à leur tour, les heureux parents se rendaient avec le bébé jusqu'à sa maison de campagne dans les monts Catskill et organisaient la cérémonie sur place).

Dès la naissance d'Akiva, j'avais donc su à quoi m'attendre. Mais je me trouvais à présent au cœur d'une cérémonie publique bien plus importante que ce que j'avais imaginé. La synagogue était bondée : outre nos amis et nos parents proches et éloignés, elle accueillait aussi les nombreux fidèles habitués à venir y chercher un repas gratuit et un verre de schnaps tous les matins, ainsi que l'ensemble des étudiants de la yeshiva et du kolel. Tout ce petit monde discutait, se saluait et s'interpellait bruyamment en attendant le début de la cérémonie.

« Et le rebbe, il vient quand ? » entendis-je un gamin demander à un autre. Ils ne devaient pas avoir plus de quatorze ans.

« Il y a d'abord une bris, répondit le second.

– Oh, non ! » s'exclama le premier, comme s'il avait un rendez-vous urgent et que la circoncision de mon fils le retardait considérablement.

Le rebbe apparut peu après et prit place sur le « trône d'Élie », un grand fauteuil réservé au rite de la circoncision.

« *Kvatter !* » cria le gabbaï pour appeler le « parrain » chargé d'aller chercher l'enfant. Depuis mon poste d'observation dans l'angle de la synagogue, je vis ma mère tendre Akiva à mon frère Mendy, qui le porta jusqu'à l'espace laissé libre devant l'Arche sainte.

« Reb Chaïm Goldstein ! » s'exclama le gabbaï. Mendy tendit le petit paquet emmailloté à mon beau-père, qui le remit ensuite à son propre beau-père, venu de Williamsburg pour l'occasion, lequel le transmit à une succession d'oncles, de grands-oncles, de beaux-frères et de cousins aux cheveux blancs. À chaque fois, le gabbaï énonçait leur nom d'une voix forte, leur laissant à peine le temps de tenir l'enfant avant de devoir le remettre à la personne suivante. Quand le bébé (qui suçotait calmement sa tétine) eut été porté de bras en bras par tous les membres masculins de nos deux familles réunies, il fut posé sur les genoux du rebbe.

Je détournai les yeux. Je ne pouvais pas regarder ce qui allait se passer. Enveloppé dans mon lourd châle de prière, j'étais résolu à laisser les professionnels s'en charger. Maintenant, je n'avais plus qu'à attendre. Dès que le bébé se mettrait à crier, je réciterais la bénédiction requise d'un ton plein de joie et de ferveur, comme le voulait la tradition.

Akiva ne cria pas.

« Comment est-ce possible ? demandai-je par la suite à Gitty. Tu es sûre qu'ils l'ont circoncis correctement ? » Elle m'assura que c'était le cas. « Mais il n'a pas crié, insistai-je. Il n'a même pas pleuré. Il a peut-être *gémi* – et encore ! Je n'en suis même pas sûr. »

En tout cas, il ne hurla pas. Toujours dissimulé sous mon talit, je me laissais distraire par les délicieux effluves de strudel aux pommes qui me parvenaient du fond de la synagogue, quand des exclamations indignées me tirèrent de ma rêverie. *« Nou ! Nou ! De berou'he ! De berou'he ! »* Que se passait-il ? « Bon ! Bon ! La bénédiction ! La bénédiction ! » Saisi de panique, j'ouvris précipitamment mon livre de prières à la page voulue. Les instructions imprimées en haut de la page se limitaient à une injonction : « Lisez avec joie ! » Je me tournai vers les visages impatients des invités et des fidèles et rassemblai toute la joie dont j'étais capable pour énoncer les mots suivants : « Béni sois-Tu... Toi qui nous as sanctifiés par Tes commandements et nous as enjoint de faire entrer l'enfant dans l'alliance d'Abraham notre père. »

L'enfant circoncis fut de nouveau emmailloté dans ses langes et ses dentelles tandis que le rebbe se levait, un gobelet d'argent à la main. « Ô Seigneur, Dieu de nos ancêtres, donne vie à cet enfant... Akiva, fils de Shulem ! Que ton père et ta mère se réjouissent, que celle qui t'a enfanté soit dans l'allégresse... Ainsi qu'il est écrit : "Dans ton sang, tu vivras !" »

Sitôt la cérémonie achevée, Mendy ramena l'enfant à ma mère, qui se tenait toujours sur le seuil d'une petite porte dans un coin de la synagogue. Des hommes de tous âges vinrent me serrer la main et me prodiguer leurs vœux de bonheur – « Puisses-tu élever ton fils dans l'amour et le respect de la Torah ! » s'exclamaient-ils avec émotion. Certains de mes oncles et grands-oncles, manifestement affamés, avaient déjà pris place à table, puisant dans les corbeilles de petites brioches tressées, se servant de salade de concombres, de carpe farcie et de sauce au raifort et à la betterave. Je repliai mon talit, le rangeai dans sa pochette en velours et me dirigeai vers la petite pièce attenante pour me laver les mains avant le repas. Me voyant passer, d'autres hommes vinrent me féliciter.

« Mazel tov, Reb Shulem, mazel tov ! » Je leur souris et leur souhaitai, comme le voulait la coutume, de connaître eux aussi pareil bonheur. « *Mertzechem bei dir !* – Une prompte célébration pour vous aussi –, si Dieu le veut ! » répondis-je à chacun d'eux, le cœur soudain léger. Tout compte fait, cette cérémonie n'était pas aussi pénible que je l'avais craint.

Une fois seul, je m'approchai du lavabo et remplis d'eau une grande coupelle en inox. Je m'apprêtais à verser son contenu sur ma main droite quand j'entendis des cris et des bruits de pas dans la synagogue. Un instant plus tard, un groupe de jeunes gens poussait la porte à la volée.

« *Nou ! Nou !* crièrent-ils. Shulem ! Le rebbe t'attend ! »

J'avais oublié. Une autre célébration était en cours, bien plus importante que la mienne. Je revins précipitamment sur mes pas. Le rebbe était maintenant assis à l'extrémité d'une immense table, devant une douzaine de grands plateaux garnis de pâtisseries – des tranches de gâteau au miel empilées de manière à former de gigantesques pyramides. En tant que père du nouveau-né dont on venait de célébrer la circoncision, je devais être le premier à recevoir une part de gâteau de la main du rebbe. Or je n'étais pas là. Alignés en file indienne, les fidèles piétinaient et pestaient en silence, tandis que le rebbe, assis très droit dans son fauteuil, observait l'assemblée d'un air maussade. Il ne restait rien de la joie qui inondait le sanctuaire un moment plus tôt.

Je me frayai un chemin au milieu du flot des fidèles pour m'approcher du rebbe quand on me frappa rudement sur l'épaule. Je me retournai. Yossi Fried, le petit-fils du gabbaï, se tenait derrière moi. « Faire attendre le rebbe ! » siffla-t-il entre ses dents.

Un moment plus tard, ma tranche de gâteau à la main, je tentais de m'extraire de la foule d'hommes pressés d'en recevoir une part, eux aussi. Comprimé, bousculé, malmené, j'observais la scène avec abattement. Pourquoi, mais pourquoi fallait-il que le rebbe assiste à la circoncision de mon fils ?

« C'est ton ami Chezky qui t'a mis ces idées dans la tête, déclara Gitty peu après. Je savais qu'il aurait une mauvaise influence sur toi ! »

« Dis-moi, Shulem, m'avait lancé Chezky quelques jours auparavant, peux-tu me dire ce que cet homme a de si particulier ? »

Cet homme. Comme si le rebbe était juste un type parmi d'autres.

Je n'aimais guère le ton sarcastique de Chezky. Si certains de nos rituels religieux commençaient à me peser, j'en étais seul responsable. D'après moi, le rebbe n'y était pour rien. Je l'appréciais et le respectais toujours autant, même si ma ferveur s'était amoindrie ces derniers temps. Parfois, je sentais même mon cœur se gonfler d'amour pour lui. Plus jeune, je l'avais idolâtré : je me souvenais encore des heures passées à le contempler avec fascination, attentif à ses moindres gestes tandis qu'il mangeait quelques bouchées de chaque plat posé devant lui lors du tisch du vendredi soir, ou à l'office de l'après-midi du shabbat. Pourtant, le scénario était toujours le même. Depuis plus de trente ans, cinquante-deux semaines par an, le rebbe célébrait chaque tisch à l'identique, selon un rituel préétabli et suivi à la lettre : neuf cuillerées de soupe, trois bouchées de kugel aux oignons, sept petits morceaux de poulet, deux tranches de carottes sautées. Chaque célébration durait entre une heure et trois heures, au cours desquelles le rebbe officiait sans marquer la moindre pause : jamais il ne s'interrompait pour se dégourdir les jambes ou aller aux toilettes ; jamais il ne déclarait forfait pour cause de fatigue, de lassitude ou de maladie. Depuis des années, debout sur les gradins parmi les autres fidèles, j'écoutais le rebbe prier, psalmodier et chanter, exactement comme il l'avait fait la semaine précédente, le mois précédent, l'année précédente. Nous connaissions si bien le déroulement de la cérémonie que nous en percevions les moindres variations d'une fois sur l'autre : un sourire, un rire, un geste inattendus. Chaque année, lors du *seder* de Pessah, quand le rebbe disait : « "Jusqu'à maintenant, Tu t'es tenu à nos côtés. Seigneur, je T'en supplie, ne nous abandonne pas ! Offre-nous Ta miséricorde pour les siècles des siècles !" », les sons se brisaient dans sa gorge et il fondait en larmes. Toujours de la même manière et toujours au même moment. Malgré tout, nous guettions l'apparition du moindre signe de spontanéité. « Le rebbe a pleuré plus longtemps que l'année dernière, déclarait tel fidèle à tel autre après l'office. – C'est vrai, acquiesçait celui-ci, mais pas autant que l'année d'avant. » Et de se lancer dans le décompte du nombre de secondes qu'avaient duré les sanglots du rebbe : une première session de sept secondes suivie d'une autre de treize secondes l'année précédente ; une seule session cette année, mais elle avait duré vingt-trois secondes.

J'avais pris part à tout cela, moi aussi. Jusqu'au jour où j'avais commencé à m'interroger. Qu'est-ce qui faisait du rebbe un être d'exception ? Était-ce un saint ? Un grand érudit ? Avait-il témoigné à l'un d'entre nous une extraordinaire générosité ou une bienveillance rare ? Et comment le saurions-nous, puisque nous ne l'apercevions que de loin, lors de cérémonies publiques soigneusement orchestrées, et n'entendions de sa part que des paroles rituelles ou des discours répétés à l'avance, même lors des audiences privées qu'il nous accordait – cinq minutes de consultation impersonnelle après cinq heures d'attente ?

Je songeais alors aux rebbes des autres communautés hassidiques, récemment déchirées, pour nombre d'entre elles, par des querelles de succession qui avaient provoqué des scissions entre dynasties rivales : aronites et zalmenites chez les satmar, autrefois si puissants ; partisans de Mendel ou de Srultche, tous deux fils et héritiers du rebbe de Vichnitz (qui ne mourrait pourtant que douze ans plus tard) ; défenseurs des « bobov-45 » ou des « bobov-48 » chez les bobov, chacune de ces parties allant se disputer, dans les années à venir, pour obtenir la plus grosse part de l'immense empire fondé par Reb Shloime, leur chef spirituel tant aimé et récemment décédé. Sous couvert de piété, les différentes factions cherchaient en fait à s'octroyer plus de pouvoir et de contrôle. Plus d'argent, aussi – car ces grandes communautés hassidiques possédaient et géraient des millions de dollars en biens immobiliers et mobiliers, amassés par leurs fidèles depuis plusieurs décennies.

« Penses-tu qu'un seul de ces rebbes soit un exemple pour ses fidèles ? » demandai-je un soir à Gitty avec emportement.

Difficile de l'entraîner dans ce débat : la politique interne des dynasties hassidiques ne l'intéressait guère.

« Je ne les connais pas et ne souhaite pas les connaître », déclara-t-elle avec son calme habituel. Quant à notre chef spirituel, son autorité ne devait en aucun cas être remise en question. « On m'a appris à avoir foi en l'homme juste », conclut-elle, citant un des principes fondateurs de la communauté.

Mais que signifiait cette formule, exactement ? Devions-nous avoir foi en eux parce qu'ils étaient vertueux ? Et comment savoir s'ils étaient assez vertueux pour mériter notre foi ? J'avais l'impression de tourner en rond. Ma colère allait croissant. J'en avais assez, de toutes ces cérémonies publiques. Ma coupe était pleine.

« Si nous avons un autre fils, déclarai-je à Gitty, nous le ferons circoncire sans le rebbe. »

Un samedi soir, quelques semaines plus tard, nous nous trouvions dans la cuisine, Gitty et moi, quand un incident vint troubler la quiétude de la soirée. Il était plus de minuit. Gitty vidait un reste de tcholent dans la poubelle tandis que j'ouvrais le courrier arrivé dans la matinée. Les enfants dormaient depuis longtemps. Gagné par la fatigue, je commençais à bâiller.

« Je crois que je vais me coucher, annonçai-je, les yeux brillants de larmes, comme toujours quand j'étais épuisé.

– Écoute, dit-elle soudain en fronçant les sourcils. Qu'est-ce que c'est que ce bruit ?

– Quel bruit ? » Seul le ronronnement du réfrigérateur troublait le silence de la pièce.

« J'ai cru entendre un bruit.

– C'est dans ta tête. » Je me levai et étirai mes membres engourdis.

« Non, je t'assure... Là, tu entends ? »

Cette fois, je l'entendis, moi aussi. Un cri. Suivi d'un fracas de vitres brisées. Un instant plus tard, des pas martelèrent le trottoir, de plus en plus proches. Je les entendis résonner devant la maison, puis s'éloigner rapidement.

Nous nous précipitâmes vers la fenêtre. Rien. J'ouvris la porte de la cuisine et sortis sur le seuil. De l'autre côté de l'allée, notre voisin regardait par la fenêtre, lui aussi. Sans doute constata-t-il, comme moi, qu'il n'y avait rien à voir, car son visage disparut presque aussitôt, et les lieux retrouvèrent leur calme habituel. De gros insectes bourdonnaient autour d'un réverbère ; oublié sur le bas-côté, un tricycle jaune et rouge attendait le retour de son jeune propriétaire ; au bout de l'allée, une grande poubelle remplie de sacs en plastique blancs semblait prête à basculer sous leur poids.

Gitty me rejoignit. « Tu as vu quelque chose ?

– Non. C'étaient sûrement des étudiants un peu dissipés… Ils ont dû casser quelque chose. Ils sont partis, maintenant. » Les pensionnaires de la yeshiva passaient souvent l'après-midi du samedi à dormir. Ils débordaient ensuite d'énergie et ne regagnaient pas les dortoirs avant une heure avancée.

Nous nous couchâmes peu après. Quand je m'éveillai le lendemain matin, Gitty n'était pas dans son lit, mais j'entendais sa voix résonner dans le couloir. « *Mechiguim ! Hayess !* s'exclamait-elle. – Imbéciles ! Sales bêtes ! »

Je me levai et me rendis dans la cuisine. Assises devant des bols vides à la petite table en plastique jaune dressée dans un coin de la pièce, Tziri et Freidy attendaient sagement que l'un de nous les remplisse de lait et de céréales. Le téléphone plaqué contre son oreille, les yeux écarquillés de stupeur, Gitty semblait en grande conversation avec l'une de ses sœurs – je crus reconnaître la voix de Bashie, qui constituait sa source de renseignements la plus fiable dès qu'un commérage circulait dans le village.

« Que se passe-t-il ? » chuchotai-je.

Gitty secoua la tête, me faisant signe d'attendre. Je tentai de glaner des fragments de conversation, mais le peu que j'entendis ne m'aida guère à comprendre. Entre-temps, j'avais sorti le paquet de céréales du placard et entrepris de servir les filles. Tziri posa la main en travers de son bol quand j'ouvris la bouteille de lait. « Seulement jusqu'au milieu », dit-elle. J'acquiesçai. Elle préférait que ses céréales restent croquantes.

Quand Gitty raccrocha, un moment plus tard, elle semblait toujours interloquée. « Tu te rappelles les bruits qu'on a entendus hier soir ? demanda-t-elle. Eh bien, les types qui couraient sous nos fenêtres venaient de crever les pneus d'Amrom Pollack et de briser les vitres de sa voiture ! »

Elle semblait scandalisée, mais déjà sur la défensive, comme si elle savait que cet événement risquait de provoquer une dispute entre nous. Plus jeune que moi, de tempérament réservé, Amrom Pollack vivait de l'autre côté de la rue. On racontait qu'il avait grandi à Brooklyn et que son père était rabbin dans une petite synagogue de Borough Park. Je savais aussi que l'épouse d'Amrom avait donné naissance à leur premier fils une semaine auparavant et que, d'après la rumeur, il avait décidé de faire circoncire l'enfant à Brooklyn, dans la synagogue de son père.

La nouvelle s'était vite répandue dans le village, suscitant le chagrin des uns – qu'avions-nous fait pour qu'il se détourne ainsi de la communauté ? – et l'indignation des autres. « Quelle insolence ! » s'était écrié Avrumi Gold, au mikveh, deux jours plus tôt. Certains se contentaient de secouer la tête d'un air incrédule. « Je n'aimerais pas être à la place d'Amrom, m'avait confié Chezky la veille, tandis que nous avalions un café à la synagogue avant l'office du shabbat. Il ne s'en tirera pas sans représailles, si tu veux mon avis. La situation risque vite de devenir ingérable. »

Dans la matinée du dimanche, je passai devant la voiture d'Amrom, une Toyota Corolla bordeaux, sans doute achetée d'occasion. Elle était toujours garée devant l'entrée de son appartement. Les vandales avaient crevé trois pneus et brisé les quatre vitres. Quelques gamins inspectaient les dégâts avec curiosité, faisant crisser le verre éparpillé sur le bitume.

« C'est insensé ! lançai-je à Gitty plus tard dans la journée. Nous ne valons pas mieux que les talibans ! »

Ma colère ne trouva aucun écho chez elle. L'indignation qui l'avait saisie au petit matin, lorsque sa sœur lui avait raconté l'incident, s'était évanouie : elle reportait maintenant la faute sur les Pollack. « Rien ne les obligeait à s'installer ici, affirma-t-elle. S'ils ne veulent pas suivre les règles, ils n'ont qu'à déménager. »

Les noms des vandales furent vite connus de tous : il s'agissait de trois hommes âgés d'une vingtaine d'années. Certains résidents de New Square en firent des héros ; d'autres les jugèrent trop emportés. « Je n'approuve pas ce genre de méthodes. Ce n'est pas dans les habitudes des skver », déclara fermement Shia Einhorn, le chef du chœur qui chantait certains passages de l'office *a cappella* lors des tischen du vendredi soir. « Ça peut le devenir si c'est la seule manière de nous défendre », répliqua Levi Green, le concierge du mikveh. Je les écoutais, étonné que le débat ne s'oriente pas sur la punition à infliger aux trois jeunes gens. À vrai dire, personne ne s'en préoccupait. Même Amrom Pollack semblait résolu à ne pas porter plainte. À quoi bon impliquer les autorités ? Cette affaire ne regardait que nous.

Par la suite, une autre question souleva des réactions passionnées au sein de mon cercle d'amis : l'incident avait-il été orchestré par le rebbe lui-même ? D'après Chezky, c'était forcément le cas. L'ordre avait été donné, sinon par le rebbe, du moins par ses fils. « Même s'ils ne l'ont pas ordonné de manière explicite, ajouta-t-il, ils s'en sont réjouis, c'est certain. »

Pour ma part, je n'ai jamais pensé, et je ne pense toujours pas, que le rebbe ait donné l'ordre d'abîmer la voiture d'un résident du village sous prétexte qu'il lui aurait manqué de respect. Il n'avait pas besoin de se compromettre : des dizaines de fidèles pouvaient prendre d'eux-mêmes l'initiative de venger son honneur. Cependant, j'étais d'accord avec Chezky sur un point : le rebbe avait certainement appris la nouvelle avec plaisir. Il avait été fier de savoir que des jeunes gens avaient saisi la lance de Phinéas pour venger son honneur. Notre Dieu était un Dieu jaloux. Sur ce point, notre rebbe lui ressemblait peut-être ? J'éprouvais un certain malaise à penser que, tout comme je m'étais trompé sur le compte du rebbe, je m'étais peut-être aussi trompé sur Dieu. Que savais-je de Lui, exactement ? L'avais-je vu ? L'avais-je entendu ? Quels autres principes m'avait-on inculqués sans que je me pose la moindre question ? Sans que je m'interroge sur la source de nos connaissances ou la logique de nos raisonnements ?

14

Il était 2 heures du matin. Nous célébrions la deuxième nuit de Pessah. Venu assister au seder du rebbe avec plusieurs centaines d'autres hommes, tous vêtus d'un *kittel* blanc, je me tenais près de l'immense table couverte de mets que présidait le chef de la communauté. Il se leva sous le regard attentif des fidèles et brandit une coupe en or emplie de vin pour accueillir symboliquement le prophète Élie. Deux garçons âgés d'une dizaine d'années, coiffés de *kasketelech* noires, ouvrirent lentement les immenses portes battantes de la synagogue, faisant entrer une rafale de vent dans l'édifice.

« "Déverse ta colère sur les nations qui n'invoquent pas Ton nom !" » cria le rebbe. Debout sur les gradins, les fidèles oscillèrent d'avant en arrière pour marquer leur approbation.

Le rebbe venait d'entonner la phrase suivante quand on me tapa sur l'épaule. Je me retournai. C'était Chezky. Hissé sur la pointe des pieds, il tendait le bras vers moi entre les chapeaux de fourrure des fidèles qui nous séparaient. « J'ai un truc à te dire », chuchota-t-il. Je me frayai un passage parmi la foule et le rejoignis dans un coin de la salle.

« Un de mes amis m'a prêté quelques films, annonça-t-il. J'ai pensé que ça te ferait plaisir de les regarder avec moi. »

Dans le cadre de sa participation au mouvement du kirouv, Chezky enseignait depuis un an à la yeshiva de Monsey. Il s'était fait de nouveaux amis qui appréciaient le cinéma – ou, du moins, ne le considéraient pas comme un péché. L'un d'eux avait prêté deux cassettes vidéo à Chezky, qui les avait beaucoup appréciées. Débordant d'enthousiasme, il entreprit de me narrer la scène inaugurale du premier film, une histoire de ravisseurs de chiots et de course-poursuite à bord d'un camion de lait, si drôle qu'il s'esclaffa à plusieurs reprises.

« Faut que tu voies ça, conclut-il. C'est à mourir de rire.

– Chut ! siffla un homme du haut des gradins.

– "Car ils ont anéanti Jacob et dévasté son habitation !" », tonna le rebbe.

Chezky baissa la voix. « Le film s'appelle *Beethoven*.

– C'est l'histoire du compositeur ?

– Pas du tout. C'est l'histoire d'un chien qui se nomme Beethoven. Il est adopté par une famille après avoir été volé dans une animalerie et… C'est difficile à expliquer. Il faut que tu le voies.

– "Déverse Ton courroux sur eux !"

– Mon ami m'a aussi prêté un film d'action. Il est excellent, mais je t'avertis : on voit une femme nue dans une des scènes.

– Oh, fis-je, troublé.

– Elle sort d'un énorme gâteau d'anniversaire. C'est un peu… Enfin, il vaut peut-être mieux que tu ne voies pas ce genre d'images. On pourra appuyer sur la touche "avance rapide". La scène n'est pas importante pour l'intrigue, de toute façon.

– "Poursuis-les de Ta colère et fais-les disparaître de dessous les cieux de l'Éternel !"

– Viens chez moi demain soir, proposa Chezky. On les regardera ensemble. »

Chezky avait pris ses distances avec la communauté sur bien des points, mais il continuait de s'habiller en caftan et chapeau noirs, comme les autres résidents de New Square – moi compris. À vrai dire, nous nous ressemblions beaucoup : deux jeunes hassidim, ou quasi-hassidim, doutant de tout ce qui nous avait été enseigné, fascinés par les détails les plus ordinaires du monde extérieur. Comme moi, il écoutait la radio, lisait des ouvrages empruntés à la médiathèque et saisissait la moindre occasion de satisfaire sa soif de découvertes.

Ce ne fut pourtant pas avec Chezky que je découvris le cinéma : à dix ans, j'avais vu *Dumbo* chez un camarade de Borough Park. Ses parents possédaient un vieux projecteur, installé en face d'un mur repeint en blanc dans la cave de la maison familiale. Plus permissifs que les miens, ils laissaient leurs enfants regarder des dessins animés de temps à autre. Je fus si bouleversé par l'histoire du petit éléphant que je pleurai quasiment du début à la fin.

Peu après la mort de mon père, ma sœur aînée Chani, alors en pleine crise d'adolescence (elle avait seize ans, j'en avais quatorze), loua un magnétoscope et une petite télévision pour la journée. Mon père n'était plus là pour le lui interdire, et les protestations de ma mère ne lui arrachèrent qu'un haussement d'épaules indifférent. Elle s'enferma dans sa chambre avec quelques cassettes VHS empruntées à VidéoRama – un vidéoclub situé au coin de la rue, devant lequel j'étais passé des centaines de fois sans imaginer que je verrais un jour certains des films qu'il proposait à la location. Chani me laissa entrer et regarder *L'Élu*, adapté du roman éponyme de Chaïm Potok, puis *La Folle Journée de Ferris Bueller*, mais elle me chassa régulièrement de la pièce en déclarant que certaines scènes n'étaient « pas pour les garçons ».

Bien que peu nombreux, ces films avaient suffi à aiguiser ma curiosité pour le septième art. Aussi acceptai-je avec empressement la proposition de Chezky. Le lendemain soir, je passai le chercher chez ses parents et nous nous rendîmes en voiture jusqu'à la yeshiva de Monsey, où il occupait l'une des chambres réservées aux enseignants dans le long bâtiment d'un étage où dormaient les étudiants. Environnée de pelouses immaculées et de massifs parfaitement entretenus, la résidence paraissait bien plus avenante que celle de New Square. La chambre de Chezky se trouvait au premier étage. Une légère odeur de chien mouillé flottait dans le couloir, et la décoration évoquait une chaîne d'hôtels premier prix. Il ouvrit la porte. Le lit simple était fait, une étagère remplie de livres se dressait contre le mur et une petite télévision portative trônait sur le bureau, dans un coin de la pièce.

« Tu as le droit d'avoir une télé dans ta chambre ? » m'exclamai-je, stupéfait. Dans cette institution vouée à l'étude du Talmud et de la Torah, l'objet me paraissait aussi incongru qu'un pirate en costume de rabbin, mais Chezky haussa les épaules.

« Elle n'est pas à moi. Je l'ai empruntée au secrétariat. » Il m'avait déjà expliqué que la yeshiva de Monsey ne ressemblait à aucune autre, mais je n'avais pas mesuré alors à quel point elle se distinguait des établissements hassidiques.

Chezky m'invita à m'asseoir et glissa une cassette dans le magnétoscope. Je passai les quatre-vingt-dix minutes suivantes rivé à ma chaise, de l'avertissement du FBI interdisant le piratage du film jusqu'aux dernières lignes du générique de fin. *Beethoven* racontait les mésaventures d'un tandem de ravisseurs de chiots avec un saint-bernard adopté par une famille américaine modèle – les parents, affectueux et séduisants, dormaient dans le même lit et s'embrassaient pour se souhaiter bonne nuit avant de se blottir dans les bras l'un de l'autre. Nous avons ri et pleuré tout notre saoul, Chezky et moi, et quand ce fut terminé, nous avons rembobiné la cassette pour la regarder aussitôt une seconde fois.

Ensuite, Chezky glissa la deuxième vidéo dans l'appareil : un thriller intitulé *Piège en haute mer*. J'eus brusquement l'impression que le monde se muait en un lieu effrayant et semé d'embûches : le film narrait l'épopée d'un navire de guerre américain et de son équipage, pris en otage par des terroristes pour des raisons qui me demeurèrent obscures (ce qui ne m'empêcha pas d'apprécier le spectacle de bout en bout). Je ne connaissais pas la notion de « divertissement d'évasion » mais j'en mesurai pleinement les effets ce soir-là : jamais je n'avais été transporté aussi loin de la réalité.

Quand vint la scène du gâteau d'anniversaire, Chezky s'empara de la télécommande et appuya fermement sur la touche « avance rapide » par égard pour mes convictions hassidiques – ou ce qu'il en restait. Les images du film devinrent floues, comme si je les observais sous l'eau, avec de mauvaises lunettes de plongée. Je parvins néanmoins à distinguer la blonde à demi nue qui émergeait du gâteau. Je détournai aussitôt les yeux, mais pas complètement, de manière à ce que l'écran demeure dans mon champ de vision. En fait, je souhaitais désespérément que Chezky lâche le bouton « avance rapide », mais j'étais trop gêné pour le lui demander.

Après avoir vu *Piège en haute mer*, Chezky et moi passâmes une partie de la nuit à discuter en grignotant des chips accompagnées d'eau pétillante au citron. Nous échangeâmes nos points de vue sur les intrigues et les répliques les plus mémorables de chacun des deux films, débattant avec une ferveur que nous réservions d'ordinaire à l'étude du Talmud. Malgré tout, la fatigue ne tarda pas à se faire sentir. Il était 3 heures du matin. J'avais annoncé à Gitty que je passerais la soirée chez Chezky, mais si je ne rentrais pas avant l'aube, je risquais d'être mal accueilli.

Je n'étais pourtant pas encore prêt à partir. En entrant dans la pièce quelques heures plus tôt, j'avais remarqué la petite étagère remplie de livres et m'étais approché pour y jeter un œil. Certains ouvrages m'avaient attiré, comme les films. Mais je m'étais gardé de les feuilleter. Ils me paraissaient dangereux. Tous traitaient de la foi. Ou plutôt, de l'approche rationnelle de la foi. Celle que prônait Chezky. Celle dont je devais me défier.

En me levant pour partir, j'aperçus de nouveau la rangée d'ouvrages sur l'étagère. Chezky sortit pour aller aux toilettes situées dans le couloir tandis que j'enfilais mon manteau. Je venais de poser mon shtreimel sur ma tête quand j'entendis des voix sur le palier : une conversation s'ensuivit entre mon ami et un autre résident, manifestement gêné par une fuite d'eau au robinet des toilettes. Je patientai d'abord près de la porte, puis, la discussion se poursuivant entre les deux hommes, je me retournai et m'approchai de l'étagère. J'étais seul, la tête encore remplie d'images et de sons. La scène du gâteau d'anniversaire me revint en mémoire. Je savais que j'aurais dû détourner les yeux, mais je n'avais pu m'y résoudre. Même chose avec les livres. Ils m'attiraient de manière irrésistible.

Je me penchai vers eux. Une œuvre en deux volumes attira mon attention : signés du même auteur, ils étaient intitulés *La Permission de croire* et *La Permission de recevoir*. Deux petits volumes, l'un bleu, l'autre rouge. Je les sortis pour lire les textes imprimés sur les couvertures.

« Approches rationnelles de l'existence de Dieu », lus-je sur le volume bleu. « Approches rationnelles de l'origine divine de la Torah », était-il écrit sur le volume rouge.

« Tu veux les emprunter ? » demanda Chezky en revenant dans la pièce.

Je secouai la tête. « Non. Ce n'est vraiment pas fait pour moi, tout ça.

– Comment peux-tu en être sûr ? »

Je soupirai. « Tu le sais bien. On en a déjà parlé. »

Nous avions abordé le sujet à de nombreuses reprises. D'après moi, et conformément à l'enseignement que nous avions reçu, nos croyances religieuses ne pouvaient se déployer dans notre esprit que si nous suspendions notre faculté de jugement. Nous avions foi en un Dieu que nous ne pouvions ni voir ni entendre. Nous étions convaincus que ce Dieu était apparu un beau jour au Moyen-Orient, en plein milieu du désert, pour déclarer à nos ancêtres : « Voici les lois que vous devrez respecter, pour toujours et à jamais. » Nous croyions en la résurrection et en la vie après la mort. Nous ne doutions pas de la véracité de certains faits pourtant invraisemblables : la voix de Dieu jaillissant d'un buisson ardent ; l'eau de tous les fleuves et réservoirs d'un vaste pays brusquement changée en sang ; la mort subite, à minuit précis, de tous les premiers-nés égyptiens, sans qu'ils aient souffert du moindre malaise au préalable. Autant d'épisodes bibliques qui défiaient la raison, disais-je à Chezky. À quoi bon s'appesantir sur ces questions ? Elles ne feraient qu'accroître ma confusion.

« Emporte les bouquins, insista-t-il. Ils te feront peut-être changer d'avis. »

J'en avais envie. Très envie, même. Mais la lecture de tels ouvrages me semblait périlleuse. J'avais l'impression d'être invité à traverser une rivière tempétueuse sur une corde tendue entre deux rives. Ces deux petits volumes abordaient précisément les questions contre lesquelles les Sages nous avaient mis en garde. Méfiez-vous de la *hakirah*, disaient-ils. La philosophie rationnelle. Elle ne produit rien de bon.

D'après Jacob Emden, un rabbin allemand du XVIIIe siècle, « la philosophie rationnelle accroît la vanité et conduit au péché ».

« Les Grecs ont inventé la pensée rationnelle, écrit en substance Reb Elimelech Shapira de Munkatch. Or qu'ont apporté les Grecs au monde des hommes ? Les ténèbres ! L'hérésie ! »

Était-ce le sort qui m'attendait si je lisais ces ouvrages ? Finirais-je par ressembler aux Grecs ? Dieu m'en garde !

« Je te remercie, dis-je à Chezky, mais je ne souhaite pas lire ce genre de bouquins. Tu ferais mieux de t'en abstenir, toi aussi. »

Il haussa les épaules. « Permets-moi seulement de te rappeler une chose : ceux qui croient aveuglément finissent souvent par crever les pneus d'un pauvre type sous prétexte qu'il n'a pas invité le rebbe à la bris de son fils. »

« J'ai une question à te poser, annonça Chezky quelques jours plus tard dans le hall de la synagogue, où nous avions l'habitude de nous retrouver avant les prières du vendredi soir. As-tu déjà songé au fait que tes croyances religieuses, comme ta naissance dans l'État de New York, résultent d'une succession de hasards et de coïncidences ? Et que si tu avais grandi dans une famille catholique ou musulmane, tu serais tout aussi convaincu par leurs enseignements que tu l'es des nôtres aujourd'hui ? Toi qui tiens tant à croire aveuglément, n'es-tu pas troublé par le caractère terriblement arbitraire de tes croyances ? »

Aussi élémentaire soit-elle, cette question ne m'avait jamais traversé l'esprit jusqu'alors. Elle n'appelait pas vraiment de réponse, d'autant que les grands Sages du judaïsme l'avaient résolue depuis fort longtemps – j'en étais convaincu. De quel droit aurais-je remis en cause une telle évidence ?

La question me tarauda pourtant toute la soirée. J'éprouvais en outre un léger agacement envers Chezky. Pourquoi se montrait-il si insistant ? me demandai-je en rentrant chez moi. Je revenais sans cesse au problème rhétorique qu'il m'avait posé, comme on ne peut s'empêcher de gratter une cicatrice qu'il faudrait laisser tranquille. Quelle était la solution ? Malgré moi, je ne pouvais m'empêcher de m'interroger : si je n'avais pas été élevé dans la religion juive, l'aurais-je choisie ? Si mes parents et mes professeurs ne m'avaient pas appris à réciter le *Chema Israël* à deux ans, « *Torah Tsiva Lanou Moshe* » à trois ans, les prières et les Psaumes à quatre, la Bible à cinq et le Talmud à huit ans, aurais-je cru à ces principes fondateurs comme j'y croyais à présent ?

Les questions de Chezky revinrent me hanter plus tard, tandis que je récitai le kiddouch avant le dîner du shabbat, puis lorsque j'entonnai les chants rituels avec mes deux petites filles, et même lorsque je murmurai le *bentschen*, la prière qui suit le repas. Plus tard encore, quand je m'installai avec mes amis pour étudier des extraits du *Or ha'Haïm*, le célèbre commentaire biblique rédigé au XVIIIe siècle par le grand érudit marocain Rabbi Haïm Ben Attar, je continuais de me demander ce que j'aurais fait de ma vie si j'avais eu à choisir ma religion. Aurais-je cru à l'existence de l'Éternel si je n'avais pas été élevé dans le judaïsme ? Aurais-je pensé que la Torah est la parole de Dieu ? Aurais-je décidé d'être orthodoxe ? D'être ultra-orthodoxe ? D'appartenir à la communauté skver ?

Chezky et moi prîmes bientôt l'habitude de passer ensemble la soirée du samedi. Nous commencions souvent par aller dîner chez Jerusalem Pizza, sur la route 59, où Chezky demandait au chef de lui servir ses parts de pizza « presque brûlées et bien croustillantes ». Le patron, un sympathique vichnitz pourvu d'une barbe grisonnante et de lunettes cerclées de métal, ne manquait jamais de venir s'asseoir à notre table pour discuter un peu. En sortant, nous remontions en voiture et nous rendions parfois chez Blockbuster, le grand vidéoclub situé à proximité. Chezky y entrait pour louer un film, que nous regardions dans sa chambre, à la yeshiva de Monsey, sur le petit téléviseur qu'il continuait d'emprunter au secrétariat. Je ne l'accompagnais jamais à l'intérieur du vidéoclub : le *vaad hatznius*, le comité pour la pudeur de New Square, avait rappelé à l'ordre bien des résidents pour des offenses moins graves que celle-ci.

Certains soirs, nous nous contentions de discuter dans ma voiture en mangeant des graines de tournesol, que nous faisions craquer entre nos dents avant de jeter les coques dans un gobelet en carton. Bien souvent, la conversation s'orientait sur des questions religieuses, chacun de nous défendant son approche de la foi : rationnelle pour Chezky, aveugle pour moi. Un samedi, je cédai enfin à l'insistance de mon ami, toujours prompt à vouloir me convaincre de la supériorité de son approche sur la mienne. « Très bien, dis-je. Donne-moi des preuves. »

Il me lança un regard interloqué. Nous discutions depuis un petit moment dans la voiture, mais rien, dans mon attitude ou mes propos, n'indiquait que je m'apprêtais à changer d'avis. En fait, j'y songeais depuis quelques jours, et le moment me paraissait bien choisi pour écouter enfin ses arguments.

« Donne-moi la preuve que Dieu est apparu au mont Sinaï et qu'il a donné la Torah aux enfants d'Israël. Présente-moi l'approche rationnelle. »

Chezky se mordilla la lèvre inférieure, comme s'il cherchait à rassembler ses esprits. « Tu veux vraiment l'entendre ?

– Oui.

– D'accord », acquiesça-t-il. Il marqua une courte pause, puis il se tourna vers moi et me fixa avec intensité. « C'est très simple : les grands événements historiques ne s'inventent pas. L'histoire ne les retient que s'ils ont vraiment existé. »

Je secouai la tête, troublé. « Que veux-tu dire ?

– Tel qu'il nous est raconté, le don de la Torah est une révélation massive. Aucune autre religion ne prétend trouver son origine dans un événement de si grande ampleur. C'est ce qui distingue le judaïsme des autres monothéismes. Or on ne peut pas inciter un peuple entier à croire à un événement pareil s'il ne s'est pas réellement produit.

– Pourquoi pas ?

– Réfléchis. Personne ne peut arriver devant une foule de gens et leur dire : "Vos grands-parents sont allés au mont Sinaï, ils ont vu Dieu et entendu Sa voix." Si ce n'était pas vrai, les gens se mettraient à rire. "Ah oui ? répondraient-ils. Et comment expliquez-vous que nos grands-parents ne nous l'aient pas raconté ?" »

Le raisonnement logique qui lui servait de postulat me parut un peu bancal, comme s'il manquait un élément au puzzle : l'image se dessinait, mais elle manquait encore de clarté. Je fus néanmoins assez intrigué pour désirer en savoir plus.

« Prenons l'exemple de Jésus », poursuivit Chezky sur ma demande. Si j'ignorais presque tout du Christ, il affirmait, lui, avoir lu le Nouveau Testament et connaître la liste des miracles accomplis par Jésus. Or ces hauts faits le laissaient dubitatif. « À ton avis, pourquoi les miracles de Jésus n'ont-ils été accomplis que devant un nombre limité de témoins ? » Il agita la main d'un geste dédaigneux, comme s'il passait ses journées, lui aussi, à guérir des lépreux et à rendre la vue aux aveugles. « Même chose pour l'islam, continua-t-il. Le prophète Mahomet prétend avoir reçu la visite de l'ange Gabriel.

Là aussi, soit tu y crois, sois tu n'y crois pas. Prétendre ce genre de chose ne requiert pas beaucoup d'audace. »

Les pères du judaïsme, en revanche, s'étaient montrés bien plus audacieux : il fallait un sacré culot pour affirmer à un peuple entier que trois millions de leurs ancêtres avaient assisté à l'événement le plus fantastique de l'histoire humaine. Il fallait tant de culot, à vrai dire, que nul ne s'y serait risqué si l'événement en question ne s'était pas réellement produit.

Je lui opposai les contre-arguments habituels. Chaque peuple et chaque religion ont leurs mythes fondateurs, déclarai-je. Sans être un expert en matière de perpétuation des légendes, je pensais pouvoir affirmer que l'être humain se montrait assez crédule pour se laisser convaincre d'à peu près n'importe quoi quand les circonstances le permettaient. « Par conséquent, dis-je à Chezky, ton raisonnement logique est caduc. Comme je l'avais prédit. »

Comme souvent, les heures s'écoulèrent sans que nous les voyions passer. Nous discutâmes toute la nuit dans ma voiture, assis l'un près de l'autre, argumentant, criant, suppliant parfois : « Mais écoute-moi, bon sang ! Tais-toi et écoute-moi ! » Nous quittâmes deux fois l'habitacle pour nous dégourdir les jambes sur le parking situé devant la résidence de Chezky ; et nous revînmes deux fois nous asseoir à l'abri, glacés par l'air nocturne après une heure de déambulations. Quand le soleil fit son apparition entre les arbres du parc, nous n'étions toujours pas d'accord. Pour moi, l'affaire était entendue : si c'est la foi que vous cherchez, la logique ne vous sera d'aucun secours.

Je m'y attendais et n'étais donc pas surpris. Plus troublante, en revanche, était la nouvelle question qui se faisait jour dans mon esprit : et si nous avions tous été dupés, depuis des siècles, par de fausses affirmations ? Après tout, je venais de passer sept heures à démontrer qu'une telle supercherie était possible.

Chezky m'expliqua peu après que la « preuve » qu'il m'avait présentée faisait partie d'un ensemble d'arguments connus sous le nom de « principe du Kuzari », formulés au XIIe siècle par le philosophe et poète juif espagnol Juda Halevi. Je me mis aussitôt en quête d'ouvrages sur le sujet, que je lus au fil des semaines suivantes. J'entrai alors dans une spirale infernale : plus j'en apprenais sur le principe du Kuzari, plus je souhaitais être convaincu ; et plus je souhaitais être convaincu, plus les failles du raisonnement me semblaient criantes. J'oscillais sans cesse entre deux positions contradictoires : soit je tenais la démonstration de Juda Halevi pour la plus ingénieuse que l'homme ait jamais produite ; soit je la brocardais, déçu par le sophisme de son auteur. Je compris néanmoins assez vite que le principe du Kuzari, aussi brillant soit-il, ne se laisserait jamais appréhender de manière simple et directe. Difficile de savoir si sa complexité était réelle ou supposée. Équation mathématique compliquée ou simple illusion d'optique ? J'étais incapable de trancher.

De là, je m'intéressai bientôt à des sujets connexes : démonstrations de l'existence de Dieu, dialogue entre les assertions talmudiques et la science moderne, réponses aux critiques formulées envers la Bible. Je n'avais jamais lu un seul ouvrage sur ces sujets auparavant, mais, une fois que j'eus commencé, je devins insatiable.

Je passais de longs moments à fouiller les rayonnages de la librairie judaïque *Chez Itzik*, sur la route 59, dans l'espoir d'assouvir ma curiosité. J'avais souvent la chance de dénicher ce que je cherchais. Il faut dire que cette librairie ne ressemblait à aucune autre. On y vendait des livres, des cassettes audio et des vidéos introuvables à Monsey ou à New Square, notamment sur les sujets controversés qui m'intéressaient – l'évolution et le big bang, la critique de la Bible –, mais aussi des biographies de sages et de saints qui présentaient leurs sujets comme des êtres humains, et non comme les personnages légendaires, irréels à force de perfection, qu'affectionnaient les maisons d'édition orthodoxes.

Quant à Itzik lui-même, c'était un homme allègre d'une cinquantaine d'années, aussi irrévérencieux que bibliophile. Je me souviens encore de ma surprise lorsque j'aperçus pour la première fois, dans le rayon des puzzles pour enfants et des hanoukias argentées, un mur couvert de casquettes de base-ball brodées de plaisanteries en yiddish inventées par le maître des lieux :

« Shtreimel officiel des litvak. »
« Si seulement je pouvais m'offrir un borsalino comme celui que porte mon gendre au kolel ! »
« Je suis d'une sévérité draconienne envers des péchés dont vous n'avez jamais entendu parler. »

Je m'y rendis un jour pour chercher un ouvrage sur la Bible, ou plus précisément sur les découvertes récentes qui avaient été faites à son sujet. J'avais lu un article à ce propos sur Internet et m'étais imaginé que je le trouverais aisément chez Itzik. Ne le voyant pas sur les étagères, je m'approchai du maître des lieux, qui se tenait derrière le comptoir, occupé à additionner des chiffres griffonnés dans un carnet écorné. Quand j'énonçai le titre de l'ouvrage, il se redressa et me fixa d'un regard étrange, que je ne parvins pas à déchiffrer.

« Qui êtes-vous ? lança-t-il.
– Pardon ? Mon nom, vous voulez dire ?
– Eh bien…, commença-t-il, puis il secoua la tête. Aucune importance. » Il me demanda d'attendre et se dirigea vers l'arrière-boutique. Il revint cinq minutes plus tard, le livre en main.

« Alors, reprit-il en passant ma carte Visa dans la machine. Comment vous appelez-vous ? »

À sa manière d'écouter ma réponse avec attention, je devinai qu'il enregistrait les informations me concernant – mon identité, mon visage, le livre que j'avais acheté – dans un compartiment de son cerveau. J'étais venu des dizaines de fois dans sa boutique au cours des années précédentes, en quête de kippas, de calendriers hébraïques, de textes religieux, de disques de musique juive ou de romans publiés par des éditeurs orthodoxes, mais il n'avait jamais vraiment fait attention à moi. Sa librairie était toujours remplie de monde ; je n'étais qu'un client parmi tous les autres. De toute façon, il était généralement occupé à crier des ordres à l'un de ses employés, à répondre au téléphone ou à aider une vieille dame à trouver un cadeau pour la bar-mitsvah de son petit-fils. Ce n'était plus le cas aujourd'hui. À présent, il savait qui j'étais.

Il me tendit un sac en plastique aux couleurs de la librairie (un dessin représentant un sympathique barbu en casquette de golf et franges rituelles, accompagné du slogan « On trouve tout chez Itzik ! »), que je glissai sous mon bras avant de sortir.

J'y retournai peu après pour acheter d'autres ouvrages. J'en appris alors davantage sur Itzik et le fonctionnement de sa librairie. Contrairement aux rabbins des communautés hassidiques, prompts à émettre des interdits sur les livres, Itzik, lui, favorisait l'accès à toutes sortes de lectures. Tout juste prenait-il soin de ranger les ouvrages les plus « sensibles » dans l'arrière-boutique, afin de ne pas perturber sa clientèle orthodoxe. Mais s'il vous connaissait bien, il vous suffisait de les lui demander pour les obtenir.

C'était désormais mon cas : je faisais partie des « clients spéciaux » de la librairie, maigre consolation au regard de la quête effrénée dans laquelle je m'étais lancé. J'avais beau lire tous les ouvrages qu'il pouvait me donner, mon désarroi allait croissant. « Itzik, donnez-moi le livre qui fera taire tous mes doutes », aurais-je voulu lui demander. Pourtant, je savais bien qu'un tel livre n'existait pas. Aucun recueil ne contenait la réponse universelle, la théorie unique qui éluciderait tous les mystères. Je commençais à comprendre que chaque nouvelle lecture déclenchait une tempête de pensées et d'idées contradictoires auxquelles le monde extérieur ne pouvait pas apporter de réponse. Je ne devais pas chercher hors de moi, mais en moi. J'étais seul désormais, lancé sur une route inconnue.

Je pris bientôt l'habitude de me rendre chez Chezky plusieurs fois par semaine. Je lisais ses livres, j'écoutais ses cassettes audio et regardais ses vidéos. Lui-même ne le comprit que des années plus tard, mais, en me plongeant ainsi dans son univers, j'espérais trouver la révélation qui ranimerait mes croyances défaillantes – aveugles ou rationnelles, peu m'importait, à l'époque. Je voulais retrouver la foi, sur quelque base que ce soit. Depuis que Chezky m'avait présenté ses arguments en faveur d'une approche rationnelle, j'étais la proie d'un phénomène étrange : plus je tentais de les réfuter, plus je souhaitais les partager. Ma foi, cet ensemble de certitudes auxquelles je m'accrochais aveuglément depuis l'enfance, me quittait peu à peu. Désemparé, je cherchais à la retenir, fût-ce avec des arguments rationnels. J'enviais la foi de Chezky et voulais la faire mienne. J'en avais désespérément besoin. Après avoir accepté pendant des années ce qu'on me racontait, j'avais soudain perdu cette capacité. Un basculement s'était produit en moi, que je ne pouvais plus inverser. Voilà pourquoi je tenais tant à ce que l'approche de Chezky soit irréfutable.

Lors de mes visites, je croisais souvent d'autres enseignants ou des étudiants logés dans la même résidence que lui. Je sympathisai avec plusieurs d'entre eux, originaires de Long Island, de Saint Louis ou de Los Angeles. Élevés par des parents peu ou pas pratiquants, ils n'avaient jusqu'alors entretenu qu'une relation ténue au judaïsme, quelques cours à l'école hébraïque de leur quartier et une somptueuse bar-mitsvah résumant leur parcours religieux. Pour diverses raisons personnelles, ils se tournaient à présent vers une observance plus rigoureuse des lois et des rituels, ce qui les amenait à lire les mêmes livres et à écouter les mêmes cassettes que moi. Cependant, à mesure qu'ils se rapprochaient de la religion, je m'en éloignais : les textes et les conférences des rabbins qu'ils lisaient ou visionnaient avec ferveur produisaient sur moi l'effet inverse.

Le samedi matin, au lieu d'occuper la place que j'avais achetée deux mille cinq cents dollars à la synagogue de New Square (je remboursais encore les mensualités), je demeurais avec Chezky dans le hall de l'édifice pour débattre de nos lectures. Je lui présentais les failles que j'avais repérées dans l'argumentation de tel ou tel auteur, non parce que j'estimais mon approche de la foi supérieure à la sienne, comme c'était le cas au début de nos échanges, mais parce que le judaïsme rationnel représentait à présent mon seul espoir. Je voulais l'entendre défendre ses positions. Je voulais qu'il réfute un à un mes arguments. Hélas, plus il tentait de le faire, moins j'étais convaincu.

Après l'office, nous rentrions à pied, lui et moi. Nous avions rarement terminé notre discussion lorsque nous arrivions en bas de chez moi, sur Bush Lane. Nous la poursuivions devant la porte, sous le regard furtif de Gitty qui sortait périodiquement de la cuisine et se penchait pour voir où nous en étions. De longues minutes s'écoulaient ainsi, mais nous demeurions sur le seuil, incapables de mettre fin à notre conversation. Par les fenêtres ouvertes, nous entendions les voisins entonner les chants du shabbat, manger leurs foies de volaille sautés, leur aspic de volaille, leur tcholent et leurs tripes de bœuf farcies, puis se retirer dans leurs chambres pour la sieste du samedi après-midi. Tziri et Freidy apparaissaient alors dans l'allée. « *Tatti*, maman t'attend ! » Je faisais un pas vers elles tout en continuant de discuter. *Impossible d'en rester là*, pensai-je. Les questions que nous abordions étaient trop pressantes, les failles dans le raisonnement trop troublantes. Nous finissions tout de même par nous séparer en nous promettant de reprendre la conversation en fin de journée, lorsque nous nous retrouverions à la synagogue pour les prières de l'après-midi et le tisch du rebbe.

15

Ainsi que je l'apprendrais par la suite, beaucoup de croyants ayant perdu la foi perçoivent dans les apports de la recherche scientifique le catalyseur de leur changement de vision du monde. C'était mon cas : la plupart de mes lectures dans ce domaine me déconcertaient. Les idées que j'avais toujours tenues pour acquises, confiant dans la parole des rabbins, certain que les textes sacrés recelaient des vérités absolues, m'apparaissaient désormais comme douteuses, voire fallacieuses. L'univers n'avait pas six mille ans, comme je l'avais toujours cru, mais plutôt quatorze milliards d'années ; loin d'être l'espèce noble et privilégiée façonnée par la main de Dieu à partir d'une poignée de terre au sixième jour de la Genèse, l'homme partageait un ancêtre commun avec le chimpanzé – et même avec tout le règne animal. Sur ce point au moins, les Sages du Talmud, qu'on nous disait infaillibles, s'étaient manifestement fourvoyés.

D'après l'illustre Rabbi Israël de Roujine, « deux énormes boules de feu sont descendues du ciel. Elles s'appelaient Rav et Abaye ». À l'en croire, ces grands sages, dont les noms apparaissent quasiment à chaque page du Talmud, n'étaient pas des êtres humains, mais des parcelles de divinité. Des boules de feu.

En posant sur le Talmud un regard plus critique, je m'apercevais cependant que l'enseignement des Sages était entaché, comme tous les écrits de leur époque, par la superstition, la misogynie et la xénophobie, autant de failles qui ne faisaient pas nécessairement de ses auteurs des vauriens, mais les rendaient soudain plus humains et plus ordinaires à mes yeux.

Enfin, rien ne fut plus dévastateur pour ma foi que la prise de conscience du caractère profondément *humain* de la Bible hébraïque, notre texte le plus sacré. Dès l'instant où je commençai à entrevoir la main de l'homme, et non celle de Dieu, dans ces pages splendides et bouleversantes, infiniment complexes, tissées de poésie et de métaphores, je ne fus plus capable de revenir sur mes pas.

D'après le Zohar, le texte du XIIIe siècle qui a donné naissance à la mystique juive, « Dieu a contemplé la Torah et créé l'univers ». La Torah, divine et éternelle, est le modèle et la matrice de toute création.

Je l'avais cru, moi aussi. À présent, je posais un autre regard sur le texte sacré. Je découvrais que la Torah, l'essence même de notre foi, loin d'être un document immuable transmis de génération en génération depuis trois mille cinq cents ans, résultait manifestement d'un assemblage de fragments issus de la Haute Antiquité, patiemment compilés et remaniés au cours des siècles suivants. Telle était du moins la vision qu'en offraient tous les spécialistes de la datation des textes bibliques. Rien ne m'obligeait à les croire, mais les preuves qu'ils avançaient à l'appui de leurs démonstrations me parurent irréfutables. Soudain, le caractère profondément étrange de ce texte – ses contradictions, ses anachronismes, cette accumulation déconcertante de crimes fratricides, de génocides, de miracles et de drames familiaux – prenait sens à mes yeux, mais un sens bien différent de celui qui m'avait été inculqué. Si, d'un point de vue historique et anthropologique (point de vue que soutenaient les récentes découvertes archéologiques et la comparaison avec d'autres textes antiques du Proche-Orient), la Bible ouvrait indéniablement une fenêtre fascinante sur le monde de nos ancêtres, d'un point de vue théologique, pour moi, elle ne tenait plus la route.

Quand il devint évident que Chezky n'était pas aussi troublé que moi par ces découvertes scientifiques, nous prîmes peu à peu nos distances l'un avec l'autre. « Je connais les réponses à tes questions », disait-il, soulignant que sa foi, saine et rationnelle, reposait sur des bases solides. J'aurais aimé, moi aussi, m'appuyer sur de telles certitudes, mais rien ni personne ne semblait en mesure de me les offrir.

Soucieux de m'aider, Chezky me suggéra d'aller consulter un rabbin hassidique de Monsey connu pour ses positions inhabituelles : on disait qu'il avait lu tous les grands philosophes et pouvait relever les défis que la science et l'histoire contemporaines lançaient à la foi. Quand j'allai le trouver chez lui, dans le bureau empli de livres de sa maison de Monsey, il ne me fut pourtant pas d'un grand secours.

« Vous trouverez de très nombreux écrits sur la question », répliqua-t-il quand je lui demandai comment un Dieu de miséricorde pouvait avoir exigé la destruction de peuples entiers. Il m'offrit la même réponse quand je citai l'un des principes fondateurs de la religion juive – tu dois avoir foi dans la Torah parce que la Torah te l'ordonne – en insistant sur son caractère terriblement circulaire.

Et comment expliquer, demandai-je au rabbin, que notre perception de l'Éternel – Dieu d'amour, bienveillant et tout-puissant, merveilleusement attentif à nos besoins – reflète précisément les qualités que nous exaltons dans l'être humain ? Pourquoi attribuer à Dieu des sentiments tels que la joie, la tristesse, la satisfaction, voire le désir de susciter notre amour, quand il semblerait plus logique de l'imaginer comme un être omnipotent et omniscient, détaché des affects qui trahissent la fragilité humaine ?

« Vous n'êtes pas le premier à vous poser la question », répondit le rabbin avec condescendance, comme si je cherchais à m'immiscer dans un débat réservé à des esprits supérieurs. « Il me paraît quelque peu... *puéril* de votre part, ajouta-t-il, de penser que de telles interrogations n'ont jamais été soulevées avant vous. » Son sourire affable ne parvenait pas à masquer son paternalisme. « Continuez d'apprendre. Lisez et étudiez. Puis regardez au fond de votre cœur, et vous trouverez la vérité. »

Je réprimai un soupir. Il se méprenait sur mon compte. Mes questions ne me semblaient pas novatrices, mais basiques et élémentaires. Le caractère évasif des réponses qui m'étaient données par ce rabbin ou par d'autres m'inclinait à penser qu'elles formaient, à elles toutes, un méli-mélo de sophismes destinés à obscurcir plutôt qu'à éclairer mon jugement. À chaque fois, on me conseillait de me remettre au travail, d'aller chercher plus loin, ailleurs. Je n'avais pas lu les bons ouvrages ; je n'avais pas parlé aux bonnes personnes. On m'incitait à me tourner vers tel érudit ou tel exégète qui n'avaient pourtant rien fait pour mériter ma confiance – la plupart d'entre eux ayant, au contraire, maquillé des erreurs en vérités, dénaturé des textes anciens pour leur faire dire ce qu'ils ne disaient pas, et revisité des événements ou des figures historiques de manière à les adapter aux idées du moment.

« Regardez au fond de votre cœur et vous trouverez la vérité », m'avait dit le rabbin de Monsey. J'avais suivi son conseil, mais je n'avais trouvé aucune vérité au fond de mon cœur – ni là ni ailleurs. Tout juste avais-je aperçu la fournaise rougeoyante au fond de laquelle mes dernières croyances achevaient de se consumer.

« Que vous est-il arrivé ? »

Telle est la question que me poseraient, bien plus tard, les inconnus qui demanderaient à voir ma pièce d'identité pour une raison ou pour une autre. Qu'ils soient employés de banque, barmen, buralistes ou policiers chargés de contrôler la vitesse sur Palisades Parkway, leur réaction serait toujours la même. La mienne aussi, d'ailleurs. Car je finirais par m'habituer à leurs questions. Nous avons joué à ce petit jeu pendant des années, eux et moi.

Leur désarroi n'avait rien d'étonnant : le cliché qui figurait sur mon permis de conduire montrait un Juif ultra-orthodoxe, mais devant eux se tenait un autre homme, dépourvu de barbe et de papillotes, vêtu d'un jean et d'un tee-shirt. Ils regardaient la photo, puis moi, puis la photo. Et ils me demandaient : « C'est vous, ça ? »

Je hochais la tête. Ils se penchaient de nouveau sur la photo, puis ils lançaient la fameuse question d'un ton jovial, comme on le fait devant quelqu'un qui a une tache sur sa chemise, une éraflure au menton ou une mauvaise coupe de cheveux : « Que vous est-il arrivé, dites-moi ? » Avez-vous renversé votre café ? Vous êtes-vous coupé en vous rasant ce matin ? Avez-vous oublié de préciser à votre coiffeur que vous souhaitiez garder votre barbe et vos papillotes ?

J'esquissais un sourire poli. « C'est la vie », marmonnais-je. Ou : « C'est une longue histoire. » Que pouvais-je dire d'autre ?

Parfois, j'imaginais une suite à la conversation. Je me voyais raconter à l'employé de banque ce que j'avais appris des premiers Israélites, de leur sortie d'Égypte (une migration qui ne s'était probablement jamais produite) ou des murs de Jéricho (qui, d'après les archéologues, se dressaient encore des années après que la Bible les a déclarés détruits). Je m'entendais parler au flic du Royaume-Uni d'Israël – de la Méditerranée jusqu'à l'Euphrate – qui n'avait jamais existé ; du roi Josias qui avait combattu, au VIIe siècle avant Jésus-Christ, l'idolâtrie cananéenne du peuple de Judée pour faire triompher le monothéisme hébraïque.

« Vous voulez vraiment savoir ce qui m'est arrivé ? » lançais-je en mon for intérieur à la barmaid aux lobes d'oreille évidés qui s'était fait tatouer la carte de la Californie autour du cou. Assis devant une chope de Pabst dans un café obscur de Bushwick, j'imaginais la scène : je lui aurais parlé de l'exégète allemand Julius Wellhausen et de l'hypothèse documentaire ; puis j'aurais enchaîné sur la Genèse et ses deux versions, la Genèse I et la Genèse II, présentant chacune un récit différent de la Création ; la voyant perplexe, j'aurais énoncé le principe du rasoir d'Ockham, qui nous apprend à privilégier la simplicité – autrement dit, dans le cas de la Genèse : l'hypothèse d'une pluralité d'auteurs humains semble nettement plus plausible que celle d'un auteur divin dénué de compétences éditoriales.

Je déroulais ces arguments dans ma tête, mais je ne les énonçais pas à voix haute. « Ce n'est pas ce qu'ils veulent entendre », pensais-je. Mes interlocuteurs voulaient savoir ce qui m'était arrivé. Quel événement m'avait fait basculer ? À quel moment avais-je changé de voie ? Or j'étais incapable d'isoler un événement ou un moment spécifiques de mon parcours, une étape marquante dont j'aurais pu dire : c'est à cet instant-là que j'ai perdu la foi.

Je me remémore souvent des faits bien précis – une discussion animée à propos des élections locales dans un bus qui m'emmenait à Manhattan, une dispute avec mon patron à propos d'un projet en cours, la première fois que je suis allé chez un barbier – et je me demande : avais-je encore la foi, à l'époque ?

Tout se mélange dans mon esprit. Je sais que je me suis lié d'amitié avec Chezky au printemps 1996. J'avais vingt-deux ans. Je sais aussi que six ans plus tard, en 2002, je ne me considérais plus comme un croyant.

Le changement s'est donc produit entre ces deux dates, mais quand ? À quel moment suis-je devenu un apikorus ?

Mes souvenirs eux-mêmes sont pleins de contradictions.

Je me souviens très bien, par exemple, de la semaine de vacances que nous avons passée, Gitty, les enfants et moi, au *Chalet Hotel* dans les monts Catskill. Ce fut l'un de nos rares séjours loin de New Square. Nous avions choisi ce centre de vacances décrépit, spécialisé dans l'accueil des familles ultra-orthodoxes. Laissés à l'abandon depuis plusieurs décennies, le terrain de basket et les courts de tennis témoignaient d'une époque antérieure, quand les lieux étaient fréquentés par une clientèle plus sportive. Désormais couverts d'herbes hautes, les terrains étaient hérissés de blocs de béton qui s'enfonçaient dans le sol ou pointaient vers le ciel. Le restaurant, la petite synagogue et le bain rituel se voyaient, en revanche, nettement plus fréquentés par les vacanciers, ravis de déguster de délicieux plats casher, de prier et de se purifier dans un cadre aussi plaisant.

Cette semaine de vacances nous amenait, malgré tout, à rompre avec nos habitudes. Est-ce la raison pour laquelle je les remis soudain en question ? Certainement. À New Square, je me rendais à la synagogue sans réfléchir, comme on se brosse les dents avant d'aller se coucher. Je le faisais parce qu'il fallait le faire. Parce que je l'avais toujours fait. Dans les monts Catskill, c'était différent : le bungalow impersonnel qui accueillait les fidèles ne m'attirait guère. M'y rendre n'avait rien d'automatique. Je dus m'y contraindre – et c'est alors que surgirent les questions. « À quoi bon aller prier avec des inconnus ? pensai-je soudain. Je n'y crois plus. Pourquoi continuer ? » Je me revois, penché sur un livre de prières différent des nôtres, marmonnant les paroles rituelles. Et j'entends encore la phrase qui me traversa l'esprit : « C'est ridicule. Personne ne m'écoute. »

Un peu plus tard, lorsque nous nous installâmes dans la salle de restaurant, j'observai les autres convives, tous assis aux tables qui leur avaient été assignées par le maître d'hôtel, chaque famille reproduisant les habitudes prises à la maison : les garçons d'un côté, les filles de l'autre, certains parents assis côte à côte, d'autres à chaque extrémité de la table. Ils venaient de Montréal, de l'État de New York ou du New Jersey ; ils formaient des groupes de cinq, dix ou quinze personnes ; les hommes portaient fièrement le shtreimel, les femmes avaient revêtu de belles perruques et leurs plus jolies robes de shabbat, les enfants arboraient des tenues assorties. Tandis que les serveurs en veste noire amidonnée les servaient de tcholent, de foies de volaille sautés ou de salade d'œufs durs, je fus assailli par une question troublante : suis-je le seul non-croyant ici ? À New Square, j'en étais convaincu, mais ici, parmi ces inconnus, je n'étais plus sûr de rien.

Je garde un souvenir tout aussi net, bien que contradictoire, de la nuit de Chavouot, la fête du don de la Torah, en juin de cette même année. Il était d'usage de passer cette nuit de fête à étudier la Torah. C'est ce que je fis cette année-là. Assis près de Motty, mon compagnon d'étude, je m'immergeai cinq heures durant dans les débats relatifs aux fiançailles et au calcul de la dot, ne levant le nez de mon talmud que pour accueillir les premiers rayons du soleil lorsqu'ils filtrèrent à travers les hautes fenêtres de la synagogue. Les heures avaient filé sans que je m'en aperçoive tant j'avais pris plaisir à démêler ces interminables querelles d'érudits. Avais-je déjà cessé de croire, à l'époque ? Ma foi n'était-elle qu'une façade lorsque j'étudiais et célébrais le don de la Torah avec mes compagnons ?

Je ne saurais le dire. Cette période de ma vie s'est écoulée dans une sorte de brouillard : les mois, puis les années passaient tandis que je m'accrochais à l'espoir de retrouver la foi. Je commençais pourtant à comprendre qu'elle ne reviendrait jamais à son état d'origine : telle une tasse en porcelaine qu'on a brisée, patiemment recollée et prudemment remise en service, ma foi finirait par se rompre de nouveau le long de la même fêlure.

Perdre la foi n'a rien à voir avec le découragement ou l'embarras qui accompagne la découverte d'une erreur de calcul. Perdre la foi, c'est admettre que vous vous êtes trompé de A à Z et que tous vos calculs sont incorrects. Votre solde bancaire se révèle négatif, vous avez perdu toutes vos économies et votre entreprise est dans le rouge au lieu d'engranger de confortables bénéfices – bref : c'est la catastrophe. Sauf que vous semblez être le seul à vous en apercevoir. Comment est-ce possible ? Vos proches sont-ils devenus fous ? Êtes-vous la seule personne saine d'esprit de votre quartier ? De votre pays ? Et si le monde entier fonctionne sur un système défaillant, ne faut-il pas vous rendre à l'évidence et admettre que l'erreur est devenue la norme ? Une norme qui permet à vos congénères de tanguer ensemble, au même rythme, tandis que vous êtes seul à marcher droit. Pourtant, vous savez. Vous avez la *certitude* d'avoir raison. Vous pourriez le leur prouver s'ils vous en donnaient l'occasion – ce qu'ils ne font pas, évidemment. Alors vous vous taisez, parce que vous ne voulez pas passer pour un fou qui prophétise la fin du monde, ou pour un illuminé qui annonce l'avènement d'une ère nouvelle, promettant la rédemption et le salut de tous. Dans un cas comme dans l'autre, les passants ne se donnent même pas la peine de ricaner.

Mon questionnement intérieur me laissait ivre de chagrin, en deuil de ma foi perdue. J'aurais tout donné pour la retrouver. Et voir reparaître avec elle le sentiment d'extase que je ressentais en récitant le *Nichmat Kol*

Haï ou en chantant *Yedid Nefesh*. Je voulais à tout prix retrouver l'impression que les mots de la Torah brûlaient, selon l'expression du Talmud, comme du « feu noir » sur du papier blanc ; retrouver la joie que j'éprouvais en étudiant les textes fondateurs du hassidisme ; l'euphorie qui me gagnait quand j'entonnais « Dieu, maître de toute création » avec des milliers d'autres hassidim ; et le vertige qui me saisissait quand je croyais sentir la présence du sublime à mon côté.

Mais j'avais tout perdu.

Je ne puisais pas davantage de réconfort dans la prière. J'avais continué de prier pendant quelques années – sans bien savoir pourquoi, d'ailleurs – en privilégiant la récitation des Psaumes, plus favorable, me semblait-il, à la méditation. Puis, les années passant, j'avais commencé à les associer au sentiment croissant de frustration qui me gagnait lors de chaque prière – imaginez que vous passiez votre temps à essayer d'attraper un objet qui vous échappe, alors même que vous le jugez futile et peu digne de votre attention. Je m'étais laissé tenter par le discours et les promesses de Chezky : j'aurais aimé, moi aussi, fonder ma foi sur une base rationnelle. J'avais exploré les limites de son approche, mais le monde, semblait-il, m'avait puni. « Tu veux du rationnel ? l'entendais-je me dire. Eh bien, en voilà ! » Prisonnier d'une vision rationnelle du monde, je n'avais plus la chance de goûter au réconfort irrationnel mais vital que procure la prière.

Plus rude encore fut la découverte du champ de ruines que laissait ma foi en partant. Je devais ériger par moi-même un nouveau système de valeurs – mais comment ? Quand ce en quoi vous avez toujours cru se voit remis en question, quelles sont les valeurs que vous conservez et celles que vous jetez par-dessus bord ? Comment démêler le vrai du faux, le juste de l'injuste quand vous n'êtes plus guidé par la volonté de Dieu ? Et surtout, si nous ne sommes que le fruit d'une rencontre accidentelle entre un peu de matière et d'énergie, sans autre objectif que la satisfaction immédiate de nos besoins vitaux, quel sens donner à notre existence ?

TROISIÈME PARTIE

16

Dans la salle à manger de notre nouvelle maison, deux employés de l'entreprise de déménagement remontaient notre armoire vitrée. L'un, grand et large d'épaules, était tout à sa tâche, une visseuse électrique à la main et quelques vis entre les lèvres, pointes tournées vers l'intérieur. L'autre, petit et râblé, parcourait la pièce des yeux, l'air un peu distrait. Son regard tomba sur les deux enfants qui m'entouraient.

« Hé, salut, petit gars », dit-il à Akiva, qui approchait les trois ans et agrippait mon bras, un peu effrayé de voir ces inconnus dans notre nouvelle demeure, encore si étrange à ses yeux.

Sur l'autre bras, je portais Hershy, né en novembre 2001. Avec nos cinq enfants, nous avions largement dépassé les capacités de notre trois-pièces de Bush Lane, et nous emménagions ce jour-là une rue plus loin, sur Regan Road. Nous avions enfin les moyens de nous acheter une maison – deux étages, quatre chambres, deux salles de bains et une pelouse à l'avant rien qu'à nous, ornée d'un érable japonais planté depuis peu, et de deux rosiers blancs.

Les garçons et moi regardâmes les déménageurs mener à bien leur travail. Quelques minutes après que le plus petit des deux eut salué Akiva, les filles, de retour de l'école, entrèrent dans la pièce d'un pas lourd en laissant tomber leurs cartables sur le sol.

« Ils sont *tous* à vous, ces enfants ? demanda l'homme de petite taille en écarquillant les yeux.

– Eh oui ! » Je fis de mon mieux pour avoir l'avoir fier.

« Ça en fait, de la marmaille ! » commenta le plus grand. Les vis avaient disparu de sa bouche, et lui aussi, désormais, levait le nez de son travail. « Z'êtes riche, ou quoi ?

– Non. Mais chaque enfant est une bénédiction », répondis-je. C'était la réplique officielle, celle que nous offrions aux personnes extérieures à la communauté lorsqu'elles nous interrogeaient.

Les deux hommes acquiescèrent en silence avec une moue emplie, semblait-il, d'une admiration circonspecte.

Je n'avais pas menti : chacun de mes enfants était une bénédiction. Mais je ne leur avais pas dit – comment aurais-je pu l'avouer ? – que, si j'avais eu le choix, la situation aurait été bien différente.

Gitty et moi avions évoqué la contraception à plusieurs reprises. Ou plutôt, j'avais plusieurs fois ouvert le sujet, que Gitty avait aussitôt refermé de la formule suivante : « C'est interdit. » Son ton résolu signalait que le débat était clos.

J'étais déjà marié depuis plusieurs années quand je découvris en quoi consistait la contraception. Un jour, peu avant la naissance de Tziri, j'entendis un homme de ma connaissance expliquer que les hassidim de Borough Park avaient généralement moins d'enfants que les autres hassidim. Huit au lieu de douze, ajouta l'homme. J'étais perplexe, mais trop gêné pour demander : comment font-ils ? Je ne connaissais que le strict minimum. Avoir des rapports sexuels donnait lieu à des grossesses, à l'issue desquelles naissaient des bébés. Aucun de ces trois points, pour ce que j'en savais, n'était en option dans le mariage. Pas même les rapports sexuels, auxquels, selon la loi juive, un mari devait pourvoir chaque semaine – tout était dans le contrat prénuptial.

Au bout du compte, je découvris la contraception comme j'avais découvert le monde moderne : par le biais d'Internet. J'appris aussi que son usage n'était pas autorisé. Ou plutôt, qu'il l'était seulement dans des circonstances extraordinaires. Ou seulement par certains rabbins – or notre rabbin ne relevait pas de cette catégorie.

Après le troisième enfant, je jugeai raisonnable de faire une pause, mais Gitty refusa d'envisager toute forme de contraception n'ayant pas bénéficié d'une autorisation rabbinique. Et puisque notre rabbin n'en accordait pas, tout rabbin qui le faisait n'était pas, *ipso facto*, un bon rabbin.

Après le quatrième, je tentai à nouveau de raisonner Gitty, mais elle répliqua qu'elle aurait l'impression d'être nue si elle n'était pas enceinte ou en train de manœuvrer une poussette. « Les gens me regarderaient bizarrement », dit-elle, et je compatis. Qui souhaite être regardé bizarrement ?

Après le cinquième, je déclarai d'un ton ferme qu'il était vraiment temps de s'arrêter.

« Auquel de tes enfants renoncerais-tu ? » rétorqua Gitty. Je les regardai un à un. Les quatre plus grands déjeunaient à la table de la cuisine, tandis que Hershy était calé sur la hanche de Gitty.

Auquel d'entre eux serais-je prêt à renoncer ?

Nous étions sept désormais, et je ne pouvais imaginer notre famille autrement. J'aimais mes enfants pour la façon dont ils se ressemblaient, mais plus encore pour la manière dont ils se distinguaient les uns des autres.

Tziri dévorait les livres. « Exactement comme moi », disais-je à quiconque voulait l'entendre. Elle remportait tous les concours d'orthographe, corrigeait les fautes de grammaire de son institutrice et me battait au Scrabble. J'avais éprouvé un pincement de fierté, un an ou deux plus tôt, en la voyant tendre le cou vers le *New York Times* que je lisais à la table de la cuisine. J'avais cru qu'elle parcourait les publicités, mais elle avait levé la tête pour s'enquérir : « C'est qui, le pape Jean-Paul Haï-Haï ? » Je m'étais rembruni. L'article mentionnait le pape à la suite des scandales liés aux abus sexuels de certains prêtres catholiques, et je me demandais avec inquiétude ce que Tziri avait bien pu lire par-dessus mon épaule.

Freidy, de seize mois sa cadette et désireuse de se démarquer, ne touchait un livre qu'en cas d'absolue nécessité – à savoir le travail scolaire et les prières. Potelée, les joues roses, elle était enjouée, vive et prompte à éclater de rire. Elle avait trop d'amies pour que Gitty et moi puissions les dénombrer. « Oh, salut ! C'est sympa de revenir nous voir », disais-je à toutes les camarades que Freidy amenait chez nous le dimanche après-midi, supposant qu'il s'agissait de la même petite fille que la semaine précédente – et Freidy me glissait d'un air exaspéré : « C'en est une *autre* ! »

Chaya Suri, âgée de cinq ans, était une enfant timide aux grands yeux noirs et à la chevelure châtain. Elle souffrait de faire partie du groupe des petits, mais les familles suivent la pente qui leur est naturelle, et tel était son destin : se coucher tôt, manger dans des assiettes ornées de personnages de dessins animés aux couleurs criardes, avec de grosses fourchettes pour enfants, et se voir systématiquement repoussée par Tziri et Freidy quand elle souhaitait participer à leurs projets artistiques, leurs travaux manuels ou leurs spectacles de danse improvisés. Chaya Suri se tournait alors vers les petits garçons nés dans son sillage, laissant entrevoir les signes avant-coureurs de sa nature de garçon manqué. Plus tard, elle me ferait penser à une variante hassidique de la Scout de Harper Lee – menue, agile et souvent assise en haut d'un arbre, occupée à contempler le monde depuis un lieu où personne ne viendrait l'ennuyer.

Akiva, âgé de trois ans, ne me lâchait pas d'une semelle, et cherchait ma main sans rien dire, avec un sourire à faire fondre la pierre. C'était un bel enfant blond au visage d'ange qui provoquait les cris de ravissement de ses dizaines de tantes, de ses nombreuses cousines plus âgées, et des inconnus que nous croisions dans la rue.

Hershy n'était encore qu'un bambin, mais il ne tarderait pas à exprimer sa personnalité, faite d'une indifférence naturelle à l'égard des coutumes et des conventions. C'était le genre de gamin qui mettait un seul patin à roulettes parce qu'il ne voulait pas se fatiguer avec le second, et qui parcourait le trottoir en patinant et clopinant tout à la fois.

Auquel de mes enfants serais-je prêt à renoncer ?

Cette question m'avait rendu nerveux. Mes pensées m'avaient échappé pendant un bref instant, mais j'eus vite fait de me ressaisir. Je ne souhaitais éliminer aucun de mes enfants, bien sûr : je voulais seulement éviter qu'un autre arrive. Ce n'était pas la même chose ! Je voulais ces cinq-là, ni plus ni moins, et pas une autre série de cinq. Si nous devions en avoir un sixième, fille ou garçon, j'étais convaincu que je l'aimerais comme j'aimais les autres ; mais le sixième n'existait pas, et je pouvais donc me représenter la vie sans lui.

Je tentai d'expliquer tout cela à Gitty, mais elle déclara d'un ton péremptoire : « Je n'ai pas envie d'en parler », avant de transférer un paquet de linge humide de la machine au séchoir.

Puisque nous ne pouvions en parler, il ne me restait qu'une seule solution. La solution atomique. L'option Samson. J'eus l'impression, en l'envisageant, d'être un mauvais mari. Un mari frelaté, un imposteur à la virilité défaillante. Les hommes étaient censés vouloir coucher tout le temps, indépendamment des conséquences – enfin, c'était ce que j'avais lu sur Internet –, et peut-être étais-je un peu comme ça moi aussi, sauf que je ne souhaitais pas avoir un autre enfant. Je n'avais plus la foi, et dans quelque lointain recoin de mon cerveau, je me demandais si je parviendrais un jour à me détacher de la communauté skver. Je ne projetais rien de tel – mon départ n'était même pas concevable pour moi à l'époque – mais je savais que, si ce rêve devenait envisageable, avoir d'autres enfants était la première chose à éviter.

Enfin, et c'était le plus important à mes yeux, nous n'en avions tout simplement pas les moyens. Chaque enfant entraînait de nouvelles dépenses : alimentation, vêtements, frais de scolarité, mobilier et espace supplémentaires, panoplies de Lego et trousses aux couleurs vives. Puis viendraient les bar-mitsvot et les mariages, autant de dépenses exorbitantes qui faisaient perdre le sommeil à tout hassid normalement constitué pendant trois décennies, voire plus encore. Voilà pourquoi il me paraissait absurde de laisser la nature suivre son cours. Je soumis donc Gitty à un ultimatum : en l'absence de méthode fiable de contraception, nous cesserions de nous livrer deux fois par semaine à nos petits jeux nocturnes.

Fut-elle touchée par l'ultimatum en tant que tel ? Ou prit-elle conscience de l'importance que cette question revêtait à mes yeux ? Toujours est-il que Gitty finit par céder. Si je parvenais à trouver un « vrai » rabbin – pas un anglophone rasé de près et diplômé de l'université, mais un homme « dans notre genre » – et qu'il nous accorde une dérogation, elle accepterait de prendre un moyen de contraception.

Je téléphonai à Chezky, qui me donna le nom d'un rabbin remplissant ces critères. Ce rabbin avait la barbe idéale, m'expliqua-t-il – broussailleuse et très fournie ; il parlait yiddish ; et il avait étudié dans les meilleures yeshivot lituaniennes de Jérusalem, sans jamais, pour autant qu'on sache, mettre le pied à l'université.

« Et puis, il est arrangeant, ajouta Chezky. Il juge d'après la loi, sans idéologie. »

Parfait, pensai-je, ravi d'être sur la bonne voie. Je pris rendez-vous et me rendis chez ce rabbin quelques jours plus tard. Il habitait un petit pavillon de plain-pied à Monsey, sur Calvert Drive, juste en face de sa synagogue. J'arrivai en voiture à la nuit tombée et regardai les fidèles quitter le bâtiment après les prières du soir. Lorsqu'ils furent tous partis, je remontai l'allée jusqu'à la porte latérale. Un sac en plastique blanc était pendu à la poignée de la porte, dans lequel se trouvaient ce qui semblaient être deux sous-vêtements féminins.

« Quel est le problème ? » me demanda le rabbin après m'avoir introduit dans son bureau, situé à l'entresol de la maison, et désigné une chaise pliante en métal faisant face à sa table. De grandes photos de sages lituaniens ornaient les murs, comme pour rappeler au rabbin et au solliciteur qu'ils étaient les réels détenteurs du pouvoir en ces lieux.

Le problème, expliquai-je au rabbin, c'était que je ne trouvais pas raisonnable de continuer à avoir des enfants sans savoir comment pourvoir à leurs besoins dans les années à venir. J'avais passé des années à me battre pour trouver un emploi et si, désormais, je m'en sortais bien financièrement, l'angoisse d'avoir cinq bouches à nourrir m'accablait déjà en permanence. Je ne me sentais pas le courage d'avoir six, douze, voire dix-sept enfants.

Le rabbin tambourina du bout des doigts sur son bureau, l'air agacé. « *Parnosse kumt fun himmel*, dit-il. – Dieu s'occupe des finances. » Ce n'était pas aux mortels de s'en soucier.

Je ne m'attendais pas à une telle réplique. Chezky m'avait dit que ce rabbin était « arrangeant ». Ce n'était manifestement pas le cas. Je tentai de reformuler le problème, usant de mots différents, les soulignant par de grands gestes, mais le rabbin demeura de marbre. Il haussa les épaules et hocha légèrement la tête. « Eh oui », dit-il.

Son attitude, cependant, suggérait qu'il pouvait se laisser convaincre. L'homme semblait affable, il souriait jusqu'aux oreilles, et j'avais la vague impression qu'il formulait des réponses brèves à dessein, pour me soutirer les mots justes. Je ne pouvais quitter les lieux sans la dérogation que j'étais venu chercher – mais quels étaient les mots justes ? Je me creusai la tête pour trouver le type de circonstances permettant, selon la loi juive, de procéder à un « arrangement ». C'est alors qu'une idée me traversa l'esprit : en faire un problème médical. On pouvait toujours compter sur les problèmes médicaux pour contourner la loi.

Je mentis donc au rabbin.

« En fait, repris-je, ma femme n'en peut plus. Elle a l'impression de devenir folle. C'est trop pour elle. » J'expliquai que mon épouse souffrait de dépression et de divers maux associés, et qu'elle était, sur le plan physique et émotionnel, complètement à bout. « Elle a... » Je poussai un profond soupir, espérant paraître triste et convaincant. « Elle... a besoin d'une pause. »

Le rabbin devint soudain très arrangeant.

« Dans ce cas, c'est différent, dit-il, avant de hocher la tête d'un air compatissant. Si votre femme est stressée, ce n'est pas bon pour le mariage, et ce n'est pas bon pour les enfants. Et ce n'est pas bon non plus pour vous », ajouta-t-il avec un clin d'œil, la prunelle pétillante.

Il se hâta de détailler les différentes méthodes qui s'offraient à moi. « Les préservatifs ne sont jamais autorisés. Votre épouse peut utiliser du gel spermicide, des pilules contraceptives ou un stérilet. » Il m'informa de leur mode de fonctionnement, comme s'il était médecin, en me décrivant leurs avantages et inconvénients respectifs.

« Si vous utilisez du gel, continua-t-il, il faut l'insérer peu de temps avant l'acte. » Il hocha vigoureusement la tête deux ou trois fois de suite, comme s'il réfléchissait à quelque épineuse question juridique. « Le problème du gel, c'est qu'il peut gâcher l'ambiance. Vous voyez ce que je veux dire ? » Les Grands Sages de Jérusalem, accrochés au-dessus de la tête du rabbin, me regardaient d'un air grave.

Je jubilais, envahi d'un sentiment de triomphe. Grâce à mes manœuvres, j'étais parvenu à mettre la loi de mon côté. Mais, au moment où je m'apprêtais à partir, le rabbin leva la main.

« Ce n'est qu'à usage provisoire. » Il voulut s'assurer que j'avais compris. « Votre femme peut utiliser la dérogation pendant un an ou deux. Puis revenez me voir, et nous reprendrons cette conversation. »

Un an ou deux, c'était mieux que rien, me dis-je, même si cette limite temporelle me laissait perplexe. « Pendant combien de temps faut-il continuer à procréer ? demandai-je au rabbin tandis qu'il me raccompagnait à la porte. Quel est l'âge maximal ?

– Il n'y a pas d'âge maximal, affirma-t-il, citant un verset de la Bible pour appuyer ses dires. *"Au matin sème ta semence et jusqu'au soir ne laisse pas reposer ta main."* Aussi longtemps que la nature le permet, conclut-il. Chaque enfant est une bénédiction. »

Mon enthousiasme me quitta sur le chemin du retour. Certes, j'avais obtenu une dérogation du rabbin, mais j'avais menti pour cela. Vu ainsi, j'aurais pu le faire des années plus tôt. Je me serais contenté de dire à Gitty que notre propre rabbin m'avait donné l'autorisation de recourir à la contraception, et l'affaire aurait été réglée. Gitty n'aurait jamais su la vérité, puisqu'elle n'avait jamais parlé à un rabbin de sa vie – cette tâche incombait aux hommes, donc aux maris.

Je me rassurai en songeant que mon mensonge était un petit mensonge. Il aurait été bien plus grave de prétendre avoir consulté un rabbin si cela n'avait pas été le cas.

Certes, j'avais obtenu la dérogation sous un prétexte fallacieux, mais je l'avais fait au nom du bien-être de Gitty. Ce mensonge-là serait plus facile à assumer devant elle. Et puis, mes intentions étant louables, ma fable pouvait peut-être passer pour un pieux mensonge, qui sait ?

Je fus malgré tout effaré de constater, à l'occasion de cette conversation avec le rabbin de Monsey, qu'il me faudrait désormais mentir pour continuer à vivre au sein de ma communauté et de mon propre foyer. Je commençais tout juste à accorder mes projets et mes désirs à ma nouvelle identité, que je tenais secrète aux yeux du monde. Dans ce contexte, le mensonge deviendrait bien vite une habitude, le sort réservé à tous ceux qui se trouvaient dans la même situation que moi : celle d'un hérétique parmi les croyants.

Je fus amené à renforcer cette habitude au cours de l'année suivante, après un incident qui me marqua durablement. À l'issue de ma journée de travail à Manhattan, je m'installai ce soir-là dans le bus de la compagnie Monsey Trails pour rentrer à New Square. J'espérais profiter de l'heure qui allait suivre pour lire, peut-être dormir un peu, mais une de mes connaissances, un hassid nommé Moshe Wolf, que je croisais de temps à autre à Monsey, vint s'asseoir près de moi.

« *Vus makhsti èpès, vus ?* me demanda-t-il en plaçant sa mallette dans le filet à bagages au-dessus de nos têtes.
– Vous allez bien, vous ? »

C'était un satmar très pieux, et il s'exprimait avec un tic de langage fréquent chez certains membres de sa communauté : il répétait le premier mot à la fin de chaque phrase.

Vous allez bien, vous ?
Quoi de neuf, quoi ?
Des nouvelles du monde, des nouvelles ?

Je grimaçai intérieurement. Moshe Wolf était quelque peu bavard. Je pouvais faire une croix sur ma lecture. Et sur ma sieste. Au cours de mes précédents échanges avec lui, j'avais appris qu'il se considérait comme un expert en « sociologie-tiret-politique ». Son yiddish était perpétuellement émaillé de mots anglais compliqués : il appréciait *antithétique* (« âne-ti-têtique ») et *idéologue* (« idiot-lôgue »). Il avait un faible pour les intellectuels faisant de la politique, tels les sénateurs Daniel Patrick Moynihan et Adlai Stevenson. Je le voyais souvent à la station-service Getty de la route 59 : debout devant sa voiture, il dégustait un bol de tcholent tout en lisant le *New York Post*, ouvert sur le capot. Il combinait de manière singulière le profane et le religieux, et s'il m'arrivait de le trouver distrayant, je n'avais guère envie de discuter avec lui à cet instant précis.

« C'est quoi ce que vous lisez, c'est quoi ? » me demanda-t-il en prenant ses aises à côté de moi. Il tendit le cou pour déchiffrer le titre en haut de la page. Je rabattis la couverture à son intention et il le lut à voix haute, dans son anglais mâtiné d'accent yiddish : *Un peuple, deux mondes. Un rabbin réformiste et un rabbin orthodoxe se penchent sur les problèmes qui les divisent.*

« Ça veut dire quoi, ça ? »

Tandis que le bus, passant d'une file à l'autre, atteignait le Lincoln Tunnel, je lui offris un aperçu de l'ouvrage. Ainsi que l'expliquait le sous-titre, deux rabbins débattaient des mérites de leurs visions du monde respectives, la libérale versus la traditionnelle. Le livre venait de paraître et avait fait grand bruit dans les publications juives.

Moshe Wolf plissa les yeux. « Je ne comprends pas, dit-il. Ça vous intéresse, ça ? »

Je répondis que oui.

« Mais alors, vous lisez aussi l'autre type, mais alors. »

L'autre type, supposai-je, était le rabbin réformiste ; j'expliquai donc à mon compagnon de voyage que j'étais curieux de connaître différents points de vue. Que j'étais fasciné par la diversité des opinions.

Je me souviens que son regard s'était durci tandis qu'il assimilait le sens de mes propos. Son trouble étant de plus en plus manifeste, je me mis à glousser, un brin amusé. Aux yeux de Moshe Wolf, cependant, il n'y avait pas de quoi rire.

« Ça, c'est *kefireh*, ça ! Apikorus ! » Il avait énoncé le terme d'une voix bizarrement haut perchée qui ne présageait rien de bon. « Hérésie tout ça, hérésie ! Comment pouvez-vous lire ça, comment ? » Sa voix grimpa encore dans les aigus et il se mit à gesticuler dans tous les sens. « Ça, c'est un rabbin, ça ? Comment peut-il parler à un hérétique, comment ? Il s'imagine être qui, lui ?

– Chut ! Calmez-vous, s'il vous plaît. » Nous attirions l'attention des autres passagers, et je commençais à me sentir mal à l'aise. Si la discussion m'avait d'abord amusé, j'en avais assez, à présent.

Mais comment arrêter Moshe Wolf ? Mes réponses ne faisaient qu'attiser sa colère. Ses globes oculaires semblaient maintenant cracher un feu rageur. Ce qui n'était qu'une plainte sourde et insistante jaillit en hurlements hystériques : « KEFIREH ! APIKORUS ! COMMENT POUVEZ-VOUS LIRE ÇA, COMMENT ? ÇA, C'EST INTERDIT, ÇA ! »

Le silence se fit dans le bus. Des passagers se redressèrent sur leurs sièges pour nous apercevoir. Quand Moshe Wolf comprit que je ne dirais plus un mot, il devint plus enragé encore, et son visage vira au pourpre. Il se jeta sur mon livre, bataillant pour me l'enlever des mains, ses longs bras s'agitant tels deux tentacules malhabiles, mais déchaînés. Je m'accrochai à l'ouvrage et, pendant quelques secondes, nous luttâmes avec acharnement, comme deux petits garçons dans une cour d'école.

Tout ceci est parfaitement stupide et ridicule, me dis-je – mais Moshe Wolf pensait autrement. Appuyant mon coude en travers de sa poitrine, je parvins à arracher le livre à son emprise, avant d'attraper ma mallette et de le bousculer pour rejoindre l'allée centrale. Des dizaines de paires d'yeux suivirent ma retraite vers le fond du bus ; et pendant tout ce temps, Moshe Wolf ne cessa de crier : « KEFIREH ! APIKORUS ! – BLASPHÈME ! HÉRÉTIQUE ! »

Je trouvai un siège à l'arrière. Pendant plusieurs minutes encore, j'entendis Moshe Wolf vociférer à l'autre bout de l'allée. « Pour qui il se prend avec son livre hérétique, pour qui ? Devant nous, il le lit ! » Certains hommes se retournèrent pour me dévisager. Soutenant mon regard avec insistance, ils semblaient me mettre au défi de ne pas détourner les yeux le premier, telle la vertu combattant le mal.

Le bus poursuivit sa route le long des pâturages du New Jersey et remonta l'autoroute à péage jusqu'à Monsey. Assis au fond, je m'efforçais de poursuivre ma lecture – pour me prouver, à défaut de le prouver aux autres, que je ne me laisserais pas intimider – mais j'étais bouleversé par la réaction de Moshe Wolf. Lorsque le bus déposa ses passagers dans les rues de Monsey, je m'aperçus que cela faisait presque une heure que je fixais les mots sans les lire.

À la maison, pendant le dîner, je racontai l'incident à Gitty, qui ne fit aucun commentaire. À la fin du repas, alors qu'elle s'apprêtait à débarrasser la table, elle se figea brusquement. Son visage s'empourpra, comme lorsqu'elle était gênée, puis elle détourna les yeux.

« Peut-être qu'il avait raison, dit-elle en empilant les assiettes sales. Il vaut peut-être mieux ne pas lire ce genre de livres. »

Au cours des semaines suivantes, je repensai à Moshe Wolf, que j'avais toujours considéré comme un homme intéressé par les affaires courantes du monde profane – et, dans les faits, d'une intelligence supérieure à la moyenne. Cet incident soulignait un phénomène que je connaissais bien : les partisans les plus virulents d'une adhésion aveugle aux règles et aux principes, ceux qui sont enclins à protester de la voix la plus forte, voire à recourir à la violence, ne sont pas nécessairement les plus étroits d'esprit : ce sont souvent, au contraire, les hommes les plus éduqués qui affichent les opinions les plus extrêmes – comme si, en agissant ainsi, ils refermaient leur propre esprit –, justement parce qu'ils sont plus accoutumés aux remises en question.

Le zèle compense la peur. L'instructeur pousse le soldat au déchaînement patriotique avant la bataille – comment, sinon, pourrait-il affronter la peur de la mort ? Le fanatique religieux qui hurle, frappe et tue n'est peut-être pas celui dont la foi est la plus solide, mais celui qui craint tant les remises en question, qui a tant conscience du caractère changeant de ses convictions qu'il n'a pas d'autre choix que de les renforcer en usant du roulement de tambour d'un fanatisme irréfléchi.

« Si t'habites pas New Square, t'y vas pas. C'est comme ça. » Ainsi s'était exprimé Matt, le mécanicien de Monsey, des années auparavant. Je m'en souvenais à présent, et cette conversation me semblait étrangement prémonitoire – à ceci près que je ne me sentais pas seulement exclu de New Square, mais de l'ensemble du monde hassidique.

Plusieurs semaines après mon altercation avec Moshe Wolf, j'entendis parler d'un homme qui avait été passé à tabac pour avoir créé un forum internet au sein duquel chacun pouvait évoquer les doutes qu'il entretenait sur sa foi. Puis le forum ferma, et des bruits se mirent à courir parmi les membres du groupe : l'homme aurait été attiré sous un prétexte quelconque dans un bureau de Williamsburg, tard le soir, et frappé par le vaad hatznius du quartier – le comité chargé du respect de la pudeur. Était-ce vrai ? Personne ne pouvait l'affirmer avec certitude. Quelques jours plus tard, un internaute suggéra que l'homme n'avait pas été agressé parce qu'il était coupable d'hérésie, mais de débauche. Je ne cherchai pas à connaître le fin mot de l'affaire. L'essentiel, à mes yeux, résidait dans l'agression elle-même. Je savais que de tels incidents se produisaient de temps à autre, et leur résurgence venait renforcer ce que je savais déjà : j'allais devoir garder secrètes mes opinions.

J'eus cependant du mal à refréner mon angoisse. Au cours des mois qui suivirent, mon esprit se perdit en considérations toutes plus épouvantables les unes que les autres. Je m'imaginais marchant dans les rues de New Square, ou franchissant la porte de l'immense synagogue, soudain confronté aux milliers de regards accusateurs des fidèles. *Tiens, voilà l'apikorus.* J'imaginais la lettre m'informant que mes enfants étaient exclus de l'école ; j'imaginais les parents de Gitty, ainsi que ses frères et sœurs, se détournant de moi, leur gendre et beau-frère disgracié ; j'imaginais un véhicule aux vitres teintées passant près de moi dans la rue, et je voyais un groupe d'hommes – des membres du vaad hatznius – en surgir, me pousser dans l'habitacle et m'emmener dans un lieu isolé pour m'interroger ; j'imaginais Gitty découvrant que je n'étais plus croyant et décidant qu'elle ne pouvait vivre avec un mari hérétique. S'ensuivaient l'éloignement de mes enfants, l'expulsion de la communauté, l'excommunication.

Dans le bus que je prenais pour aller travailler, j'observais les autres passagers avec inquiétude. L'un d'eux m'épiait-il ? Quelqu'un avait-il remarqué que je ne priais plus avec les autres hommes ? Mon voisin regardait-il ce que j'étais en train de lire ? Je tentais de me rassurer :

Moshe Wolf était une exception, une mouche du coche qui se mêlait de tout. Les autres passagers ne me prêtaient aucune attention. Mais je savais aussi que, dans notre monde ultra-religieux, les fidèles se surveillaient mutuellement sans même s'en rendre compte.

Quand mon frère Mendy se maria, au printemps 2002, je le guidai vers le dais nuptial à la place de notre père. Tandis que je l'accompagnais dans la cour d'une yeshiva de Monsey qui faisait office de salle des mariages, une torche tressée en cire d'abeille dans la main droite, le bras gauche passé sous son bras droit, je fus soudain traversé par la sensation d'être un imposteur.

J'observai les visages des gens qui m'entouraient, tous ces amis et ces proches qui me regardaient conduire mon frère vers la création d'un « foyer pieux au sein d'Israël », et vis ce que, selon moi, tout le monde avait dû voir : un menteur, un apostat faisant mine d'être pieux et de partager leur foi. Au même moment, j'imaginais mon imposture découverte, le mot « apikorus » marqué au fer rouge sur mon front – et ceux qui m'entouraient, avec une politesse suspecte, repoussant ma condamnation à un moment plus propice.

17

Mon secret devenait trop lourd à porter : j'étais sur le point de craquer. Consumé par l'angoisse que me procurait ma double vie, je me sentais chaque jour plus irritable et plus amer que la veille.

Internet était mon seul remède. Le réseau m'offrait une soupape, un exutoire à la lutte intérieure, apparemment sans fin, que je menais pour décider de l'attitude à adopter dans les circonstances intenables qui étaient les miennes. Les discussions que j'engageais en ligne m'aidaient à renforcer ma nouvelle identité d'hérétique. J'y puisais la confiance nécessaire pour accepter la part de moi-même que j'avais tenté de réduire au silence.

Quelques années plus tôt, quand les premiers forums de discussion avaient fait leur apparition, attirant aussitôt des centaines de milliers d'usagers, j'avais passé des heures à débattre de questions religieuses avec mes correspondants. Je m'étais ensuite inscrit aux forums hébergés par Usenet : ils fonctionnaient sur le même principe que les *chat rooms* dédiées à la communauté juive, mais je les jugeai rapidement plus intéressants, car ils m'offraient aussi la possibilité de dialoguer avec des catholiques et des protestants, des musulmans et des bouddhistes. J'entretins bientôt une correspondance régulière avec des croyants d'autant plus fascinants qu'ils vivaient dans des univers totalement différents du mien.

Sitôt engagé sur cette voie, je repérai aisément mes compagnons de route – ceux qui, comme moi, avaient grandi dans un milieu ultra-orthodoxe dont ils cherchaient à s'affranchir. À force de nous croiser sur divers forums de discussion, nous décidâmes de créer les nôtres : j'assistai à la naissance de « Hassidique et éclairé » et d'« Orthodoxes sceptiques ». Je me souviens d'un forum en hébreu ouvert à ceux qui s'interrogeaient sur leur foi. Il était intitulé « Stop ! Ici, on réfléchit. » Nous formions un vaste groupe de correspondants issus de communautés et sous-communautés hassidiques du monde entier – de Brooklyn à Tel-Aviv, de Montréal à Anvers –, tous contraints de nous connecter en cachette, à notre domicile ou sur notre lieu de travail, dans l'espoir de trouver en ligne les informations et les relations que nos rabbins prohibaient. Grâce aux forums de discussion, nous avions enfin la possibilité de nous rassurer mutuellement. « Tu vois ? écrivions-nous. Moi aussi, je pose des questions interdites ! »

Mais comment être certain qu'un espion ne se cachait pas parmi nous ? La paranoïa régnait en maître. Nous contrôlions nos propos et ne divulguions jamais notre véritable identité. La crainte d'être découvert imprégnait toutes nos conversations. Nous le savions : des vies entières pouvaient s'effondrer, brisées net par une remarque imprudente.

« Au fait, tu sais ce que c'est, un blog ? » demandai-je un matin à l'un de mes collègues.

Je venais de lui annoncer une information parue dans la presse : Google, le futur seigneur du Web, alors âgé d'à peine cinq ans, venait d'acquérir une petite start-up spécialisée dans la création d'un nouveau type de sites internet : les blogs. Je n'en avais jamais entendu parler. Le terme m'intriguait. Il semblait droit sorti d'un roman de science-fiction. Ou du *Seigneur des anneaux*, peut-être ? Frodon Sacquet aurait pu rester coincé dans un blog. Ou mener une lutte acharnée contre l'un d'eux.

Mon collègue eut vite fait de me détromper : les blogs n'avaient rien à voir avec la Terre du Milieu. Nous étions tous deux programmeurs et travaillions face à face, mais en matière d'innovation technologique, il avait toujours une longueur d'avance sur moi. « Un blog, c'est comme un journal intime, expliqua-t-il. Sauf que tout le monde peut le lire, puisqu'il est en ligne. »

Un journal intime accessible à tous ? J'étais de plus en plus intrigué. Ce nouveau mode de communication me semblait à la fois étrange et étonnant. Les carnets que j'avais remplis en secret durant mon adolescence regorgeaient de divagations et de pensées embarrassantes. Confessions, accès de jalousie et de haine de soi, honte permanente – j'aurais été horrifié d'apprendre qu'ils avaient trouvé un lecteur, quel qu'il soit. Pourtant, j'écrivais alors comme si je m'adressais à un public, attentif à l'élégance de mes phrases, ajoutant une figure de style ici, un trait d'humour là, comme si mes aveux ne valaient pas la peine d'être écrits s'ils ne méritaient pas d'être lus.

Je compris vite que les blogs n'étaient pas vraiment des journaux intimes – du moins, pas ceux que je découvris à cette époque. Nous étions en mars 2003, et George Bush s'apprêtait à envoyer des troupes américaines en Irak. L'expression « choc et effroi » était sur toutes les lèvres. La campagne de bombardements était-elle justifiée, opportuniste ou hasardeuse ? Le débat faisait rage entre blogueurs, comme partout ailleurs. *Instapundit* – littéralement : expert instantané –, un blog politique très visité (qui inspira bientôt les créateurs d'*Israpundit* et d'*Instaconfused*), incarnait parfaitement la nouvelle tendance : rédigés par des citoyens lambda qui contournaient ainsi les grands organes de presse et de télévision, gardiens traditionnels du discours politique, social et culturel américain, ces billets d'humeur et d'opinion bénéficiaient d'une popularité croissante.

Chaque jour apportait son lot de nouveaux blogs, aux intitulés plus ludiques les uns que les autres : *Little Green Footballs* – Petits ballons verts –, *Alas, a Blog* – Hélas, un blog –, *IMAO* – un acronyme servant à désigner un type d'antidépresseur et à résumer l'expression « *in my arrogant opinion* » – À mon arrogant avis. Il y en avait pour tous les goûts : orientés à gauche ou à droite ; spécialisés dans l'analyse politique, les dessins humoristiques, le pamphlet, les histoires vécues, la photographie, le journalisme amateur. Pour ma part, je fus particulièrement attentif à la formation d'une communauté juive au sein de la blogosphère : je pris l'habitude de lire les billets d'un certain *The Head Heeb*, qui assurait vouloir « renverser quatre mille ans d'icônes » ; je visitais régulièrement *An Unsealed Room* qui proposait « une fenêtre ouverte sur Israël » et *Protocols* qui donnait la parole à « trois aînés » désireux de s'arroger « une victoire complète sur la blogosphère ». Ils débattaient et discutaient, discutaient et débattaient. Ils attiraient des lecteurs qui commentaient leurs textes et se soumettaient eux-mêmes aux commentaires des uns et des autres. Ensemble, ils constituaient une sorte de communauté.

En les lisant, je compris que je pouvais être l'un d'eux. Je savais raconter des histoires. J'avais des opinions. Restait à trouver un thème de discussion. Et des lecteurs.

J'avais toujours secrètement rêvé de devenir écrivain. Enfant, je remplissais des carnets entiers de saynètes racontant l'histoire d'un petit garçon hassidique ordinaire qui aspirait à être extraordinaire. Un jour, me promettais-je, je réunirais ces fragments et j'en ferais une grande œuvre littéraire qui serait vendue dans toutes les librairies hassidiques de Brooklyn.

À quatorze ans, je tentai de rédiger les grandes lignes de mon autobiographie – me promettant, là encore, de la compléter au fil du temps. À la yeshiva, au lieu de rédiger des commentaires du Talmud comme le faisaient traditionnellement les jeunes élèves des écoles rabbiniques, je noircissais des feuilles entières de considérations philosophiques (exprimées dans un hébreu rabbinique très fleuri), feuilles que je collais ensuite entre les pages de mes nombreux volumes du Talmud. Des années plus tard, ces feuilles volantes se détacheraient et tomberaient sur le parquet bien ciré de notre séjour chaque fois que je sortirais l'un de ces volumes de la bibliothèque.

Durant les premières années de mon mariage, j'écrivis de courts essais et des articles en yiddish, principalement sur des questions religieuses. Je les gardai longtemps secrets, jusqu'au jour où je me décidai à envoyer l'un d'eux, rédigé à la main sur plusieurs feuilles de papier blanc, à *Maalos*, une revue locale publiée en yiddish. J'étais fier de mon travail. J'avais associé plusieurs éléments disparates – les hauts faits d'un maître à penser du hassidisme, plusieurs versets de la Bible, quelques citations extraites d'un de mes ouvrages préférés sur le hassidisme – pour éclairer un problème personnel : j'étais agacé et déçu par l'attitude de ma fille, alors âgée de deux ans. Elle préférait jouer avec ses cubes et ses animaux en plastique plutôt que de sauter sur mes genoux. « Dieu aussi, écrivais-je, aimerait que nous venions à lui. Mais nous préférons nos jouets, comme tous les humains. »

Plusieurs semaines s'écoulèrent sans que j'obtienne de réponse de la rédaction. « Ils n'ont pas aimé l'article », pensais-je. Trois mois plus tard, en feuilletant le dernier numéro de *Maalos*, j'aperçus ces quelques lignes, imprimées en bas d'une page : « Au lecteur qui nous a envoyé un article à propos de sa fille : nous avons perdu votre texte ainsi que vos coordonnées. Appelez-nous vite, merci ! »

Au téléphone, une femme me demanda de lui renvoyer le texte. « Je l'adore ! s'exclama-t-elle. Il est vraiment splendide. » Elle me proposa de le rétribuer cinquante dollars. « Cela vous convient-il ? »

Je ne m'attendais pas du tout à être payé. J'avais déjà peine à croire que mon texte avait été accepté ! Le règlement arriva quelques semaines plus tard : deux chèques et sept dollars en espèces. L'article fut publié un mois plus tard avec une seule modification : ma fille était devenue un fils. J'eus l'impression d'avoir été puni. J'aurais dû savoir que je violais les règles tacites de la bienséance en exprimant aussi passionnément mon amour pour ma fille.

Je fis peu après l'acquisition de mon premier ordinateur et m'initiai au fonctionnement de cet appareil avec un tel enthousiasme que je délaissai peu à peu les plaisirs de l'écriture. Un an plus tard, persuadé d'être devenu expert en la matière, je passai une petite annonce dans le journal local afin d'informer les membres de la communauté que j'étais disposé à leur donner des cours particuliers d'informatique. Mon premier élève fut un ultra-orthodoxe de Monsey désireux d'apprendre à utiliser Microsoft Windows, Word et Excel. Nous passâmes plusieurs heures assis côte à côte dans son bureau, situé à l'entresol de la maison, les yeux rivés sur les barres et les fenêtres que je faisais apparaître pour lui expliquer le maniement des menus déroulants, des fonctions « copier » et « coller », « imprimer » et « enregistrer ». Il m'écouta d'un air absent pendant la majeure partie du cours, mais il me paya généreusement et insista pour fixer un autre rendez-vous. Je revins donc une deuxième, puis une troisième fois. Ce jour-là, son épouse, une femme imposante en perruque et vêtements longs, descendit les marches pour me saluer.

« Vous vous appelez bien Shulem Deen ? » demanda-t-elle.

J'acquiesçai. Elle se tenait sur le seuil en veillant à maintenir une distance appropriée entre nous. Des voix et des rires s'échappaient des étages supérieurs. L'heure du dîner approchait. L'homme m'avait confié quelques heures plus tôt qu'il avait une douzaine d'enfants.

« Je suis la rédactrice en chef de *Maalos*, reprit la maîtresse de maison. Je me souviens encore de votre article – celui que nous avons publié il y a quelques années. C'était tellement beau ! Voudriez-vous en écrire d'autres pour nous ? »

Je me figeai, désemparé. Je ne pouvais plus écrire pour *Maalos*. Je ne savais déjà plus très bien en quoi je croyais. Comment aurais-je pu disserter avec conviction sur l'amour de Dieu, l'étude de la Torah et la prière ? Comment citer les grandes figures du mouvement hassidique avec la révérence requise ? Je doutais de tout ce que j'avais appris. Difficile, dans ces conditions, de satisfaire des lecteurs friands de fables moralistes et d'homélies sur les textes bibliques et rabbiniques !

Créer un blog me permettrait de me remettre à écrire – mais sur quoi écrirais-je ? Et surtout, pourquoi ? Certainement pas pour diffuser un message religieux. Sur la vie politique, peut-être ? Ou sur le conflit au Proche-Orient ? J'aurais pu vociférer, comme des dizaines d'autres blogueurs israéliens ou juifs américains, fustiger l'attitude injuste du reste du monde envers Israël, mais sur ce sujet-là aussi, je manquais de certitudes. Quand j'avais commencé à surfer sur Internet, j'étais un fervent supporter de l'État d'Israël. Je l'étais déjà moins à l'époque où j'ai créé mon premier blog. J'aimais encore profondément cette terre et ses habitants, mais je ne parvenais plus à cautionner, au nom de la sécurité des Juifs israéliens, la souffrance imposée aux Palestiniens et l'occupation de leurs territoires. Comment partager mes opinions avec d'autres internautes alors qu'elles étaient si mouvantes et encore embryonnaires ?

Pourtant, je n'en démordais pas : les blogs me semblaient une occasion à saisir. D'ailleurs, le site Blogger proposait à l'époque un hébergement gratuit. Autant profiter de l'offre, me dis-je. Elle ne durerait pas éternellement.

Je créai un site personnel sur Blogger et l'intitulai « Mon blog ». J'inscrivis « Blog de Shulem Deen » dans le petit encadré en haut de l'écran, ainsi que mon adresse mail et mon adresse postale. Puis j'éteignis l'ordinateur et cessai aussitôt d'y penser.

Un dimanche d'avril, une nouvelle alarmante se répandit à New Square : il y avait eu des troubles à Williamsburg. Je ne fus pas étonné. À Brooklyn, la tension allait croissant depuis des semaines. Un *érouv*, une clôture composée de poteaux reliés entre eux par un fil, avait été érigé autour de Williamsburg par certains hassidim. Désireux de transformer symboliquement un lieu public en espace privé pour pouvoir réaliser certaines activités normalement interdites le samedi, ils avaient tiré profit d'une lacune dans les lois du shabbat, comme le faisaient de nombreuses communautés juives à travers le monde. Cette pratique permettait aux fidèles de transporter des objets hors de chez eux pendant le shabbat – ce qu'ils n'auraient pas pu faire sans l'érouv, la loi l'interdisant. Grâce à la clôture, les jeunes couples pouvaient apporter chez eux les plats cuisinés par leurs parents ; les mères de famille pouvaient promener leurs bébés dans leurs poussettes ; les invalides pouvaient être emmenés en chaise roulante à la synagogue.

Les satmar s'opposaient vigoureusement à cette pratique. Leur rebbe avait interdit à quiconque d'ériger un érouv à New York. Cette semaine-là, le samedi vers midi, des centaines de satmar, enveloppés dans leurs châles de prière blancs à rayures noires, avaient défilé dans les rues de Williamsburg en criant : « *Shabbos ! Shabbos !* » Des centaines de policiers avaient été postés par les autorités le long du parcours, sur Lee Avenue et Bedford Avenue, ce qui n'avait pas empêché les manifestants de cracher et de proférer des insultes à l'encontre de ceux qui avaient enfreint l'interdit édicté par leur rebbe. Des coups de poing avaient été échangés ici et là et, d'après le *New York Times*, cinq hommes avaient été arrêtés.

Ces incidents marquaient l'apogée de plusieurs mois de tension au cours desquels les satmar avaient multiplié les incivilités envers ceux qui se servaient de l'érouv. Je n'avais jamais approuvé le comportement des satmar, mais, à présent, je ne pouvais plus taire ma colère. Furieux, je me tournai vers mon blog. Je n'avais pas de lecteurs, mais je sentais la rage bouillir dans mes veines. J'avais besoin d'un exutoire.

« Il est grand temps de montrer aux satmar que leurs méthodes terroristes n'ont pas droit de cité sur la terre des libertés et dans la patrie des courageux. » L'Amérique appartenait à tous ses citoyens, hassidim compris : les ultra-orthodoxes favorables à l'érouv avaient, eux aussi, le droit de pratiquer leur religion comme ils le souhaitaient, sans craindre d'être agressés par les satmar.

Quelques heures plus tard, ma colère apaisée, je ne pensais plus aux satmar : je me demandais quel autre usage je pouvais faire de mon blog. Je consultai à plusieurs reprises l'indicateur du nombre de visites pour savoir si un internaute avait lu mon texte plein de fureur, mais, en dehors de mes propres incursions sur mon site, le compteur affichait zéro.

« En quête d'une pensée intéressante à partager, confiai-je en guise de deuxième billet. Rien pour le moment. »

Plus tard dans la journée, je me connectai de nouveau pour écrire quelques lignes à propos de l'ouvrage que j'étais en train de lire. En milieu de semaine, je me rendis à un entretien d'embauche dans l'espoir de décrocher un nouvel emploi, assorti d'une confortable augmentation de salaire. Les entretiens préliminaires s'étant bien passés, j'avais bon espoir d'être embauché. On me l'avait même garanti. Mais le chef de service m'annonça que la direction venait de renoncer à cette création de poste. Je rentrai chez moi terriblement déprimé. Le lendemain matin, je narrai ma mésaventure sur mon blog, avouant à quel point j'étais déçu de ne pas avoir obtenu ce poste. Tellement déçu que j'avais décidé de ne pas aller travailler ce jour-là.

« J'ai appelé au boulot pour dire que j'étais malade », annonçai-je au monde entier. J'espérais tout de même que mon patron ne me lirait pas. Je consultai l'indicateur des visites : toujours nul. Je n'avais aucun lecteur. Ni mon boss ni personne d'autre.

Dans l'après-midi, je repensai aux manifestations qui s'étaient déroulées à Williamsburg. Ce qui m'amena à réfléchir à la manière dont certaines communautés hassidiques faisaient régner l'ordre dans leurs rangs. Elles parvenaient à contrôler les masses et même les têtes pensantes du mouvement. La construction de l'érouv à Brooklyn n'avait rien d'un projet fantasque porté par une petite fraction rebelle : il avait obtenu le soutien d'éminents rabbins ultra-orthodoxes – de véritables hassidim, qui craignaient et respectaient Dieu. Sauf que, dans ce petit quadrilatère situé entre Lee Avenue et Bedford Avenue d'un côté, Broadway et Heyward Street de l'autre, il n'y avait qu'une seule façon de craindre Dieu : celle des satmar. Et ils étaient prêts à user de violence pour s'assurer que le message était bien compris.

Ce type de comportement n'était pas propre aux satmar, hélas. Les rabbins qui se déclaraient favorables à l'érouv appartenaient à des structures dirigeantes qui imposaient à leurs fidèles un conformisme d'une rigidité absolue dans tous les autres domaines. À Skvyra, on n'hésitait pas à recourir à la violence pour faire appliquer les règles de la communauté. Même chose chez les vichnitz, les belz, les hassidim de Gour et bien d'autres encore. C'était ainsi que fonctionnait notre petit monde clos sur lui-même. Nous veillions à faire régner l'ordre par tous les moyens possibles.

Mais quel genre de monde était-ce là ? Et qui pourrait mettre fin à cette dérive autoritaire ?

La réponse à cette question m'apparut quelques jours plus tard, un lundi après-midi d'avril 2003 : George Bush, bien sûr ! N'était-ce pas l'homme de la situation ? Je me connectai aussitôt à mon blog et formulai mon idée en quelques lignes rageuses. Le président Bush, écrivis-je, aurait mieux fait d'envoyer les troupes dans les quartiers ultra-orthodoxes de New York. Si les Américains tenaient tant à propager la liberté, pourquoi ne pas aider ceux qui en étaient privés sur leur propre sol ? Avant d'offrir la démocratie aux Afghans et aux Irakiens, ne faudrait-il pas commencer par libérer Williamsburg et New Square ?

En termes de campagne militaire, la mienne était sans doute mal conçue. L'irruption d'un bataillon de soldats américains à Williamsburg ou à New Square ne suffirait guère à impressionner les rabbins. Les marines eux-mêmes risquaient d'être désorientés : ils ne trouveraient ni lance-roquettes, ni bombes artisanales, ni statues à déboulonner, et ne pourraient pas participer à la construction d'une nouvelle nation. Mais j'en avais assez. Je voulais faire savoir au reste du monde que la liberté s'arrêtait aux portes de notre village, pourtant situé au cœur de l'État de New York. J'avais envie de crier ma colère, et je me fichais pas mal de savoir qui m'entendrait.

Quoique. Je ne m'en fichais pas tant que ça, en fait. Je relus mon post aussitôt après avoir cliqué sur le bouton

« publier ». J'y exprimais, en quatre paragraphes, de vives critiques à l'égard de ma communauté. Mon nom et mon adresse mail figuraient en haut de la page, accessibles à tous.

Ma gorge se noua. Ce texte risquait de m'attirer des ennuis. N'aurais-je pas dû le publier de manière anonyme ? Je me redressai. L'anonymat ! Voilà la solution. Une solution parfaitement adaptée à Internet, qui plus est. Il me fallait un nom, n'importe lequel. Je tambourinai des doigts sur le bureau en m'efforçant de réfléchir. Hasidic Rebel ? Parfait ! Je pourrais toujours le modifier par la suite, songeai-je en ouvrant l'outil de publication de mon blog.

Les lecteurs commencèrent à affluer. Ils se comptèrent d'abord par dizaines, puis par centaines, et bientôt par milliers. Le compteur affichait un nombre de visites en augmentation constante : il doublait, voire triplait au cours d'une même journée. D'autres blogueurs avaient découvert mon site et l'avaient jugé si étonnant qu'ils l'avaient aussitôt recommandé à leurs propres lecteurs. « C'est incroyable ! écrivaient-ils. L'auteur est un hassid. Il écrit en secret au sein même de sa communauté. » Stupéfait, je commençais à comprendre que de très nombreux internautes s'intéressaient à mon univers. Et qu'ils revenaient fréquemment sur mon blog pour en lire davantage, séduits par l'intensité de mon discours.

Ce fut une période magique. Chaque jour apportait son lot de bonnes nouvelles : tel blogueur m'avait mentionné sur son site, tel autre avait inséré un lien vers mon site dans la liste de ses recommandations. Les auteurs des blogs que j'affectionnais ne tarissaient pas d'éloges sur mon compte : « Fascinant », assuraient les « aînés » de *Protocols* ; « Un point de vue unique », décrétait Allison de *An Unsealed Room* ; « La fureur de vivre à l'état brut », commentait l'auteur de *The Head Heeb*.

J'y puisais la confiance nécessaire pour continuer à écrire sur ma vie – ce qui me plaisait par-dessus tout et ce qui m'agaçait prodigieusement. Je parlais de ma femme et de mes enfants. Du rebbe. De mon quotidien de Juif ultra-orthodoxe à New York, de la manière dont je me sentais partie prenante de cette gigantesque métropole, et pourtant à l'écart, cultivant mes différences avec courage et ténacité.

Si l'anonymat m'autorisait à me montrer critique, je veillais aussi à rester honnête. Je continuais d'aimer de nombreux aspects de ma vie à New Square : je les mentionnais tout autant que les attitudes extrémistes et l'étroitesse de notre vision du monde, ou l'irritation et les désillusions qui me consumaient désormais nuit et jour. Je racontais la difficulté que j'éprouvais à tenter de m'initier au monde extérieur – sa modernité, ses pratiques, sa culture – tout en vivant dans une communauté imbue de ses propres traditions ; je racontais comment je dissimulais les cassettes vidéo que je louais en secret chez Blockbuster ; comment j'avais emmené mes filles à la médiathèque en cachette de mon entourage ; comment je continuais d'être fasciné par la beauté de certaines cérémonies, le tisch du rebbe, en particulier ; et comment j'avais pris en stop des Juifs ultra-orthodoxes qui avaient fermement désapprouvé le type de musique que j'écoutais dans ma voiture.

Les internautes me lisaient avec un plaisir évident. Ils en réclamaient davantage. Pourtant, je ne pouvais pas *tout* leur confier.

Comment aurais-je pu leur avouer que je n'avais plus la foi ? Malgré mon attitude critique, je me faisais encore passer pour un croyant. Je gardais par-devers moi les doutes que j'entretenais : ils m'invitaient à l'introspection, à une lutte et à une quête solitaires. Ils n'étaient pas destinés à distraire ni à amuser mes lecteurs, et je n'aurais pas supporté de les soumettre au feu roulant de leurs commentaires souvent désinvoltes. « Je crois en Dieu et en la Torah », assurai-je dans un de mes billets, tout en sachant que ce n'était plus tout à fait vrai. Impossible de me définir autrement, même sous couvert d'anonymat. Proclamer mon hérésie requérait une audace que j'étais loin de posséder : le pas à franchir me semblait si terrifiant que je ne pouvais me résoudre à prononcer le terme à voix haute, ni même à me l'avouer dans un murmure. Apikorus. Hérétique. Quel mot terrible ! Entaché de honte et de vilenie. Ses sonorités me faisaient frémir. Et le destin des hommes qu'il désignait me glaçait d'effroi. Au plus profond de moi-même, je m'accrochais encore à l'espoir de ne pas être l'un d'eux.

18

Le jour où j'ai créé le blog, je n'ai rien dit à Gitty. Ni les jours suivants. Je désirais lui en parler, et je savais que je finirais par le faire, mais je ne trouvais jamais le bon moment. D'autant que nous venions de traverser une crise dont nous nous remettions à peine : quelques semaines auparavant, j'avais fait l'acquisition d'un poste de télévision.

Gitty éprouva un véritable choc le jour où je rapportai l'appareil à la maison. C'était un dimanche. J'étais allé faire les courses à l'hypermarché, où quatre palettes remplies de cartons accueillaient la clientèle : des postes de télévision, avec un écran de 32 pouces, à 39,99 dollars. J'en voulais un depuis longtemps, mais je craignais la réaction de Gitty. Ce jour-là, je fus incapable de résister à la tentation. Je posai un carton dans mon caddie et l'accompagnai d'une antenne mobile vendue au rayon électronique. J'emballai le tout dans un grand sac-poubelle en plastique noir, le glissai dans le coffre de ma voiture et rentrai chez moi. Je posai le carton dans le séjour, toujours emballé dans le sac, et fermai la porte.

Gitty entra dans le séjour une heure plus tard. Elle en ressortit presque aussitôt, le visage blême. Elle garda le silence pendant trois jours. Elle préparait à manger, nourrissait les enfants, faisait la lessive, mais elle ne me disait plus un mot.

Le troisième jour, je perdis patience. « Arrête de faire l'enfant », ordonnai-je d'un ton sec.

Elle brisa son silence dans un hurlement. « UNE TÉLÉVISION… DANS MA MAISON ! »

Le cri avait jailli de sa gorge avec une force inouïe. Elle semblait traversée par une rage qu'elle n'avait ni contrôlée ni anticipée. Son visage se tordit en un masque grotesque, puis elle pivota sur ses talons et se dirigea vers l'évier, un torchon à la main. De nouveau silencieuse, elle sembla se figer dans la contemplation des oiseaux ou des nuages qu'on apercevait par la fenêtre ouverte devant l'évier. Vue de dos, elle semblait presque paisible, mais je compris en voyant trembler ses épaules qu'elle était parcourue de sanglots. Un instant plus tard, elle sortit en courant de la cuisine, le visage caché dans ses mains jointes, et s'enferma dans notre chambre.

La violence de sa réaction me laissa stupéfait. Il me semblait pourtant que Gitty avait commencé à admettre nos différences. Elle savait que j'avais changé. Nous venions de fêter nos dix ans de mariage. Pour notre anniversaire, nous avions dîné ensemble dans un restaurant italien casher de Monsey – une de nos rares sorties en tête-à-tête. Au cours de la décennie écoulée, nous avions appris à nous connaître. Nous savions désormais garder nos distances quand la tension devenait palpable, et nous rapprocher quand elle se relâchait. Il y avait peu de passion entre nous, mais nous éprouvions une réelle affection l'un pour l'autre. Parfois même de l'amour.

Pourtant, les conflits étaient fréquents. Il ne se passait pas une semaine sans que nos différences éclatent au grand jour. À chaque fois, j'éprouvais une nouvelle vague de ressentiment envers ceux qui nous avaient si mal assortis.

« Tu n'étais pas comme ça quand nous nous sommes mariés », disait-elle, avec colère le plus souvent, mais aussi avec tendresse, me suppliant du regard. « Ce n'est pas juste », ajoutait-elle, et je voyais rouler une larme le long de son nez.

Nous parvenions malgré tout à vivre ensemble, bon an mal an. Aussi m'étais-je imaginé que la télévision, comme la radio, les livres, les cassettes vidéo et l'accès à Internet, ne serait qu'une étape de plus. Une étape douloureuse mais inéluctable.

Je m'étais trompé. Gitty ne pouvait tout simplement pas concevoir d'enfreindre l'interdit relatif à la télévision. Il était trop virulent, trop ancré dans nos mentalités. Cette lucarne ouverte sur le monde extérieur symbolisait à elle seule tout ce que nous devions éviter. Si Internet se révéla par la suite bien plus nocif et plus corrupteur pour les hassidim que la télévision, le petit écran demeurait, aux yeux des autorités de New Square, « *de tumeneh keïli* », comme nous le disions en yiddish : le vase du profane. Un appareil si haïssable que certains hassidim allaient jusqu'à refuser de prononcer son nom.

J'étais sur le point de rapporter la télévision à l'hypermarché pour me la faire rembourser quand nous parvînmes enfin à en discuter calmement, Gitty et moi. Quelques jours s'étaient écoulés depuis sa crise de colère. Elle était toujours furieuse, mais elle semblait prête à me pardonner. « Si tu veux la garder, dit-elle, je ne t'en empêcherai pas. Mais je ne la regarderai jamais avec toi. Et ne t'avise pas de laisser les enfants s'en approcher ! »

Elle semblait avoir déjà envisagé la suite des événements : une fois qu'elle aurait cédé, redoutait-elle, je ne me contenterais pas de transgresser seul l'interdit des rabbins. J'essaierais de la convaincre de regarder la télévision avec moi, puis j'attirerais les enfants devant l'écran. Ce schéma s'étant déjà produit, elle craignait de le voir se répéter. Quand j'avais commencé à louer des DVD que je visionnais sur mon ordinateur portable la pénombre du séjour, elle refusait de les regarder ~~~c moi. J'avais beau insister, la supplier, la taquiner, lui promettre de choisir un film parfaitement décent, dépourvu de toute scène impudique, immorale ou violente, elle demeurait inflexible. Plusieurs mois s'étaient écoulés ainsi, jusqu'à ce qu'elle finisse par céder – en jurant, comme maintenant, qu'elle ne laisserait *jamais* les enfants se joindre à nous.

Le petit buffet qui avait autrefois servi à accueillir mon premier ordinateur était vide depuis un moment. Nous l'avions placé dans la salle à manger de notre nouvelle maison sans lui trouver d'autre usage. Je l'avais acheté sept ans plus tôt, séduit par sa petite taille, ses deux portes et sa serrure, afin de cacher l'ordinateur pendant le shabbat. Par chance, il était assez grand pour abriter la télévision. Ma décision fut vite prise. J'installai l'appareil à l'intérieur et veillai à laisser la porte fermée à clé en permanence, afin que les enfants ne soupçonnent pas sa présence.

Je passai bientôt une ou deux heures chaque soir dans la salle à manger, seul devant l'écran allumé. Je regardais principalement les informations, parfois un débat en deuxième partie de soirée, mais, quel que soit le programme, j'étais fasciné, comme je l'avais été autrefois par la radio. Tout m'émerveillait : les feuilletons à l'eau de rose, les chaînes locales non commerciales, et même les réclames ringardes diffusées au milieu de la nuit. « Une offre exceptionnelle ! Le coffret complet de toutes les prestations télévisées de Frank Sinatra pour 99 dollars seulement ! » Quelle offre incroyable ! songeais-je, le cœur battant.

Passé le choc initial, Gitty parut s'accoutumer à la présence du poste dans notre salle à manger. Je devins alors plus audacieux. « Veux-tu regarder une émission avec moi ? » proposai-je en ouvrant le buffet. Elle secoua froidement la tête. Manifestement, mon offre n'était même pas envisageable.

Elle finit tout de même par céder. Elle ouvrit timidement la porte un soir, alors que j'étais seul dans la salle à manger. « Je peux venir avec toi ? » demanda-t-elle d'un air embarrassé.

Dès lors, nous prîmes nos habitudes : chaque soir, après avoir couché les enfants, nous fermions les portes et les fenêtres, tirions les rideaux et nous installions côte à côte dans l'angle de la salle à manger, devant le petit écran, en prenant soin de baisser le volume au minimum pour ne pas éveiller les soupçons des Greenberg, qui occupaient la maison mitoyenne de la nôtre.

Nous regardions ce qui était au programme ce soir-là : *Friends*, les interviews menées par le journaliste Charlie Rose, les infos locales caméra à l'épaule d'*Eyewitness News*, l'émission de télé-réalité *Big Brother*. Sans discrimination aucune. Nos plaisirs étaient tous coupables : qu'il s'agisse de théâtre filmé, des pitreries de *Jerry Springer*, de *Nightline* ou d'*American Idol*, nous plongions avec délectation dans le torrent de blasphèmes qui inondait chaque soir la télévision américaine.

Ce fut durant l'une de ces soirées passées devant la télévision que je finis par parler de mon blog à Gitty. J'avais ajouté ce jour-là une nouvelle fonction à mon outil de publication : chaque fois qu'un internaute postait un commentaire, j'en étais informé par une notification sonore sur mon téléphone portable. Gitty et moi étions assis devant un vieil épisode de la série *Tout le monde aime Raymond* quand un bip interrompit l'une des répliques des protagonistes. Je ne bougeai pas, et Gitty garda les yeux rivés sur l'écran. Frank était en train de chapitrer Marie, qui sermonnait Raymond, qui se faisait déjà houspiller par Debra, tandis que Brad Garrett, qui jouait le frère de Ray, s'interrogeait en aparté sur les « impondérables de la vie ». Mon téléphone émit un alors un deuxième bip, puis un troisième quelques instants plus tard. Intriguée, Gitty finit par se tourner vers moi en levant les sourcils d'un air interrogateur. Je tentais d'éluder sa question d'un geste de la main, quand deux « bips » résonnèrent l'un après l'autre.

« C'est quoi, tous ces petits bruits ? s'écria-t-elle.
– Rien. Juste des notifications.
– Pour notifier quoi ?
– Des commentaires. Sur… un site internet.
– Quel site ? »

J'éteignis la télévision et lui racontai tout, de mes rêves d'enfant (devenir écrivain) à la manière dont le blog me permettait de les réaliser et de trouver un public – puisque j'avais des lecteurs, précisai-je. Beaucoup de lecteurs. Qui me connaissaient sous le pseudonyme de Hasidic Rebel. « C'est aussi le nom de mon blog », ajoutai-je.

Elle haussa les épaules comme si cet intitulé, venant de moi, n'avait rien de surprenant.

« Et tu écris sur quoi ? demanda-t-elle.
– Sur… ma vie.
– Tu parles de moi ?
– De temps en temps. »

Elle était intriguée, je le lisais dans ses yeux.

« Tu peux le lire, si tu veux, dis-je. Ça me ferait plaisir. »

Quand je rentrai du travail le lendemain après-midi, elle s'assit et posa ses mains bien à plat sur la table. « J'ai lu ton site », annonça-t-elle.

Je m'attendais à une explosion de colère. Il n'en fut rien. « Je crois que ça me plaît, reprit-elle.
– Vraiment ?
– Oui. Et puis, si ça t'aide à te sentir mieux, c'est une bonne chose, non ? Tu pourrais peut-être l'envisager comme une forme de thérapie ? »

« Tu sembles moins tendu depuis quelque temps », remarqua l'un de mes amis au cours de cette période. Je ne répondis pas, mais je savais qu'il avait raison. La possibilité de dire ce que j'avais sur le cœur m'avait apporté la sérénité qui me manquait depuis des années. Un petit groupe d'internautes s'était formé autour de mon blog. J'avais désormais la conviction qu'il existait un lieu, et peu m'importait qu'il soit virtuel, dans lequel mes opinions étaient appréciées. Les commentaires de mes lecteurs se comptaient parfois par centaines pour un seul post de ma part.

Je ne connaissais la véritable identité d'aucun de ces internautes, mais leurs pseudonymes me furent bientôt aussi familiers que les noms de mes amis : il y avait Ani Yesheinu, JK de KJ, Susan-à-Queens. Certains commentateurs avaient leurs propres fans. Un certain « Isaac » ne postait jamais un billet sans que le « Fan d'Isaac » ne vienne approuver ses dires. Ils étaient issus de l'ensemble de la communauté juive, des hassidim aux yeshivistes, des tenants du courant moderniste conservateur aux adeptes du judaïsme libéral. Mon blog attirait également quelques non-Juifs. Susan-à-Queens était catholique. Evy était mormon. PadrePaz vivait dans le sud du pays, où il était pasteur d'une paroisse protestante.

Quelques mois plus tard, je reçus un courriel d'un journaliste du *Village Voice*, le célèbre hebdomadaire culturel new-yorkais, désireux de m'interviewer. Il souhaitait écrire un article à propos de mon blog, expliquait-il. Accepterais-je de lui accorder un entretien ?

Je lui donnai rendez-vous à l'heure du déjeuner dans un café casher du quartier des diamantaires, non loin de mon bureau. Il posa un petit magnétophone sur la table, à côté de mon chapeau de fourrure. Âgé d'une vingtaine d'années, les yeux encadrés par des lunettes à la dernière mode, il était plus jeune que je l'avais imaginé. Il se montrait courtois, mais légèrement distant – une affectation, sans doute. « Voulez-vous être mon ami ? aurais-je aimé lui demander. Pourriez-vous me parler de votre vie ? »

Je n'en fis rien, bien sûr. Ce jeune homme était journaliste : il ne désirait pas mon amitié, mais une série d'informations sur mon compte. Il me posa des questions assez générales, auxquelles je répondis volontiers, me perdant dans des considérations philosophiques qu'il écouta patiemment, un sourire engageant aux lèvres. Lorsqu'il hochait la tête pour m'inviter à continuer, ce qu'il faisait fréquemment, j'avais le sentiment qu'il jugeait mon discours intéressant de bout en bout. J'étais loin de me douter qu'il résumerait en quelques citations (l'équivalent de quatre-vingt-dix secondes) un entretien qui avait duré quatre-vingt-dix minutes.

Intitulé « Il divulgue ses secrets au grand jour », l'article parut un mois plus tard dans le *Village Voice*, accompagné d'une illustration montrant un hassid de profil, pourvu d'un torse puissant et d'une longue barbe broussailleuse. Son chapeau noir était coupé à l'horizontale. La partie supérieure, relevée comme le couvercle d'une vieille théière, laissait échapper un nuage d'étoiles jaunes et bleues à six branches censées représenter les ruminations du personnage.

L'illustration me déplut ; l'article plus encore. Lorsque je rédigeais un billet pour mon blog, je veillais à témoigner de manière simple et directe sur ma vie et ma vision du monde. C'était subjectif, mais honnête. Je n'usais pas de moyens détournés ou pervers pour servir mes objectifs : je révélais *ma* vérité. Le magazine, lui, avait clairement la sienne – et nos deux versions n'avaient pas grand-chose en commun. Pour le journaliste du *Village Voice*, je n'étais pas seulement une curiosité (un hassid offrant un aperçu de son univers), mais une véritable sensation (un hassid colportant des racontars sur sa propre communauté). Et c'était ce phénomène qu'il présentait fièrement à ses lecteurs.

« As-tu entendu parler de Hasidic Rebel ? me demanda mon ami Zurich quelques jours après la parution de l'article dans le *Village Voice*. C'est un type qui écrit sur Internet. » Nous étions à la synagogue. Il s'était exprimé en baissant la voix, comme s'il divulguait un secret, lui aussi.

« Oui, j'en ai entendu parler », dis-je.

Zurich n'avait pas d'ordinateur et ne surfait pas sur la Toile, mais il était parfaitement au courant des dernières nouvelles : un hassid en rupture avec sa communauté, un site internet, un article dans une revue profane. La démarche du « renégat » le laissait perplexe. « Je ne comprends pas ce qui lui prend, à ce type ! Comment peut-il faire une chose pareille ?

– Quelle chose ? dis-je. Il raconte sa vie, c'est tout !

– Peut-être, mais il la raconte d'une certaine manière. Il fait en sorte que les non-Juifs nous détestent.

– Allons ! Pourquoi ses textes monteraient-ils les non-Juifs contre nous ?

– Parce qu'il raconte au monde entier à quel point nous sommes haïssables. Son blog ne fait que confirmer ce que les goyim pensent déjà de nous. »

Je changeai rapidement de sujet. Si Zurich était loin de soupçonner que j'étais l'auteur du blog en question, d'autres résidents de New Square se montraient plus perspicaces. Un dénommé Yossi Breuer s'avança vers moi un matin pour m'en informer. « Autant que tu sois au courant, dit-il. Certaines personnes affirment que tu es l'auteur du blog *Hasidic Rebel*. »

J'ouvris la bouche, prêt à nier cette allégation, mais Yossi leva la main, m'intimant le silence. « Personnellement, je n'ai pas d'avis sur la question. La rumeur circule et j'ai préféré t'en avertir. » Nous nous trouvions à l'entresol de la synagogue, près du mikveh. Il tourna les talons sans me laisser le temps de répondre, longea les grands containers emplis de serviettes de toilette dont se dégageait une forte odeur de Javel, et s'engagea rapidement dans l'escalier.

Chezky m'avertit de la rumeur, lui aussi. Il faisait partie des rares personnes auxquelles j'avais parlé du blog. Lorsqu'il entendit d'autres hassidim le mentionner dans le foyer de la synagogue des vichnitz à Monsey, il me téléphona aussitôt, alarmé. « J'ai écouté leur conversation. Ils se disaient prêts à embaucher un détective privé pour découvrir l'auteur de *Hasidic Rebel*. Certains envisagent de t'envoyer des courriels en se faisant passer pour des femmes. Ils sont persuadés que tu ne pourras pas résister ! Je te conseille d'être prudent, Shulem. »

En surfant sur mes sites habituels, je rencontrai des internautes tout aussi hostiles à la démarche du « Rebelle hassidique ». Sur Tapuz, un forum de discussion en yiddish, un commentateur irrité, qui signait Muzar, avait troussé ces quelques lignes à mon intention : « Je suis tombé sur le blog intitulé *Hasidic Rebel*. Son auteur est un porc, un infâme serpent venimeux, un paria répugnant, le trou du cul bordé de merde d'un chien malade. Puisse-t-il périr dans d'atroces souffrances ! […] Que le choléra se répande dans tous ses membres, qu'il finisse entre les griffes du diable, qu'il soit enterré vivant, qu'on coupe sa langue calomnieuse, qu'on arrache ses yeux de dément. Qu'il soit pendu, qu'il s'étrangle et suffoque ! Et que ce jour arrive promptement afin que nous nous réjouissions du spectacle de sa mort. »

Bien que perturbé par la violence des images, je ne fus pas vraiment surpris. Je parvins même à m'en amuser.

« Que ce jour arrive promptement afin que nous nous réjouissions du spectacle » : le dénommé Muzar avait utilisé à mon endroit la formule que nous réservions d'ordinaire à l'avènement du Messie – que nous attendions depuis toujours et continuerions probablement d'attendre jusqu'à la nuit des temps.

J'ignorais qui se cachait sous le pseudonyme de Muzar, mais son personnage m'était familier. Ses propos hystériques me rappelaient les diatribes de certains rabbins ou professeurs, si souvent entendues au cours de mes années à la yeshiva. Je reconnaissais aussi certains aspects du jeune homme que j'avais été – le ton fanfaron, le recours simpliste à l'exagération. Je savais que nous, les hassidim, n'étions pas aussi prompts à punir les offenses faites à la communauté que nous l'étions à proférer des menaces ; et que nous avions tendance à transformer en péchés cardinaux des fautes mineures avec une fureur qui s'apaisait à l'issue d'une bonne nuit de sommeil.

Pour autant, je n'oubliais pas ce qui était arrivé à Amrom Pollack, qui avait trouvé sa voiture saccagée parce qu'il avait eu l'impudence de faire circoncire son fils en dehors de New Square, privant ainsi le rebbe de ses prérogatives.

Je n'oubliais pas les rumeurs qui circulaient sur Mendel Vechter, dont on racontait qu'il avait été déshabillé et passé à tabac, sa barbe rasée de force par ses anciens camarades satmar pour avoir déserté leur cause au profit de celle des loubavitch, leurs ennemis de toujours.

Je n'oubliais pas l'histoire d'Itzik Felder, un skver qui avait quitté New Square pour adhérer aux préceptes du rebbe de Rachmastrivka. Lorsqu'il était revenu chez nous, à l'invitation d'un membre de sa famille qui célébrait son mariage, il avait été giflé et frappé par des résidents, qui lui avaient ordonné de ne plus jamais « souiller les rues de sa présence ».

Je n'oubliais pas non plus les imprécations que Moshe Wolf m'avait lancées dans le bus en apercevant le titre de l'ouvrage que je lisais. Ni les violentes manifestations contre l'érouv organisées par les satmar de Williamsburg – celles-là mêmes qui m'avaient incité à commencer mon blog.

« Nous devons découvrir qui se cache sous le pseudonyme de Hasidic Rebel, savoir où vit ce type et lui manifester notre fureur de manière tout sauf pacifiste », écrivait un autre commentateur sur le même forum de discussion en yiddish.

« Que ferons-nous le jour où les gens comprendront que c'est toi ? demanda Gitty un soir.

– Ne t'inquiète pas. Il ne nous arrivera rien, affirmai-je avec une assurance que j'étais loin d'éprouver.

– Et si les enfants sont renvoyés de l'école ? » insista-t-elle.

Je retins un soupir. Voilà qui était plus probable. Renvoyer les enfants du heder ou de la yeshiva constituait une des méthodes les plus fréquemment employées par les rabbins pour s'assurer de la docilité idéologique de leurs parents.

« Nous pourrions peut-être nous installer à Monsey ? suggérai-je. Les règles sont moins strictes là-bas. »

Gitty secoua la tête. De son point de vue, vivre à Monsey n'était même pas envisageable – et pour cause : « Avec qui marierons-nous les enfants ? » s'écria-t-elle.

C'était la plus grande angoisse de notre petit monde : le chiddoukh, le système des mariages arrangés. Les bons mariages n'étaient accessibles qu'aux jeunes gens issus de familles à la réputation parfaite. Les parents qui ne se conformaient pas aux règles et aux usages de la communauté, ceux qui se montraient un tantinet excentriques ou originaux voyaient leurs enfants consignés en dernière page du carnet de l'entremetteur – punition suprême et source de bien des soucis.

Je rappelai à Gitty que notre aînée n'avait pas encore neuf ans, mais elle me décocha un regard noir. « Il n'est jamais trop tôt pour s'inquiéter du chiddoukh », déclara-t-elle d'un ton lugubre.

19

Certains soirs d'été, quand il régnait une chaleur suffocante à New Square, que les enfants étaient couchés, que Gitty bavardait avec ses amies, installée sur une chaise longue dans le jardin de l'une d'entre elles, à l'heure où mes voisins et mes amis se rendaient à la synagogue pour prier et étudier une partie de la nuit, je me mettais au volant de ma Honda Odyssey et m'engageais sur Palisades Parkway. Je franchissais le George Washington Bridge et filais vers Manhattan. En quête d'évasion, mais sans destination précise, je m'arrêtais souvent à Greenwich Village. Je me garais puis me promenais dans les rues bordées d'arbres, contemplant les rangées de maisons du XIXe siècle et les bâtiments de l'université de New York, ou observant l'animation nocturne qui régnait autour de Mac-Dougal, de Thompson et de Bleecker Streets. Y aurais-je pris part, moi aussi, si ma vie avait été différente ? Et quel genre de vie aurais-je menée, alors ?

Cette question me taraudait. Je savais bien que le monde extérieur était pavé de regrets, lui aussi ; je me doutais que les rêves de la jeunesse se brisaient sur la dure réalité de la vie moderne ; qu'il y avait, ici aussi, des existences vécues tristement, des carrières en panne, des amours en fuite et des mariages sans amour qui se maintenaient pour de mauvaises raisons ; je savais qu'ici aussi, au cœur de Manhattan, le conformisme régnait en maître, servi par des codes sociaux tout aussi pesants et arbitraires qu'à New

Square. Je savais tout cela, mais je ne pouvais m'empêcher de revenir, soir après soir, attiré par le parfum de liberté qui flottait sur ces lieux emblématiques de l'Amérique, situés à une heure de chez moi, mais si différents qu'ils semblaient appartenir à une autre planète.

Une nuit, je décidai d'entrer dans un bar. Ainsi que je l'avais appris, passer une soirée dans un bar constituait l'une des institutions les plus populaires de la culture occidentale. Le principe semblait simple : des individus s'y rendaient pour rencontrer d'autres individus, du moins ceux qui vivaient sans synagogues, sans mikveh et sans cafétérias. Mais concrètement, comment s'y prenait-on ? Fallait-il acheter une boisson puis engager la conversation avec un inconnu ? Y avait-il un protocole à respecter ? Ou devait-on vider son verre en silence et partir aussitôt ? Je me demandais aussi quelles boissons me seraient proposées et s'il y avait des règles à connaître avant de se lancer. Dans notre monde, la consommation d'alcool accompagnait quelques rituels bien précis : nous vidions d'un trait un petit verre de vodka ou de bourbon ordinaire après la récitation du kiddouch lors de l'office matinal du shabbat, ou lors de la vach nacht organisée pour célébrer la naissance d'un petit garçon. Au cours de mes soirées vidéo, j'avais vu James Bond commander ses martinis mélangés « au shaker, pas à la cuillère », et d'autres personnages boire de la bière servie dans de grandes chopes couronnées de mousse, mais je n'en avais jamais goûté moi-même et ne savais pas comment on les choisissait.

Je longeai plusieurs bars sur Bleecker Street et jetai un œil à l'intérieur. Dans quelques établissements, les clients regardaient une compétition sportive sur un écran géant ; dans d'autres, ils étaient massés près du comptoir et discutaient avec les serveurs ; et dans certains d'entre eux, plus calmes, ils bavardaient avec leur moitié, assis à de petites tables éclairées par des bougies posées dans des coupelles en verre.

Je vais en choisir un au hasard, décidai-je – et j'entrai résolument dans un bar bondé situé non loin du croisement entre Bleecker Street et la 7ᵉ Rue. Je fus dérouté par le vacarme qui régnait à l'intérieur : les conversations, les cris, les rires fusaient de toutes parts. Ces gens se connaissaient-ils ? Difficile à dire. Les tabourets alignés devant le comptoir étaient tous occupés et de très nombreux clients discutaient debout, un verre à la main. Je me demandais si je détonnais dans ce décor profane. J'avais laissé mon caftan et mon chapeau dans la voiture, et roulé mes papillotes derrière mes oreilles, mais je portais ma kippa et j'avais une barbe assez fournie.

Je m'étais promis de commander une boisson dont j'avais entendu le nom dans un film. « Un gin tonic », demanderais-je au barman comme si j'en avais bu toute ma vie. En réalité, je n'avais jamais avalé une goutte de gin, ni même de Schweppes, mais le breuvage me semblait convenir aux circonstances. Un gin tonic, c'était ce qu'on demandait dans un bar, non ? Je m'avançai vers le comptoir, puis me figeai. Et si je me trompais ? Après tout, qui me prouvait que le « gin tonic » était bien une boisson ? Il s'agissait peut-être d'une plaisanterie, d'un trait d'esprit entre initiés ? Ou d'une expression employée aux temps de la Prohibition, quand on demandait un « clair de lune » pour se faire servir un verre d'alcool de contrebande ? Si c'était le cas, je passerais pour un imbécile.

J'en étais là de mes réflexions quand mon regard tomba sur une série de photographies encadrées et accrochées au mur. Elles montraient des hommes souriants, quoiqu'un peu étranges. En les regardant plus attentivement, je m'aperçus qu'ils posaient tous de manière très suggestive : certains modèles, photographiés de dos, portaient des pantalons découpés de manière à révéler leurs fesses ; d'autres s'agrippaient mutuellement l'entrejambe ou glissaient la main dans le pantalon de leur comparse.

Je finis par comprendre : j'étais entré dans un bar gay !
Je promenais un regard interloqué sur les hommes qui
m'entouraient. Les hétérosexuels fréquentaient-ils ce
genre d'endroit ? Ma présence allait-elle indiquer aux
autres clients que j'étais homosexuel ? Si je restais planté
là, l'un d'eux s'approcherait-il pour me faire des propositions ? Sans réfléchir davantage, je tournai les talons
et me dirigeai hâtivement vers la sortie, puis vers ma
voiture et ma maison de New Square, où je connaissais
les règles, où les pantalons couvraient intégralement les
fesses de leurs propriétaires (du moins en public) et où
je pouvais me faire servir un petit verre de bourbon Old
Williamsburg sans craindre de passer pour un imbécile.

Cette mésaventure ne suffit pas à me détourner de
New York, loin de là. J'y retournai peu après, de plus en
plus souvent, tentant soir après soir de trouver une porte
d'entrée dans cet univers inconnu. Je me rendais parfois
au Dizzy's Club Coca-Cola, situé au cinquième étage du
tout nouveau Time Warner Center : l'orchestre de jazz
jouait sur une estrade dressée devant les immenses baies
vitrées qui donnaient sur Columbus Circle et Central
Park. J'avais alors l'impression que le club se trouvait
au milieu du parc, baigné dans la pâle clarté de la lune.
J'aimais aussi aller au cinéma Loew's sur la 68e Rue, ou
me promener dans les rayonnages de la grande librairie
Barnes & Noble sur Broadway, à l'angle de la 66e Rue.
J'y restais jusqu'à la fermeture, à minuit, puis je m'installais au Starbucks situé au coin de la rue, mon ordinateur
portable sur les genoux, heureux d'être à Manhattan, tout
simplement. Je savais que d'autres hassidim passaient la
soirée en ville, enroulant leurs papillotes derrière leurs
oreilles, troquant leurs chapeaux à large bord et leurs
longs caftans noirs contre des casquettes de base-ball et
de courtes vestes en cuir. Mais je ne connaissais aucun

d'eux et j'ignorais où j'aurais pu les rencontrer. Aussi arpentais-je seul les rues de Manhattan.

Un jour, je reçus un courriel d'une femme nommée KeaLoha. Photographe, elle envisageait, disait-elle, de se lancer dans un nouveau projet, centré sur les hassidim et leur mode de vie. « Accepteriez-vous de m'aider et de me parler de votre communauté ? » demandait-elle.

Je n'étais pas certain de pouvoir l'aider, mais j'acceptai volontiers son invitation. Elle arrivait à point nommé. J'avais soif de contacts avec le monde extérieur. Je rêvais de rencontrer quelqu'un – n'importe qui, pourvu qu'il soit issu d'un univers différent du mien. J'avais lancé mon blog six mois plus tôt. Après une période d'euphorie, au cours de laquelle je postais très régulièrement de longs billets, j'avais commencé à ralentir la cadence. Le succès que je remportais au sein de la blogosphère m'avait flatté, presque submergé parfois, mais il m'avait aussi détourné de mon projet initial : ce qui n'était à l'origine qu'un exutoire destiné à accueillir impromptu mes rêveries et mes divagations s'était mué en une présence écrasante, énergivore, qui réclamait chaque jour son lot de nouvelles idées et m'incitait à écrire de manière plus réfléchie pour maintenir l'intérêt de mes lecteurs. L'euphorie des débuts s'était bientôt émoussée. Discuter avec des correspondants virtuels ne me suffisait plus. Je désirais à présent me confronter réellement au monde extérieur.

Je fixai rendez-vous à KeaLoha un dimanche après-midi, au café de la librairie Barnes & Noble. En arrivant au quatrième étage par l'escalator, je trouvai les lieux bondés, comme souvent en fin de semaine. Je me demandais comment reconnaître la photographe parmi cette foule d'inconnus (je ne savais même pas à quoi elle ressemblait) quand je vis une jeune femme noire, âgée d'une trentaine d'années, agiter la main dans ma direction.

C'était elle. Je m'approchais de sa table en me demandant si les autres clients jugeraient notre duo étrange : avaient-ils déjà vu une Noire et un hassid prendre un café ensemble ?

Ce n'était pas la première fois que j'acceptais de rencontrer un inconnu pour lui parler de ma vie. Outre le journaliste du *Village Voice*, j'avais répondu aux questions de Pearl, une étudiante de vingt-quatre ans inscrite à l'école de journalisme de l'université Columbia, qui écrivait un mémoire sur les « hassidim renégats » ; et à celles d'Isabella, qui réalisait un documentaire pour une station de radio suisse allemande. Je m'étais agrippé à ces rencontres comme à des points d'ancrage susceptibles de me renseigner sur le monde extérieur. J'avais beau savoir que ce n'était pas mon amitié, mais mon histoire qui intéressait cet homme et ces femmes, j'avais pris plaisir à les rencontrer, enchanté de l'aperçu qu'ils m'avaient offert sur la vie quotidienne des gens ordinaires.

Il en fut de même avec KeaLoha. Après avoir brièvement discuté de son projet de reportage photographique, nous orientâmes la conversation vers des questions plus personnelles. KeaLoha, qui venait de passer plusieurs années en Afrique de l'Ouest, m'en parla très volontiers, racontant avec animation divers aspects de sa vie. Quand je commençai à évoquer la mienne, elle écarquilla les yeux, stupéfaite.

« Vous n'avez eu que sept minutes pour faire connaissance avec votre future femme ? s'exclama-t-elle, incrédule. Et vous n'aviez jamais eu de relations intimes auparavant ? Avec personne ? » Elle me bombarda de questions, revenant plusieurs fois sur certaines d'entre elles comme pour s'assurer qu'elle ne rêvait pas. « Éprouvez-vous de l'amour pour elle ? De l'attirance ? »

Par souci de franchise, je répondis « non » à ces deux questions, puis m'agitai sur mon siège, embarrassé. Je tenais à dire la vérité à KeaLoha. Il était évident que si j'avais eu le choix, je n'aurais pas épousé Gitty, mais, sitôt formulé, cet aveu me sembla rude, presque cruel. Or je ne voulais pas être cruel, ni laisser penser à mon interlocutrice que je l'étais. J'imaginais déjà sa réplique scandalisée : *Pourquoi l'avez-vous épousée, dans ce cas ? Comment avez-vous pu faire une chose pareille ? Pauvre femme !* Je baissai les yeux. J'avais honte de mes sentiments, et je craignais d'être incompris.

Non seulement KeaLoha ne me jugea pas, mais elle fit l'effort de me comprendre. Elle secoua la tête et laissa échapper un long soupir. « Êtes-vous autorisé à divorcer, au moins ? »

Ses yeux s'emplirent de tristesse. Ils étaient si grands que le blanc se voyait de manière inhabituelle, tout autour de ses iris. Sans être jolie, cette particularité intriguait, vous donnait envie de la regarder plus attentivement. J'observai ses longues boucles de cheveux noirs, la peau tendre, couleur café au lait, de ses joues et de son front. Puis je revins à ses yeux. Ils me rebutaient et me fascinaient tout à la fois.

« Beaucoup de gens divorcent aujourd'hui, reprit-elle d'une voix douce et pressante. C'est très courant. Vous pourriez vivre la vie que vous souhaitez. C'est votre droit ! »

Elle s'était exprimée sur le ton de l'évidence. Pour elle, c'était très simple. Mais pour moi ? Comment lui expliquer qu'il me serait quasiment impossible de divorcer ? Que ce geste ferait de moi un paria au sein de ma communauté, et qu'il aurait sur mes enfants des effets si terribles que je refusais de l'envisager ?

Je promenai un regard autour de nous. Le couple d'amoureux qui me précédait dans la file d'attente quelques minutes auparavant, lorsque j'étais allé commander un café, s'était installé à une table proche de la nôtre. Penchés l'un vers l'autre, ils se frottaient le nez, se mordillaient les lèvres. Je les observai à la dérobée, un peu perplexe. Fallait-il que leur désir soit grand pour qu'ils éprouvent l'envie permanente de se toucher, y compris dans un lieu public, sans le moindre embarras ! Que ressentait-on quand un tel désir vous traversait ? Je repensai alors à Gitty et aux questions insistantes de KeaLoha.

« Notre mariage n'est pas un désastre absolu, affirmai-je. Nos relations intimes sont agréables et…

– Allons ! Vous n'avez aucun point de comparaison », m'interrompit-elle d'un ton moqueur. Elle laissa passer un silence, puis reprit : « Pensez-vous que vous coucherez un jour avec une autre femme ? Que vous tromperez votre épouse ? Pouvez-vous envisager d'avoir une liaison ? »

Je découvris quelques années plus tard que certains hassidim fréquentaient assidûment les travailleurs du sexe, se forgeant une réputation qui dépassait les frontières de ce milieu : on me parla d'ultra-orthodoxes accros aux strip-teaseuses, aux prostituées, aux dominatrices, et même aux gigolos. À l'époque de ma rencontre avec KeaLoha, j'étais loin d'imaginer de telles pratiques. J'aurais été horrifié d'apprendre qu'un de mes amis ou de mes proches s'y adonnait.

Nous discutâmes trois heures durant, ce jour-là. Si la conversation demeura strictement professionnelle pour mon interlocutrice, enchantée de démarrer son nouveau projet, elle eut sur moi des conséquences plus profondes. Je me questionnai pendant plusieurs jours sur l'abîme qui séparait son mode de vie du mien. L'une de ses assertions, en particulier, revenait sans cesse à mon esprit : *Beaucoup de gens divorcent aujourd'hui. C'est très courant. Vous pourriez vivre la vie que vous souhaitez. C'est votre droit !*

Gedalya, le mari de ma sœur, m'avait vu changer, passer du jeune étudiant plein de ferveur (heureux de se vouer à l'étude du Talmud et résolument sourd aux appels du monde extérieur) à l'homme que j'étais devenu. De quelques années mon aîné, il était membre de la communauté hassidique de Bobov. Nous nous voyions rarement, mais lorsque je rendais visite à ma sœur à Borough Park, nous passions des heures à discuter, lui et moi.

Il se montra néanmoins interloqué lorsque je lui confiai que j'avais perdu la foi. « Tu ne crois vraiment plus à rien ? » s'exclama-t-il, stupéfait. Peut-être aurait-il mieux compris mon attitude si je lui avais annoncé mon désir de rejeter le mode de vie des hassidim ou de me soustraire à l'autorité du rebbe, mais il ne pouvait pas concevoir que je cesse de considérer la Torah comme la parole de Dieu. Il eut plus de mal encore à admettre que je ne croyais plus au pouvoir de la prière. Et quand j'affirmai que j'avais cessé de croire à la notion conventionnelle d'un Dieu tout-puissant, ou du moins d'un ordre imposé à l'univers par une volonté divine, il ouvrit de grands yeux. « T'es dingue, ou quoi ? »

Après plusieurs heures de discussion, il finit par admettre que mes convictions avaient changé et qu'il ne parviendrait pas à me convaincre de renoncer à mes nouvelles certitudes. Il orienta alors la conversation sur la suite que je souhaitais donner à ce bouleversement intime. « Pourquoi vis-tu encore là-bas, dans ce cas ? Pourquoi rester dans la communauté si tu n'y crois plus ?

— Parce que c'est compliqué. Je suis marié. J'ai des enfants. Que veux-tu que je fasse ? Je ne vais quand même pas tout laisser tomber et partir en courant ! » Il savait comme moi que la situation était loin d'être simple. « Mais qui sait ? Je finirai peut-être par le faire.

— Ça m'étonnerait, répliqua-t-il d'un ton sec en me foudroyant du regard. Tu ne partiras jamais.

— Pourquoi ?

— Tu n'as pas assez de cran pour ça. »

« Ceux qui partent ne peuvent tout simplement pas résister à la tentation. » On m'avait tant répété cette litanie que je la percevais comme une accusation chaque fois que l'idée de partir me traversait l'esprit. N'étais-je pas soumis à la tentation, moi aussi ? N'avais-je pas entretenu de secrets désirs en allant rencontrer KeaLoha, Pearl et Isabella ? Qu'attendais-je vraiment du monde extérieur ?

Mes motivations ne m'apparaissaient pas clairement, à l'époque, mais ce que je souhaitais, encore confusément, c'était un monde dans lequel je n'aurais ni à mentir ni à me cacher. Un monde dans lequel je serais libre d'être moi-même, sans crainte, sans honte. Lorsque vous êtes confiné dans un lieu où l'essence même de votre être vous semble honteuse, vous n'avez plus qu'une obsession : dissimuler votre véritable identité sous un costume socialement acceptable.

Mon costume commençait à craquer de toutes parts. D'une manière ou d'une autre, la vérité, je le savais, éclaterait bientôt au grand jour.

20

Si je trouvais en semaine le moyen d'alléger le poids que ma double vie faisait peser sur mes épaules, je n'avais guère le choix pendant le shabbat : dès le vendredi soir, je devais me conformer strictement aux usages de la communauté, le pire de tous étant à mes yeux l'office du samedi matin auquel assistaient l'ensemble des hommes du village et une grande majorité des petits garçons. J'étais bien obligé d'y aller, moi aussi.

« *Tatti*, je peux venir à la synagogue avec toi ? » me demandait Akiva tous les samedis matin. À quoi je répondais d'un ton navré : « Pas cette semaine, *chéfélé*. » Comment imaginer qu'un gamin de trois ans puisse apprécier une cérémonie que, à trente ans, je jugeais terriblement monotone ?

Les femmes et les petites filles ne se rendaient à la synagogue que pour les grandes occasions ; les garçons, eux, devaient y aller chaque semaine dès l'âge de treize ans. Aucun adolescent, aucun homme ne restait chez lui le samedi matin. Gitty aurait été furieuse si j'avais cessé d'assister à l'office du shabbat ; les enfants m'auraient posé des questions embarrassantes ; des voisines m'auraient aperçu par la fenêtre ; et si d'aventure une camarade de mes filles était venue jouer à la maison, elle m'aurait vu et l'aurait ensuite raconté à ses parents.

Je me rendais donc chaque semaine à la synagogue, où j'accomplissais à contrecœur la succession de gestes et de rituels qui se répétaient tout au long de la cérémonie : s'incliner, se balancer d'avant en arrière, prier, chanter. L'été, quand deux mille résidents s'entassaient dans le bâtiment, la chaleur devenait vite oppressante. Et l'épaisseur de nos vêtements – chacun de nous portait une chemise à manches longues, un talit katan en laine, un long caftan noir et un épais châle de prière rehaussé de lourds fils d'argent à l'endroit où nous le posions sur nos têtes – ne faisait qu'aggraver la situation.

Un samedi matin, je découvris que la porte de la yeshiva, située en face de la synagogue, de l'autre côté de la place, n'était pas verrouillée. Il régnait un calme inhabituel dans le bâtiment, délivré des foules d'étudiants qui le peuplaient pendant la semaine. Je m'avançai dans le couloir principal, jetant un œil aux salles de classe désertes, où de petits groupes d'élèves se réunissaient d'ordinaire pour étudier les lois relatives aux fiançailles et aux divorces, aux dommages matériels et aux atteintes à la propriété, aux coups de fouet ordonnés par le tribunal rabbinique, aux agneaux destinés aux sacrifices et à la crémation des vaches rousses. L'immense salle d'étude se trouvait un peu plus loin, au fond du couloir. J'ouvris la porte et me glissai à l'intérieur. La pièce était déserte, elle aussi. Je souris. J'avais enfin trouvé une cachette, un endroit où dissimuler ma solitude d'hérétique pendant que tout le village priait dans le bâtiment voisin.

Cette semaine-là et la suivante, je m'installai à une table avec un livre, persuadé d'être seul. Puis je m'aperçus que d'autres hommes se dissimulaient, comme moi, dans les alcôves de la salle d'étude ou dans les salles de classe les plus éloignées de l'entrée. Certains formaient des groupes de deux ou trois personnes, réunies par un même désir – échapper à l'office du shabbat matin – pour des raisons qui leur étaient propres : « Je n'aime pas les foules », déclarèrent plusieurs d'entre eux, tandis que d'autres me confièrent qu'ils n'avaient jamais apprécié ces temps de prière collective. À nous tous, nous constituions une sorte de clan qui prit bientôt l'habitude de se retrouver le samedi matin. C'est ainsi que, pendant plusieurs mois, tandis que les résidents de New Square priaient, lisaient la Torah et participaient, trois heures durant, à l'échange fastidieux de questions et de réponses entre le récitant principal et la congrégation, je discutais à bâtons rompus avec Yitzy Ruttner, Hershy Brizel, les trois frères Dunner et quelques autres. Nous commentions l'actualité, les derniers ragots, la vie politique des communautés hassidiques – rien d'extraordinaire, en somme. Nos discussions ressemblaient à celles que nous avions au mikveh, à la cafétéria de la synagogue ou au réfectoire de la yeshiva.

À un détail près, cependant : au sein de ce petit groupe, je m'autorisais à dire réellement ce que je pensais. Âgés d'une vingtaine ou d'une petite trentaine d'années, mariés ou encore célibataires, ils étaient tous déviants, d'une manière ou d'une autre : certains regardaient des films ; d'autres écoutaient de la musique profane ou quittaient discrètement le village pour aller jouer au black-jack dans les casinos d'Atlantic City. Ils formaient un groupe d'hommes intelligents, à l'esprit vif. Si la plupart d'entre eux n'avaient jamais réellement remis leur foi en question, ils ne s'offusquaient pas pour autant de mes opinions, aussi extrêmes fussent-elles. Je pouvais leur confier que je considérais le partage de la mer Rouge comme un mythe fantaisiste, que nos prières n'atteignaient, d'après moi, aucune oreille divine, et que je jugeais notre mode de vie arriéré et fanatique : ils n'étaient pas choqués le moins du monde.

Un samedi, nous vîmes entrer un nouvel arrivant : Leiby Einstein. Il avait dix-neuf ans, un sourire enfantin, des papillotes brun foncé et quelques boutons d'acné.

Je connaissais son père, qui dirigeait la yeshiva lorsque j'y faisais mes études, et son frère aîné, Menashe, qui avait longtemps été mon camarade de classe et mon meilleur ami. Leiby et moi n'avions jamais été présentés l'un à l'autre, mais son regard se posa sur moi dès qu'il s'avança dans la pièce. Il s'installa de l'autre côté de la table et continua à m'observer à la dérobée, tout en enroulant nerveusement ses papillotes autour de son doigt – elles formaient ensuite de parfaites torsades brunes, aussi lisses et élastiques qu'un ressort. Il parla peu. Il se mordillait la lèvre inférieure à intervalles réguliers, comme s'il attendait qu'il se passe enfin quelque chose d'intéressant. Il profita d'une pause dans la conversation – Yitzy et l'un des frères Dunner partirent chercher du café dans la pièce attenante au bureau du directeur – pour faire le tour de la table et s'approcher de moi.

« J'aimerais te parler », dit-il.

Nous fîmes quelques pas pour nous isoler du groupe. Leiby m'expliqua alors qu'il s'intéressait à l'informatique. Il avait entendu dire que j'étais programmeur. Pouvions-nous en discuter ?

« Bien sûr, acquiesçai-je. Que veux-tu savoir, exactement ? »

Il m'observa d'un air perplexe, comme s'il n'était pas certain de la direction à prendre. Dans l'angle de la pièce, les hommes éclatèrent de rire à la suite d'une plaisanterie que l'un d'eux venait de faire. Leiby leur lança un regard nerveux par-dessus son épaule, puis il reporta son attention sur moi.

« J'aimerais te parler d'autres choses, aussi. » Il tapota distraitement ses papillotes du plat de la main, et laissa échapper un petit rire. « Je ne connais pas tes opinions. Tu ne seras peut-être pas d'accord avec moi. » Il détourna les

yeux et poursuivit en inclinant la tête sur le côté, comme s'il s'adressait à une personne invisible : « Yitzy m'a conseillé de venir te trouver. Il dit que tu m'écouteras. Alors voilà : je ne crois plus à rien de tout ça.
– Tu ne crois plus à quoi ? »

Cette fois, il me regarda droit dans les yeux. « Dieu. La Torah. Cette manière de vivre. Il n'y a rien de vrai dans ce qu'on nous a appris. On accepte ces histoires sans réfléchir. Mais il n'y a pas une once de vérité là-dedans. » Il quêta mon assentiment du regard, l'index toujours entortillé autour de sa papillote droite. Quand je lui demandai comment il était parvenu à de telles conclusions, il m'expliqua qu'il avait trouvé le moyen de se connecter à Internet quelques mois plus tôt – il s'était débrouillé pour se procurer un vieil ordinateur portable, qu'il avait raccordé à un modem branché sur une prise téléphonique découverte derrière l'armoire de sa chambre. Il avait alors écumé des dizaines de sites pour tenter de comprendre sur quelles bases s'appuyaient nos croyances religieuses.

« Je ne sais pas où tu en es avec ça, poursuivit-il d'un air contrit, mais pour moi, c'est évident : les rabbins ont tout inventé ! » Sa voix s'était faite plus coupante, trahissant la rage intérieure qu'il avait tue jusqu'à présent. « Et ça dure depuis des milliers d'années ! Ils ont tout inventé et on les a crus ! »

La semaine suivante, puis celle d'après, Leiby se joignit de nouveau à notre petit groupe. À chaque fois, il m'attirait à l'écart pour partager ses réflexions avec moi. Il avait besoin de parler, mais surtout d'être écouté par quelqu'un qui ne le jugerait pas. J'avais presque trente ans, à l'époque. Je travaillais à Manhattan. J'étais capable de lire des ouvrages complexes en anglais. Pour lui, j'étais un homme sage et cultivé. Une figure d'autorité.

Quelque temps plus tard, il m'avoua qu'il souhaitait partir. « Cet endroit ne signifie plus rien pour moi », affirma-t-il. Son père, qui l'avait battu pendant des années, avait récemment cessé de porter la main sur lui – mais seulement parce qu'il avait compris que Leiby, maintenant âgé de dix-neuf ans, pourrait aisément l'emporter s'il décidait de lui rendre ses coups. Petit et bedonnant, son père se contentait désormais de l'agresser verbalement : il le traitait de « bon à rien », de « petit cerveau » et d'« *am hou'ouretz* » – illettré ignorant des principes du judaïsme. Leiby n'avait aucune envie de rester davantage dans un tel foyer. Il avait organisé sa fuite et n'attendait plus que le bon moment pour partir. « Je vais m'engager dans l'armée », précisa-t-il.

Tout en discutant, nous nous étions approchés des fenêtres qui donnaient sur la synagogue, de l'autre côté de la place. Plusieurs centaines de fidèles étaient massés dans le sanctuaire, oscillant d'avant en arrière, les fils d'argent qui rehaussaient le brocart de leurs châles de prière scintillant sous les rayons du soleil matinal.

« Pourquoi l'armée ? demandai-je.

– Parce que c'est le seul endroit où je serai accueilli sans trop de difficultés. Je veux découvrir le monde extérieur. La culture et le mode de vie des goyim. Je veux savoir ce que c'est. » L'armée, estimait-il, lui permettrait d'atterrir dans ce monde dans de bonnes conditions : il serait logé, nourri et entouré. Il aurait accès à une vie sociale qu'il aurait peut-être du mal à construire en dehors de cette institution. Je l'écoutai avec attention, impressionné par le sérieux avec lequel il avait planifié son projet.

L'office du shabbat s'acheva peu après et nous vîmes les fidèles sortir de la synagogue – d'abord quelques hommes, puis une marée de talits blancs et de shtreimels noirs.

« J'ai peut-être une autre idée, dis-je à Leiby. Sortons d'ici. Nous parlerons en chemin. » J'attrapai mon châle de prière, que j'avais posé, encore plié, sur une des tables, et le déployai sur mes épaules. Nous quittâmes la yeshiva et nous mêlâmes au flot d'hommes et de petits garçons qui rentraient chez eux. Nous longeâmes Washington Avenue, empruntant le trottoir que des affichettes bleu vif, scotchées sur les réverbères et les boîtes aux lettres, désignaient comme le « Côté des hommes ». Leiby me suivait avec impatience, pressé de savoir ce que j'avais en tête.

« Alors, dit-il, c'est quoi, ton idée ?
– As-tu envisagé de faire des études ? »

Il me lança un regard stupéfait. Ma suggestion, visiblement, lui paraissait aussi remarquable que déconcertante. « Je... Je ne... », bafouilla-t-il, puis il se ressaisit, et je vis briller une étincelle d'espoir au fond de ses yeux. « Tu crois que c'est possible ? »

Comme la plupart des jeunes gens de New Square, Leiby n'avait reçu qu'une éducation limitée dans les matières dites « profanes » : il manquait cruellement de culture générale et pouvait à peine parler et écrire l'anglais (qu'il s'était toutefois entraîné à lire correctement). Je lui expliquai comment étaient organisées les études supérieures aux États-Unis – ce que j'en savais, du moins. Quand j'avais l'âge de Leiby, mes propres connaissances en histoire, en géographie ou en mathématiques étaient presque aussi nulles que les siennes. J'avais complété par moi-même, au fil des années écoulées, le peu que mes professeurs m'avaient appris au heder, mais l'ensemble restait très lacunaire. Néanmoins, dans un village où la plupart des hommes se révélaient incapables de lire un journal en anglais, j'étais considéré comme un expert des affaires de ce monde.

« T'engager dans l'armée n'est pas une mauvaise idée, si c'est ce que tu souhaites. Mais ce n'est pas la seule possibilité qui s'offre à toi. Dans le monde extérieur, la plupart des jeunes gens de ton âge suivent des études supérieures. Renseigne-toi. »

Quelques semaines plus tard, Leiby m'annonça qu'il avait changé d'idée. Il avait découvert l'existence d'une association nommée Footsteps : basée à Manhattan, elle offrait soutien et conseils aux « sortants », ces ex-hassidim désireux de quitter leur communauté et de s'intégrer à la société laïque. Par son intermédiaire, Leiby avait rencontré un tuteur qui l'aiderait à améliorer son niveau d'anglais et de mathématiques, tandis qu'une bénévole l'avait guidé dans le labyrinthe des formations universitaires. Il me parla avec excitation de ses projets, jonglant avec des acronymes désignant des examens d'entrée ou des formulaires de demande de bourse. Il avait encore de nombreux obstacles à franchir, mais il était déterminé. Grâce au site de petites annonces Craigslist, il avait trouvé un logement à Brooklyn – un quatre-pièces en colocation à Brighton Beach – et souhaitait s'inscrire à Kingsborough, un institut universitaire de premier cycle, dès qu'il aurait réussi le GED, le General Education Diploma, un ensemble d'examens servant à prouver qu'il détenait des connaissances similaires à celles d'un lycéen à la fin de ses études secondaires.

« Je pense me spécialiser dans une des disciplines des arts libéraux », précisa-t-il. Me voyant hocher la tête d'un air approbateur, il ajouta : « Tu sais ce que "se spécialiser" veut dire, n'est-ce pas ?

– Bien sûr », dis-je. En fait, je n'en étais pas très sûr, et je n'avais qu'une vague idée de ce qu'étaient les « arts libéraux », mais j'étais convaincu qu'il était sur la bonne voie. C'était tout ce qui m'importait.

Nous nous sommes fait nos adieux. Je me rappelle avoir soudain éprouvé une vive jalousie envers lui. Si son désir de s'engager dans l'armée m'avait paru fantasque et immature, ses projets universitaires l'étaient nettement moins. Je l'avais encouragé dans cette voie, en partie parce que je regrettais moi-même de ne pas avoir saisi l'occasion de faire des études supérieures. Maintenant que son projet prenait forme, je ne pouvais m'empêcher de penser à ces occasions perdues.

Un moment plus tard, je m'installais avec Gitty et les enfants autour de la table dressée pour le déjeuner du shabbat. En voyant mes filles apporter les plats garnis de houmous, de salade aux œufs durs et de foies de volaille sautés, puis les disposer sur la table, je songeai au chaos que provoquerait mon départ si je décidais, moi aussi, de rompre avec la communauté. J'imaginai les amis qui ne me salueraient plus lorsqu'ils me croiseraient dans la rue, les synagogues dans lesquelles je ne serais plus le bienvenu ; j'imaginai ma famille en miettes, mes enfants traumatisés par l'expulsion de leur père, brutalement chassé de leur univers – le seul qu'ils aient jamais connu ; j'imaginai les larmes de ma mère, les appels angoissés de mes frères et de ma sœur me suppliant de revenir sur ma décision, de leur épargner ce déshonneur. Non seulement je deviendrais un paria, mais mes enfants, eux aussi, seraient stigmatisés, considérés jusqu'à la fin de leur vie comme les rejetons d'un hérétique ; leur réputation serait ternie par les fautes de leur père, et ils ne pourraient prétendre à un bon mariage – à moins de rompre tout lien avec moi, seul moyen de se racheter aux yeux de la communauté.

Nous prîmes place autour de la table : Gitty et moi à chaque extrémité, les filles – Tziri, Freidy et Chaya Suri – d'un côté ; les garçons – Akiva et Hershy – de l'autre. Je levai la coupe remplie de vin et nous entonnâmes les premiers versets du kiddouch. Les garçons chantaient d'une voix forte et pleine de ferveur ; les filles avaient moins d'enthousiasme : elles récitaient les paroles avec indolence en tapotant la nappe blanche du bout des doigts. Gitty oscillait d'avant en arrière au rythme de la récitation.

> *Les enfants d'Israël observeront le shabbat [...]*
> *Signe d'une alliance éternelle [...]*
> *Car en six jours, l'Éternel a fait le ciel et la terre,*
> *et le septième jour, Il S'est interrompu et S'est reposé.*

Je coupai les hallot bien dorés en tranches régulières, que je fis passer aux enfants. Gitty s'éclipsa pour aller chercher d'autres plats dans la cuisine : elle revint avec des assiettes garnies de carpe farcie et d'aspic de volaille, puis une soupière remplie de tcholent fumant. Je me souviens d'avoir ensuite passé un moment à observer le déroulement du repas comme si je n'étais pas là. Comme si un épais panneau de verre me séparait de ma famille attablée autour du repas du shabbat.

Il ne restait plus qu'un seul cornichon dans le plat posé au milieu de la table. Chaya Suri tendit la main pour le prendre, puis se figea, consciente du regard désapprobateur de Tziri et de Freidy, qui se piquaient souvent de parfaire son éducation.

« Il y a d'autres cornichons dans le frigo », assura Gitty avec la sérénité pleine de grâce dont elle semblait toujours habitée pendant le shabbat.

C'est alors qu'Akiva, assis en face des filles, souleva le coin de son châle de prière, prit une des franges rituelles entre ses doigts et s'en servit pour chatouiller doucement l'oreille de Hershy. Celui-ci sursauta et se frappa l'oreille du plat de la main comme s'il voulait chasser un insecte. Les filles éclatèrent de rire, oubliant l'histoire des cornichons. Gitty rit à son tour, puis se reprit et sermonna Akiva, qui esquissa un petit sourire narquois, les joues en feu. Visiblement distrait, Hershy plongea un morceau de carpe farcie dans un ramequin de sauce au raifort et à la betterave. Il s'apprêtait à l'enfourner dans sa bouche quand il remarqua enfin qu'on se moquait de lui. Décontenancé, il tourna la tête et faillit écraser le morceau de carpe sur le coin de son nez.

Ces images sont restées gravées dans ma mémoire. Tout comme la pensée qui tournait en boucle dans mon esprit : *Comment pourrais-je renoncer à tout cela ?*

Nous finîmes de manger, puis les enfants s'emparèrent de leurs *bentchers*, les livrets de chants et de prières qui sont offerts en souvenir aux invités d'un mariage. Ils les ouvrirent à la page voulue tandis que je commençais à chanter le cantique qui clôt le repas du shabbat :

> *Béni soit l'Éternel qui nous a offert le repos et la rédemption,*
> *Protégeant nos âmes du chagrin et du désespoir.*
> *Il se souvient de Sion, la cité repoussée.*
> *Combien de temps une âme doit-elle demeurer dans l'affliction ?*

En regardant mes enfants assis autour de la table, je compris que je ne pourrais jamais les quitter. Leiby partirait, lui, en quête d'une vie plus libre. Moi, je resterais là, dans notre shtetl de banlieue. Je continuerais à vivre parmi ces hommes consumés par l'étude de la loi juive et ces femmes qui s'enfuyaient à leur vue pour ne pas les tenter, auprès de ces enfants qui s'accommodaient de plaisirs simples, ignorants des arts et des sciences, de la *Guerre des étoiles* et des jeux vidéo.

Je fus convoqué par le bezdin quelques jours après le départ de Leiby. Comme toujours en pareil cas, la nouvelle de sa « trahison » avait vite fait le tour de New Square. À peine avait-il quitté le domicile familial que la rumeur commençait à circuler : Leiby Einstein était parti « vivre avec les goyim et étudier à l'université » ! Ainsi qu'il me le raconta par la suite, il s'était d'abord rendu chez un coiffeur goy, à l'extérieur du village, où ses longues papillotes avaient atterri sur le sol, avant d'être jetées à la poubelle. Puis il était entré dans un centre commercial pour s'acheter un jean, quelques tee-shirts et une paire de baskets. Il avait ensuite regagné la maison de ses parents, fait ses bagages et quitté les lieux sans un regard pour le caftan, le shtreimel, les pantalons noirs et les chemises blanches qu'il abandonnait dans la penderie.

« Certains pensent que tout est ta faute », me confia Yitzy Ruttner au téléphone.

Nous avions été vus ensemble à plusieurs reprises, Leiby et moi, et de nombreux résidents estimaient que j'étais responsable de son départ. J'étais déjà mal vu, à l'époque : on murmurait que je n'étais plus un hassid, que je méprisais les traditions, que je n'avais plus la foi, que j'étais un apostat. Mon petit numéro touchait à sa fin : j'étais sur le point d'être démasqué. Cependant, jusqu'au départ de Leiby, l'idée qu'un hérétique puisse vivre à New Square demeurait inconcevable aux yeux de ses habitants. « L'hérésie n'existe plus de nos jours ! » affirmaient nombre d'entre eux. Apparemment, ils venaient de changer d'avis.

Quelques heures avant d'être convoqué par le bezdin, j'avais croisé Yossi Pal, le beau-frère de Leiby. Je descendais Bush Lane au volant de ma Honda Odyssey, prêt à me garer devant chez moi, quand j'avais aperçu Yossi. Il marchait dans ma direction, son châle de prière sous le bras, bien plié dans un pochon en velours bleu et or. Il revenait du kolel, sans doute, et rentrait chez lui à pied. Nos regards s'étaient croisés. Je l'avais vu hausser les sourcils, signe qu'il m'avait reconnu, puis il avait agité la main et s'était approché de la voiture.

Je m'étais arrêté à sa hauteur et j'avais baissé la vitre. « Vous avez cinq minutes ? demanda-t-il. J'aimerais vous parler. » Je me garai sur le trottoir et il me rejoignit à l'intérieur, prenant place sur le siège passager. « Je... Vous êtes un ami de Leiby, n'est-ce pas ? » lança-t-il d'une voix entrecoupée en réponse à mon regard interrogateur.

Je hochai la tête. Il m'observait avec attention, une certaine retenue aussi, comme s'il s'interrogeait sur le bien-fondé de la conversation qui allait suivre. En vaudrait-elle la peine ? semblait-il se demander. Enfin, il se lança : « Vous pouvez peut-être faire quelque chose ? » demanda-t-il d'une voix douce, presque suppliante. Je baissai les yeux sur ses mains, sagement entrecroisées sur le pochon en velours posé sur ses genoux, tandis qu'il m'expliquait la situation : la famille était anéantie par le départ de Leiby. Le jeune homme était demeuré sourd à leurs prières, refusant de revenir sur sa décision. « Peut-être pourriez-vous lui expliquer que son projet n'a aucun sens ? » conclut Yossi.

Je suivis du regard un groupe de garçons qui venaient de surgir à bicyclette au bout de la rue. Lancés à bonne vitesse, ils durent freiner et donner un grand coup de guidon pour éviter les fillettes qui jouaient à la corde à sauter et au hula-hoop au beau milieu de la chaussée. C'était à ce coin de rue que Leiby et moi avions discuté pour la dernière fois. Je lui avais vivement conseillé de reconsidérer sa décision sur un point qui me semblait problématique : était-il vraiment nécessaire de rompre tout lien avec sa famille ? Oui, avait-il affirmé. Il le fallait. S'il restait en contact avec ses parents, ceux-ci ne feraient que freiner la réalisation de ses projets en l'incitant à revenir et à renouer avec l'observance stricte de la religion juive. Son père l'avait maltraité toute sa vie ; sa mère, dont il jugeait la présence toxique, avait souffert de plusieurs dépressions nerveuses ; il était le dernier de sept enfants et n'était proche d'aucun de ses frères et sœurs. À présent, avait-il conclu, il était farouchement résolu à mener sa vie comme il l'entendait. En l'écoutant, j'avais compris que sa détermination échappait à toute forme de raisonnement. Sans doute avait-il besoin de goûter à la liberté avant de pouvoir renouer avec ses proches.

J'avais laissé la vitre ouverte et posé mon coude en travers de la portière. Yossi attendait ma réponse. Je savais que je devais dissimuler mon opinion, taire le pincement de fierté et d'admiration que j'avais éprouvé en voyant Leiby tracer courageusement sa route. Malgré tout, je partageais le chagrin de Yossi. Le départ du jeune homme me laissait désemparé, moi aussi. C'était peut-être là, dans ce désarroi partagé, que résidait l'occasion de combler le fossé qui s'était ouvert entre Leiby et sa famille, avant qu'il ne devienne infranchissable.

« Moi, je ne peux pas faire grand-chose, dis-je. Mais votre famille n'est pas à court de solutions, me semble-t-il. »

Une lueur d'espoir se mit à briller dans les yeux de mon interlocuteur. Il me dévisageait avec impatience tandis que je cherchais les mots justes. Je savais que je devrais soupeser chacune de mes phrases afin de trouver le bon équilibre entre les parties adverses, qui m'inspiraient toutes deux de la sympathie.

« Tendez-lui la main, dis-je. Faites un bout de chemin vers lui. Concentrez-vous sur l'essentiel, au lieu de chercher à reprendre le contrôle sur lui. »

Yossi plissa les yeux d'un air suspicieux. « Que suggérez-vous, exactement ?

– Faire des études n'est pas un péché. Des milliers de jeunes Juifs orthodoxes s'inscrivent chaque année à l'université ! Montrez à Leiby que vous soutenez son projet, aidez-le même, si vous le pouvez. En échange, demandez-lui de revenir à la maison pour le shabbat. »

Yossi me regarda d'un air horrifié. Les proches de Leiby souhaitaient son retour, mais à leurs conditions : le jeune homme devait reprendre sa place au sein de la communauté qui l'avait vu grandir et embrasser de nouveau les traditions et les règles de la collectivité. Le compromis n'était pas envisageable à leurs yeux.

« Préférez-vous qu'il rompe définitivement ses liens avec vous et avec le village ? répliquai-je. Ce n'est plus un enfant. Il est assez grand pour décider de sa vie. Nul ne pourra l'arrêter – ni vous, ni moi, ni personne d'autre. »

Yossi écarquillait les yeux, stupéfait. Il n'avait jamais envisagé le problème sous cet angle. Nous discutâmes un long moment. J'eus l'impression, à la fin de notre conversation, qu'il commençait à comprendre mon point de vue. Sans approuver les projets universitaires de Leiby, il admettait que ce n'était pas la fin du monde. « Oui, ça pourrait être pire…, murmura-t-il – puis il se redressa, l'air effaré, comme s'il venait de penser à quelque détail affreux. Croyez-vous qu'il… qu'il a déjà… » Il s'interrompit, comme s'il craignait d'énoncer son idée à voix haute, puis il rassembla son courage, et reprit : « Croyez-vous que Leiby a déjà mangé traïf ? Et cessé de faire shabbat ?

– Je ne sais pas, répondis-je. Mais il transgressera bientôt ces lois si vous et le reste de la famille ne faites pas l'effort de le comprendre. » Yossi hocha lentement la tête. Puis il m'annonça qu'il allait parler au père de Leiby et tout lui expliquer. « Vous verrez : nous finirons par nous réconcilier avec lui ! » assura-t-il.

En début de soirée, je reçus la visite de Yechiel Spitzer, chargé de me transmettre la convocation du bezdin.

À minuit, j'étais officiellement banni de la communauté. Quand je quittai le bureau du dayan, les propos de Matt le mécanicien vinrent une fois encore résonner à mon esprit : « Si t'habites pas New Square, t'y vas pas. C'est comme ça. »

Je me demandai comment annoncer à Gitty la nouvelle de mon expulsion, puis je repensai à Leiby. Quel rôle avais-je joué dans sa décision, exactement ? M'étais-je comporté avec lui de manière irresponsable ? J'avais applaudi à son désir de prendre sa vie en main ; je lui avais offert une oreille attentive, et il m'avait soumis ses projets en toute confiance, certain que je le guiderais sans le trahir. Mais Leiby, à dix-neuf ans, était un adulte. Si je ne l'avais pas incité à s'inscrire à l'université, il se serait enrôlé dans l'armée. Il aurait été envoyé au-delà des frontières, contraint de prendre des décisions entraînant la vie ou la mort, mettant son existence même en danger.

Dans notre univers, la notion d'âge adulte n'existait pas – pas vraiment, du moins. Chacun était sous l'influence de quelqu'un, lui-même sous l'influence de quelqu'un d'autre. Nos actes, les bons comme les mauvais, n'étaient pas soumis à notre verdict intérieur, mais à celui des textes fondateurs et des autorités religieuses, qui interdisaient telle pratique et autorisaient telle autre. Le libre arbitre n'existait pas. Dans ces conditions, pour le bezdin, l'affaire était entendue : j'étais seul responsable du départ de Leiby.

Plus tard, j'appris que le père de l'adolescent s'était rendu chez le dayan après sa conversation avec Yossi, exigeant que je sois tenu pour responsable du départ de son fils. Yossi lui avait répété mes propos en précisant que je m'étais montré entièrement solidaire du jeune homme et de ses projets. À leurs yeux, j'étais le grand méchant loup, celui par qui le drame était arrivé. Lors de ma discussion avec Yossi, je m'étais pourtant efforcé de les encourager, lui et toute sa famille, à la compréhension et à la bienveillance envers Leiby. Les récents événements me prouvaient que, sur ce point, mon échec était complet.

21

Bien que bouleversé, je n'étais pas totalement anéanti par le verdict du bezdin. J'essayais depuis plusieurs mois de convaincre Gitty de quitter New Square, seul moyen, d'après moi, de continuer à mener l'existence d'un Juif orthodoxe sans mentir à mon entourage, mais elle s'y opposait, refusant de s'éloigner de ses parents et de ses douze frères et sœurs. Elle n'avait jamais vécu en dehors du village. Comment s'y prendrait-elle pour discuter avec nos nouveaux voisins – qui, elle en était convaincue, ne comprendraient pas notre mode de vie, se moqueraient de ses manières provinciales, de son mauvais anglais et de ses vêtements démodés ?

À présent, nous n'avions plus le choix. Le bezdin m'avait ordonné de partir. À moins de demander le divorce, Gitty devrait partir avec moi.

Au cours des semaines suivantes, nous vendîmes notre maison de New Square et fîmes une offre sur un pavillon à Monsey. Tandis que nous emballions nos affaires et celles des enfants, je songeais à la honte que j'avais éprouvée à une autre époque de ma vie, lorsque j'avais été renvoyé de la yeshiva.

J'avais treize ans et je venais de faire mon entrée dans l'univers des skver quand ces derniers avaient décidé qu'ils pouvaient se passer de moi.

Fraîchement admis à la yeshiva de Williamsburg, je m'étais vite distingué auprès de mes professeurs par mon manque de motivation. Le règlement intérieur stipulait que nous devions arriver chaque dimanche matin à 7 heures, dormir toute la semaine dans nos dortoirs du deuxième étage, et rentrer chez nous le vendredi après-midi pour le shabbat.

De mon côté, j'avais mon propre emploi du temps.

Le dimanche matin, au lieu de me réveiller à 6 heures, et de sortir dans l'air glacé de décembre et de janvier pour aller prendre le bus qui m'emmènerait à Williamsburg, je restais au lit jusqu'à 10 heures, puis je me rendais à la synagogue des munkatch, située au coin de la 47e Rue et de la 14e Rue : leur bain rituel demeurait ouvert jusque tard dans la matinée, et je pouvais me mêler à un des groupes de prière qui s'assemblaient toutes les vingt minutes. « Tu dois aller à la yeshiva ! » criait ma mère, mais je l'écoutais à peine. Pourquoi se presser ? pensais-je en rentrant à la maison après les prières. Je prenais un copieux petit-déjeuner, à l'issue duquel je jugeais opportun de commencer vraiment la journée. Je regardais ma montre : il était plus de midi. À quoi bon y aller maintenant ? songeais-je – et je passais le reste de la journée à la maison.

Le lundi, je suivais le même programme.

Le mardi, je me présentais à la yeshiva vers l'heure du déjeuner.

Les professeurs skver, contrairement aux rebbes du heder Krasna, se montraient chaleureux et bienveillants, érudits et pieux, et, surtout, très souples en matière de discipline. « Je suis navré, mais je vais devoir t'exclure pendant quelques jours », annonçait le professeur qui ne m'avait pas vu de la matinée. J'acquiesçais avec compassion. Il était bien obligé de m'exclure, le pauvre ! Au bout de quelques semaines, il ne prit plus la peine de me punir. « Peux-tu essayer de faire un effort ? demandait-il.

– Oui », affirmais-je, tout en sachant que ce ne serait pas le cas. J'étudiais avec application pendant mes heures de présence, mais le jeudi à l'heure du déjeuner, j'estimais que j'avais passé assez de temps à la yeshiva pour la semaine. Je prenais ma pochette à tefilines, la glissais sous mon bras, descendais Bedford Avenue et m'approchais de l'entrée de la bretelle qui conduisait à la voie express reliant Brooklyn à Queens. Là, je faisais du stop pour rentrer à Borough Park.

« Je ne souhaite pas parler d'expulsion », déclara Reb Chezkel, le directeur de la yeshiva, à ma mère au téléphone. Je les écoutais discrètement, depuis une autre pièce de l'appartement, l'écouteur de l'autre combiné collé contre mon oreille. « C'est un garçon intelligent. Mais si ses semaines commencent le mardi après-midi pour se finir le jeudi midi, je ne vois pas l'intérêt de le garder parmi nous.
– D'après vous, que devons-nous faire de lui ? » demanda ma mère. Elle semblait étonnamment calme, comme si elle rangeait les placards de la cuisine.
« L'envoyer dans une yeshiva à l'étranger, peut-être ? » répondit Reb Chezkel. Mon cœur fit un bond dans ma poitrine. Les yeshivot se comptaient par centaines dans le monde entier, à Londres, à Zurich, à Montréal, à Jérusalem. J'allais voyager, me faire de nouveaux amis ! Tout compte fait, j'étais entièrement d'accord avec Reb Chezkel. Il pouvait même employer le mot d'expulsion, si ça lui faisait plaisir.

Mon père souffrait à l'époque d'une étrange maladie qui avait nécessité son hospitalisation. Adepte de pratiques obscures héritées du mysticisme juif, il se pliait depuis de nombreuses années à une forme très rigoureuse d'ascétisme qui mettait son corps à rude épreuve. Ces pratiques, connues sous le nom de *sigoufim*, consistaient à s'infliger diverses privations et châtiments corporels. Les mystiques d'autrefois se roulaient nus dans la neige et creusaient des trous dans la glace pour s'immerger dans l'eau gelée des fleuves ou des étangs en plein hiver, puis ils passaient leurs journées à prier et à jeûner. Mon père ne se roulait pas dans la neige et ne creusait pas de trous dans la glace, mais il dormait peu et jeûnait fréquemment. Lorsqu'il s'alimentait, c'était avec une telle parcimonie que son repas suffisait tout juste à le nourrir. Il avalait une galette de riz et quelques cuillères de yaourt nature au petit-déjeuner ; un bol de légumes cuits à la vapeur à l'heure du déjeuner ; et se contentait, le soir venu, d'une fine tranche de pain à la farine de riz que ma mère préparait spécialement pour lui. Il l'agrémentait parfois d'une cuillère à soupe de beurre de cacahuètes.

Ce régime trop strict finit par avoir raison de sa santé : victime d'un grave malaise, il fut hospitalisé au cours de l'été 1987, un mois après ma bar-mitsvah. Il pesait quarante kilos pour un mètre quatre-vingt-neuf. Sous-alimenté, son corps s'était épuisé. D'après ma mère, il souffrait d'une forme rare d'anorexie nerveuse, une maladie qui l'atteignait aussi sur le plan psychologique.

« Il est allé trop loin. C'est de la folie », nous disait-elle, et je me fâchais, la trouvant injuste. J'avais toujours considéré mon père comme une sorte de saint. Un homme d'une grande intelligence, réellement détaché des contingences matérielles. Je ne voyais pas d'autre explication à son comportement.

« Il est devenu insupportable », ajoutait ma mère avec amertume. Nous ne savions pas tout, visiblement. À nous, les enfants, elle n'en disait pas davantage, mais elle nous laissa bientôt entendre qu'elle souhaitait demander le divorce.

Quand je lui reprochais de se montrer injuste envers lui, elle me décochait un regard exaspéré. « *Chéfélé*, je sais que ton père est un homme brillant et hors du commun. Mais il est très, très malade. » On découvrait parfois, m'expliqua-t-elle un jour, que les mystiques qui s'infligeaient des mortifications pour des motifs apparemment religieux étaient en fait atteints de troubles psychologiques. D'après elle, c'était le cas de mon père : il souffrait d'une maladie mentale qui le poussait à maltraiter son propre corps. La religion et les pratiques spirituelles n'étaient que l'enveloppe extérieure d'un mal terrible qui le détruisait de l'intérieur.

Mon père ricana gentiment lorsque je le confrontai à cette théorie. « N'importe quoi ! Ta mère n'est pas méchante, mais elle croit tout ce que les médecins ou les bouquins lui racontent. »

Lequel d'entre eux avait raison ? Je ne parvenais pas à m'en faire une idée précise et la situation me pesait terriblement. J'adorais mon père, mais j'aurais voulu qu'il recommence à s'alimenter normalement, qu'il reprenne du poids, qu'il oublie sa folie et se contente d'être un saint. J'adorais ma mère, mais j'aurais voulu qu'elle cesse de critiquer mon père et de menacer l'unité familiale. Je savais qu'ils tenaient profondément l'un à l'autre, mais tant qu'ils continueraient à mettre leur vie, et la nôtre, en péril de manière aussi irresponsable, leur autorité n'aurait plus aucune légitimité à mes yeux. Quand les adultes se comportent mal, décidai-je, ils perdent le droit de dire à leurs enfants ce qu'ils doivent faire.

« Si vous cessez vos bêtises, déclarai-je à ma mère, je cesserai les miennes. »

La yeshiva de Montréal n'était pas la solution miracle que mes parents avaient espérée. Elle ne me permit pas non plus de réaliser mes rêves d'aventures et d'évasion.

« *Nou ! Nou !* Debout ! Levez-vous pour rendre hommage au Créateur ! » hurlait Reb Hillel, le conseiller spirituel de l'établissement, en parcourant les couloirs des dortoirs à 6 heures du matin. La vision de son visage courroucé s'immisçait jusque sous mes paupières. Les rabbins de cette yeshiva n'étaient pas des skver, mais des satmar. Ils criaient, giflaient, pinçaient et donnaient des coups sur les doigts. J'étais bien trop loin de chez moi pour me faire ramener en stop le jeudi après-midi. Mes nouveaux professeurs ne plaisantaient ni avec l'étude ni avec les punitions : le rythme de travail était soutenu, et ceux qui tentaient de s'en dispenser se voyaient lourdement châtiés. Les rebbes verrouillaient les portes de la salle d'étude au début de chaque séance : les retardataires, ne pouvant entrer, se trouvaient contraints d'aller trouver le rebbe, qui leur infligeait une amende. Ou les giflait, s'il s'agissait d'une récidive. Le *rouv*, le directeur de la yeshiva, était un homme austère et corpulent, descendant d'une prestigieuse dynastie hassidique. Lorsqu'il entrait dans la salle d'étude, le niveau sonore, déjà très important, atteignait un vacarme à vous casser les tympans.

En juin, la yeshiva se délocalisa, comme chaque année, dans les Laurentides, une grande chaîne de montagnes parallèle au fleuve Saint-Laurent. Nous prîmes nos quartiers d'été dans un ancien centre de vacances situé au bord d'un petit lac et pourvu d'une plage privée bien évidemment interdite aux élèves. Plusieurs bungalows avaient été reconvertis par la direction en salles de classe. Derrière ce groupe de bâtiments, au-delà de l'allée de graviers qui menait à la route principale, après une grande clairière située au sommet d'une colline, se trouvait un sentier qui menait à travers bois (une fois franchi l'enchevêtrement de broussailles et de ronciers) vers un promontoire surmonté d'un énorme rocher de six mètres de haut. Il dominait une large rivière, que je contemplais à loisir, une fois grimpé au sommet du rocher grâce aux profondes entailles aménagées sur sa face arrière. Je profitais aussi d'une vue splendide sur les cascades situées en amont du cours d'eau, une centaine de mètres plus loin.

C'est sur ce rocher que mon ami Avrum Yida et moi passions de longs moments à discuter et à broyer du noir, durant la pause repas d'une heure qui nous était accordée en fin de matinée, puis en début de soirée. Originaire de Williamsburg, la place forte des satmar de Brooklyn, Avrum Yida avait, lui aussi, des soucis familiaux : son père était toxicomane et ses parents, qui se querellaient depuis des années, avaient récemment divorcé. Nous avions donc beaucoup en commun, et notre amitié en fut renforcée.

En juillet, ma mère téléphona pour annoncer que mon père était de nouveau hospitalisé et demandait à me voir. Il était revenu à la maison deux mois auparavant, mais il avait rechuté, ajouta-t-elle sans entrer dans les détails. Puis elle m'informa qu'elle avait déjà acheté mon billet d'avion et discuté avec le rouv. L'un des rabbins me conduirait à l'aéroport.

En arrivant à New York, je pris le bus pour me rendre à Borough Park et hissai ma valise dans l'escalier qui menait à notre appartement, situé au premier étage. Ma mère m'attendait dans l'entrée. Elle m'enlaça en silence, puis me regarda tristement, droit dans les yeux.

« Il est parti », dit-elle.

Mon père était mort.

Les adultes n'avaient pas cessé leurs bêtises. Mon père ne s'était pas remis d'aplomb et ma mère n'avait pas contribué à améliorer la situation. Mon père était mort avant qu'elle ait eu le temps de mettre à exécution ses menaces de divorce, nous laissant anéantis.

À l'issue des sept jours de deuil, je retournai à Montréal, plus apathique que jamais.

« J'ai décidé de devenir un shaïgetz », annonçai-je solennellement à Avrum Yida. Le shaïgetz conduisait une voiture de sport ou une moto ; il se pavanait au bras d'une *shiksa* ; il portait un jean et un blouson de cuir ; il ne se fatiguait pas à observer le shabbat ni à manger casher. Il n'était, en somme, pas très différent d'un goy. Le shaïgetz n'accordait aucune importance à Dieu et à ses lois. Il ne respectait aucune discipline et n'avait aucun principe – le péché en étant dénué par nature. Parce qu'il cédait à la tentation ou au dépit, parce qu'il se sentait terriblement indifférent ou franchement pervers, le shaïgetz défiait Dieu, les rabbins, ses parents, tout ce qui était bon, juste et noble. Je ne savais pas très bien comment devenir un shaïgetz, mais en attendant de trouver la formule adéquate, j'étais résolu à manifester clairement mes intentions.

Reb Mordche tenta de s'y opposer.

Il nous faisait cours chaque après-midi pendant une heure et demie dans l'un des petits bungalows transformés en salles de classe. Nous étions serrés les uns contre les autres sur des bancs en bois disposés le long des murs, devant de longues tables, sur trois côtés de la pièce. Reb Mordche occupait seul le quatrième côté, face à nous. J'étais assis à la première table sur sa gauche – à portée de son bras, donc.

Il avait souvent du mal à retenir notre attention, surtout lorsqu'il faisait très chaud, comme ce jour-là. Le climatiseur hors service fixé au mur semblait nous taquiner, sa masse grisâtre évoquant la fraîcheur dont nous étions privés. Chaïm Nuchem Ausch était assis à ma gauche. Je tendis discrètement le bras dans son dos et lui donnai une pichenette sur l'oreille gauche. Il sursauta, puis se tourna d'un air furieux vers son voisin de gauche : « Pourquoi tu m'as tapé l'oreille ? »

Le voisin protesta, affirmant son innocence, et Reb Mordche me décocha un regard sévère.

Une paille en plastique gisait devant moi sur la table, près d'une canette de soda vide. Je m'en emparai et la coinçai entre mon index et mon majeur, faisant mine de jouer avec tandis que je roulais un petit morceau de papier entre mes doigts et le glissais dans ma bouche. Quelques minutes plus tard, quand la boulette fut bien imprégnée de salive, je l'enfonçai dans la paille et la projetai à travers la pièce. Je la suivis des yeux avec ravissement : elle frôla à toute vitesse le nez de Pinny Greenfeld, avant d'atterrir sur le front de Yossi Hershkowitz dans un retentissant bruit de succion. Je me souviens de la cascade de rires qui résonna à mes oreilles – et de la manière dont ils s'interrompirent brusquement à l'instant où Reb Mordche tendit le bras pour me gifler la joue droite.

Aucune pensée ne traversa mon esprit. Je levai la main droite de manière purement réflexe pour parer le coup. Mon bras heurta violemment le sien et l'étonnement se peignit sur son visage tandis qu'un profond silence s'abattait sur la classe. Un silence effrayé. Je venais de commettre la faute la plus grave dont pouvait se rendre coupable un élève de la yeshiva : j'avais frappé un professeur.

Mon châtiment serait terrible. Au mieux, je recevrais une telle gifle que j'en perdrais connaissance ; au pire (et c'était le plus probable), Reb Mordche appellerait Reb Hillel à la rescousse. Ensemble, ils me battraient comme plâtre, m'infligeant la pire correction de l'histoire de la yeshiva.

Je n'avais plus qu'une solution : la fuite.

Je reculai, sautai à pieds joints sur le banc, et, de là, vers la porte, que je poussai d'un geste vif. La dernière chose que j'entendis, tandis que le battant trop mince claquait derrière moi, fut la voix furieuse de Reb Mordche : « Vous tous ! Rattrapez-le ! »

Je courais vite et je savais où aller. Le temps que mes camarades sortent de la classe et cherchent à savoir par où j'étais parti, j'avais déjà parcouru la moitié du sentier dans la forêt. Quand je les entendis crier : « De quel côté est-il allé ? » j'étais déjà à mi-hauteur de l'immense rocher qui dominait la rivière, dissimulé derrière un gros buisson.

Je m'installai à ma place habituelle au sommet du rocher. Plusieurs minutes s'écoulèrent. Les voix de mes camarades s'éloignèrent, et les lieux retrouvèrent bientôt leur calme coutumier. Tourné vers la rivière, je regardai pensivement le torrent dégringoler du pic rocheux et remplir d'écume les bassins situés en contrebas. Que faire, à présent ? J'étais certain d'être sévèrement puni si je rentrais au camp – mais où aller, si je n'y retournais pas ? Je me trouvais à plusieurs centaines de kilomètres de chez moi. Mes déplacements avaient toujours été organisés par la direction de la yeshiva, qui louait les services d'une compagnie d'autocars pour amener à Montréal les élèves originaires de New York et les reconduire chez eux lors des différentes fêtes juives qui rythmaient l'année scolaire. Je n'avais pas assez d'argent sur moi pour acheter un billet de bus ou d'avion.

Pourquoi m'étais-je mis dans un tel pétrin ? Et pourquoi fallait-il que je déjoue en permanence les attentes des adultes ? Submergé par le désespoir, j'envisageai brièvement de sauter dans le vide pour me noyer dans le torrent. Mais l'eau ne paraissant pas très profonde, la noyade n'était pas assurée. Je pouvais aussi m'enfoncer dans la forêt pour rejoindre la ligne de chemin de fer qui passait non loin du camp, et la suivre jusqu'à ce que j'atteigne une destination quelconque ou que je m'effondre d'épuisement. Dans tous les cas, je voulais partir, quitter la yeshiva, sa routine abrutissante, ses longues heures d'étude du Talmud, ses rabbins et ses professeurs, leur piété grotesque, leurs coups, leurs sermons et leurs récriminations ; quitter aussi les prétendus amis qui s'étaient ralliés à mon bourreau et me poursuivaient à travers bois.

Je jetai un regard à ma montre. Les prières de l'après-midi commenceraient dans quinze minutes. *Dans quinze minutes ?* Je me redressai, effaré. Je venais de me souvenir que c'était mon tour de diriger les prières, justement. Livre en main, debout sur l'estrade. Si je n'y allais pas, je commettrais un délit supplémentaire, qui viendrait s'ajouter aux précédents. Je tendis l'oreille, cherchant à déceler un bruit inhabituel sous l'incessant fracas de la chute d'eau. Mais tout était calme. Hormis un chant d'oiseau ici ou là, le silence régnait sur la forêt. Mes camarades étaient rentrés bredouilles. Quoique... Qui me prouvait qu'ils n'étaient pas là, cachés derrière un arbre ou un rocher ?

Et alors ? pensai-je. Ça changerait quoi ?

De plus en plus abattu, je recommençai à m'apitoyer sur mon sort. Pourquoi la vie s'obstinait-elle à me mettre sur le mauvais chemin ? Je secouai la tête, au bord des larmes. Quoi que je fasse, je finissais toujours par m'attirer des ennuis. Aujourd'hui encore, l'affaire se terminerait mal. Car j'allais retourner au camp, bien sûr. J'affronterais le châtiment qui m'était réservé. Les adultes se montraient souvent imprévisibles – peut-être m'épargneraient-ils, cette fois-ci ?

Je descendis du rocher et suivis le sentier en sens inverse. Parvenu à la lisière du bois, je sortis prudemment du couvert des arbres. Personne. Le soleil de l'après-midi inondait de lumière les pelouses piétinées qui s'étendaient autour des bâtiments du centre – le dortoir, la salle d'étude, le réfectoire et, plus loin, les petits bungalows qui servaient de résidences aux professeurs, ainsi qu'à leurs épouses et à leurs enfants venus passer l'été avec eux. Je m'approchai de la salle d'étude. Fixé sur l'imposte au-dessus de l'entrée, le bloc du climatiseur ronflait bruyamment. Il laissa échapper des gouttes de condensation qui roulèrent dans mon cou.

Je poussai lentement la porte. Mes camarades de classe étaient à leurs places habituelles. Reb Mordche, en revanche, n'y était pas. Les autres professeurs non plus. Même le rouv, qui trônait d'ordinaire sur l'estrade dressée au fond de la salle, n'était nulle part en vue. Certains élèves commençaient à fermer leurs recueils de textes, d'autres attrapaient leurs chapeaux, offrant quelques remarques de conclusion à leurs compagnons d'étude avant de se diriger vers les lavabos pour se laver les mains avant la prière.

Je levai les yeux vers l'horloge fixée au mur. Plus que deux minutes avant 16 heures. Personne ne regardait dans ma direction. Je me frayai lentement un chemin entre les tables et les chaises pour gagner l'autre extrémité de la pièce, où je pris place sur la petite estrade réservée au récitant principal. Quand je me tournai vers la salle, mes camarades remarquèrent enfin ma présence. Je les vis se pencher et se murmurer des commentaires à l'oreille.

Je reportai mon attention sur la pendule. À l'instant où elle marqua 16 heures, une des portes latérales s'ouvrit, livrant passage au rouv, puis à l'ensemble des professeurs. Je les scrutai sans parvenir à déchiffrer leur expression. Le rouv promena un long regard sur les élèves, puis il se dirigea vers son pupitre, situé en face de celui du récitant principal. Mon cœur battait à tout rompre. Comment réagirait-il en m'apercevant ? Pour le moment, il ne me prêtait aucune attention. Avait-il décidé de reporter ma punition à plus tard ? Ou ignorait-il ce qui s'était produit dans l'après-midi ? Après tout, Reb Mordche ne lui en avait pas forcément parlé, songeai-je avec une lueur d'espoir.

Le rouv ouvrit le livre de prières posé sur son pupitre. Manifestement, ma punition n'était pas à l'ordre du jour.

Je lançai un regard vers lui, attendant son signal, prêt à énoncer le verset d'ouverture : « *Achreï yochveï*... – Heureux ceux qui demeurent dans ta maison ! »

Soudain, le rouv se tourna vers moi, leva le bras et pointa son index boudiné vers la porte en criant : « *AROÏS FIN DOU !* »

Je me figeai, pétrifié. Un profond silence s'abattit sur l'assemblée, et cinquante paires d'yeux se braquèrent sur moi.

« SORS D'ICI ! hurla le rouv. Je ne tolérerai pas de gangsters dans ma yeshiva ! Tu es renvoyé ! »

Je fus surpris par l'emploi du mot anglais « *gangster* » dans une invective en yiddish. Étais-je vraiment un *gangster* ? Je savais que le rouv avait employé ce terme pour me faire honte, mais il m'emplissait de fierté, au contraire. Un gangster étant pire qu'un shaïgetz, j'avais le sentiment d'avoir atteint une partie de mes objectifs.

Je traversai la salle d'étude toujours plongée dans le silence. Les élèves firent un pas de côté pour me laisser passer, ouvrant une travée qui menait à la porte de derrière, près des tables du fond où se tenaient mes camarades de classe, les plus jeunes de l'assemblée. Esquissant un sourire satisfait, je fis un signe de tête à certains d'entre eux avant de sortir. Puis je tirai la porte derrière moi et traversai la pelouse pour rejoindre le dortoir.

Reb Hillel surgit dans ma chambre une heure plus tard, alors que je venais de fermer ma valise. Il fit un pas vers moi et m'asséna une telle gifle que ma vision se troubla. Je vacillai, étourdi. Quand je parvins à me redresser, Reb Hillel se tenait devant moi, le visage crispé de mépris. Il tourna les talons sans un mot et quitta la pièce.

Je passai la nuit à Montréal chez un rabbin compatissant, qui accepta de m'héberger jusqu'au départ du prochain bus pour New York. En traînant ma valise jusqu'à la petite chambre qu'il réservait aux invités dans son appartement de l'avenue Durocher, je me sentis gagné par une profonde mélancolie. Je venais d'être renvoyé pour la deuxième fois – d'abord par les skver, puis par les satmar. Maintenant que plus personne ne voulait de moi, mon projet me semblait futile. À quoi bon devenir un shaïgetz, à présent ?

Mon excitation était retombée, et la colère des rabbins m'incitait à réfléchir. Peut-être était-il temps de réviser ma stratégie ? J'étais un jeune hassid, et rien d'autre. Comment avais-je pu croire qu'il en serait autrement ? Puni pour mon orgueil, j'en comprenais la vanité, et n'avais maintenant plus qu'un désir : être accepté. Et retourner à la yeshiva.

Je téléphonai dès le lendemain à Reb Mordche et lui présentai des excuses aussi sincères que désespérées. Puis j'appelai le rouv et lui promis de modifier mon comportement. Je fus autorisé une semaine plus tard à retourner dans les Laurentides. Docile et appliqué, je me concentrai sur l'étude des lois du shabbat. Je me rappelle avoir passé de longues heures sur quelques pages, presque un chapitre entier, consacrées à la question suivante : quand et comment un fidèle peut-il, ou ne peut-il pas, vider l'huile d'olive d'une lampe pour assaisonner une salade ? Je voulais changer. Je me l'étais promis. Désormais, me disais-je, je prendrais mes devoirs au sérieux. Je prouverais que j'étais capable de réussir mes études et d'être un bon hassid. Je serais un motif de fierté pour les rabbins. Je ferais tout pour leur ressembler.

J'avais fait une violente embardée et failli quitter la route, puis j'étais revenu dans le droit chemin. À l'issue de mon année à la yeshiva de Montréal, les skver m'acceptèrent de nouveau parmi eux. Je passai deux ans à la yeshiva de Williamsburg, puis trois ans dans le vaisseau amiral de la communauté – la grande yeshiva de New Square. Lorsque j'en sortis, je n'étais pas devenu un shaïgetz, mais un étudiant sérieux, appelé à se muer en un jeune homme respectable.

Respectable, je l'étais demeuré jusqu'à présent. À trente ans, j'avais de nouveau fait une embardée, pour des raisons bien différentes. Pourtant, j'avais l'impression de revivre l'épisode des Laurentides, comme si j'étais encore un adolescent enclin à se rebeller contre l'autorité. À une différence près : les péchés dont on m'accusait étaient bien plus graves. Et cette fois, je n'avais pas l'intention de supplier les rabbins de me réintégrer.

22

Un mois après avoir été banni par le bezdin, je m'installai à Monsey avec Gitty et les enfants. Voisine de New Square, cette localité comprenait une population hassidique nettement plus nombreuse : outre les skver, elle abritait aussi des vichnitz, des belz, des satmar et des loubavitch, ainsi qu'un groupe de litvak de la vieille école. Tout ce petit monde se côtoyait dans une apparente harmonie.

Le quartier dans lequel nous emménageâmes, une colline parsemée de longs pavillons de plain-pied et de maisons plus modestes, en brique, ornées d'un portique, ressemblait à tous les autres quartiers pavillonnaires du comté de Rockland : la plupart des demeures s'enorgueillissaient de piscines ombragées de cornouillers et d'érables japonais, les haies bordant les propriétés étaient taillées avec soin, et les pelouses étaient si vertes qu'elles semblaient avoir été badigeonnées de peinture. Derrière les jardins bien entretenus et les façades pimpantes, toutes équipées d'un garage pouvant abriter les deux voitures de leurs heureux propriétaires, vivaient des familles assez similaires à celles de New Square. Les hommes arboraient les mêmes chapeaux de fourrure, les femmes portaient des perruques qu'elles couvraient elles aussi d'un chapeau ou d'un foulard avant de sortir, et la majorité d'entre eux manifestaient la même intolérance à l'égard de ceux qui ne leur ressemblaient pas tout à fait – ceux dont le chapeau n'était pas assez fourré, pas assez haut, pas assez lourd ou pas assez brillant.

Un vendredi soir, alors que je rentrais de la petite synagogue située au coin de la rue, j'engageai la conversation avec un de nos voisins à propos des défis que la science moderne posait à la foi.

« Si la science contredit la Torah, c'est qu'elle se trompe », déclara l'homme d'un ton résolu.

Son fils, un bambin roux aux joues rondes, le tira par le bras. « Viens », gémit-il, pressé de rentrer à la maison. Levant les yeux, j'aperçus Chaya Suri derrière la fenêtre de notre salle à manger, les mains plaquées de chaque côté du visage pour mieux distinguer nos silhouettes dans l'obscurité. Elle voulait que je rentre, elle aussi – mais la discussion me passionnait et je ne souhaitais pas l'interrompre.

« Comment pouvez-vous dire une chose pareille ? répliquai-je à mon interlocuteur. Vous utilisez chaque jour des objets issus des progrès de la science : la voiture que vous conduisez ; les médicaments que vous prenez quand vous tombez malade ; les aliments que vous mangez, les vêtements que vous portez. Vous faites confiance à la science quand vous montez dans un avion et quand vous allez chez le médecin. La science a envoyé l'homme sur la lune, bon sang ! »

L'homme secoua la tête. Mes arguments ne l'avaient pas convaincu. « Je vois que vous êtes un *oifgeklerter*, déclara-t-il. Seuls ces gens-là croient en la science comme vous le faites ! »

Un oifgeklerter. Un « éclairé ». Pas encore hérétique, mais tout aussi dangereux. L'hérétique déclare ouvertement qu'il ne croit en rien. Le croyant peut donc choisir de l'éviter. En revanche, il est soumis sans le savoir à l'influence de l'éclairé, qui dissimule son apostasie sous les allures trompeuses d'une discussion à bâtons rompus.

Je repensai à un vieil adage hérité des premiers temps du hassidisme, librement adapté d'un verset des Psaumes : « Dieu se penche vers la Terre et demande : où est l'éclairé qui cherche Dieu ? » À quoi Reb Noach de Lechevitch répondait : « Où est l'éclairé qui cherche Dieu ? Nulle part, bien sûr ! » À ses yeux, la question se révélait purement rhétorique, puisque l'éclairé ne cherche pas la présence de Dieu. Il n'a qu'un seul but : saper la foi de ceux qui la cherchent.

« Ils se contentaient de poser des questions », avait affirmé l'un de mes professeurs à propos des maskilim, ces Juifs éclairés et réformistes qui avaient tenté, au XVIIIe et au XIXe siècle, sous l'influence de la philosophie des Lumières, d'adapter le judaïsme à l'ère moderne. « Mais leurs questions dissimulaient de mauvaises intentions. Ils cherchaient à détruire la foi, pas à la renforcer. »

Notre installation à Monsey mit notre famille à rude épreuve. Si, à New Square, je me sentais profondément différent de ceux qui m'entouraient, c'était désormais au tour de Gitty et des enfants d'être plongés dans un environnement étranger, presque hostile.

J'avais espéré que les enfants se feraient de nouveaux amis. Les Mandelbaum, qui vivaient de l'autre côté de la rue dans un pavillon à deux niveaux quasiment identique au nôtre, avaient trois filles ; les Illowitz, qui habitaient la maison voisine de la nôtre, en avaient quatre ; et les Richter, qui vivaient plus bas dans la rue, sept. Pendant quelques semaines, Tziri, Freidy et Chaya Suri s'étaient rendues régulièrement chez les Mandelbaum. Au bout d'un mois ou deux, elles espacèrent leurs visites, puis cessèrent complètement d'y aller.

« Leurs filles sont différentes des nôtres », répondit Gitty quand je l'interrogeai. Les Mandelbaum parlaient anglais, et non yiddish. Elles portaient des vêtements à la mode. Embarrassées, nos propres filles se sentaient mal à l'aise en leur compagnie. À New Square, entourées de cousines, de voisines, de camarades de classe et d'amies élevées dans des conditions semblables aux leurs, elles n'avaient jamais éprouvé un tel sentiment d'étrangeté.

Gitty se trouvait isolée, elle aussi. Loin de ses frères et sœurs, de ses dizaines d'oncles et tantes, de cousins, de neveux et nièces, elle avait d'abord tenté de lier amitié avec les voisines. Mais comme nos filles, elle s'était sentie trop différente pour se mêler à leur groupe. Elle avait rapidement renoncé, préférant s'immerger dans les travaux domestiques et occuper son temps libre à lire les petites annonces et les réclames diffusées dans le bulletin de la communauté, ou à vendre de la layette sur eBay.

« Je peux te poser une question ? » me demanda Gitty un soir, à l'instant où je rentrais du travail. Une enveloppe à la main, elle semblait penchée sur un relevé bancaire.

« Tu veux bien attendre cinq minutes ? Je viens d'arriver. »

Elle frappa du plat de la main sur le comptoir de la cuisine. « C'est quoi, ça ? » lança-t-elle en pointant le doigt vers une des lignes du document. D'Agostino, lus-je en m'approchant.

Je me souvenais de cet achat, effectué le mois précédent : je me trouvais à Manhattan, tard dans la soirée, et je m'étais arrêté dans un supermarché pour acheter à dîner au rayon traiteur – une part de saumon grillé et de pommes sautées, que j'avais demandé à faire réchauffer pour les manger aussitôt.

« Était-ce casher ? » reprit Gitty.

Je lui répondis que je n'avais pas à lui donner d'explication pour un achat de dix dollars. Elle se mit en colère, persuadée de ma culpabilité. « Pourquoi ? s'écria-t-elle. Pourquoi fais-tu des choses pareilles ? »

Je n'avais pas de réponse à lui offrir. Je ne le faisais pas *exprès*. Il se trouve que c'était plus pratique ce soir-là, voilà tout. Le saumon et les pommes de terre n'étaient pas meilleurs chez D'Agostino que chez un traiteur juif, mais je ne mangeais plus casher quand j'étais seul, loin du regard de mes proches ou de mes voisins. Je n'en éprouvais plus la nécessité. Quand il n'y avait pas, comme ce soir-là, de delicatessen casher à proximité, je jugeais idiot de faire des kilomètres pour respecter une règle qui n'avait plus de sens à mes yeux.

« Tu aurais préféré que je mente ? demandai-je.
— Non, dit-elle, les mâchoires crispées par la colère. Je préférerais que tu ne manges pas traïf, un point c'est tout ! »

Pendant les repas du shabbat, j'incitais parfois mes enfants à poser un autre regard sur le passage de la Bible qui avait été au centre des prières et des offices de la semaine écoulée.

« Trouvez-vous normal, demandai-je un samedi à mes filles, qu'un soldat israélite puisse enlever une femme issue d'une nation ennemie et la forcer à devenir son épouse ? »

Tziri sembla réfléchir, mais elle ne répondit pas. Freidy me lança un regard surpris et secoua la tête.

« *M'fregt nich kein kaches oïf de Toyreh* », récita-t-elle, avant de retourner à son assiette remplie de tcholent et de kugel aux nouilles. À onze ans, elle n'en doutait pas une seconde : « On ne conteste pas la Torah. »

Elle n'ajouta pas un mot, visiblement satisfaite de sa réponse. Près d'elle, Tziri semblait toujours perdue dans ses pensées.

Assise à l'autre extrémité de la table, Gitty me décocha un regard courroucé. Elle me l'avait répété à de nombreuses reprises au fil des années : de ma part, la pire des trahisons consisterait à contaminer l'esprit de nos enfants – autrement dit : à leur injecter le bacille de mon hérésie. Aussi veillais-je à dissimuler mes véritables opinions lors des repas de famille. Parfois, cependant, j'avais du mal à résister à l'envie de les taquiner un peu.

Le vendredi soir, après le repas du shabbat, quand les enfants dormaient et que Gitty allait se coucher, elle aussi, je restais dans le salon, un livre à la main. Je laissais passer un long moment puis, quand la maisonnée dormait profondément, j'ouvrais la porte de la pièce voisine – mon bureau – en veillant à ne pas la faire grincer sur ses gonds, et la refermais aussi discrètement que possible. Je n'allumais pas la lumière (pour éviter d'attirer l'attention des voisins) et m'approchais de l'ordinateur à pas de loup. Une pression sur la souris suffisait à ranimer l'appareil. Une lumière bleutée jaillissait de l'écran, inondant la table couverte de papiers, l'imprimante, l'étagère remplie de livres interdits. Je m'asseyais et j'ouvrais le serveur de messagerie ou le navigateur internet en appuyant doucement sur les touches du clavier, une seule à la fois, du bout de l'index, afin que le cliquetis familier ne vienne pas briser le silence du shabbat.

Hélas, j'avais beau prendre toutes les précautions du monde, je ne parvenais pas à déjouer les soupçons de Gitty. Comment s'y prenait-elle pour savoir que j'avais allumé l'ordinateur ? Je ne l'ai jamais su, mais le scénario se répétait à l'identique chaque semaine : j'étais installé depuis quelques minutes quand j'entendais la porte grincer derrière moi. Je me retournais. Gitty se tenait sur le seuil, en chemise de nuit. La lumière de l'écran éclairait la moitié de son visage et plaquait l'ombre de son profil sur le mur. Elle était livide. « Comment oses-tu ? » s'écriait-elle, les yeux brillants d'angoisse, d'un ton presque suppliant, sous lequel il me semblait percevoir un réel désir de comprendre ce qui m'agitait. Comment pouvais-je manifester un tel dédain pour la parole de Dieu ?

Nimbé dans la pâle clarté diffusée par l'ordinateur, je tentais de lui expliquer, une fois de plus, que je n'avais plus la foi. Les lois du shabbat n'avaient plus de sens à mes yeux ; en les transgressant dans l'espace clos de mon bureau, je me créais un petit espace de liberté dans un monde carcéral où chacun de mes gestes faisait l'objet d'une surveillance constante. J'étais navré qu'elle m'ait surpris dans cette situation – je pensais qu'elle dormait, assurais-je –, mais je refusais de mettre un terme à des agissements strictement privés, qui ne causaient de tort à personne.

Gitty se montrait scandalisée par mes propos. « Tu te crois plus intelligent que tout le monde ? »

Furieux, je répondais par l'affirmative : oui, j'en étais convaincu. S'ensuivaient une dispute, puis une tentative de réconciliation – un cycle infernal, dont nous sortions épuisés. Nous poursuivions la discussion dans notre chambre, où nous passions une partie de la nuit à chercher des solutions. Que faire, à présent ? Comment continuer ? Nous ébauchions des projets, envisagions des compromis, soupirions beaucoup et finissions toujours par buter sur la même question : et les enfants ? Que dirions-nous aux enfants ?

J'éprouvais alors une vive tendresse pour Gitty, en dépit de ce qui nous séparait. Pourtant, quand elle surgissait dans mon bureau le vendredi suivant, ma colère reprenait vite le dessus. Lassé d'être systématiquement pris sur le vif, je finis par renoncer à toute discrétion : une nuit, j'allumai la lumière dans mon bureau et tapai sans retenue sur mon clavier. Ce vendredi-là et les suivants, Gitty continua de surgir dans l'entrebâillement de la porte, mais son visage livide était désormais en pleine lumière.

Elle s'asseyait à même le sol et me regardait d'un œil noir tandis que je transgressais les règles du shabbat.

« Pourquoi es-tu si différent ? s'écriait-elle. Pourquoi ne peux-tu pas être comme tout le monde ? » Elle laissait passer un silence, puis répondait elle-même à la question qu'elle venait de poser : « C'est à cause de tous ces livres, j'en suis sûre ! Les livres, les films, les journaux et Internet – voilà ce qui t'a changé. Les rabbins avaient raison. Ce sont toutes ces saletés qui te sont rentrées dans la tête ! »

La tension qui régnait entre nous devint vite insupportable. Lassé par les harangues de Gitty, j'en vins à me cacher, préférant payer en liquide mes achats alimentaires, dissimulant les tickets de caisse et forgeant à l'avance de faux alibis. Quand j'entrais dans un Starbucks, je réfléchissais un moment avant de passer commande. Si je me contentais d'un latte, Gitty ne sourcillerait pas : c'était casher. Mais si j'ajoutais un sandwich à la dinde et au gruyère, je ferais grimper l'addition, serais obligé de payer par carte et de me justifier par la suite auprès de Gitty, qui scrutait désormais mes relevés bancaires ligne à ligne. Résultat : je ressortais du café et courais chercher de l'argent dans un distributeur.

Au bout de quelques semaines de ce manège, je n'avais plus qu'une envie : cesser de me cacher. Cesser de mentir. Mais comment y parvenir sans briser tout ce que nous avions construit ?

J'éprouvais un ressentiment croissant envers Gitty, estimant qu'elle se montrait obtuse en refusant obstinément d'assouplir nos règles de vie. Un jour, comme je lui suggérais d'apprendre à conduire pour m'éviter de prendre le volant chaque fois qu'elle avait une course à faire, elle explosa : « Pourquoi devrais-je changer pour *toi* ? »

Si la plupart des femmes ultra-orthodoxes ne savaient pas conduire, certaines décidaient de suivre des cours. Pourquoi Gitty ne passerait-elle pas son permis, elle aussi ? Son refus réitéré d'envisager la question m'agaçait par-dessus tout. D'un point de vue familial, nous respections la loi juive à la lettre. Je veillais à maintenir les apparences chaque fois que je sortais dans l'espace public – à Monsey plus qu'à New Square, d'ailleurs. En partant, j'avais aussi quitté le petit cercle de déviants et de non-croyants qui se retrouvait chaque samedi matin dans la salle d'étude de la grande yeshiva. À Monsey, je n'avais pas le choix : j'étais bien obligé de me joindre à l'office du samedi matin, de m'asseoir et d'écouter trois heures durant les prières et les lectures de la Torah, sans jamais pouvoir exprimer ma propre opinion. C'était pénible et stressant, mais je continuais d'y aller parce que Gitty l'exigeait. En retour, ne pouvait-elle envisager d'assouplir son interprétation de certaines règles hassidiques mineures qui compliquaient notre vie quotidienne depuis des années ?

« Et si nous prenions quelques jours de vacances ? » suggérai-je un jour à Gitty. Je pensais qu'un petit voyage nous ferait du bien. « Que dirais-tu d'aller en Europe ? » Elle avait de la famille à Londres ; quant à moi, j'avais toujours rêvé de visiter Vienne, Prague ou Cracovie.

Mais Gitty n'aimait guère voyager. La nouveauté la déconcertait. Elle n'était pas attirée par les villes étrangères, où elle devrait goûter à des plats inconnus et dormir dans des lits trop mous ou trop durs. En quinze ans de mariage, nous n'avions quitté l'État de New York qu'une seule fois, pour aller passer une semaine de vacances en Floride chez un oncle et une tante, près de Boca Raton.

J'insistai, malgré tout. Gitty finit par céder. « Pour quelques jours seulement. Pas trop loin d'ici. »

Nous confiâmes les enfants à des proches et partîmes voir les chutes du Niagara. Trois jours, trajets compris. Après avoir admiré les chutes, fait une excursion en bateau à bord du *Maid of the Mist*, et acheté une montagne de souvenirs, je jugeai bon d'échapper aux rues bordées d'hôtels vertigineux et remplies de touristes en bermuda et lunettes de soleil à trois sous.

« Regarde ! dis-je en agitant une brochure trouvée dans le hall de l'hôtel. Une visite guidée des vignobles ! » Gitty accepta de me suivre, mais lorsque nous regagnâmes notre voiture en fin d'après-midi, elle me fit une scène terrible. « Tu as bu du vin traïf ! » cria-t-elle. Pendant la visite, j'avais effectivement goûté aux vins qui nous étaient proposés – des chardonnays, des cabernets, des malbecs – sans prêter attention aux regards noirs qu'elle me lançait.

Après une heure passée à crier, à nous disputer et à pleurer, nous finîmes par nous réconcilier. Décidés à oublier ce mauvais souvenir, nous quittâmes le parking pour nous rendre à Niagara-on-the-Lake, la ville voisine, où se tenait le « Shawfest », un festival de théâtre dédié à « l'esprit vif et provocateur de Bernard Shaw ». J'avais convaincu Gitty d'assister à une représentation avec moi. La pièce prévue ce soir-là s'intitulait *Hotel Peccadillo* : librement adaptée d'une œuvre de Georges Feydeau, elle mettait en scène, d'après un journaliste, « la classe moyenne respectable dans ses agissements les moins respectables ». En un mot, c'était une « farce ». Gitty et moi n'étions jamais allés au théâtre, qu'il s'agisse d'une farce ou d'un drame, mais les critiques étaient bonnes, et nous n'avions rien prévu pour la dernière soirée de notre séjour. J'avais acheté les billets sans réfléchir davantage.

Gitty quitta la salle à peine la pièce terminée. Non, dit-elle quand je parvins à la rattraper, elle n'avait pas passé un bon moment. Elle n'avait pas compris la pièce, mais elle en avait assez vu pour juger le spectacle infâme, répugnant, profane et vulgaire. Si je lui demandais une fois de plus d'adhérer à mes projets stupides et de prendre part aux folies des goyim, elle ne m'adresserait plus jamais la parole, ajouta-t-elle, avant de conclure d'un ton rageur : « Tu seras libre d'aller voir toutes les pièces que tu veux, et même de coucher avec les actrices si ça te chante ! »

Convaincu que Gitty devait accepter certains aménagements dans notre intérêt commun, je continuai de l'exhorter au compromis. De son côté, soucieuse de mettre un terme à mes injonctions, elle me rappelait qu'elle s'était installée à Monsey à cause de moi, qu'elle souffrait terriblement d'avoir quitté son univers familier, et, surtout, que les enfants souffraient, eux aussi. Je savais qu'elle avait raison : pourtant, lors de ces discussions, je l'écoutais sans éprouver la moindre compassion. Gagné par de vieilles rancœurs, je me demandais ce que nous faisions encore ensemble. Pourquoi continuer ? pensais-je. La réponse s'imposait d'elle-même : pour les enfants, bien sûr. Mais s'ils souffraient eux aussi, à quoi bon s'obstiner ?

« Je crois qu'il vaut mieux s'arrêter là, dis-je un soir à Gitty. Ça ne marchera pas. »

Elle estimait, au contraire, que nous n'avions pas encore tout essayé. « On pourrait peut-être aller habiter ailleurs ? suggéra-t-elle.

– Tu veux encore déménager ? Pour aller où ? »

Elle baissa les yeux, embarrassée. Les destinations plausibles se comptaient sur les doigts d'une main.

« Accepterais-tu de vivre au sein d'une communauté d'orthodoxes modernes ? lançai-je avec un regain d'espoir. L'Upper West Side ? Flatbush ? Teaneck ? » Les tenants de l'orthodoxie moderne se disaient favorables à la mixité dans l'espace public et à l'enseignement des disciplines laïques. Ils allaient au cinéma, louaient des vidéos et acceptaient que les jeunes gens se côtoient avant le mariage. Si nous emménagions dans ces quartiers de Manhattan ou de Brooklyn, ou dans cette petite ville du New Jersey, nos enfants auraient davantage l'occasion de s'ouvrir sur le monde extérieur, et j'éprouverais peut-être un plus grand sentiment de liberté.

Gitty secoua la tête. « Les enfants doivent vivre dans un environnement yiddishophone. » Après un bref silence, elle ajouta : « Mais nous pourrions peut-être assouplir certaines règles.

– Lesquelles ? Tu ne veux même pas passer ton permis de conduire !

– Je ne sais pas... Comment ferais-je pour annoncer une chose pareille à mes parents ? » s'enquit-elle dans un murmure. Elle laissa échapper un sanglot et ses yeux noisette s'emplirent de larmes.

Par une soirée venteuse de novembre, Gitty et moi nous rendîmes à Piermont, un village surplombant l'Hudson, à quinze kilomètres de Monsey. Après avoir garé la voiture, nous longeâmes le sentier qui bordait le fleuve. L'eau clapotait doucement contre les berges et la brise nous caressait le visage. Nous distinguions le Tappan Zee Bridge, situé en amont du fleuve, à un bon kilomètre de Piermont. Ses lumières se découpaient sur les eaux noires et l'obscurité du ciel. Les boutiques qui bordaient les quais étaient fermées à cette heure tardive. Hormis un chien et son maître, dont nous apercevions les silhouettes devant nous, nous étions seuls sur la petite route, Gitty et moi.

J'avais insisté ce soir-là pour passer un moment avec elle en tête à tête. Quand j'étais allé la chercher en fin d'après-midi au mikveh des femmes situé sur Viola Road, où elle se rendait une fois par mois, je lui avais proposé de ressortir après le dîner. « Veux-tu aller au cinéma ? »

Elle avait décliné ma proposition, arguant qu'elle n'en avait pas envie, et qu'elle n'était pas fan de cinéma, de toute façon.

« Et si on allait à Piermont ? » avais-je suggéré après un silence.

Connu pour ses galeries d'art et ses restaurants à la mode, ainsi que pour les quelques personnalités qui y avaient élu domicile, Piermont était souvent pris d'assaut dans la journée. Mais en cette saison et à cette heure tardive, nous pourrions nous promener en toute tranquillité, assurai-je.

« Nous promener ? répéta-t-elle. Pour quoi faire ? »

Je crus déceler une pointe de colère dans sa voix, mais je me trompais peut-être. Ou peut-être pas. Elle se montrait si irritable ces derniers temps ! Je faillis renoncer à mon projet. Si nous restions à la maison, je passerais la soirée dans mon bureau devant un film, et elle serait endormie quand j'irais me coucher. Ce ne serait pas un drame – et pourtant... N'était-il pas de mon devoir de maintenir entre nous un minimum d'intimité et de contact physique ? Sur ce point, notre couple nous avait apporté satisfaction, à l'un comme à l'autre, pendant de nombreuses années. Je ne voulais pas renoncer aussi à cet aspect de notre vie conjugale.

« Je ne sais pas, répondis-je. On ne fera rien de spécial. J'aimerais juste me promener avec toi le long du fleuve. Regarder les étoiles.

– D'accord, dit-elle. Allons-y. »

Nous étions maintenant accoudés à la barrière installée le long de la berge, les yeux tournés vers le pont, où les phares des voitures brillaient dans la nuit tels des points colorés sur le fond noir d'un vieux jeu vidéo.

Gitty était emmitouflée dans un épais manteau d'hiver, mais elle avait oublié son écharpe. Elle sortit un mouchoir en papier pour s'essuyer le nez, puis replongea les mains dans ses poches. J'avais un peu froid, moi aussi – ma moustache s'était couverte de givre. Je passai mon bras autour de sa taille et plongeai la main dans la poche de son manteau. Elle ne chercha pas à se dégager, mais elle eut un instant d'hésitation avant de nouer ses doigts aux miens. Jamais elle ne se serait laissée aller à de telles libertés en public, dans notre quartier.

Je me rappelle avoir pensé que nos silhouettes enlacées sous le ciel étoilé, face au fleuve où dansait le reflet des lumières du pont, feraient certainement une très jolie photo.

« C'est beau, n'est-ce pas ? » dis-je.

La tête rentrée dans les épaules, les yeux perdus dans le lointain, elle ne répondit pas. Puis, sentant sur elle le poids de mon regard, elle esquissa un sourire crispé. « J'ai froid », dit-elle au bout d'un moment. Détournant les yeux, elle ajouta : « J'aimerais rentrer. »

Difficile de la contredire : sans être glacé, le vent était effectivement froid pour un mois de novembre. Mais Gitty s'était exprimée avec irritation, comme si j'étais responsable de ces premiers frimas. Agacé, déçu, je cédai à la colère qui m'envahissait.

« Tu ne pourrais pas vouloir la même chose que moi, pour une fois ? »

Gitty fronça les sourcils, et je regrettais aussitôt de m'être laissé emporter.

« Non, je ne peux pas. Tu es trop différent, dit-elle, reprenant un argument qu'elle m'avait déjà exposé des centaines de fois. Tu t'intéresses à des trucs bizarres. Des trucs interdits. Tu voudrais vivre comme les goyim, comme dans les films que tu vois, les livres que tu lis. Et moi, ça ne m'intéresse pas, tout ça ! »

Elle détacha sa main de la mienne et sombra dans un long silence. Quand elle se tourna de nouveau vers moi, je vis rouler une larme sur sa joue.

« Tu as peut-être raison, dit-elle. Il vaut mieux s'arrêter là. Ça ne marche plus. »

QUATRIÈME PARTIE

QUATRIÈME PARTIE

23

Un mardi après-midi de décembre 2007, pendant les fêtes de Hanoukka, Gitty et moi gravîmes les deux volées de marches branlantes qui menaient à la salle de réunion d'un tribunal rabbinique local. Située au-dessus de la synagogue, la pièce accueillait également les femmes de la congrégation qui souhaitaient assister aux offices. Pour l'heure, le panneau de bois ajouré qui courait le long du mur du fond permettait d'observer les hommes assis dans le sanctuaire : penchés sur leur talmud, ils discutaient avec animation, pointant le pouce vers le bas puis vers le haut pour ponctuer leurs propos tout en se lissant pensivement la barbe du bout des doigts. Nous patientâmes un moment, Gitty et moi, le temps que le scribe installé dans la pièce voisine, à peine plus grande qu'un placard, trace à l'aide d'une plume d'oie qu'il trempait dans un flacon d'encre un texte de douze lignes en hébreu sur un carré de papier-parchemin. Dès qu'il eut terminé, il nous rejoignit, ainsi que les rabbins, nos témoins et quelques curieux, dans la salle de réunion.

« Par le présent document, je t'accorde le divorce... » Je m'interrompis, incapable de poursuivre la lecture du *guett*, l'acte de divorce inscrit sur le parchemin que m'avait remis le scribe. Debout près de moi, les mains jointes, paumes ouvertes et tournées vers le plafond, Gitty tremblait, les joues inondées de larmes. Ma vue se brouilla, mais j'entendis distinctement, comme s'il résonnait au plus profond de moi-même, le silence qui régnait dans la pièce. J'imaginai l'impatience des rabbins, agacés par ce déferlement d'émotions – « *Nou*, qu'il en finisse ! » pensaient-ils sans doute en m'observant – et je m'exhortai à poursuivre. Les mots, hélas, semblaient bloqués dans ma gorge. J'avais rencontré Gitty quinze ans plus tôt, presque jour pour jour. Et voilà qu'aujourd'hui, je m'apprêtais à rompre les liens qui nous unissaient. Nous serions divorcés à l'instant où j'aurais énoncé l'intégralité de l'acte et posé le document sur ses paumes jointes. Je déglutis avec peine et fis brutalement taire les émotions qui m'envahissaient. Puis je lus les derniers mots du guett : « Tu es désormais libre d'épouser tout homme de ton choix. »

« Quel beau divorce ! s'exclama l'un des rabbins. J'ai rarement vu autant de tendresse mutuelle, aussi peu d'acrimonie entre les époux ! » Gitty et moi sourîmes à travers nos larmes, avant de repartir ensemble dans ma voiture.

Gitty et moi nous étions dit et redit que le bien-être des enfants passerait avant tout. Le soir, lorsqu'ils étaient couchés, nous nous lancions tristement, calmement, dans de longues discussions, chacun assurant l'autre de ses louables intentions – rester amis et continuer à élever ensemble nos cinq enfants. Nous nous promettions, dans leur intérêt, de procéder à la rupture la plus amicale de toutes les ruptures amicales de l'histoire.

Les enfants retournèrent vivre à New Square avec Gitty tandis que je restais à Monsey, dans un petit appartement situé à dix minutes en voiture de chez eux. Ils me rendaient visite deux soirs par semaine pour dîner et faire leurs devoirs, et tous les quinze jours pour le shabbat – trois enfants à la fois, chacun à son tour. J'achetai des lits superposés chez IKEA, ainsi que plusieurs matelas gonflables et une pile de coussins et de couvertures de couleurs vives, adaptés aux goûts de chacun. J'installai le tout dans la chambre d'amis, qui me servait aussi de bureau. Ce n'était pas très spacieux, mais les enfants s'en accommodèrent volontiers. « On se croirait en camping ! » disaient-ils. Je fis des stocks de livres, de jouets, de jeux de société. Gitty et moi nous parlions presque chaque jour au téléphone : elle me donnait des conseils et m'apprit à préparer des repas basiques.

Quand les enfants venaient pour le shabbat, je veillais à maintenir toutes les apparences de la piété : je portais mon caftan et mon shtreimel, j'emmenais les garçons à la synagogue, je dressais la table et j'entonnais avec eux les prières et les chants rituels. Je posais des questions à Akiva et à Hershy sur les passages de la Torah ou du Talmud qu'ils étudiaient au heder, et j'expliquais aux filles qu'il n'était pas permis de jouer au Monopoly pendant le shabbat, certains rabbins ultra-orthodoxes estimant que ce jeu revenait à simuler une activité professionnelle réservée aux jours de la semaine. Lors de la préparation des repas, j'observais scrupuleusement les lois de la Cacherout : deux éviers, deux batteries de cuisine et deux services de table distincts pour les produits laitiers et les aliments carnés. Enfin, je n'autorisais pas les enfants à regarder des films : Gitty se montrait plus restrictive à ce sujet depuis notre séparation, et je lui avais promis de suivre ses principes d'éducation, plutôt que les miens, quand les enfants viendraient chez moi.

Le samedi après-midi, nous allions nous promener sur une vieille route de campagne située à quelques kilomètres de mon appartement. La route menait à un petit étang bordé d'ormes et de saules pleureurs, sous lesquels nous nous asseyions pour observer les oies qui peuplaient l'étang et scruter les bois environnants dans l'espoir d'apercevoir une biche. Une fois, nous vîmes deux tortues juchées face à face sur un vieux pneu à demi enterré dans la vase et les cailloux, au bord de l'étang. Les tortues se fixaient sans bouger, étirant le cou l'une vers l'autre, comme si elles se défiaient du regard. Nous les observâmes un long moment, persuadés qu'elles finiraient par bouger. Quand vint le crépuscule, elles étaient toujours à la même place et nous dûmes plisser les yeux pour les apercevoir une dernière fois avant de partir – deux petites bosses à peine perceptibles sur la masse sombre du pneu.

J'avais trente-trois ans. Après quinze ans de mariage et la naissance de cinq enfants, je n'avais pas vraiment l'impression d'être dans ma prime jeunesse. Malgré tout, me disais-je, il n'était pas trop tard pour devenir un citoyen du monde et entamer une nouvelle vie en obéissant aux valeurs de mon choix, sans plus craindre d'être frappé d'ostracisme.

Je travaillais à plein temps pendant la journée, mais rien ne m'empêchait de suivre des cours du soir pour combler les lacunes de mon éducation. Ce serait aussi un moyen de me faire des amis et de me familiariser avec le monde laïc. L'avenir me semblait radieux. Je rêvais de devenir écrivain et professeur d'université. Je commencerais par obtenir le *General Education Diploma* qui m'ouvrirait les portes de l'enseignement supérieur. Puis je continuerais le parcours : licence, master, doctorat. Je m'imaginais, jeune stagiaire bientôt titularisé, dans le cadre bucolique d'un campus de la Nouvelle-Angleterre bordé de bâtiments en brique couverts de vigne vierge. Je me voyais en spécialiste du Proche-Orient ou en professeur de religion comparée. Ou de psychologie. Ou d'écriture créative. Tout m'intéressait et tout me semblait possible. Il suffisait de s'y mettre ! Dans dix ans, pensais-je, notre plus jeune fils approcherait de l'âge adulte. Dégagé de mes responsabilités paternelles, je pourrais passer la seconde moitié de ma vie à réaliser mes rêves. J'ouvrirais la voie pour moi et pour mes enfants. Je leur apprendrais à réaliser leurs rêves, eux aussi ; je leur montrerais qu'ils pouvaient devenir écrivains, professeurs, chercheurs, mécaniciens ou artistes de cirque. « Moi, je veux être maman ! » disait souvent Freidy. Je lui répondais que c'était un projet merveilleux, du moment que c'était le sien.

Ce ne serait pas facile, mais nous étions d'accord, Gitty et moi, pour nous donner les moyens d'y parvenir. Je continuerais de pourvoir à leurs besoins financiers, et nous nous partagerions la garde des enfants de manière harmonieuse. Elle ne tarderait pas à se remarier, j'en étais convaincu. Ses nombreuses qualités jouaient en sa faveur. Il y avait forcément, au sein de la communauté, un homme estimable qui saurait la rendre heureuse.

Une semaine après avoir emménagé dans mon nouvel appartement, je me rendis sur le campus du Rockland Community College, un centre universitaire de premier cycle qui assurait également la formation continue des adultes salariés. Niché dans une forêt située en bordure de Monsey, l'établissement proposait une grande variété de cours et de séminaires, dont je consultai les catalogues lors de ma première visite. Je pris une brochure de chaque formation et retraversai avec enthousiasme le hall étincelant du bâtiment principal. De retour chez moi, je passai une partie de la nuit à compiler cette montagne de documentation. Modalités d'inscription, demandes de bourse et description des cours : je lus tout, dans les moindres détails.

Et tout me tentait : l'histoire de l'art, l'ornithologie, la réalisation de dessins animés, l'algèbre niveau 1 à 3, la technologie automobile et la gestion de restaurant. Mon choix, cependant, se révéla limité par ma situation personnelle : je ne pouvais suivre que des cours du soir, et seulement ceux qui étaient « ouverts à tous » – autrement dit : à ceux qui, comme moi, n'avaient pas de diplôme de fin d'études secondaires. Une fois triées, les quelques brochures qui me concernaient ne couvraient plus qu'un petit nombre de disciplines, mais qu'importe ! Je me promis d'obtenir le GED en deux semestres et m'inscrivis aux cours nécessaires : anglais pour les débutants, et algèbre élémentaire. Puis je consultai la liste des enseignements optionnels, et choisis un cours de psychologie et un autre de philosophie générale.

Lors de mon premier cours d'algèbre, je trouvai une place libre au dernier rang. Un instant plus tard, une retardataire vint s'asseoir à côté de moi. Blonde, les cheveux coupés au carré, elle avait la peau la plus claire qu'il m'ait été donné de voir sur une femme adulte, et des traits d'une finesse exquise. On aurait dit une poupée. Elle portait une veste blanche, un jean ajusté et des bottines fourrées en cuir blanc. J'eus le sentiment, en l'observant à la dérobée, qu'elle venait d'Europe de l'Est. Je n'aurais pas été étonné de l'entendre parler anglais avec l'accent russe.

Je savais que je me sentirais bientôt prêt à envisager une rencontre. Pour l'heure, il n'en était pas question. Je ne souhaitais pas nécessairement sortir avec la jeune femme assise près de moi, ni devenir son ami, ni même lui parler, mais j'avais une conscience si aiguë de sa présence, de sa soudaine proximité que je peinais à me concentrer sur le cours d'algèbre. Pendant que le professeur nous parlait des polynômes, des nombres rationnels et de la factorisation, je frémissais en contemplant ma voisine – ses genoux si proches des miens, ses doigts fins serrés sur son stylo, les boucles gracieuses dont elle agrémentait les séries de chiffres qu'elle notait dans son cahier.

Était-ce normal ? Les autres hommes manquaient-ils s'évanouir, eux aussi, dans des circonstances similaires ?

Et comment s'y prenaient-ils ? La simple idée d'adresser la parole à cette femme me glaçait d'effroi. Que répondrait-elle ? Que ferais-je si elle me fusillait du regard ?

À la fin du cours, je parvins néanmoins à rassembler le courage nécessaire pour tourner les yeux vers elle. Quand son regard croisa le mien, elle esquissa un sourire. Une semaine plus tard, lors du deuxième cours, elle se pencha vers moi et me demanda si j'avais entendu ce que le professeur venait d'expliquer. Je désignai mes notes, qu'elle recopia avec empressement. Je m'enhardis et lui adressai la parole pendant la pause de cinq minutes. Que lui ai-je dit ? Impossible de m'en souvenir. En revanche, je me rappelle avoir été stupéfait d'obtenir une réponse de sa part. Énoncée d'une voix douce, avec une timidité déconcertante, sa réplique me prouva (car j'en doutais encore) que ma voisine était, somme toute, aussi humaine que moi – ce qui n'ôtait rien à son charme, d'ailleurs. Elle s'appelait Aliona, elle avait vingt-six ans et résidait dans une ville voisine de Monsey. Elle était en deuxième année.

Je l'écoutais en me demandant si nous pourrions devenir amis.

Quand j'ai commencé à vivre seul, je pensais tout savoir du monde extérieur. J'avais regardé des centaines de films, lu des dizaines d'ouvrages, dévoré des milliers d'articles de journaux et de magazines. Fort de ces connaissances, je m'imaginais que les expressions de tous les jours, les attitudes et les petites manies des non-hassidiques me viendraient naturellement dès que j'aurais fait ma mue, quittant ma peau de hassid pour celle d'un non-croyant intégré à la société laïque.

Je compris rapidement que je m'étais trompé. Les univers que j'avais vus au cinéma ou découverts entre les pages d'un roman ne reflétaient pas la réalité. On ne devient pas inspecteur de police en lisant des romans policiers ou avocat en regardant des drames tournés dans des salles d'audience. Aucun film au monde n'aurait pu me préparer à vivre dans le monde extérieur. Même débarrassé de ma kippa, de mes papillotes, de mon chapeau et de mon caftan, je me sentais inexplicablement différent, comme si mon ancienne identité formait autour de moi un halo invisible, mais éminemment perceptible.

Lorsque je tentais d'engager la conversation avec mes camarades de classe, je me trouvais maladroit, empreint d'une gaieté artificielle. Même anodins, leurs propos semblaient receler un sous-texte que je peinais à déchiffrer. « Salut, mec ! » me lança l'un d'eux en m'apercevant dans le couloir. Intrigué, je m'interrogeai sur la signification de cette interjection. N'était-ce pas une manière étrange de s'adresser à quelqu'un ? Pouvais-je adapter la formule à mes interlocuteurs – lancer « Salut, meuf ! » ou « Salut, mioche ! » si je me trouvais devant une femme ou un enfant ? Le dictionnaire demeurait muet sur la question.

Je fus tout aussi étonné d'entendre un autre camarade pimenter ses propos de petits mots entendus dans des films – « yo ! », « mec » et « pote », notamment. Leur irruption dans la réalité me semblait si incongrue que je ne pus me résoudre à les employer moi-même. Désemparé, j'avais le sentiment d'être en quête d'un élément crucial, d'un marqueur essentiel de la culture non hassidique, que je ne parvenais ni à identifier ni à saisir. Combien d'années me faudrait-il pour maîtriser les codes de la société américaine ? Était-ce seulement possible ? J'étais également gêné par mon accent yiddish : mes interlocuteurs laïcs l'avaient toujours qualifié de « léger », mais ne trahissait-il pas mes origines dès que j'ouvrais la bouche ? Et que dire de « Shulem » ? Foncièrement hébraïque, mon prénom m'embarrassait, lui aussi. Il ne correspondait pas, me semblait-il, à l'image ethniquement neutre que je cherchais à donner de moi-même.

Les codes vestimentaires me laissaient tout aussi perplexe, eux aussi. Comment éviter de commettre un faux pas ? Je me souviens encore de la remarque que fit un de mes collègues de bureau, croisé dans l'ascenseur, le jour où je portai pour la première fois un pull-over acheté quelques jours auparavant. Il m'examina de la tête aux pieds, avant de déclarer : « Très joli, votre pull. Vraiment BCBG. » Je l'interrogeai du regard, espérant qu'il m'expliquerait le sens caché de cette formule, mais il se mit à fredonner distraitement et quitta l'ascenseur un étage plus bas, me laissant interloqué. M'avait-il fait un compliment ? Une remarque blessante ? Il me suffit de quelques secondes sur Internet pour découvrir que « BCBG » signifiait « bon chic bon genre », mais je ne m'estimai pas renseigné pour autant. L'acronyme semblait s'appliquer à tant de vêtements différents ! Était-il synonyme de « chic » et d'« élégant » ou de « vieux jeu » et « démodé » ? Me correspondait-il, et si oui, pour quelle occasion ?

Peu après, j'entendis quelqu'un parler de « *dad jeans* » d'un ton clairement moqueur. Inquiet, je me précipitai vers ma penderie, d'où je sortis mon unique jean, un modèle taille haute, savamment délavé, acheté quelques semaines plus tôt. Pas de doute : c'était un jean à la papa !

Lors d'un interclasse, Aliona me confia qu'après avoir obtenu son GED, elle souhaitait s'inscrire en faculté d'anglais dans l'espoir de devenir institutrice. J'en déduisis aussitôt qu'elle s'intéressait aux jeux de mots, aux néologismes et aux tournures de phrase inhabituelles.

« Sais-tu quelle est la plus longue phrase anglaise grammaticalement correcte rédigée à partir d'un seul mot ? » demandai-je.

Elle m'offrit un regard intrigué.

« *Buffalo buffalo Buffalo buffalo buffalo buffalo Buffalo buffalo* », énonçai-je.

Toujours aussi perplexe, elle esquissa un sourire amusé. « Pardon ? »

J'avais déniché cette phrase sur Wikipedia plus tôt dans la journée. L'article expliquait que le mot anglais « *buffalo* », qui désigne à la fois une ville américaine (Buffalo), un animal (le bison) et une action (intimider) rendait cette construction possible. Cette information m'avait tellement ravi que je l'avais aussitôt mémorisée, espérant avoir rapidement l'occasion de la replacer dans une conversation.

« La phrase joue sur les homonymes du mot "buffalo", expliquai-je. Elle signifie que les bisons de Buffalo que des bisons de Buffalo intimident... » Je m'interrompis. Aliona me fixait d'un regard interloqué, à présent. Tout compte fait, il n'était peut-être pas judicieux de lancer une conversation sur des bribes d'informations trouvées en ligne.

« Désolé, dis-je avec un rire embarrassé. Tu risques de me prendre pour un dingo des mots, si je continue comme ça ! »

Elle rit à son tour. « Un dingo des mots. Quelle jolie formule ! »

Son rire me donna des ailes. Tout comme le fait qu'elle me saluait gentiment chaque mercredi soir quand j'entrais dans la salle de classe. « Bonjour, Shulem », disait-elle de sa voix douce comme de la soie, d'autant plus précieuse que je l'entendais rarement. Il me semblait qu'elle m'observait parfois d'un regard plein d'espoir, comme si elle attendait un geste de ma part – mais lequel ? Je ne savais même pas de quoi lui parler et nos conversations s'épuisaient rapidement, faute de carburant.

Plusieurs mois s'écoulèrent ainsi, partagés entre mon travail, les visites des enfants et mes cours du soir. Bien que très occupé, je me trouvais confronté à une solitude que je n'avais pas anticipée. Pendant quinze ans, ma femme et mes enfants avaient vécu à mes côtés. J'habitais à proximité de très nombreux amis et de centaines de connaissances, au cœur d'une communauté de plusieurs milliers de personnes. Puis j'avais levé l'ancre. *Comment vais-je remplacer tout ça ?* me disais-je en voyant s'éloigner la côte.

Certains de mes plus anciens amis continuaient de prendre de mes nouvelles, mais nos relations s'étaient rafraîchies. « Alors, tu es heureux, maintenant ? » s'enquéraient-ils d'un ton neutre, comme s'il s'agissait d'une question rhétorique. « Oui, répondais-je, je suis heureux – plus heureux qu'avant, du moins. Mais qu'est-ce qu'être heureux, au fond ? » Dans certains cas, je leur retournais la question : « Et toi, es-tu heureux ? » Ils prenaient la mouche, vexés. « C'est *toi* qui as changé de vie, pas moi ! » répliqua ainsi l'un de mes amis d'enfance d'un air outré. Gauches et guindées, ces conversations me pesaient. Nous veillions à éviter les sujets sensibles – nul ne m'interrogeait sur ma foi, mon intégration à la société laïque ou mon observance du shabbat, et je n'en parlais pas non plus. Seul mon frère Avrumi se risqua un jour à me demander si j'avais *vraiment* cessé d'observer le shabbat ou si c'était « purement théorique ». À l'issue de ces discussions, mes proches affirmaient tous la même chose : « Tu reviendras, Shulem. Tu reviendras. » Ils partaient en marmonnant : « Porte-toi bien », ou en espérant que je trouverais bientôt ce que je cherchais (au choix : mon identité, mon bonheur, la paix avec moi-même) afin de pouvoir (et le plus tôt serait le mieux) mettre un terme à mes errements pour le bien de toutes les personnes concernées.

« On pourrait passer un moment ensemble, un de ces quatre, suggérai-je à Aliona à la fin d'un cours d'algèbre. Se retrouver pour prendre un café, par exemple ? » Je rangeai mes livres dans mon sac, que je jetai en travers de mon épaule avant de me glisser entre nos sièges. J'espérais avoir lancé l'invitation de manière naturelle, comme si l'idée venait de me traverser l'esprit – alors que j'avais soupesé chaque mot et répété la phrase sur plusieurs tons différents avant de venir.

Aliona leva les yeux. « Oui, ce serait bien. »

L'avait-elle dit d'un ton joyeux ? Semblait-elle enthousiaste ? Ou se montrait-elle seulement polie ?

« On en reparlera », assurai-je, faute de mieux, avant de tourner les talons. Je passai les jours suivants à me ronger les sangs : comment réagirait-elle quand elle apprendrait d'où je venais ? Que faire si nous n'avions rien à nous dire ? Divers scénarios catastrophe se présentaient à mon esprit. Tous me mettaient en position d'être rejeté par une Aliona offusquée de mes avances. Bientôt, ce qui n'était qu'une éventualité devint une certitude à mes yeux, comme si la catastrophe s'était déjà produite.

À force de tergiverser, je me trouvai au pied du mur : il ne restait plus qu'un seul cours d'algèbre. J'étais consterné de ne pas avoir réussi à me lier avec Aliona. La perspective d'assister à notre dernier cours ensemble me parut insurmontable : je le séchai et fis tout mon possible pour me sortir cette jeune femme de l'esprit.

Un blogueur avec lequel je correspondais depuis quelques années m'appela peu après pour me demander de l'aide. Issu d'un des nombreux groupes hassidiques de Brooklyn, il était entré en contact, via un forum de discussion, avec une ultra-orthodoxe sur le point de rompre avec sa communauté.

« Elle veut partir, me dit-il. Mais avant cela, elle aimerait discuter avec quelqu'un qui est sorti. Et qui ne serait pas un raté. »

Était-ce ainsi qu'il me voyait ? Shulem – celui qui n'est pas un raté ?

Je lui proposai de transmettre mes coordonnées à cette femme, qui me téléphona quelques jours plus tard. Elle semblait hors d'haleine.

« Désolée, je suis… » Je l'entendis respirer bruyamment, puis la communication s'interrompit. Elle avait raccroché.

Elle rappela un instant plus tard. « Désolée. Je suis sur un sentier, en train d'aller à la bibliothèque. J'ai cru voir un hassid derrière moi, et je me suis mise à courir. » Elle semblait distraite, plus absorbée par son périple que par notre conversation. « Aïe ! l'entendis-je crier, puis : Pardon, Shulem. J'ai failli tomber dans le fossé. Je crois que ce type a disparu, maintenant. Bon sang, ce qu'il fait noir ! » Elle éclata de rire. « Vous devez me prendre pour une folle. Mais je ne suis pas zinzin, je vous assure ! »

Elle se prénommait Malky et vivait à Kiryas Joel, le village de la communauté satmar situé dans le comté d'Orange, à trente minutes au nord de Monsey. « Accepteriez-vous de me rencontrer ? » demanda-t-elle.

La rencontre eut lieu quelques jours plus tard, dans un restaurant de la chaîne Applebee's assez proche de Kiryas Joel pour que Malky s'y rende à pied. Nous savions tous deux qu'aucun hassid digne de ce nom ne fréquentait ce genre d'établissement : il n'y avait rien de casher au menu. Du moment que personne ne la voyait entrer, Malky pourrait discuter avec moi sans risquer d'être dénoncée à ses proches.

J'arrivai un peu en retard. Un type d'une cinquantaine d'années dînait seul sur une banquette. À quelques tables de là, un jeune homme et sa compagne, assis côte à côte, se penchaient l'un vers l'autre, au-dessus d'une assiette

de gâteau à demi entamée. La serveuse qui m'accueillit haussa les sourcils. « Vous êtes seul ?
— Non. J'ai rendez-vous avec quelqu'un. » J'hésitai à poursuivre, ne sachant comment décrire Malky. « Avez-vous vu une femme coiffée d'un... ? » Je n'eus pas le temps d'achever ma phrase que déjà, la serveuse me montrait l'une des tables situées au fond de la salle. Une femme seule, coiffée d'un foulard à fleurs couleur lavande, était assise dos à la porte. « Merci, dis-je à la serveuse. C'est elle. »

Je m'approchai lentement. La femme avait gardé son manteau d'hiver. Elle se tenait très droite sur la banquette, les mains jointes sur la table, près d'un verre d'eau encore intact. Elle leva les yeux en me voyant arriver, mais demeura impassible.

« Malky ? » demandai-je.

Elle ouvrit la bouche, visiblement éberluée. Je m'assis en face d'elle. Elle continua de m'observer sans rien dire, les yeux écarquillés de stupeur.

« Vous avez l'air d'un vrai shaïgetz ! » dit-elle enfin.

Nous engageâmes la conversation sans difficulté. Bientôt, nous discutions à bâtons rompus. Malky m'apprit qu'elle avait vingt-trois ans, qu'elle était mariée et mère de deux filles. Elle avait grandi dans une famille satmar traditionnelle, entourée d'une dizaine de frères et sœurs et d'une ribambelle de cousins. Enfant, puis adolescente, elle n'avait jamais remis en cause le mode de vie et les règles de la communauté, auxquels elle se pliait volontiers. Puis elle avait découvert l'existence d'Internet et s'était inscrite à de nombreux forums de discussion. Un monde nouveau s'était ouvert devant elle, plus vaste, plus riche que tout ce qu'elle avait connu auparavant. Très vite, la bibliothèque était devenue son refuge. Avide de connaissances, elle s'y rendait chaque soir en prétendant rejoindre sa sœur ou sa mère. Tandis que son mari gardait leurs deux filles, elle effectuait à pied, sur des sentiers plongés dans l'obscurité, le trajet de trente minutes à travers bois qui menait de chez elle à la bibliothèque municipale de Monroe, le village voisin. Sa vie intérieure avait changé du tout au tout. Désormais, elle était résolue à quitter la communauté – mais comment y parvenir ? Elle n'en avait pas la moindre idée et les obstacles lui semblaient encore infranchissables.

Au cours des jours suivants, Malky et moi discutâmes longuement au téléphone. Ensuite, nous nous revîmes une première fois, puis une autre, avant de faire de ces rendez-vous une véritable habitude. S'il s'agissait officiellement de l'aider – étant « sorti », je lui tendais une main amie –, je compris rapidement que la jeune femme m'était aussi précieuse que je l'étais pour elle. Elle fut ma planche de salut à un moment où je menaçais de sombrer dans une solitude abrutissante.

Aussi déconcertante fut-elle, cette période de transition me permit de raffermir mes certitudes : je *savais* que j'étais sur la bonne voie. Le samedi matin, quand je n'avais pas la garde des enfants, je me lançais dans de longues randonnées sur les sentiers du Harriman State Park, un parc régional situé à courte distance en voiture de chez moi. Au fil des heures, je consultais régulièrement ma montre en pensant à ce que faisaient les enfants au même instant. À midi, ils étaient à la synagogue – *les prières viennent de s'achever*, songeais-je. À 14 heures, *ils sont en train de manger*, me disais-je. Je les voyais assis autour de la table chez Gitty, chez leurs grands-parents ou leurs cousins, devant des assiettes remplies de tcholent, de kugel aux oignons et de *kishke*, entonnant les chants du shabbat, leurs bentchers écornés à la main.

Je repensais alors à ces chants, à l'ambiance particulière du shabbat, et mon cœur se serrait, gagné par une mélancolie douce-amère. Tout en franchissant prudemment des torrents, en escaladant des rochers, en grimpant jusqu'à des sommets avant de redescendre au creux des vallées, je fredonnais les cantiques que j'avais chantés pendant tant d'années chaque samedi après-midi : « Le jour le plus sacré de la semaine », « Plaisir du shabbat », « Aime le shabbat et Dieu te prodiguera Son amour ». Ma randonnée favorite consistait à gravir le mont Popolopen-Torne, d'où je bénéficiais, une fois arrivé tout en haut, d'une splendide vue panoramique sur le comté. Par temps clair, j'apercevais Hoboken, et même New York. Je plantais mes bâtons de randonnée dans la mousse, près d'un grand cairn construit en hommage aux soldats américains, je me débarrassais de mon sac à dos imbibé de sueur et j'en sortais mon sandwich à la dinde et au fromage.

Nous étions samedi après-midi. Je profanais le shabbat en marchant et en mangeant traïf – des plaisirs simples, mais si lourds de sens à mes yeux ! Assis face au panorama, mon sandwich à la main, j'éprouvais une sorte de vertige à la pensée que je pouvais désormais faire ce que je m'étais interdit pendant tant d'années, parce que je craignais non pas le châtiment de Dieu, mais le jugement des hommes.

24

« Envisages-tu de te remarier ? me demanda Malky quelque temps après notre rencontre. Aimerais-tu avoir d'autres enfants ? »

Nous nous trouvions au beau milieu d'un sentier menant au Perkins Memorial, une tour d'observation située au sommet de Bear Mountain. Malky m'avait demandé de l'emmener en randonnée. Comme elle ne pouvait quitter sa famille un samedi, j'avais accepté de faire une entorse à mes habitudes et nous nous étions donné rendez-vous un dimanche matin.

« Me remarier, je ne pense pas. Mais avoir d'autres enfants, oui.

– Vraiment ? » Elle tourna la tête vers moi. Longue et souple, sa perruque attachée en queue-de-cheval bondissait à chacun de ses pas.

« Si j'avais des enfants maintenant, je pourrais les voir grandir sans avoir à leur cacher mes convictions.

– Je comprends.

– En même temps, cette idée me met mal à l'aise... J'aurais l'impression d'être injuste. »

Malky me lança un regard perplexe, mais je fus incapable de préciser ma pensée, encore trop confuse. Nous entreprîmes en silence l'ascension du rocher escarpé qui se dressait devant nous, posant prudemment un pied, puis l'autre, sur les saillies situées sur la face externe. Parvenus au sommet, nous reprîmes notre souffle en offrant avec plaisir nos visages et nos cous baignés de sueur à la brise fraîche qui balayait l'immensité du ciel. Puis Malky sortit sa gourde de son sac à dos tandis que je m'asseyais sur une grande pierre plate à proximité.

« Pourquoi l'idée d'avoir d'autres enfants te met-elle mal à l'aise ? » Elle inclina la tête et me fixa en fronçant les sourcils, comme si elle cherchait à percevoir un objet qui demeurait flou.

« C'est peut-être absurde, mais… j'aurais l'impression d'être déloyal. D'agir comme si les enfants que j'ai aujourd'hui n'étaient pas assez bien, ou que je les aimais moins à cause de l'univers dans lequel ils vivent, et que je souhaitais les remplacer par d'autres. »

Elle s'assit près de moi sur le rocher et nous demeurâmes silencieux, perdus dans nos pensées. Il était rare qu'il fasse aussi doux au mois de mars : un soleil généreux nous avait réchauffés tout l'après-midi, mais il se déplaçait rapidement vers l'ouest, à présent. Une brusque rafale de vent nous rappela que le crépuscule ne tarderait pas à tomber, apportant la fraîcheur du soir.

Nous nous levâmes pour rassembler nos affaires. Malky remit son sac à dos, puis ferma la sangle de devant d'un geste lent, presque rêveur. Elle semblait encore absorbée dans ses réflexions.

« Je crois que je comprends ce que tu veux dire, dit-elle finalement. Mais pour moi, c'est différent. Je ne partirai pas sans mes filles. »

Lorsque je suis parti, je n'ai pas envisagé un instant d'emmener mes enfants. Plus tard, certains me diraient que j'aurais dû (entre autres impératifs) rester auprès de mes enfants puisque je ne pouvais pas me permettre de les exposer à une vision du monde et à un mode de vie auxquels ils n'étaient pas accoutumés. D'autres estimeraient que j'avais été cruel de partir sans me battre pour les emmener, afin de changer leur vie en même temps que je changeais la mienne. Sur le moment, aucun de ces arguments ne m'a traversé l'esprit. Il me semblait évident que le mieux, pour eux, était de rester avec Gitty. Elle les aimait autant que moi et cherchait, elle aussi, à les préserver de la crise que nous traversions. De mon côté, je n'étais pas convaincu que le chemin que j'avais choisi les mènerait nécessairement au bonheur que j'espérais tant trouver moi-même.

Je reçus peu après un appel alarmant de Malky. Très agitée, elle semblait au bord des larmes. « Shulem, s'écria-t-elle, mon père veut m'enlever mes filles ! »

Elle s'était rendue chez ses parents quelques jours plus tôt, afin de participer à la cérémonie familiale consistant à couper les cheveux d'un petit garçon à l'occasion de son troisième anniversaire. L'enfant en question était l'un de ses neveux. Alors qu'elle se trouvait dans la cuisine avec ses sœurs, ses tantes et ses cousines, elle avait aperçu son père et son mari, en grande discussion dans la salle à manger. Elle s'était discrètement approchée de la porte pour tenter de surprendre leurs propos.

« Ils parlaient d'emmener mes filles – de me les enlever, Shulem ! Je suis terrorisée ! »

Reprenant son souffle, elle m'expliqua que des rumeurs avaient commencé à circuler sur son compte au sein de la communauté. Elle avait récemment cessé de porter les bas opaques, de couleur beige, que portaient les autres femmes ; son mari avait remarqué qu'elle ne se rasait plus le crâne sous sa perruque et qu'elle avait troqué sa longue chemise de nuit contre un pyjama – autant de transgressions qu'elle jugeait mineures, mais qui avaient attiré son attention. D'autant qu'elle lui avait fait part, lors d'un moment d'inattention, de son désir de quitter le village. Inquiet, il s'était tourné vers le père de Malky, auquel il avait tout raconté.

« Je suis certain que ton père n'a pas réellement l'intention d'enlever tes filles, assurai-je, persuadé qu'elle exagérait la gravité des faits. Il y a des lois dans ce pays !

— Tu ne le connais pas, Shulem. » Son père, précisa-t-elle, était un *askan*, un *klaktier*. Un activiste et un correspondant politique. Il représentait des groupes d'électeurs capables de faire basculer les élections locales ; il conseillait les rebbes ; il dirigeait plusieurs institutions importantes. Craint et respecté, il n'avait pas l'habitude d'être défié. « De toute façon, reprit Malky, tu sais comme moi que ce village a ses propres lois. »

Dès lors, nos relations ne furent plus tout à fait les mêmes. Nous nous vîmes quelques jours plus tard, à la faveur d'une course qu'elle devait faire à Monsey. Elle était venue en bus et n'avait qu'une dizaine de minutes à m'accorder avant de rentrer à Kiryas Joel. Je la rejoignis derrière un petit centre commercial. Elle m'attendait, à demi dissimulée par un énorme container à poubelles. Elle promena un regard prudent autour d'elle avant de monter dans ma voiture. Comme je me penchais pour lui faire la bise, elle s'écarta vivement, l'air apeuré.

« Il vaut mieux cesser de s'embrasser, dit-elle. C'est trop risqué. »

Elle avait pris rendez-vous avec un avocat, spécialiste des divorces difficiles. Il lui avait conseillé de ne plus donner prise aux soupçons de ses proches, et d'éviter tout comportement « indécent ».

« Tu crains d'être vue *ici* ? » Je jetai un regard éloquent au parking désert.

Elle secoua la tête. « C'est trop risqué, répéta-t-elle, les yeux brillants de larmes. Oh, Shulem… Crois-tu que j'arriverai à m'en sortir ? »

Pour l'heure, reprit-elle, mieux valait cesser de nous voir. Nous pourrions nous parler au téléphone de temps en temps – rien de plus.

« Elle veut rencontrer quelqu'un qui ne serait pas un raté. » Les propos de mon ami blogueur resurgirent fréquemment à mon esprit au cours des mois suivants. Un raté. C'était l'un des clichés les plus couramment associés aux « sortants ». Aux yeux du monde ultra-orthodoxe, nous formions un ramassis d'éclopés de la vie – jeunes en difficulté, hommes ou femmes malheureux en ménage ou issus d'un foyer brisé, victimes d'abus sexuels ou de harcèlement psychologique. « Honnêtement, disaient-ils, seuls des ratés, des déjantés dans leur genre peuvent choisir de quitter le cocon chaleureux et si convivial des hassidim ! » Je savais qu'il s'agissait d'un stéréotype, mais je ne pouvais m'empêcher de me demander : et s'ils avaient raison ? N'étais-je pas un raté, moi aussi ?

Je semblais pourtant sur la bonne voie : j'allais travailler tous les matins et je suivais assidûment mes cours du soir. Mais j'avais l'impression qu'une partie de moi-même s'effondrait un peu plus chaque jour. Non, je ne regrettais pas ma décision. Seulement, l'euphorie des premiers temps m'avait quitté, me laissant en proie à un malaise persistant. Malky jugeait préférable de ne plus me voir et je n'avais pas réussi à me lier avec Aliona. Le vendredi soir, quand les enfants restaient chez leur mère, je mourais d'envie d'aller rejoindre des amis – mais lesquels ? Je n'avais personne à contacter. J'allais parfois au cinéma, mais la perspective de regagner seul mon appartement de Monsey à l'issue de la séance m'empêchait de profiter pleinement du film. Je pris alors l'habitude de me rendre à Manhattan et de marcher au hasard des rues de Greenwich Village, en quête de ce qui me manquait, et que je ne parvenais pas à définir.

Une nuit, vers deux heures du matin, je passais près d'un homme d'une cinquantaine d'années qui s'appuyait sur une canne le long d'un mur, à l'angle de University Place et du Washington State Park. Il pointa l'index vers moi en disant : « Toi. Tu es beau, toi ! » Je jetai un regard derrière mon épaule : personne. Il renouvela sa déclaration d'un ton plus emphatique, l'index toujours pointé vers moi. « Toi. Oui, toi ! » s'écria-t-il avant de me proposer ses services sexuels en m'assurant de notre plaisir mutuel. Puis il éclata d'un rire moqueur en me voyant accélérer le pas. Je m'éloignai avec soulagement – sans pouvoir refréner un petit sourire ravi. J'avais été remarqué.

Un autre soir, j'aperçus un homme et une femme dans l'embrasure d'une porte sur West Houston Street, près de la 6ᵉ Avenue. Ils discutaient en fumant une cigarette. Me voyant ralentir le pas, l'homme m'interpella : « Vous venez pour la réunion ? C'est au premier étage. » Il désigna la porte de l'immeuble, puis écrasa le mégot sous son talon. Il était près de minuit. Les rues de Greenwich Village bruissaient de musique et de rires ; des jeunes femmes court-vêtues, perchées sur de hauts talons, s'engouffraient dans des taxis que hélaient leurs compagnons, sourire aux lèvres, enivrés par les promesses de la nuit.

« Venez, insista l'homme. Ne soyez pas intimidé. » Il me tenait la porte. Je le suivis dans l'étroit escalier qui menait au premier étage. Là, une affichette avait été placardée sur la porte d'un appartement : « Réunion de minuit », indiquait-elle. J'entrai dans une vaste pièce, où plusieurs rangées de chaises faisaient face à une petite estrade. Près de la porte, une table basse accueillait un amas de brochures dont les titres me permirent de confirmer ce que je soupçonnais déjà : j'avais été convié à une réunion des Alcooliques anonymes. Des hommes et des femmes de tous âges, l'air grave et respectable, prirent place sur les rangées de chaises. Un instant plus tard, un homme monta sur l'estrade. Il entreprit de raconter comment l'alcool avait détruit sa vie, comment le « comité de langues de vipère » qui logeait dans sa tête lui sapait le moral chaque fois qu'il essayait de décrocher. Il fit le récit de ses nombreuses tentatives ratées, de sa détermination à persévérer, à se relever chaque fois qu'il sombrait. Puis d'autres voix s'élevèrent dans la salle pour l'encourager et confirmer ses dires, expliquant comment ils avaient, eux aussi, brisé leur vie, rompu leurs promesses et ramassé ce qui restait d'eux-mêmes après avoir tout perdu : leur famille, leur boulot, leurs rêves. Chacun d'eux commençait par annoncer depuis combien de temps il ou elle était sobre. Sept ans. Trois mois. Cinq jours.

Je revins plusieurs fois à cette réunion, les vendredis soir où je n'avais rien d'autre à faire, nul endroit où aller, personne à retrouver. Je n'étais pas alcoolique, mais je me sentais proche de ces hommes et de ces femmes qui souffraient, chacun à sa manière, d'un mélange toxique de mauvais choix et de circonstances malheureuses. Étaient-ils des ratés pour autant ? Ils l'avaient été, mais ne l'étaient plus, farouchement résolus à se prendre en main.

Je décidai de consulter un thérapeute et arrêtai mon choix sur une petite femme d'une soixantaine d'années. J'aurais aimé l'entendre dire que je n'étais pas tout à fait normal, mais elle s'y refusa. « Vous avez opéré des choix difficiles, qui se sont traduits par de profonds changements dans votre vie, affirmait-elle. Je m'inquiéterais pour votre santé mentale si vous ne vous sentiez pas un peu perdu ! »

C'est également à cette période que je repensai à Footsteps, cette association basée à Manhattan qui offrait conseils et assistance à ceux qui quittaient le monde clos des communautés ultra-orthodoxes. J'en avais entendu parler par Leiby, le jeune garçon dont le départ avait précipité le mien trois ans auparavant. Il s'était adressé aux membres de l'association, qui l'avaient soutenu aux premiers temps de sa nouvelle vie. Il poursuivait maintenant des études d'ingénierie chimique à Cornell University, dans l'État de New York, mais l'association, elle, était toujours là.

J'avais consulté leur site internet au cours des premières semaines qui avaient suivi mon emménagement à Monsey. J'avais examiné avec attention leur programme et le planning des différentes activités proposées chaque semaine : aide à la préparation du GED, conseils en orientation, aide à la rédaction de CV et de lettres de motivation… Rien qui me soit utile, avais-je conclu. J'avais déjà un emploi, je m'étais inscrit à un cours du soir sans difficulté, je parlais, je lisais et j'écrivais couramment l'anglais. J'avais tout de même appelé la permanence téléphonique pour savoir s'ils n'avaient pas d'autres activités ou conseils à me proposer, mais j'étais, semblait-il, déjà trop bien « intégré » pour bénéficier de leurs services. Je les avais remerciés de l'aide extraordinaire qu'ils offraient aux jeunes « sortants » sans ressources, puis j'avais raccroché et oublié leur existence.

À présent, ma situation était différente. Je n'avais pas besoin de conseils en formation et en orientation professionnelle, mais de contacts, de rencontres, d'échanges. Peut-être pourrais-je conseiller les plus jeunes et les plus désorientés d'entre nous ? pensai-je. Leur donner des cours d'anglais et de maths ? Je leur offrirais mon aide, et ce seul geste contribuerait à m'aider en retour.

Je me rendis dans les locaux de l'association le deuxième soir des fêtes de Pessah. Les tables avaient été garnies pour l'occasion : des boîtes de pain azyme voisinaient avec des piles de pain pita, des assiettes de carpe farcie côtoyaient des plats de sushis, et les plus affamés pouvaient se régaler de salades de pâtes, de kugel aux pommes de terre et de compotes de fruits. Une petite table placée à l'écart accueillait les plats destinés à ceux qui tenaient encore à respecter les lois de la Cacherout. La plupart des mets avaient été préparés par les membres de l'association – et la plupart d'entre eux ne semblaient pas casher, remarquai-je avec étonnement. Je fus plus surpris encore par la quantité d'aliments à base de hamets, la pâte levée proscrite pendant les fêtes de Pessah : les tables regorgeaient de pain, de pâtisseries et de pâtes. « Pendant sept jours, quiconque mangera une substance levée sera retranché de la communion d'Israël », stipule le Livre de l'Exode. Pour s'y conformer, les Juifs du monde entier font disparaître plusieurs jours à l'avance toute trace de levain de leur maison. Ils rassemblent les aliments incriminés et les brûlent dans des poubelles au fond de leur jardin ou dans d'énormes containers municipaux. Les hassidim vont même jusqu'à s'interdire de consommer, pendant toute la durée des fêtes de Pessah, des aliments qui n'auraient pas été préparés chez eux. Et voilà que, dans les locaux de cette association, en plein cœur de Manhattan, des hommes et des femmes de confession juive transgressaient ouvertement ces règles fondamentales ? J'en demeurai pantois, ébahi par la détermination avec laquelle ils exerçaient leur liberté retrouvée.

Un jeune homme vêtu d'un tee-shirt gris frappé du logo d'AC/DC vint s'asseoir près de moi.

« Tu es fan d'AC/DC ? demandai-je.

– Pardon ? » Il me décocha un regard perplexe tout en piquant une tranche de carpe farcie du bout de sa fourchette.

« AC/DC. Ton tee-shirt. » Je désignai les lettres gothiques imprimées en noir sur le coton gris.

Cette fois, il sembla comprendre. « Ah ! C'est un groupe de rock, non ? »

Je crus qu'il plaisantait, jusqu'à ce qu'il m'expose sa situation en quelques mots : ancien hassid de Belz, il avait récemment quitté sa communauté et ne connaissait presque rien à la musique profane. « Le tee-shirt m'a plu, c'est tout ! avoua-t-il en riant. Quelqu'un m'a dit que c'était le nom d'un groupe, mais je n'en avais jamais entendu parler. » Si j'avais croisé ce jeune homme dans la rue, je l'aurais pris pour un étudiant branché – il en avait l'allure : grand, mince et pourvu d'une élégante paire de lunettes. Il travaillait comme chauffeur-livreur tout en préparant son GED dans l'espoir de suivre des études universitaires.

« Félicitations ! » dis-je, impressionné.

Il haussa les épaules. « C'est dur, tu sais. J'ai vingt-quatre ans. Je suis père d'une petite fille. Et j'ai l'impression de me retrouver à l'école primaire ! »

Je discutai ensuite avec un homme autrefois nommé Burich, qui se faisait désormais appeler Brad. Il me confia qu'il avait longtemps eu du mal à se faire des amis dans le monde extérieur. Sorti de sa communauté depuis deux ans, il avait récemment rejoint l'association. Avant cela, tout au long de sa première année de vie auprès des laïcs, il ne parlait à personne par crainte de ne pas savoir comment s'y prendre.

« Puis je suis tombé sur un bouquin absolument génial, poursuivit-il, les yeux pétillants d'espièglerie. *La Conversation pour les nuls*. Il m'a aidé à faire des rencontres, à lancer des conversations dans le métro, au café ou à la librairie. Maintenant, je me fais des amis partout où je vais ! »

Les discussions de ce soir-là résonnèrent à mes oreilles comme une musique familière. Certains membres de l'association semblaient brisés par leur passé, surtout ceux qui s'étaient jusqu'alors voués au bien-être de leur famille et de leur communauté au mépris de leur liberté et de leur bonheur personnels. Tous évoquèrent le sentiment d'étouffement qu'ils ressentaient au sein de leur communauté, l'impression d'avoir constamment agi à rebours de leurs désirs et de leur volonté, jusqu'au jour où, n'en pouvant plus, ils avaient décidé de vivre en accord avec eux-mêmes, quitte à être ostracisés, conspués, rejetés par leurs proches. Nombre d'entre eux semblaient encore en phase d'adaptation, aux prises avec les barrières linguistiques et l'apprentissage de quelques principes de base : comment acheter des vêtements, comment se comporter lors d'un premier rendez-vous, où acheter un costume d'Halloween. Une ancienne loubavitch raconta qu'elle écoutait des centaines de groupes de rock pour tenter de se familiariser avec la musique profane. Assis près d'elle, un ex-satmar dressa l'oreille. « Un groupe de rock ? répétat-il en anglais avec un fort accent yiddish. Qu'est-ce que c'est ? » C'était la première fois qu'il entendait ces mots.

Plus tard dans la soirée, je fis également la connaissance des membres les plus anciens de l'association. Sortis depuis des années, ils étaient maintenant parfaitement intégrés : rien ne les différenciait plus des autres New-Yorkais de leur génération. Plusieurs d'entre eux étaient inscrits en faculté de psychologie, de médecine, aux beaux-arts ou dans des écoles d'ingénieurs. Je bavardai aussi avec des artistes en herbe (écrivains, réalisateurs ou comédiens) et avec un certain nombre d'avocats, surtout parmi les hommes. Leur nombre m'incita d'ailleurs à penser que les anciens hassidim présentaient des prédispositions pour les carrières juridiques. Les nuances des textes de loi ne leur paraissaient peut-être guère plus complexes que les subtilités du Talmud sur lesquelles ils avaient planché pendant une, voire deux décennies.

Au cours des mois et des années qui suivirent, je fus amené à rencontrer de nombreux membres de Footsteps pour lesquels l'association était devenue une véritable famille de substitution, et à me lier durablement avec eux. Fondée en 2003 par une ancienne loubavitch, l'organisation servait à la fois de centre de ressources, de structure d'accueil et de berceau à une communauté naissante, encore en quête d'elle-même. Les cadres de l'association organisaient des repas pendant les fêtes juives, des randonnées et des séjours en pleine nature pendant l'été, et des groupes de parole hebdomadaires, où chacun pouvait venir partager son expérience et écouter celle des autres. Certains groupes étaient animés par des travailleurs sociaux spécialement recrutés pour l'occasion ; d'autres, plus informels, se présentaient comme de simples discussions collectives. Ainsi que je le compris au fil des réunions, les sortants, qu'ils soient récents ou déjà anciens, appréciaient d'être soutenus et encouragés par leurs pairs. Même ceux qui avaient quitté depuis longtemps le monde ultra-orthodoxe, ceux qui avaient l'impression d'avoir vraiment tourné la page, qui avaient obtenu leurs diplômes universitaires, décroché le job de leurs rêves, refait leur vie et rempli leurs placards de vêtements à la mode éprouvaient encore le besoin de pousser la porte de l'association. La plupart des membres de Footsteps avaient été reniés par leur propre famille. Privés de ce lien fondamental, ils se tournaient naturellement les uns vers les autres lors des moments importants de leur vie. Ils s'épaulaient, assistaient aux cérémonies de remise de diplômes, fêtaient ensemble leurs anniversaires, partaient en vacances avec d'autres membres de l'association et, plus tard, acceptaient d'être témoin à leur mariage. Bientôt viendraient les premières naissances, propres à ranimer et à réchauffer tant de cœurs exsangues.

Un jour, au début d'une réunion organisée à la demande d'un client potentiel, mon employeur, assis en bout de table, se chargea de faire les présentations d'usage : « Eileen. Amber. Jeff. Lisa. Shulem », énonça-t-il en nous désignant l'un après autre. Il s'interrompit brièvement, puis reprit en riant : « Le *nouveau* Shulem ! Nous avions l'habitude de travailler avec le vieux Shulem. Maintenant, nous avons droit au nouveau Shulem. »

Mes collègues esquissèrent un sourire embarrassé, tandis que les clients me jetaient des regards intrigués, visiblement étonnés par le comportement de mon patron, un petit homme affublé d'un nœud papillon rouge qui riait fort et manquait totalement de savoir-vivre.

Quelques jours plus tard, tandis que les enfants dînaient chez moi, réunis autour de la petite table de la cuisine, je me surpris à me demander si j'étais « nouveau » pour eux aussi. Ils m'avaient vu changer en l'espace de quelques années : j'avais peu à peu raccourci ma barbe, cessé de porter mon long caftan et ma large kippa en velours, leur préférant un blouson et une petite kippa en daim.

« Où sont tes papillotes ? » m'avait récemment demandé Chaya Suri, comme si elle venait de remarquer leur absence. Elles étaient longues et épaisses lorsque je vivais à New Square : une fois déroulées, elles m'arrivaient quasiment à la taille. Pendant des années, je les avais entortillées et coincées derrière mes oreilles, puis j'avais commencé à les couper, quelques millimètres à la fois, de semaine en semaine. Au bout d'un an, il n'en restait rien.

J'avais tiré sur les cheveux courts qui recouvraient mes tempes. « Elles sont toujours là, avais-je assuré, mais elles sont plus courtes, maintenant. » Ma fille s'était approchée de mon crâne en plissant les yeux, l'air dubitatif, puis elle était partie en courant.

« On fait un câlin ? » disais-je aux enfants lorsqu'ils étaient prêts à partir, bien emmitouflés dans leurs manteaux, bonnets enfoncés sur leurs yeux, moufles aux mains. Nous nous rassemblions tous les six près de la porte et nous enlacions étroitement les uns les autres. « Bisou, bisou, bisou, bisou ! » entonnions-nous gaiement, tout en plaquant des baisers sonores sur les joues et les fronts qui s'offraient à nos lèvres.

Si les enfants semblaient se satisfaire de la situation, il n'en allait pas de même pour Gitty, qui se montra de plus en plus tendue au fil des mois.

« Pourquoi mets-tu un jean quand tu viens les chercher ? me lança-t-elle un soir au téléphone.

– Je reste dans la voiture. Personne ne voit mon pantalon.

– C'est faux. Tu es sorti de la voiture l'autre jour ! » répliqua-t-elle d'un ton acerbe.

Effectivement. Je l'avais fait une fois – et une fois seulement. Seuls les garçons venaient chez moi ce week-end-là, les filles étant invitées à une réunion familiale. Hershy et Akiva, âgés de six et huit ans, étaient sortis de l'appartement de leur mère pour me rejoindre dans la Honda que j'avais garée le long du trottoir. Ils portaient un sac de voyage, chacun par une anse, et s'étaient approchés maladroitement de la voiture. J'aurais voulu les aider, mais j'étais en jean : impossible de sortir. Ils avaient posé le sac près du coffre, l'avaient ouvert, et avaient hissé ensemble leur bagage à l'intérieur. Les yeux fixés sur le rétroviseur arrière, je les avais ensuite vus lever les yeux vers le hayon, désormais trop haut pour qu'ils puissent l'atteindre. J'avais alors bondi sur le trottoir, fermé le coffre et regagné le volant – le tout en quelques secondes. J'étais convaincu que personne ne m'avait vu, mais à l'instant où les garçons s'engouffraient sur la banquette arrière, un petit voisin, juché sur une bicyclette, avait interpellé Hershy.

« C'est qui, ce goy ? » s'était-il exclamé d'une voix forte.

Je ne souhaitais pas être une source d'embarras pour mes enfants. Malgré tout, je ne pouvais m'empêcher de m'interroger : dans quelle mesure un parent anticonformiste doit-il tenir compte des angoisses de son enfant ? N'était-il pas troublant de penser qu'un enfant ne parviendrait pas à surmonter le « traumatisme » causé par l'apparition d'un parent vêtu d'un pantalon différent de celui qui se porte habituellement ?

Une voix intérieure, progressiste et large d'esprit, me soufflait que les enfants sont d'autant plus épanouis qu'ils sont exposés à différentes visions du monde. Une autre, plus modérée, me rappelait qu'il s'agissait de circonstances bien particulières. J'avais promis à Gitty d'observer rigoureusement la loi juive chaque fois que je serais en présence des enfants. Si j'accordais moins d'importance au respect des coutumes hassidiques, je lui avais tout de même promis de respecter leur mode de vie et d'éviter de les exposer à des pratiques susceptibles de les perturber.

Ces promesses étaient parfois difficiles à tenir. Ce fut le cas pendant la période de demi-fête qui sépare les deux premiers jours des deux derniers jours de Pessah : profitant de mes congés, j'emmenai les enfants au parc d'attractions de Six Flags à Jackson, dans le New Jersey. Après avoir passé plusieurs heures à conduire des autos tamponneuses, dévaler le grand huit et visiter des vaisseaux pirates, nous nous installâmes sur une aire de pique-nique pour déjeuner. Je sortis de mon sac le pain azyme, le fromage, les yaourts et autres denrées casher « spéciales Pessah » que j'avais préparées et emballées avant de partir. Les matsot étaient de fabrication « traditionnelle » (rondes et pétries à la main), mais je m'aperçus rapidement que je n'en avais pas prévu suffisamment. Les enfants eurent vite fait de les manger, et Akiva se tourna vers moi pour m'en demander d'autres.

Par chance, j'avais aussi emporté un paquet de matsot « faites à la machine » – de forme carrée, aussi casher que les autres, mais réprouvées par les ultra-orthodoxes. La coutume souffrait pourtant quelques exceptions : même Gitty servait parfois ces matsot aux enfants lorsque nous vivions ensemble. Elles avaient meilleur goût et coûtaient beaucoup moins cher que les galettes traditionnelles.

« Tiens », dis-je à Akiva en lui tendant une matzah carrée, que je sortis de la boîte posée à côté de moi.

Hershy se pencha vers nous. « Je peux en avoir une, moi aussi ? »

J'obtempérai, tout en me demandant si je ne commettais pas une erreur qui me serait reprochée par la suite. Je faillis demander aux garçons de ne rien dire à leur mère, puis je me ravisai, préférant ne pas les alarmer.

Gitty me téléphona le lendemain, absolument furieuse. « Tu leur as donné des matsot faites à la machine !

– C'est tout ce que j'avais, répliquai-je d'un ton apaisant. Et je n'en ai donné qu'aux plus jeunes. »

Elle se mit à hurler. « Tu nourris mes enfants avec des aliments interdits ! »

Je tentai de lui rappeler que toutes les matsot étaient, par définition, rigoureusement casher : il n'existait pas de matzah traïf. En outre, il ne s'agissait que d'une transgression mineure. Elle se l'était elle-même autorisée à quelques reprises au cours de notre vie commune. Hélas, mes arguments ne firent que la fâcher davantage, et notre dispute prit rapidement de l'ampleur.

« Tu les as mis devant la télévision ! » hurla-t-elle quelques semaines plus tard.

Intrigué par le poste installé dans ma chambre, Akiva m'avait demandé la veille pourquoi j'avais un « ordinateur » en face de mon lit. « Ce n'est pas un ordinateur, avais-je répliqué. – C'est quoi, alors ? » avait-il enchaîné. Je n'avais pas répondu, estimant que le mot « télévision », qu'il avait forcément entendu, risquait de le perturber. « Allume-la, si tu veux », avais-je suggéré. Quel mal y avait-il à le laisser regarder les informations pendant une petite minute ? Il avait donc regardé, fasciné, les deux présentateurs énoncer les titres du journal du soir. Hershy, attiré par le bruit qui s'échappait de ma chambre, n'avait pas tardé à nous rejoindre, suivi de Chaya Suri. « Bon, ça suffit », avais-je décrété en pointant la télécommande vers l'appareil pour l'éteindre. Un chœur de protestations avait accueilli mon intervention. « Encore une minute ! » avait supplié Akiva tandis que je l'entraînais vers la cuisine, où Tziri et Freidy mettaient la table pour le dîner.

Je promis à Gitty que ce genre d'incident ne se reproduirait pas. « Tu as raison, admis-je. J'aurais dû être plus vigilant. Mais je te jure qu'ils ne l'ont pas regardée plus d'une minute !

— Je ne peux plus te faire confiance », rétorqua-t-elle d'un ton sec, avant de mettre fin à notre conversation.

Plusieurs semaines s'écoulèrent sans autre événement notable. Puis, un soir, alors qu'elle venait de monter dans la voiture, Freidy me tendit un morceau de papier sur lequel je reconnus l'écriture familière de Gitty. « Je suis désolée, avait-elle écrit. Je préfère cesser tout contact avec toi. »

Pour communiquer avec elle, je devrais désormais passer par une tierce personne, annonçait-elle, avant de me donner le nom et les coordonnées d'un de ses parents éloignés.

Je lui téléphonai aussitôt. « Que se passe-t-il ? demandai-je.

— Je ne veux plus te parler », dit-elle.

Je cherchai à comprendre. Avait-elle été blessée ou vexée par un propos ou un geste maladroit de ma part ? Pouvais-je améliorer la situation d'une manière ou d'une autre ?

Elle demeura silencieuse.

« Tout allait si bien ! » m'écriai-je, interloqué. Elle avait toujours veillé, jusqu'à présent, à maintenir un contact permanent entre nous, et je lui en étais reconnaissant. Depuis notre séparation, je ne pouvais plus accueillir mes enfants chaque soir lorsqu'ils rentraient de l'école, dîner avec eux, les emmener faire des courses, les aider à apprendre leurs leçons ou à rédiger un exposé, mais grâce à Gitty, je me tenais informé des petits et des grands événements de leur vie. Comment continuer à jouer mon rôle de père, désormais ?

Elle refusa de s'expliquer davantage et lorsque je la pressai d'engager ne serait-ce qu'une simple discussion avec moi, elle demeura sourde à mes supplications. « Je ne veux plus te parler, énonça-t-elle d'un ton catégorique. C'est définitif. Je te prie de ne plus m'appeler et de ne pas chercher à me voir. »

J'éprouvai alors un étrange sentiment de perte, une sensation que je n'avais pas ressentie lors de notre divorce, ni au cours des mois suivants. Gitty et moi avions traversé des moments difficiles, mais nous nous étions rapprochés au fil des années. Notre séparation n'avait pas donné lieu à d'âpres batailles ni à de sombres disputes, comme c'est souvent le cas. Nous avions de l'affection et de l'estime l'un pour l'autre, et surtout, nous avions toujours fait passer l'intérêt des enfants avant le nôtre.

Je téléphonai à Shragi Green, l'homme qu'elle mentionnait dans son message. Parent éloigné de Gitty, membre de la communauté skver, il était promoteur immobilier à New Square. On le disait habile et perspicace, bien qu'il fût aussi, je le savais, quasiment illettré. Nous avions fait connaissance des années plus tôt et nous nous fréquentions encore de loin en loin. Il me demandait parfois de l'aider à corriger certains de ses courriers professionnels, dont le style et la teneur me rappelaient irrésistiblement les courriels frauduleux qui arrivaient de temps à autre du Nigeria pour me réclamer de l'argent sous un prétexte fallacieux.

« Es-tu au courant de la décision de Gitty ? lui demandai-je. Peux-tu m'expliquer ce qui se passe ? »

Je l'entendis soupirer à plusieurs reprises, comme s'il s'attendait à mon appel mais ne s'y était pas complètement préparé. « Gitty a demandé conseil aux rabbins, qui lui ont suggéré de rompre tout contact avec toi, répondit-il enfin. Tu as fait des choix. Maintenant, elle a fait le sien. »

Je protestai avec véhémence : les rabbins n'avaient pas à s'immiscer dans nos relations, c'était une affaire privée, qui ne regardait que notre petit cercle familial. Il m'interrompit d'un ton dur et inflexible. « Inutile de lutter : tu n'obtiendras rien. Tu as tenté d'influencer les enfants par le passé, mais c'est terminé. Gitty est entre de bonnes mains, à présent. Elle ne t'écoutera plus. »

Je tentai une nouvelle fois de contrecarrer ses arguments, mais il haussa la voix pour me couper la parole :

« Je sais que c'est difficile à accepter. Tu es en colère, et je le comprends. Ne t'inquiète pas, ajouta-t-il d'une voix plus amène. Laisse du temps au temps. Tu finiras par t'y habituer. »

25

Au cours des semaines suivantes, Tziri cessa de me parler. En signe de solidarité avec sa mère, peut-être ? Elle venait chez moi, dînait avec ses frères et sœurs, puis se pelotonnait sur le canapé avec un livre jusqu'à ce qu'il soit temps de partir. Je lui posais des questions sur l'école, sur ses amies, sur ce qu'elle était en train de lire, mais elle me battait froid. Quelqu'un ou quelque chose l'avait perturbée, et j'étais incapable de la faire changer d'avis. Âgée de treize ans, terriblement intelligente, elle affichait l'entêtement d'un bœuf et l'indifférence d'un chat de gouttière.

Des semaines, puis des mois s'écoulèrent. Tziri demeurait silencieuse. Gitty refusait de prendre mes appels. Je souffrais de ne rien savoir des relevés de notes, des réunions de parents d'élèves, des rendez-vous chez le médecin. Je devais supplier les enfants de me tenir informé. Je ne connaissais de leur vie que ce qu'ils m'en racontaient, et ils ne se livraient guère.

Un jour, Chaya Suri fit allusion à un accident de voiture impliquant Hershy.

« Quel accident ?

– La fois où une voiture lui a roulé sur le pied. »

Que s'était-il passé ? Où ? Pourquoi ne m'avait-on rien dit ?

Ils ne se souvenaient plus des détails. Un chauffard, juste devant l'appartement. Deux semaines plus tôt, peut-être trois. Une ambulance était venue. Avait-on emmené Hershy à l'hôpital ? Freidy soutint que non, Chaya Suri que oui. S'était-il cassé quelque chose ? Gitty avait-elle demandé à faire une radio ? Qu'avait dit le médecin ?

« Il a l'air blessé, d'après toi ? » me lança Freidy d'un ton sec en levant le nez de son sachet de chips. Hershy se trouvait à quelques mètres, sur le sol de la cuisine. Complètement absorbé par sa Game Boy, il ne se souciait pas de ce qui l'entourait. De toute évidence, il n'avait pas de blessure grave, mais j'étais furieux que personne ne se fût donné la peine de me téléphoner.

La rapidité avec laquelle je fus relégué à l'arrière-plan de la vie de mes enfants me laissa stupéfait. Pendant quatorze années, j'avais cru faire partie intégrante de leur existence. Il semblait tout à coup que ce n'était pas le cas.

Quand je téléphonais à Shragi pour m'enquérir des enfants, il se montrait peu loquace.

« Nous prenons soin d'eux. Tu n'as aucun souci à te faire. » Puis il orientait la conversation sur mon mode de vie sacrilège. « Les Portes du Repentir sont toujours ouvertes. Reviens, et tout s'arrangera. » Gitty et moi pouvions nous remarier, assurait-il. Tout serait comme avant. « Il n'y a pas de plus grande mitsvah que de reprendre une femme qu'on a quittée », me rappelait-il, citant le Talmud.

Dans un souci d'apaisement, Gitty et moi n'avions pas pris la peine de spécifier par écrit les termes de notre séparation auprès d'un tribunal laïc. La procédure ne nous semblait pas nécessaire. Comme nous ne connaissions quasiment pas de couples divorcés, nous supposions que les tribunaux chargés des affaires familiales n'intervenaient que dans les divorces difficiles – ceux dont on parlait dans les journaux, ces odieuses querelles qui voyaient s'affronter d'anciens conjoints rivalisant de hargne, au détriment d'enfants traumatisés pour le reste de leur existence. Confiant dans la bonne volonté des parties en présence, j'avais cru que nous pourrions résoudre nos différends sans intervention extérieure. Même quand Gitty cessa de me parler, même quand je découvris qu'elle suivait les conseils d'individus malintentionnés, je gardais bon espoir de revenir en arrière. Bientôt, me répétais-je pour faire taire mes craintes, nous recommencerions à discuter à cœur ouvert, comme nous le faisions quelques mois auparavant.

En fait, il se passa exactement ce que je redoutais : notre relation se dégrada de manière irréversible. Bien que prévenu, je n'y étais pas réellement préparé. Et surtout, j'étais loin d'imaginer à quel point je souffrirais des conséquences de cette rupture définitive.

Gitty porta notre dossier devant le tribunal des affaires familiales, où son avocat expliqua en quoi, à bien des égards, j'étais inapte à être le père de mes enfants. Shragi était assis derrière l'avocat de Gitty et lui parlait à l'oreille.

« Les convictions de M. Deen ont changé », expliqua l'avocat à la cour, avant d'exposer en quoi, à bien des égards, mes nouvelles habitudes nuisaient au bien-être des enfants :

Mes vêtements n'étaient pas convenables.

Ma coupe de cheveux était choquante.

Ma kippa était trop petite.

J'avais une télévision et Internet chez moi.

« Enfin, conclut l'avocat, M. Deen est devenu athée. »

En conséquence de quoi, sa cliente exigeait que je sorte de la vie des enfants.

« Votre client est-il athée ? demanda le juge à mon avocat.

– Absolument pas », répondit ce dernier sans un instant d'hésitation. Le juge parut soulagé. De mon côté, j'étais stupéfait de voir mes convictions religieuses surgir dans cette affaire – à mon détriment, qui plus est –, mais elles constituaient manifestement un argument de poids pour les autres personnes présentes. Quand je demandai à la cour l'autorisation d'emmener mes enfants en excursion pendant les jours demi-fériés des fêtes de Souccot, comme je l'avais toujours fait aux cours des dix années précédentes, Gitty fut incapable de contenir plus longtemps la colère qui la submergeait.

« Il les emmène dans des lieux profanes ! » criat-elle. Assis derrière elle, Shragi hocha énergiquement la tête. *Des lieux profanes ?* Je supposai qu'elle parlait du Muséum d'histoire naturelle ou de la médiathèque municipale.

En sortant du tribunal, je ne m'inquiétais pas outre mesure. Un juge aux affaires familiales ne tenait pas compte de l'obédience ou de l'observance religieuse des parents concernés, supposai-je. Mais quand ce juge décida que mes enfants ne passeraient plus la nuit chez moi, ne viendraient plus le week-end, et que je les verrais non pas deux mais une fois par semaine, je commençai à me faire du souci.

« C'est une mesure provisoire », assura mon avocat. Jusqu'à ce que l'affaire aille en justice et qu'un accord définitif soit trouvé.

« Quand aura lieu le procès ? demandai-je.

– Avec un peu de chance, avant la fin de cette année. »

En attendant, je devais dire adieu aux visites que les enfants me rendaient le week-end, adieu à nos longs repas de famille et aux paresseux après-midi de shabbat passés à chanter, à plaisanter, à marcher jusqu'à l'étang pour voir les oies et les tortues, ou, les jours de pluie, à jouer au Scrabble et au téléphone arabe puis, la journée s'étirant, à apaiser les querelles qui surgissaient entre eux – qui a volé mes jouets ? Qui a pris mon album de *Calvin et Hobbes* ?

Je passerais quand même deux heures avec les enfants chaque dimanche soir, me répétais-je. C'était peu, pour cinq enfants. Je fis le calcul : en ôtant dix minutes de trajet en voiture, à l'aller puis au retour, il me resterait vingt minutes par enfant. Mais nous pourrions tout de même dîner ensemble, jouer à un jeu ou deux, peut-être même nous pencher sur les devoirs. D'ici à l'année suivante, j'en étais sûr, nous serions revenus à l'accord antérieur. Nous formerions de nouveau une famille.

Je ne comprenais absolument pas le brusque revirement de Gitty. Un ressort s'est cassé, finis-je par me dire. Les germes de son ressentiment n'étaient pas religieux, mais personnels. « Tu te la coules douce pendant que je suis coincée ici, m'avait-elle lancé d'un ton amer, quelques semaines avant de couper les ponts. Tu sors, tu t'amuses, tu fais la fête avec des goyim, tu vis sans contraintes. Tu as sans doute un million de petites amies à l'heure qu'il est. »

C'était une accusation étrange. Non seulement elle n'avait rien à voir avec la réalité, mais elle révélait ce que j'avais longtemps soupçonné : le ferment de la jalousie. Comme si, de manière sourde, ceux qui reprochaient aux impies leur impiété le faisaient non parce que ces derniers vivaient dans le péché, mais parce qu'ils s'amusaient davantage – et comment osaient-ils se distraire quand d'autres priaient ?

Les mois n'en finissaient pas, les plaintes déposées au tribunal s'enchaînaient sur tel détail ou tel autre des us et coutumes hassidiques. J'avais donné aux enfants des matsot fabriquées à la machine. Je portais des jeans.

La vision du poste de télévision installé chez moi les traumatisait. Rien ne prouvait que je respectais les lois de la Cacherout. Ma seule présence exerçait sur eux une influence néfaste.

Je croyais que le juge ne tiendrait pas compte de ces récriminations, un tribunal laïc ne pouvant être influencé par de telles préoccupations, mais mon avocat m'assura qu'il examinerait l'intégralité des pièces portées au dossier avec la plus grande attention. *Tout* lui semblerait pertinent – surtout dans un pays comme le nôtre, où les juges étaient redevables à de puissants électeurs défendant des intérêts communautaires.

Les plaintes avaient officiellement été déposées par Gitty ; mais je savais que, outre Shragi, d'autres « experts » de la communauté s'étaient immiscés dans le dossier. J'appris par des amis que des collectes avaient été lancées pour payer les frais juridiques nécessaires à ma mise à l'écart. Je connaissais le système. Au fil des ans, j'avais pu voir, collées aux réverbères et aux portes des synagogues de New Square, de Williamsburg et de Monsey, des affichettes exhortant les passants à « sauver les enfants d'un parent sorti du droit chemin ». Les rédacteurs de ces messages n'hésitaient pas à recourir aux images les plus triviales pour susciter l'émotion : il s'agissait le plus souvent d'un petit hassid dont les papillotes semblaient menacées par de grands ciseaux ajoutés à l'aide de Photoshop.

Lors d'une de ses visites, mon frère Mendy me rapporta ce que Shragi lui avait confié un matin, en le croisant à la synagogue : « Nous n'avons pas un dossier très solide sur le plan juridique, mais nous avons les moyens de le détruire, affectivement et financièrement. Tu verras : il finira par renoncer. »

Sur le moment, ces propos m'ont fait rire. Ils me paraissaient ridicules. J'ignorais encore que, même avec un bon dossier, se battre pour obtenir la garde de ses enfants pouvait coûter des dizaines de milliers de dollars ; que pour gagner cette bataille, quand elle se produisait dans le comté de Rockland, au sein d'un groupe hassidique, il fallait avoir dans son camp des rabbins, des dirigeants de la communauté et des thérapeutes de familles ultra-orthodoxes ; que les tribunaux en charge des affaires familiales formaient, eux aussi, d'importants rouages de la politique locale, et qu'un juge n'oublierait jamais complètement qu'il avait besoin de se faire réélire. J'ignorais encore que mes modestes moyens financiers ne feraient pas le poids face à une communauté pleine de ressources, pour qui l'avenir de ma progéniture constituait un enjeu idéologique. Enfin et surtout, je sous-estimais naïvement la capacité des extrémistes religieux à contrôler jusqu'aux pensées de mes propres enfants.

Je ne perdis pas au tribunal. Mais je perdis le cœur de mes enfants, et il s'en fallut de peu que j'y laisse ma santé mentale.

Peu après le début de l'action en justice, les enfants changèrent sensiblement d'attitude. Ils devinrent réservés en ma présence, mangèrent leur dîner bouche cousue, et affichèrent un visage impassible devant leurs jeux et livres préférés. Ils se mirent à parler entre eux d'une voix feutrée, avec des gestes contenus, en se jetant des regards gênés – et refusant presque toujours de croiser le mien. Ils commencèrent à vérifier les étiquettes des aliments et à picorer à contrecœur dans leurs assiettes. Un soir, comme je leur demandais ce qui n'allait pas, ils regardèrent la pendule, impatients de s'en aller.

« Vous a-t-on dit des méchancetés à mon sujet ? »

Akiva démentit énergiquement, mais je vis les paupières de Chaya Suri s'empourprer, comme si elle retenait ses larmes. Seul Hershy croisa mon regard et me lança : « Maman dit que tu veux nous transformer en goyim. »

Je réclamai de l'aide à de nombreux rabbins, mais ils furent rares à compatir. « Ne pensez-vous que vos enfants se portent mieux loin de vous ? » me lança un rabbin en posant un regard réprobateur sur ma kippa trop petite et mes joues glabres.

Quand je demandai à la clinique psychiatrique la plus proche, tenue par des hassidim, de m'aider à obtenir un suivi psychologique des enfants, je découvris que j'arrivais trop tard. Gitty s'était présentée avant moi, me dit-on. La clinique avait chargé l'une des psychologues de son équipe, une jeune femme orthodoxe, de remettre au tribunal une lettre détaillant ses préconisations. Ce document, apprendrais-je par la suite, insistait auprès du juge pour qu'il m'interdise d'accueillir les enfants à mon domicile. La psychologue suggérait aussi de réduire nos entrevues à une seule par mois, et de ne les effectuer qu'en présence d'un membre de la communauté skver.

« Pourquoi n'avez-vous pas cherché à me rencontrer avant de rédiger votre rapport ? » demandai-je à la jeune psychologue quand elle daigna enfin me recevoir. Son supérieur, un hassid à la panse saillante, passa dans le couloir. Elle lui jeta un regard à travers la porte entrouverte et posa à nouveau les yeux sur moi. Elle semblait désorientée, à la fois navrée et sur la défensive.

« Vous avez raison, admit-elle dans un murmure. Je n'y avais pas pensé. » Son supérieur passa à nouveau dans le couloir. La femme se leva. « J'espère que tout finira par s'arranger », dit-elle.

« Mes enfants ne me tourneront jamais le dos », avais-je dit à mon frère Mendy quand il m'avait rapporté les propos de Shragi. Certes, mes enfants m'adoraient, mais je ne tardai pas à m'apercevoir que la situation était plus complexe que je le pensais. Quand on répète à un enfant que l'un de ses parents n'agit pas correctement, l'amour de l'enfant pour ce parent ne se tarit pas aussitôt. Ce que l'enfant ressent alors, c'est de la honte ; de la honte pour l'affection qu'il éprouve envers quelqu'un qui, lui a-t-on dit, est une mauvaise personne ; de la honte pour son lien biologique avec cette mauvaise personne ; de la gêne pour ce que diraient ses camarades s'ils remarquaient ou supposaient son lien avec cette mauvaise personne. Il est alors naturel que l'enfant souhaite par-dessus tout se couper de la source de cette honte.

Tziri cessa de venir, et Freidy l'imita peu après. Nous étions en avril 2009 : Tziri avait eu quatorze ans en septembre de l'année précédente, et Freidy treize au mois de janvier. Je ne voulais pas me disputer avec mes propres enfants, mais leur changement était si soudain, si inexplicable que je me sentais frappé en plein cœur au moment même où j'avais besoin de garder les idées claires. Je devinais que tout ne pouvait pas venir des enfants. J'étais père depuis quatorze ans, et habitué aux sautes d'humeur de ma progéniture, mais ce repli sur soi absolu et déterminé, du jour au lendemain, c'était autre chose. J'y voyais l'intervention de marionnettistes à barbe et papillotes.

Je portais donc l'affaire devant le tribunal, et le juge, fort heureusement, ordonna que mes filles aînées me soient rendues.

Le lendemain, Shragi les déposa devant ma porte. Elles vinrent avec leurs propres livres, ne se fiant plus aux distractions que je pourrais leur offrir. À peine étaient-elles entrées qu'elles se posèrent au bord de mon canapé gris anthracite et gardèrent les yeux plongés dans leurs livres ou fixés sur les murs.

« Ça vous dirait, une partie de Cranium ? »

Tziri tourna une page de son roman. Freidy croisa et recroisa les jambes.

« Vous voulez qu'on prépare des macaronis au fromage ? Freidy, tu adores ça ! »

Pendant deux heures d'affilée, elles refusèrent de manger, de parler, de jouer, et même de croiser mon regard. Je surprenais souvent Freidy en train de me jeter un rapide coup d'œil ; mais chaque fois que je la regardais, elle détournait hâtivement les yeux. Elle était affalée dans l'angle du canapé. J'avais le sentiment qu'elle souhaitait discuter mais qu'une puissance invisible l'en empêchait. Tziri, qu'aucun doute n'effleurait, demeurait assise, le dos droit, raide comme un piquet, sans poser le bras sur l'accoudoir, comme prête à s'en aller. Les rares fois où elle leva le nez de son livre, ce fut pour regarder Freidy. Je compris qu'elles se remémoraient un pacte qu'elles avaient formulé ensemble, et que leur détermination s'en trouvait renforcée.

J'en voulais surtout au juge des affaires familiales. Il n'est guère étonnant qu'une ex-épouse rancunière et des esprits religieux se comportent parfois de manière irrationnelle, mais le juge n'avait pas de telles excuses. N'accordant à mon cas que quelques secondes d'attention, il avait déclaré, sous couvert de « mesure provisoire », que j'étais davantage un « visiteur » qu'un père – provoquant ainsi un changement radical d'attitude chez mes enfants, comme si les tribunaux venaient corroborer les accusations de Gitty. Il m'incombait désormais de les convaincre du contraire.

« Essayez de leur parler, me conseilla ma thérapeute. Demandez-leur si elles ont des soucis dont elles souhaiteraient discuter. » Je tirai une chaise, la plaçai face à la table basse, regardai mes filles mutiques et m'éclaircis la voix.

« Avez-vous quelque chose à me dire ? »

Mes mots retentirent longuement dans l'appartement, tandis que mes filles feignaient de n'avoir rien entendu.

« Vous avez conscience que ça ne peut pas continuer ainsi, n'est-ce pas ? »

Je croisai les bras et les regardai fixement. Je lançai une blague ou deux, dans l'espoir de leur arracher un rire. Je fis le poirier. Je sortis un paquet de cartes et j'exécutai deux ou trois vieux tours de magie qu'elles adoraient lorsqu'elles étaient enfants. Rien n'y fit : elles refusèrent de se laisser distraire. Je restai alors assis en face d'elles en silence jusqu'à ce que retentisse le klaxon de la voiture de Shragi.

Les trois plus jeunes me rendaient désormais visite sans les filles aînées ; mais ils semblaient déboussolés, eux aussi. Ils se montraient chaleureux avec moi, puis affirmaient aussitôt qu'ils n'avaient pas envie de venir me voir. Chaque fois que je passais les chercher en voiture, seuls Akiva et Hershy pointaient le bout de leur nez, et je devais leur demander de retourner chercher Chaya Suri, qui finissait par apparaître en essuyant ses larmes. À peine arrivé à Monsey, Hershy commençait à s'enquérir de l'heure du départ. À chaque remarque que je faisais, il répondait : « Quand est-ce qu'on rentre ? »

Leurs visites me laissaient épuisé, l'esprit vide et la gorge nouée. Ultérieurement, je me reprocherais d'avoir réagi avec si peu de recul et de ne pas m'être montré plus lucide : peut-être y aurait-il eu moyen d'agir, après tout. Mais à l'époque, je me sentais anéanti. Mes enfants m'aimaient, j'en étais convaincu. Mais ils vivaient dans un monde qui ne tolérait pas la différence et je commençais à comprendre que je ne pouvais pas lutter contre sa force de persuasion.

« Je n'aurais pas dû laisser ces morveux prendre le contrôle de mes émotions ! » dirai-je plus tard à un ami, sous le coup de la colère. Pourtant, sur le moment, ce fut exactement ce qui se produisit. Après leur départ, je m'asseyais dans mon appartement vide, bouillant de rage. Je pleurais tant ces jours-là que mes canaux lacrymaux semblaient sur le point de s'obstruer ; pourtant je continuais de pleurer, sans m'arrêter – de rage, de désespoir, et du désir que mes enfants reviennent –, n'obtenant pour toute réaction que le bruissement des feuilles devant ma fenêtre – et une autre facture exorbitante de mon avocat.

Les visites de Tziri et Freidy, en particulier, m'affectaient tant sur le plan affectif qu'elles finiraient par me détruire, j'en avais bien conscience, si je ne faisais rien pour améliorer la situation. Shragi me téléphona à plusieurs reprises pour me dire que les filles causaient énormément de chagrin à Gitty à l'issue de ces visites imposées. Elles pleuraient. Elles piquaient des crises. Elles se disputaient avec les petits. Je le crus sur parole, et me demandai s'il était bien raisonnable de les contraindre à venir me voir.

Au cours de leur visite suivante, tandis qu'elles se tenaient assises sans rien dire, comme d'habitude, je leur demandai d'un ton grave : « Vous ne voulez plus venir, c'est ça ? »

Elles prirent la parole pour la première fois depuis des mois. « C'est ça ! » s'écrièrent-elles en chœur.

J'avais posé une question : elles m'avaient répondu. Je leur expliquai à quel point leurs paroles me blessaient, mais elles restèrent de marbre. À chaque interrogation demeurée sans réponse, à chaque remarque ignorée, la brique logée au fond de ma gorge grandissait, l'obstruant davantage. Je m'interdis de montrer mes larmes à mes enfants. Pourtant, je n'avais qu'une envie : hurler.

Je me contentai d'affirmer que j'étais navré. Je leur expliquai que je ferais tout mon possible pour régler ce qui n'allait pas. Elles n'avaient qu'un mot à dire, et je m'en occuperais. Je ferais ce qu'elles me diraient de faire – à condition qu'elles veuillent bien s'exprimer.

Tziri continua de m'ignorer, mais Freidy releva la tête. Pendant quelques secondes, on eût dit qu'elle allait ouvrir la bouche. Puis elle leva les yeux au ciel.

Ce geste et la moue exaspérée qui l'accompagna me permirent enfin de comprendre ce qu'elles ressentaient. Comme j'avais été vaniteux de croire que je pourrais leur imposer ces changements faramineux, puis leur demander à *elles* comment m'y prendre pour tout arranger ! Mes filles exprimaient leurs reproches de la seule façon que les enfants connaissent. Ce n'était pas une question de foi, de valeurs, ou de manière de vivre. Les problèmes des enfants, je ne tarderais pas à m'en apercevoir, n'étaient pas d'ordre philosophique mais affectif. Ce qui comptait pour Tziri et Freidy, ce n'étaient pas mes convictions religieuses ou les détails de ma façon de vivre, mais le fait que, de mon plein gré, je me sois placé dans le camp de ceux qu'on leur apprenait à fuir – et qu'ainsi je les aie déshonorées, que j'aie déshonoré notre famille, déshonoré chacun d'entre nous. Ce qu'elles voulaient, c'était un père qui ne soit pas l'incarnation de la vilenie qu'on leur avait appris à détester. Or j'étais le père que j'étais – et, de toute évidence, je n'étais pas assez bien.

Je leur expliquai que je les aimais, que c'était plus fort que moi, que je n'imaginais pas la vie sans elles. Et qu'indépendamment de ce qui se passait, je serais toujours là pour elles.

Le visage de Tziri resta figé par le dédain. Freidy, qui avait la larme facile, déglutit avec difficulté, mais quand je tournai la tête vers elle, espérant croiser son regard, elle se mit à tirer sur son collant, le doigt posé sur un minuscule amas de laine indiquant un raccommodage, comme bouleversée soudain par cet enchevêtrement de fils bleu marine.

« Si vous ne voulez plus venir, je ne vous y obligerai pas. » À peine avais-je prononcé ces mots que je les regrettais. Je croyais qu'en compatissant à leurs difficultés, en mettant un frein à mes exigences d'affection, elles se sentiraient plus libres d'y répondre. Ce fut hélas l'inverse qui se produisit, comme je le soupçonnais dès que le silence retomba dans la pièce.

Nous restâmes assis sans rien dire pendant un long moment, puis Shragi arriva devant l'immeuble et fit retentir le klaxon de son monospace. Les filles s'élancèrent vers la porte, mais je fus plus rapide qu'elles.

« On fait un câlin ? » demandai-je.

C'était notre rituel, quelques mois plus tôt à peine, quand nous étions six à nous serrer les uns contre les autres, le cœur léger. Cette fois, Tziri et Freidy se raidirent quand je tentai de les enlacer. Je perçus leur impatience, leur envie d'échapper à mon étreinte. Alors que mon seul désir était de ne jamais les lâcher.

Je ne pouvais pas savoir alors que c'était la dernière fois que je verrais Tziri et Freidy avant une éternité. Je ne pouvais pas savoir non plus que mes nombreux appels et mes courriers resteraient lettre morte. Que pendant des années, je ne saurais même pas si elles recevaient mes messages, ou si ceux-ci étaient interceptés et détruits par les individus chargés de préserver la pureté de leur âme.

Je ne pouvais pas savoir que quatre ans plus tard, j'apprendrais les fiançailles de Tziri avec un garçon qu'elle n'avait vu que quelques minutes, exactement comme Gitty et moi vingt ans plus tôt ; que j'attendrais en vain un appel ou une lettre m'invitant à son mariage ; ni que, le soir des épousailles, en février 2013, je serais assis à mon bureau, dans mon appartement de Brooklyn, occupé à grignoter des chips de maïs au piment tout en naviguant sur Internet et en discutant sur Facebook, comme j'avais l'habitude de le faire en temps ordinaire – à ceci près que, ce soir-là, je tenterais vainement de ne pas songer au mariage qui se déroulerait à une heure de route de chez moi et à toutes les années que je n'avais pas partagées avec mes enfants.

Je ne savais rien de tout cela alors, mais en regardant mes filles partir, en les observant à travers les stores tandis qu'elles montaient dans le monospace de Shragi et refermaient la portière, je compris qu'une page venait de se tourner.

La semaine suivante, Shragi m'appela pour m'annoncer que les filles refusaient de venir me voir.

J'avais affirmé que je ne les obligerais pas à venir. Elles m'avaient pris au mot.

En décembre 2008, presque neuf ans après m'avoir embauché, mon patron m'appela de son bureau de Tel-Aviv.

« Je suis navré, Shulem. Mais nous allons être contraints de nous séparer de toi. »

Je n'étais pas étonné. L'entreprise avait commencé à sous-traiter ses besoins en programmation en Inde. J'imaginais trouver rapidement un poste ailleurs, mais le pays était alors en pleine récession, et les emplois se raréfiaient de jour en jour. New York regorgeait de programmeurs au chômage, dont la plupart possédaient un master en informatique décroché dans une université prestigieuse. Neuf ans plus tôt, les programmeurs informatiques étaient souvent embauchés sans diplôme, sur la seule foi de leur expérience et de leur enthousiasme ; et j'avais alors pu compter sur la communauté orthodoxe pour m'aider à trouver du travail. À présent, je cherchais un poste d'informaticien à New York sans pouvoir faire état du moindre diplôme. Je n'obtenais que rarement des entretiens, et, le cas échéant, les employeurs jugeaient très vite que je n'étais pas suffisamment qualifié.

Je vidai le compte de mon assurance chômage, envoyai le tout à Gitty et aux enfants, et me débrouillai avec mes maigres économies. Gitty et moi tentions encore de vendre notre demeure de Monsey, mais avec la baisse du marché immobilier, elle ne valait plus que les trois quarts de la somme que nous avions empruntée pour l'acheter. Elle ne tarda pas à être saisie. Conserver ma voiture était au-dessus de mes moyens, et je devais plusieurs mois de loyer à mon propriétaire. À cours de financement, je décidai d'interrompre mes études jusqu'à ce que ma situation se stabilise. J'avais besoin de mobiliser toute mon énergie pour trouver du travail. J'avais déjà dépensé des dizaines de milliers de dollars en frais de justice, mes économies s'épuisaient à vue d'œil, et j'étais prisonnier d'une dette ingérable.

J'avais endossé de nombreux rôles au cours de ma vie d'adulte – mari, entrepreneur, programmeur informatique, blogueur – mais, pendant quatorze ans, j'avais surtout été un père. Désormais, je ne savais plus qui j'étais. Après des mois de comparutions éprouvantes au tribunal, j'étais littéralement vidé.

Je touchais le fond : j'étais déprimé, suicidaire, furieux contre le monde et contre moi-même. Surtout contre moi-même. Je ne comprenais pas comment un tel désastre avait pu se produire. Je ne comprenais pas comment j'avais pu perdre mes enfants sans même avoir livré bataille. Je m'en voulais de ne pas l'avoir anticipé, de ne pas avoir été mieux préparé, de ne pas avoir été aussi malin, aussi fourbe que le camp adverse.

En juin 2009, je passai une semaine dans le service psychiatrique du Good Samaritan Hospital, mon thérapeute ayant jugé mes pensées suicidaires suffisamment sérieuses pour vouloir m'en protéger. J'étais si désespéré que je pensais ne jamais m'en sortir. Si je n'avais pas pleinement saisi jusqu'alors à quel point mes enfants comptaient pour moi, je ne pouvais désormais plus imaginer la vie sans eux. Pendant plus de dix ans, je m'étais réveillé au son de leurs voix ; le rythme de mes journées avait été guidé par la volonté de répondre à leurs besoins, même quand nous n'étions pas physiquement réunis. J'avais conscience d'avoir perdu mon rôle de père non pas au tribunal, mais parce qu'on avait retourné contre moi les pensées de mes enfants. Cette affreuse certitude me précipita dans un gouffre émotionnel. Je cherchai par tous les moyens à cadenasser mon esprit ; et la conviction finit par s'ancrer en moi que la mort était la seule façon d'y parvenir.

Quand je sortis de l'hôpital avec mon petit stock d'antidépresseurs, je me sentais plus léger. Le chagrin, découvris-je, diminue heureusement avec le temps, et bientôt la douleur serait moins vive. C'était là l'objectif auquel je devais m'employer, vers lequel je devais tendre de toutes mes forces. Je me pardonnai aussi certains de mes échecs. Je savais que mes choix m'avaient semblé judicieux sur le moment ; et que, si j'avais manqué de discernement, je ne pouvais demeurer éternellement fâché contre moi-même.

J'avais retrouvé une certaine envie de vivre. En revanche, ma détermination s'était affaiblie. Ma combativité avait disparu.

« Nous avons les moyens de le détruire, affectivement et financièrement », avait affirmé Shragi.

Il avait raison.

Shragi et moi nous donnâmes rendez-vous dans un jardin public, à quatre ou cinq kilomètres de New Square. Nous prîmes place l'un en face de l'autre à une table de pique-nique, non loin d'une petite bande de jeunes hassidim qui tournoyaient sur un manège.

Shragi m'écouta, puis secoua la tête. Il voulait lever un malentendu. « Nous n'empêcherions jamais des enfants de voir leur père. » Il était extrêmement surpris, assura-t-il, que je me sois imaginé de telles horreurs. « Ce serait par trop cruel. »

Je lui demandai quelle proposition il avait à me faire.

« Ce que nous aimerions, répondit-il en faisant avec ses bras des moulinets dignes d'un représentant de commerce, c'est que tu voies les enfants deux fois par an. »

Je le dévisageai, incrédule, tandis qu'il me livrait une explication destinée à me faire comprendre que ce nouveau calendrier de visites serait réellement bénéfique aux enfants. Je me croyais préparé à accepter tout ce qu'il me proposerait, mais cette fois, il allait trop loin.

« Tu es conscient qu'ils ne veulent pas te voir, n'est-ce pas ? »

Comme je gardais le silence, il réfléchit un instant, puis me proposa quatre visites par an.

J'en demandai six.

« D'accord », acquiesça-t-il. Il me tendit la main, puis la retira. « Mais seulement les trois plus jeunes. »

Je me mordis la langue et hochai la tête en silence.

« Et seulement jusqu'à ce qu'ils aient treize ans, ajouta-t-il. Ensuite, ce sera difficile. Surtout pour les garçons, après leur bar-mitsvah. Tu comprends, bien sûr. »

Je ne comprenais pas. Cela n'avait aucune importance.

La dernière fois que je vis mon père, il était en train de prier. C'était au printemps 1988. Il était rentré de l'hôpital très affaibli, si bien qu'il priait à la maison, non à la synagogue. J'étais revenu à la maison pour Chavouot, la fête du don de la Torah, et je retournai à Montréal en car le matin même. L'heure du départ approchait, et j'étais en retard. Drapé dans son talit et muni de ses tefilines, mon père récitait la section des prières du matin comprise entre le *Chema Israël* et le *Chemoneh esreh*.

Le Seigneur votre Dieu est Vérité.

Debout près de la porte, je le regardais articuler chaque mot, souligner chaque syllabe, comme il en avait l'habitude. « Il faut prier comme on compte des pierres précieuses », affirme le Talmud, et je n'en avais jamais vu une manifestation plus éclatante.

Béatitudes de l'homme qui écoutera Tes commandements, qui posera Ta Torah sur son cœur.

Le car n'allait pas tarder à partir. Je devais dire au revoir à mon père, mais je restais près de la porte, les yeux rivés sur lui. Il me tournait légèrement le dos, et les bords de son talit dissimulaient en partie son visage. M'avait-il aperçu ? Je l'ignorais.

Tu nous as sauvés d'Égypte, Seigneur notre Dieu. Tu as fendu la mer, noyé nos ennemis, permis à Tes bien-aimés de traverser à pied sec, et laissé les eaux se refermer sur leurs assaillants.

Dans quelques secondes, mon père se lèverait pour le *Chemoneh esreh*, la partie silencieuse de la prière, au cours de laquelle ses yeux seraient clos et son esprit ailleurs. Je ne souhaitais pas l'interrompre, mais il fallait que je parte.

Rocher d'Israël, debout au secours d'Israël [...] Notre Rédempteur, Dieu des armées est son nom, le Saint d'Israël.

« *Tatti*, dis-je à voix basse. Je dois y aller. »

Il s'interrompit, surpris. Il ne tourna pas la tête, mais quand je m'approchai, je sentis qu'il était attentif à ma présence. Il ne dit pas un mot, ne m'offrit ni accolade ni poignée de main, mais il sourit et me salua d'un bref signe de tête. Quand je refermai la porte derrière moi, le son du verset final s'estompa peu à peu tandis qu'il se levait pour le *Chemoneh esreh*.

Béni sois-tu, Dieu, libérateur d'Israël.

Deux mois plus tard, quand ma mère m'annonça que mon père était mort, je versai mes premières larmes et pris conscience avec angoisse que sa disparition était définitive – avant d'être assailli par cette pensée : il ne m'avait pas dit au revoir. Au cours des semaines et des mois qui suivirent, je n'eus pourtant pas l'impression qu'il me manquait. Je me souviens d'avoir fait les bons gestes et prononcé les mots requis, parce que je savais que c'était ce que l'on attendait de moi.

« C'est une perte immense, mais Dieu a des projets différents pour chacun d'entre nous », disais-je aux adultes qui me dévisageaient, puis échangeaient un regard, aussi charmés que perplexes. « Nous ne comprenons pas les voies de l'Éternel, mais nous ne pouvons douter de Lui, ajoutais-je, n'en pensant pas un mot. L'heure de mon père était venue. De toute évidence, il avait accompli ce que Dieu avait prévu pour lui. »

Les adultes acquiesçaient en silence, souriaient, me tapaient sur l'épaule, et m'expliquaient qu'ils étaient très impressionnés, que j'étais un garçon solide, un roc, que mon père aurait été fier de moi, son fils aîné. Ils ne remarquaient pas que je me contentais de dire ce qu'ils souhaitaient entendre. Ce n'était pas très compliqué.

Peut-être est-ce difficile, quand on est enfant, de vraiment ressentir la perte d'un parent – tout du moins, d'en avoir conscience, de la comprendre en tant que telle. Nos parents nous guident et nous soutiennent. Ils donnent et refusent, et nous en venons à accepter des décisions qui nous semblent arbitraires parce que nous savons que, bientôt, nous échapperons à leur loi. Même si nous ne comprenons pas très bien de quoi est fait l'amour que nous éprouvons pour eux, nous sommes parfois assez grands pour comprendre le langage qui s'y rapporte, et pour l'utiliser à la manière d'un adulte. Pourtant, nous ressentons des émotions qui ne correspondent pas toujours aux mots dont se servent nos parents. Nous en venons alors à nous demander si nous ne serions pas un peu bizarres, un peu « différents ».

C'est ce que je pensais de moi-même lorsque je commençai à rêver de mon père.

Plusieurs mois après sa mort, un rabbin proche de notre famille me demanda si je le voyais en rêve. Je compris qu'il me posait cette question en référence en folklore juif. De nombreux contes évoquaient de chers disparus apparaissant en rêve, porteurs de précieux messages.

Va sous le pont de Cracovie, tu trouveras le trésor.

Mon âme erre dans les cieux sans trouver le repos. Récite le kaddish pour moi.

Empêche Tzeitel d'épouser le boucher.

Combien de légendes avaient été brodées sur ce thème ? Les morts venus révéler des secrets, ou prodiguer d'inestimables conseils. Tout particulièrement les saints – c'étaient ceux qui en savaient le plus. Or ce rabbin se demandait si mon père, lui aussi, m'était apparu. M'avait-il révélé des secrets de l'autre monde ?

« Oui, affirmai-je au rabbin. Il vient me voir.

– Et que te dit-il ? »

Je feignis d'être trop intimidé pour lui exposer les détails, et il n'insista pas, se contentant de hocher la tête d'un air approbateur. « Quelle bénédiction. Tu le vois dans tes rêves ! »

Mon père, cependant, ne m'apparaissait pas en rêve. Tout du moins, pas comme le croyait le rabbin – telle une apparition surgissant au chevet de mon lit pour me parler de l'au-delà. En fait, je rêvais que mon père était de nouveau vivant. Dans ces rêves, qui se produisirent pendant des années, mon père se trouvait dans la cuisine, en train de sortir un pot de yaourt du réfrigérateur, ou sous la véranda, un verre de thé à la main, occupé à discuter avec l'un de ses étudiants. Parfois, je le voyais prier à la synagogue à sa place habituelle, dans la dernière rangée, en articulant soigneusement chaque syllabe. Je le regardais, lui souriais et m'écriais : « Tu es là ! Je croyais que tu étais mort. » À quoi il répondait : « Oh, non. J'étais seulement parti en voyage. Je suis revenu, à présent. » Dans mon rêve, j'éprouvais une joie inhabituelle, celle que l'on ressent quand on apprend une terrible nouvelle, avant de découvrir un instant plus tard que la catastrophe n'a pas eu lieu, que c'était un regrettable malentendu.

Puis je m'éveillais et m'apercevais que ce n'était qu'un rêve. Cette fois, il n'y avait aucun malentendu. Mon père était vraiment mort. Je restais étendu un long moment en tentant de retrouver le lieu où mon père, cet homme étrange, fantasque, génial et aimant, était revenu – et peu importe que ce soit pour me réprimander ou s'impatienter, comme il le faisait parfois, parce qu'il était pressé de partir et que je le retardais en lui posant une question.

Alors, et seulement alors, je mesurais pleinement l'immensité de mon chagrin et du vide qu'il avait laissé en partant.

26

Un mardi de septembre 2009, je quittai mon appartement de Monsey au volant d'une camionnette de location remplie de meubles et de cartons. J'avais laissé mes longs caftans et mes chapeaux noirs, ainsi que ma petite collection de textes religieux et de vieux enregistrements de conférences sur le Talmud, prendre la poussière au fond d'une cave chez l'un de mes amis. Trop sentimental pour m'en séparer, j'avais gardé mon talit, mes tefilines et mon shtreimel, que j'emportais à Bushwick, le nouveau bastion faussement bohème des hipsters new-yorkais. Je souhaitais vivre près de mes amis, rencontrés pour la plupart au cours de l'année écoulée. Après avoir passé de longs mois dans une solitude quasi complète, je les avais croisés l'un après l'autre sur ma route. Désormais, nous cheminions ensemble, et je chérissais chacun d'entre eux comme un trésor.

Je mis un moment à m'habituer à mon nouveau quartier, peuplé de laïcs, de Juifs et de non-Juifs, où les synagogues étaient peu nombreuses, les supermarchés casher inexistants et où je ne croisais quasiment jamais de familles ultra-orthodoxes, avec leurs petits garçons en kippa et en papillotes, leurs fillettes en jupe longue et chemisier boutonné jusqu'au cou. Bushwick brillait par sa diversité ethnique et sociale : j'y croisais autant d'étudiants branchés et de couples de bobos que d'immigrés dominicains ou antillais.

Surtout, je m'efforçai d'oublier les tristes événements de l'année écoulée. Je multipliai les rencontres ; j'organisai des soirées et des dîners à mon domicile ; je me mis au haschisch, j'essayai l'ecstasy et, une fois, un peu de cocaïne. J'appris à inviter une femme au restaurant ou au cinéma, je fis quelques conquêtes amoureuses, je m'épris et me dépris, je partis seul en voyage pour la première fois de ma vie (d'abord en Espagne, puis en Grèce). Désireux d'échapper à l'ancien Shulem, je tentai brièvement de changer de prénom et me présentai sous celui de Sean. Je compris vite qu'un ex-hassid affublé d'un prénom irlandais ne suffisait pas à faire de moi un véritable Irlandais – et je revins à Shulem.

La poursuite de mes études me paraissait désormais un luxe hors d'atteinte. J'avais payé les droits d'inscription et les frais de scolarité relatifs à mon premier (et seul) semestre à l'université lorsque j'étais encore salarié. Désormais sans emploi, je n'avais plus qu'une obsession : m'acquitter de ma pension alimentaire et régler mes dépenses courantes. Par chance, je commençai peu après à trouver des contrats de programmeur free-lance tout en me lançant parallèlement dans de nouvelles activités liées à l'écriture : je rédigeai, et parvins à publier, plusieurs articles sur la vie de la communauté ultra-orthodoxe et le long chemin qu'empruntaient ceux qui souhaitaient en sortir.

Ma mère, mes frères et ma sœur ne m'avaient pas renié, ce dont je leur étais reconnaissant. Mon frère Mendy et son épouse me conviaient régulièrement chez eux, à Monsey, pour le repas du shabbat. Quand j'arrivais, ils ne me demandaient jamais comment j'étais venu – ils savaient pourtant que je prenais désormais ma voiture le samedi et que je m'étais probablement garé à quelques minutes à pied de leur domicile. Ma sœur Chani m'invitait également à dîner en compagnie de son époux et de leurs enfants ; le moment venu, elle insista pour que je vienne au mariage de ses filles et elle m'associa aux réjouissances organisées pour la naissance de ses petits-enfants.

Mon frère Avrumi, qui avait rejoint la communauté skver en même temps que moi lorsque nous étions adolescents, m'appelait et me rendait fréquemment visite. Il ne manquait jamais de me demander si j'avais prié en me réveillant. Quand je lui rappelais que je ne priais plus depuis longtemps, il répliquait d'un ton espiègle : « Arrête ! Je suis sûr que tu le fais quand personne n'est là pour te voir. » Puis il me donnait les dernières nouvelles de New Square – naissances, mariages et décès –, où il vivait encore et jouissait d'une excellente réputation.

Ma mère, qui s'était installée à Jérusalem dix ans auparavant, souffrait des décisions que j'avais prises, mais plus encore du fait que Gitty n'autorisait plus les enfants à la voir ou à lui parler. Ainsi que je l'apprendrais par la suite, mon ex-épouse souhaitait ainsi punir ma mère, coupable à ses yeux de ne pas m'avoir élevé correctement – alors que ma mère avait été, et demeurait, un modèle de piété et de ferveur religieuse.

En janvier 2010, je lançai une revue en ligne avec quelques amis. Nous l'avions baptisée *Unpious*, un terme anglais qui signifie « impie » tout en évoquant l'expression yiddish « *uhn-payess* » – sans papillotes. Nous proposions à nos lecteurs des articles et des réflexions sur les marges de la société ultra-orthodoxe. Les « sortants » formaient un groupe de mieux en mieux constitué, qui ne tarderait pas à devenir une véritable communauté. Leur nombre avait récemment explosé, principalement grâce à Internet et au travail de l'association Footsteps, qui permettait à des centaines de personnes désorientées et sans ressources d'éviter de sombrer dans la solitude, la misère ou l'autodestruction. Tous les deux ou trois mois, nous récoltions une nouvelle moisson de « sortants », glanés en ligne, sur les blogs dédiés ou les groupes Facebook, ou dans les quelques lieux de Manhattan et de Brooklyn susceptibles de les accueillir.

Au sein de cette communauté encore balbutiante, les rôles de chacun ne tardèrent pas à se dessiner. Je trouvai ma place, avec d'autres, dans la réalisation de projets ou l'écriture d'articles ayant trait au groupe insulaire que nous avions quitté et à celui que nous formions désormais à l'extérieur. D'anciens activistes ultra-orthodoxes créèrent, quant à eux, de nouvelles structures associatives destinées à promouvoir l'instauration d'une réforme éducative au sein des écoles hassidiques, à protéger les enfants victimes d'abus sexuels au sein des communautés ultra-orthodoxes, à soutenir les femmes prises au piège d'un mariage forcé ou les membres gays et lesbiens de la communauté qui aimaient leur entourage et leurs traditions mais n'étaient pas acceptés pour ce qu'ils étaient. Nous écrivions des articles, nous accordions des entretiens aux chaînes de télévision et de radio afin de faire connaître notre parcours et de partager avec d'autres ce que nous avions découvert.

Malky avait quitté son village satmar, elle aussi. Nous nous étions rencontrés au printemps 2008. Deux ans plus tard, j'appris qu'elle avait réussi à partir en emmenant ses deux filles. Son père et son mari n'avaient pas mis leurs menaces à exécution, et elle avait pu se libérer de leur tutelle. Je la retrouvai à l'occasion d'un dîner organisé un vendredi soir par des amis communs, qui les avaient invitées, elle et ses filles, à passer le week-end à Brooklyn.

Lorsque j'arrivai chez mes amis et la vis s'avancer vers moi, ce fut à mon tour d'écarquiller les yeux, bouche bée, comme elle l'avait fait lors de notre rencontre au restaurant Applebee's. Débarrassée de sa perruque, de son foulard à fleurs, de sa jupe longue et de son chemisier, elle arborait désormais un joli carré court, un jean moulant et un top sans manches parfaitement à la mode. « Tu as l'air d'une vraie shiksa ! » m'exclamai-je, avant de la prendre dans mes bras en riant.

Nous passâmes bientôt à table. Douze convives, hommes et femmes, tous d'anciens ultra-orthodoxes qui avaient réussi à sortir du monde clos de leur communauté. « Trinquons à nos nouvelles vies ! suggéra l'un de mes amis.

– Bonne idée, approuva un autre. Je vous propose une tournée de *picklebacks* ! »

Il avait découvert l'existence de ce cocktail par des amis laïcs et branchés au courant des dernières tendances. En tant que résidents de Williamsburg, la capitale américaine des hipsters, nous étions souvent les premiers bénéficiaires de leurs inventions. Aucun d'entre nous n'ayant encore entendu parler des « picklebacks », notre ami fut invité à préciser sa pensée. « C'est un petit verre de Jack Daniel's suivi par un petit verre de jus de cornichon », expliqua-t-il en souriant.

Du jus de cornichon ? La bizarrerie de certaines pratiques du monde extérieur nous laissait encore pantois.

« Eh oui ! Le jus qui reste dans le bocal quand on a mangé tous les cornichons. »

Nous remplîmes de petits verres de whisky, d'autres de saumure, et nous préparâmes à trinquer. À la liberté ! À la possibilité de choisir sa vie ! Aux routes qui s'ouvrent devant nous ! À l'amitié ! Après une tournée, puis une autre, le brouhaha s'amplifia, les rires fusèrent. Bientôt, des chants s'élevèrent, repris en chœur par toute l'assemblée. Debout, serrés les uns contre les autres, nous tapions du poing sur la table de nos hôtes au rythme des cantiques qui avaient baigné notre jeunesse, tous ces chants emblématiques des loubavitch, des hassidim de Belz, de Vichnitz, écrits en l'honneur du Dieu auquel nous ne croyions plus et de la Torah à laquelle nous n'obéissions plus. Chacun posa une main sur l'épaule de son voisin et nous oscillâmes doucement, bercés par nos anciennes chansons préférées, les yeux clos, comme si nous nous trouvions à la synagogue ou au tisch du rebbe.

Ata sakoum terakhem tsiyon.
Lève-toi et prends pitié de Sion.
Ki va mo'ed. Ki va mo'ed. Ki va mo'ed.
Car l'heure est venue. Car l'heure est venue.
Car l'heure est venue.

Nous avions fait des choix dont nous étions fiers. En dépit des difficultés que nous traversions, nous avions peu de regrets.

Les heures passèrent. Malky et moi nous installâmes sur le canapé pour échanger des nouvelles. Nous avions tant à nous raconter ! La nuit s'écoula sans que je la voie passer. Lorsque je regardai ma montre, je fus stupéfait : il était six heures du matin. Malky se leva pour me raccompagner. L'odeur du tcholent qui continuait de mijoter dans le faitout électrique – ou plutôt, ce qu'il en restait à l'issue du repas – s'échappait de la cuisine. Dans la pièce voisine, les filles de Malky, âgées de trois et cinq ans, dormaient profondément.

Lorsque j'ouvris la porte, prêt à partir, Malky m'enlaça pour me dire au revoir. « Tu vois, dit-elle. Maintenant, je peux de nouveau te prendre dans mes bras. »

Malgré tout, je ne parvenais pas à oublier ce que j'avais perdu.

« Et tes enfants ? Ils ne te manquent pas trop ? » s'enquéraient mes amis.

Je haussais les épaules. « Si, mais c'est la vie. Je n'y peux rien.

– On finit par s'y habituer, j'imagine », disaient-ils et j'acquiesçais : « Exactement. » Je me gardais de répondre que non, en fait, je ne m'y habituais pas du tout. Que je ne parviendrais peut-être jamais à m'y faire. En tout cas, pas avant très, très longtemps. Mon environnement me ramenait sans cesse aux enfants : le spectacle des passants, une scène vue dans un film, dans le métro ou dans un jardin public. Il me suffisait parfois de croiser une mère et sa fille, un père et son fils pour être bouleversé. J'éprouvais alors un chagrin insurmontable, si vif qu'il m'empêchait de mener à bien les activités prévues ce jour-là, me plongeant pendant des heures, des jours entiers, dans une forme presque catatonique de dépression.

Dans ces moments-là, des souvenirs anodins resurgissaient dans mon esprit. Brusquement tirés de ma mémoire, des bribes de conversation, des gestes du quotidien venaient danser devant mes yeux, vifs, sonores et animés. Je tentais de les repousser – en vain. Ils tournaient en boucle sans me laisser de répit. Vaincu, je fermais les yeux et me laissais submerger, assailli par la douleur qu'ils portaient avec eux.

Me revenaient en mémoire les soirs de semaine, quand je rentrais du travail vers 20 heures et trouvais Tziri et Freidy à la table de la salle à manger, penchées sur leurs devoirs. Les plus jeunes étaient déjà couchés et je montais les embrasser. Chaya Suri nouait fermement ses petits bras autour de mon cou et refusait de me laisser partir. « Reste ! » suppliait-elle. Je m'étendais près d'elle et la serrais contre moi, puis nous discutions de sa journée, qu'elle me racontait dans les moindres détails avant d'accepter enfin de me libérer. Je redescendais l'escalier et gagnais la cuisine, où Tziri et Freidy me rejoignaient avec leurs livres et leurs cahiers. Je dînais tout en vérifiant leurs exercices ; elles me récitaient leurs leçons et picoraient dans mon assiette, convaincues que j'avais toujours un meilleur repas que le leur.

Me revenaient en mémoire nos vendredis soir et nos samedis matin à Monsey, quand j'emmenais les garçons à la synagogue, heureux de trouver dans leur compagnie un dérivatif à ce qui m'apparaissait désormais comme une routine fastidieuse. Akiva prenait place à mon côté dans le sanctuaire. Je le voyais suivre les prières dans son recueil, l'index allant sagement d'une ligne à l'autre, tandis que Hershy jouait sur le parvis avec d'autres petits garçons. Quand nous rentrions à la maison après l'office, Akiva glissait sa main dans la mienne pour cheminer avec moi. Hershy courait devant nous, toujours joyeux et remuant. Nous nous arrêtions pour observer la lune, dont la pâle clarté tombait parfois sur la silhouette fugitive d'une biche traversant le sous-bois. Puis je les prenais l'un et l'autre par la main avant de traverser le pont qui enjambait un ruisseau, à quelques centaines de mètres de chez nous.

Me revenaient en mémoire nos soirées d'hiver, le samedi, quand la nuit tombait tôt, mettant fin au shabbat, et que nous commandions pour nous sept des pizzas et des frites, que nous mangions autour de la cheminée où brûlait un bon feu de bois, le crépitement des bûches faisant écho au mugissement du vent qui déferlait sur le village.

Me revenait en mémoire l'énorme bonhomme que nous construisions chaque hiver après les premières chutes de neige. Bien emmitouflés dans nos manteaux, nous bâtissions notre géant, le plus grand du quartier, en roulant pour former son torse des boules si larges et si lourdes que nous devions nous y prendre à quatre, les filles et moi, pour les soulever.

« T'arrive-t-il de te sentir coupable ? me demandait-on parfois. Tu ne t'en veux pas de les avoir laissés là-bas ? » Cette question me laissait perplexe, et plus encore ce qu'elle sous-entendait, comme s'il était évident qu'étant parti, j'avais fui mes responsabilités paternelles, perpétuant ainsi une des traditions ancestrales les moins glorieuses de mes congénères.

Je pensais souvent à Gitty, désormais seule avec cinq enfants. J'imaginais sa fatigue, ses difficultés, et mon cœur se serrait – puis s'emplissait de colère. Certes, elle élevait seule nos cinq enfants, mais elle l'avait voulu ! Quand j'appris, en 2012, qu'elle s'était remariée à un homme bon et généreux, un hassid très pieux, devenu scribe, qui gagnait sa vie en calligraphiant des textes sacrés – pour des éditions de la Torah, des tefilines ou des *mezouzot* –, un homme qui emmenait mes fils à la synagogue et leur témoignait affection et bienveillance, j'espérai que cette nouvelle relation permettrait à Gitty de me pardonner certaines des souffrances que je lui avais causées.

Cet été-là, quand une vague de canicule s'abattit sur Brooklyn et que les habitants de Bushwick commencèrent à s'adonner aux joies des soirées barbecue et des fêtes entre voisins, je décidai de m'offrir quelques jours de repos loin de l'agitation de la métropole, et me joignis à un groupe d'amis désireux de participer au Rainbow Gathering, un rassemblement annuel dédié à la paix, à l'amour et à la fraternité, fréquenté par plusieurs milliers de hippies à l'hygiène douteuse.

Les seize membres de notre petit groupe se répartirent dans quatre voitures différentes, qui prirent la direction de la forêt nationale d'Allegheny, en Pennsylvanie. Après quelques heures d'autoroute, nous nous engageâmes à petite allure sur un sentier emprunté par les festivaliers. Pieds nus et coiffés avec des dreadlocks, ils nous souriaient à travers les nuages de poussière que nous soulevions sur notre passage. « Bienvenue à la maison ! » disaient-ils, et : « On vous aime, frères et sœurs ! »

Nous avions prévu de passer quatre jours sur place – et avions emporté de quoi tenir un mois : les voitures débordaient de vivres, et chacun de nous s'était muni de serviettes de toilette, de savon, de shampooing, de maillots de bain, d'assiettes et de couverts en plastique, de rouleaux de papier d'aluminium, de chaises pliantes. Nous avions même une douche portative et, bien sûr, des litres et des litres d'eau potable.

Assis à l'entrée du sentier qui menait à la plus grande des aires de camping, un homme doté de longs cheveux blancs et d'une chemise colorée ouverte sur un ventre proéminent nous salua avec bonhomie. « Bienvenue à la maison, mes chers frères et sœurs ! » lança-t-il avec un fort accent du sud des États-Unis. Nous nous étions garés à l'entrée du camp et nous tenions devant lui entourés de nos valises à roulettes, comme si nous allions prendre l'avion.

« Z'avez jamais entendu parler des sacs à dos ? s'enquit l'homme en riant. Vous allez à quel camping, dites-moi ?

– Celui des Juifs. » Tant qu'à fraterniser avec des hippies, autant qu'ils viennent du Peuple élu, avions-nous décidé avant de partir.

L'homme consulta un plan du site, avant de nous donner les indications nécessaires. « Descendez ce sentier et traversez la grande prairie. Puis prenez le chemin de droite. La cantine juive s'appelle "Tais-toi et mange". Vous pouvez pas la rater ! »

Nous trouvâmes les lieux sans difficulté. Des breslov en talit, leurs franges rituelles soulevées par la brise, se mêlaient à d'anciens soldats israéliens ; les Juifs pieux côtoyaient les non-pratiquants, des jeunes filles à demi nues discutaient avec des femmes en foulard et jupe longue. Tous s'entraidaient, installant le camp, traînant des jerricans d'eau jusqu'à la cantine.

Après avoir monté nos tentes, nous nous dirigeâmes vers la prairie où plusieurs milliers de personnes dansaient au son des tambours, des tambourins et des djembés. « Bienvenue à la maison ! criaient les festivaliers. On vous aime ! »

L'ambiance qui régnait à ce « rassemblement arc-en-ciel » fit resurgir dans ma mémoire les souvenirs de mon premier tisch au sein de la communauté skver – les chants qui m'avaient captivé, l'accueil si chaleureux que m'avaient réservé les fidèles, les adolescents de mon âge qui m'avaient serré la main et invité à les rejoindre sur les gradins, les hommes bourrus qui m'avaient tendu des assiettes bien garnies de poulet rôti et de kugel aux pommes de terre en m'incitant à manger, manger, manger, car il en restait encore des marmites entières.

Ce tisch avait changé ma vie. Au cours de la décennie suivante, à mesure que croissait mon attachement aux préceptes du hassidisme et que mes convictions religieuses gagnaient en maturité, j'avais commencé à regarder le tisch autrement : je n'y voyais plus seulement une célébration collective, mais un moyen de ressentir ce que le psychologue américain Abraham Maslow nomme les « expériences paroxystiques », ces instants de lucidité transcendantale au cours desquels l'univers nous semble soudain magnifiquement ordonné et notre place clairement définie en son sein. Dans ces moments très particuliers, notre insignifiance se trouve amplifiée de telle sorte que nous ne pouvons que nous incliner devant le caractère extraordinaire de notre simple existence.

Au cours de mes dernières années à New Square, quand je tentais de consolider ma foi vacillante, j'assistais parfois aux tischen du rebbe dans l'espoir de revivre les sensations que j'avais éprouvées aux premiers temps de mon arrivée. Je me rendais à la synagogue le samedi soir pour le troisième tisch de la semaine, celui qui se terminait dans une obscurité complète, à mesure que le jour baissait et que le shabbat approchait de sa fin. D'après les docteurs de la kabbale, les derniers moments du shabbat sont favorables à l'émergence de ce qu'ils nomment « *ra'ava dera'avim* », une conscience aiguë de la présence divine.

Mes tentatives s'étaient révélées vaines : je n'avais plus jamais ressenti cet état de conscience exceptionnel. Le tisch ne m'émouvait plus. Les vers de « *Beneï heïkhala dikhsifin* », le splendide poème d'Isaac Louria consacré à l'apparition de la lumière cosmique propre à cet instant particulier du shabbat, ne me procuraient plus de frissons. La voix du rebbe lorsqu'il chantait m'évoquait désormais les pleurs d'un gamin irascible : je la trouvais irritante, lugubre et plaintive. Les paroles, toujours aussi belles, ne suscitaient chez moi qu'une vague nostalgie, bien éloignée des sensations extatiques qu'elles provoquaient autrefois. Je m'étais immunisé, semblait-il, contre leurs effets. L'expérience ne faisait pas vibrer mon âme d'hérétique.

J'étais sur le point de perdre complètement la foi. Bientôt, je cesserais de croire aux préceptes du hassidisme, mais aussi à la notion même de divin ou de sacré. Je rejetterais l'idée que l'être humain puisse accéder à une conscience supérieure, détachée du monde matériel. Pourtant, même alors, le souvenir des tischen me resterait en mémoire. Tandis que je tentais de m'adapter à ma nouvelle vie de New-Yorkais non pratiquant – je ne faisais plus shabbat, je ne mangeais plus casher, je n'allais plus à la synagogue et je ne priais plus, cessant d'accomplir les rituels qui avaient eu tant de sens à mes yeux pendant toutes ces années –, je ne pouvais m'empêcher de me demander : *Où vont les laïcs pour éprouver ce que j'ai ressenti au tisch du rebbe ?*

Je crus pendant un certain temps que les grands concerts de rock procuraient des émotions similaires. Ma mère avait fini par me confier ce qu'elle avait éprouvé dans sa jeunesse en écoutant Bob Dylan et les Beatles, puis en se rendant à Woodstock – autant d'expériences d'une grande intensité qui, disait-elle, avaient contribué à son éveil religieux. J'avais également entendu des fans des Grateful Dead comparer les émotions ressenties lors d'un concert à celles qu'ils éprouveraient par la suite lors d'un tisch. Je me rendis donc à plusieurs concerts – sans parvenir, là encore, à renouer avec l'« expérience paroxystique » que j'avais connue à New Square.

Je crus l'avoir enfin retrouvée lorsque je pénétrai dans la clairière où se tenaient les participants au Rainbow Gathering.
« *Haï yana, ho yana, haï ya na* », chantait la foule réunie autour d'un petit groupe de joueurs de tambours assis à même le sol. Le tempo régulier des instruments de percussion de toutes sortes et de toutes tailles résonnait à travers la forêt, attirant de plus en plus de musiciens et de festivaliers, qui formaient à leur tour d'autres cercles semblables à celui que j'observais. Bientôt, plusieurs milliers d'hommes et de femmes agitaient les mains et roulaient des hanches au son des dizaines d'instruments, conventionnels ou improvisés, réunis dans l'immense prairie.
« *Haï yana, ho yana, haï ya na* », continuait de chanter un public toujours plus nombreux. Répété comme un mantra, le refrain encadrait des couplets constitués d'une seule phrase, toujours à propos des éléments de la nature – les arbres, les montagnes, les rivières, le soleil, la lune, le ciel. Une jeune femme aux traits délicats, vêtue d'une longue robe blanche sans manches qui tombait sur ses

pieds nus, se chargeait de lancer ces couplets bucoliques, que la foule reprenait aussitôt :

Les rivières sont nos sœurs, coulons avec elles,
Les arbres sont nos frères, croissons avec eux !

Puis le refrain s'élevait de nouveau dans la clairière :

Haï yana, ho yana, haï ya na !
Haï yana, ho yana, haï ya na !

Dénuées de sens, les sonorités du mantra exerçaient un pouvoir quasi hypnotique sur la foule. J'observai mes voisins : tous souriaient, l'air enchanté. Certains fermaient les yeux et agitaient les bras en rythme, d'avant en arrière, d'arrière en avant. Assis dans l'herbe au centre du cercle, un homme se balançait comme un hassid en prière. La plupart des participants dansaient lentement, remuant les hanches, les pieds et les bras sans s'éloigner du cercle. Fasciné, je fus saisi de l'envie de chanter, moi aussi. D'entrer dans le cercle. De danser avec ces gens et de ressentir ce qu'ils ressentaient.

Unissons-nous au soleil jusqu'à la fin des temps
Haï yana, ho yana...

Je me figeai, retenu par le cynisme, le détachement propres à l'âge adulte. Je n'avais plus treize ans. Je n'étais plus capable de participer sans réserve à ce genre d'événement. Je souhaitais me joindre à la foule, mais une petite voix intérieure me soufflait : « Tu veux t'unir au soleil ? Les rivières sont tes sœurs ? » Que signifiaient ces paroles ? Je demeurais insensible aux notions qu'elles recouvraient, aussi touchantes fussent-elles. Que ferais-je de ces projets d'unité avec la nature lorsque j'aurais retrouvé mon appartement de Brooklyn, ma ligne de métro aux horaires fantaisistes, mes problèmes de parking et mes factures internet ? Depuis que j'avais quitté New Square, je me tenais sur mes gardes, méfiant et soupçonneux envers toute forme de dogme ou d'idéologie, même embryonnaire ; j'observais la plus grande vigilance envers les valeurs subjectives présentées comme des vérités fondamentales. Si je souhaitais me préoccuper davantage du soleil, des rivières et du ciel, si je voulais aimer mon prochain avec davantage de passion et découvrir la source du sacré dans l'univers, je n'étais pas assez ému par ces questions pour m'y adonner complètement.

Je continuai à observer de loin ceux qui chantaient et dansaient puis, quand la nuit tomba, je me glissai sous ma tente. J'écoutai longtemps le son des tambours, le crépitement d'un feu de camp allumé à proximité, et les rires du petit groupe de voyageurs qui avait créé une enclave au sein de notre camping et l'avait baptisée « l'aire des boucs » : adeptes des voyages en trains de marchandises, amis des chats et des chiens errants, ils avaient trouvé refuge pour la nuit près de notre groupe d'anciens ultra-orthodoxes.

Je fus bientôt de retour à Brooklyn, où je n'eus plus à m'accroupir au-dessus d'un fossé dans les bois pour me soulager, à me laver dans les eaux stagnantes d'une rivière asséchée ni à dormir dans l'atmosphère malodorante d'une tente surpeuplée. Pourtant, au cours des jours et des semaines qui suivirent, je repensai très souvent à ce week-end en Pennsylvanie. Comment expliquer l'attirance que j'avais éprouvée pour ce cercle de hippies ? À force de tourner la question dans mon esprit, je finis par comprendre : je ne cherchais pas à retrouver le tisch de mon adolescence, mais la partie de moi qui était alors capable de s'émouvoir d'une idée ou d'un texte, même incohérents, une partie de moi qui s'autorisait à s'enflammer pour une théorie ou une croyance sous prétexte qu'elle recelait une « vérité » apparue à la faveur d'un état de conscience exceptionnel.

J'acceptai peu après, à l'invitation d'un ami, d'assister à un service non orthodoxe du shabbat dans une synagogue de l'Upper West Side, à Manhattan. J'estimais avoir assez prié au cours de ma vie pour m'en dispenser jusqu'à la fin de mes jours. En revanche, je n'avais jamais assisté à un office en musique, et j'étais curieux de savoir de quoi il retournait. Une fois sur place, je fus surpris de l'émotion qui m'envahit quand l'assemblée entonna le Psaume de David. Lorsque les fidèles se levèrent pour danser au son de « Hâte-Toi, Bien-aimé », je me souvins des danses menées lors des tischen à New Square, ces rondes immenses, formées de milliers de fidèles, qui serpentaient dans la vaste synagogue pendant des heures.

Le silence retomba sur la congrégation tandis que chacun se retirait en lui-même pour l'*Amidah*, la partie silencieuse et méditative de la prière. Je ne l'avais pas récitée depuis des années et j'hésitai à plusieurs reprises, ce dont je fus très surpris.

> *Ata kidachta*. Tu as sanctifié le septième jour en Ton nom [...]. Le but ultime de la Création [...], jour béni entre tous les jours, consacré de tout temps, comme il est écrit dans Ta Torah. *Vayechoulou* [...].

Tout en énonçant les bénédictions en silence, je tentai d'imaginer la naissance du monde, ces premiers temps de l'histoire où Dieu, Adam et Ève n'avaient d'autre compagnie qu'eux-mêmes, où le premier homme et la première femme contemplèrent le soleil, les rivières, les arbres et le ciel, et déclarèrent, comme le Talmud nous l'enseigne : « *Mah rabou ma'asekha Adonaï !* – Comme tes œuvres sont belles, ô Seigneur ! »

Bouleversé par la perte de ma foi, par mon incapacité à ressentir la beauté de l'*Amidah*, par la rupture définitive que j'avais opérée avec ces textes et ces rituels qui m'avaient été si chers, je laissai alors couler mes larmes sur les pages du livre de prières ouvert devant moi.

Épilogue

Nous sommes assis pour déjeuner, Akiva et moi, sur deux grandes pierres plates près d'un torrent. L'eau ruisselle sur un enchevêtrement de branches mortes et de troncs d'arbre emportés par le courant. Akiva sort de son sac la bouteille d'eau et le sandwich que Gitty a préparés pour lui ; je m'apprête à mordre dans le hot-dog que j'ai acheté en même temps qu'une portion de foies de volaille sautés, chez Mechel Takeout, à Monsey.

Hershy devait se joindre à nous, mais il n'est pas venu, cette fois-ci.

J'ai obtenu le droit de voir mes fils six fois par an. Cette visite est la seule qui me sera octroyée pendant l'été. Plus tôt dans la matinée, j'ai pris un train à Penn Station. Un ami est venu me chercher à la gare de Suffern et m'a prêté sa voiture pour l'après-midi. Avant de me rendre à New Square, je me suis arrêté devant un labo photo de Monsey pour faire retirer les photos que nous avions prises, les garçons et moi, lors de notre entrevue précédente, pendant les jours demi-fériés des fêtes de Pessah : je les avais alors emmenés en excursion au parc régional de Bear Mountain.

Shragi s'est planté devant moi, comme surgi de nulle part, tandis que je fumais une cigarette sur le trottoir en attendant que les photos soient prêtes.

« Shulem ? C'est incroyable ! J'allais t'appeler, justement. » Il allait le faire, mais s'en était abstenu, pour des raisons qu'il ne s'est pas donné la peine de préciser. « Je voulais te dire que Hershy ne veut pas venir aujourd'hui. Je pensais que tu souhaiterais peut-être faire autre chose de ta journée, mais bon… Maintenant que tu es là, ça n'a plus d'importance, j'imagine ! »

Ça n'a plus d'importance ?

« Pourquoi ne veut-il pas venir ? » ai-je demandé. L'information m'a blessé, comme l'aurait fait un rasoir émoussé sur ma joue. La douleur, bien que gênante, demeurait supportable. J'en avais pris l'habitude.

« Je ne sais pas trop, a marmonné Shragi en évitant mon regard. Ce n'est pas très important – si ? »

J'ai senti la colère me gagner. *Pas très important ?* Je n'ai pas vu les garçons depuis huit semaines, Tziri et Freidy depuis plusieurs années. Quant à Chaya Suri, elle a cessé de venir après son treizième anniversaire, l'année où j'ai emménagé à Brooklyn. Je me demande souvent de quoi leurs vies sont faites. Leurs centres d'intérêt ont-ils changé ? À quoi ressemblent-elles, maintenant qu'elles approchent de l'âge adulte ? J'ai peine à l'imaginer. Mes appels et mes lettres demeurent sans réponse. Les téléphones portables que j'ai achetés pour chacun d'eux n'ont sans doute jamais été chargés : je tombe sur la messagerie des filles chaque fois que je compose leurs numéros, et je n'ai jamais obtenu de réponse à mes nombreux messages. Au début, Akiva m'appelait de temps en temps, puis il a cessé de le faire. Une distance de plus en plus grande s'instaure entre nous. Il aura bientôt treize ans, lui aussi. Puis viendra le tour de Hershy – je ne le sais que trop bien.

Quand Akiva s'est installé dans la voiture ce matin, je lui ai proposé une randonnée dans la forêt, pour aller voir les cascades situées en amont du sentier de Pine Meadow, qui part de la route desservant les sept lacs. Lorsque nous nous sommes engagés sur le sentier, il s'est vite érigé en guide, heureux de repérer les balises avant moi – des points rouges sur des rectangles blancs, peints à même le tronc des arbres. Il me précédait d'un bon pas, sautait par-dessus les épaisses racines qui traversent le sentier, mises à nu par l'érosion du sol. C'est l'une des randonnées les plus appréciées du parc.

Je profite à présent de la pause déjeuner pour lui raconter l'histoire de ces sentiers, conçus par des randonneurs passionnés il y a plusieurs décennies. Intrigué, il m'assaille de questions : qui peint les cercles rouges sur les arbres ? Qui construit les ponts au-dessus des rivières ? Qui vient couper et emporter les arbres qui tombent sur les sentiers ? Je réponds, puis l'invite à se taire et à tendre l'oreille pour écouter les bruits de la forêt, le chant des oiseaux, le pas furtif d'une biche, effrayée par notre présence.

Il ne m'interroge pas sur la vie que je mène à Brooklyn, et je ne me confie guère, bien que j'en aie très envie. Chaque fois que je lui délivre une information – sur mon appartement, mes nouveaux amis, les articles que j'écris –, il garde le silence. Je devine l'intensité du trouble qui le ronge, et je me sens terriblement impuissant. Comment pourrais-je l'aider à le surmonter ? Je ne peux rien faire de plus que venir, six fois par an, l'écouter et lui témoigner mon affection.

Nous nous remettons en route pour parcourir le kilomètre et demi qui nous sépare du parking, où se dresse un distributeur de boissons et de confiseries. « Je vais m'acheter un soda », dis-je en sortant mon portefeuille. Je vois alors son regard brillant de curiosité se poser sur la machine.

« Je peux mettre l'argent dedans ? » demande-t-il.

Je lui tends un billet d'un dollar, que la machine rejette aussitôt.

« Oh ! Elle l'a recraché ! » s'exclame-t-il en riant.

Je lui remets un autre billet, flambant neuf, cette fois. La machine l'accepte sans difficulté. Je tends la main vers le petit clavier pour presser les touches, mais Akiva secoue la tête.

« Laisse-moi faire », supplie-t-il. C'est visiblement la première fois qu'il achète un soda dans un distributeur. Cette expérience, si banale aux yeux des autres garçons de son âge, revêt aux siens les charmes de l'aventure.

Plus tard, lorsque nous roulons sur Palisades Parkway pour regagner New Square, il évoque avec enthousiasme les excursions qu'il a faites avec ses camarades et ses professeurs, et me donne des nouvelles du voisinage. Il énonce à voix haute la vitesse autorisée par les panneaux – d'abord 70 miles à l'heure, puis 50. « *Farkhap yeneh car* », dit-il en me montrant la Honda Civic bleue qui file devant nous. Un grand sourire éclaire son visage quand je change de file et que j'appuie sur l'accélérateur. *Suis-je en train de lui donner un mauvais exemple ?* me dis-je en dépassant la Honda pour lui faire plaisir.

Je ralentis un moment plus tard pour emprunter la bretelle de sortie. Puis au premier feu, qui vient de passer au rouge, je m'empare de l'enveloppe qui contient les tirages. « Profitons-en pour les regarder une dernière fois », dis-je. Akiva se penche vers moi en tirant sur sa ceinture de sécurité. Nous rions, serrés l'un contre l'autre au-dessus des premières photos du paquet, qui les montrent, Hershy et lui, huit semaines plus tôt, jouant à faire des grimaces. Puis le feu passe au vert et je pose les clichés sur mes genoux pour redémarrer.

« Tu vas regarder les autres au prochain feu ? » demande-t-il. Le prochain feu sera le dernier avant d'obliquer vers New Square.

« S'il est rouge », dis-je.

Akiva désigne un parking désert le long de la route 45. « Et si tu te garais là ? » suggère-t-il comme s'il voulait m'aider, mais je devine ce qu'il cherche ainsi à éviter : si je regarde les photos sur ce parking désert, je ne le ferai pas à New Square, devant chez lui. Je lui annonce que je m'arrêterai quelques instants près du dépôt de bus, juste après le virage. Il hoche la tête avec un soulagement manifeste.

« Où veux-tu descendre ? Chez les Braun ou à la maison ? » Il souhaite parfois (sans jamais expliquer pourquoi) que je le dépose chez les Braun, des cousins qui vivent à cent mètres de chez Gitty.

« Comme tu veux, dit-il. Où ça t'arrange. » Il laisse passer un silence, puis reprend : « Au carrefour près de la maison, si tu veux ? Ça m'ira très bien. » Comme s'il souhaitait m'épargner les quelques dizaines de mètres supplémentaires.

Son malaise s'accroît à mesure que nous approchons : visiblement aux aguets, il observe la rue et les passants avec attention. Un groupe de jeunes mères entourées de bambins se tient au carrefour. En turban et robe d'intérieur, elles discutent tout en jetant un œil sur leurs bébés endormis dans les poussettes. Une vive anxiété se peint sur le visage de mon fils lorsqu'il les aperçoit.

« Je préfère à la maison, en fait », avoue-t-il d'une voix frémissante.

Lorsque nous arrivons, je me penche pour lui dire au revoir, poser un baiser sur sa kippa – trop tard : il a déjà saisi son sac et ouvert la portière.

« N'oublie pas les photos ! dis-je en lui tendant l'enveloppe, dont il s'empare d'un geste vif.

– Salut », marmonne-t-il sans se retourner, les yeux fixés droit devant lui, visiblement inquiet à l'idée de voir surgir d'autres passants.

Il quitte la voiture et fait quelques pas sur le trottoir, puis il se retourne brièvement, sans sourire. Je lui fais un signe de la main et le regarde courir dans l'allée qui mène à la maison. Un instant plus tard, la porte se referme bruyamment derrière lui.

Je redémarre et m'engage doucement sur la chaussée. Je viens d'appuyer sur l'accélérateur quand j'aperçois une silhouette familière derrière une voiture garée le long du trottoir. C'est Hershy sur sa bicyclette. Il dévale Reagan Road avec toute l'énergie d'un enfant de huit ans. Il ne m'a pas vu. Je n'ai pas le temps de klaxonner que, déjà, il a croisé ma voiture et filé vers le bas de la rue. Les yeux rivés au rétroviseur, je le vois pédaler comme un fou jusqu'au carrefour suivant.

Je fais demi-tour un peu plus loin et redescends Reagan Road à petite allure dans l'espoir de le revoir. Je cherche des yeux sa tête bien ronde, ses papillotes brunes, ses mains tendues devant lui lorsqu'il lâche le guidon d'un air fanfaron, comme je le lui ai vu faire tant de fois – en vain. Il n'est pas devant chez lui. Son vélo non plus. Au carrefour suivant, des garçons de tous âges discutent, assis sur leurs bicyclettes. Je scrute un à un leurs visages sans trouver celui de Hershy. Il était là il y a un instant. Puis il a disparu.

Postface de l'auteur

Nous avons tous une histoire à raconter, mais il est rare que nous en soyons les seuls protagonistes : la plupart d'entre elles impliquent également nos proches, nos amis ou nos collègues. Pourtant, chaque expérience vécue au sein d'un groupe demeure unique. C'est le cas des petits événements qui émaillent notre vie quotidienne, mais plus encore des moments de tension. Lorsque nous éprouvons de la colère ou de la rancœur, nous ajoutons au débat notre propre vision de la vérité et de la justice ; nous sommes souvent enclins à ne voir que ce que nous voulons voir. En relatant notre version de l'histoire, nous choisissons, plus ou moins consciemment, les faits qui sont à notre avantage.

J'ai gardé ces pensées en tête tout au long de l'écriture de cet ouvrage. Elles planaient comme un nuage gris au fond de mon esprit, me rappelant que je n'étais pas le seul détenteur de la vérité. S'ils avaient l'occasion de s'exprimer ou de prendre la plume, les protagonistes de ce récit, qu'il s'agisse de groupes ou d'individus, en donneraient certainement une autre vision, enrichie de détails et d'analyses auxquelles je n'aurais pas songé. Je pense en particulier à mon ex-femme, à laquelle j'ai été marié pendant quinze ans. Sa version de notre histoire serait assurément aussi captivante, quoique fort différente, que la mienne.

Certains individus décrits dans cet ouvrage se sont comportés d'une manière bien peu honorable à mes yeux. J'ai cependant veillé à ne jeter la pierre à personne – il s'agit là, me semble-t-il, d'un penchant détestable, surtout lorsque vos accusations visent des personnes qui vous ont été chères. Je sais néanmoins que je n'aurais pu raconter mon parcours sans me montrer réprobateur de temps à autre, qu'il s'agisse de reproches tacites ou explicites. Pourtant, je me suis efforcé de décrire loyalement les différents protagonistes de cette histoire, même lorsque je me sentais enclin à les peindre sous un jour défavorable. J'apporte ces précisions non pour me dédouaner de mes responsabilités envers la véracité des faits, ni pour justifier les erreurs qui auraient pu se glisser dans le texte, mais pour exposer les défis très concrets qui se posent à un auteur lorsqu'il tente de relater avec rigueur et précision une série d'événements profondément douloureux.

Mon récit n'est ni un essai historique ni une autobiographie à proprement parler. J'ai cherché à restituer les faits plus qu'à les décrire ; et tout en les restituant, j'ai tenté de trouver un sens à cette histoire, d'entremêler les fils narratifs afin qu'ils puissent, en éclairant certains aspects de ma vie, offrir au lecteur un éclairage nouveau sur la sienne. Je n'ai jamais eu d'autre objectif que celui-là.

Remerciements

Phin Reiss est le meilleur ami que puisse mériter un homme – ou, du moins, celui qui a payé plus de tournées de Johnnie Walker Black qu'un auteur puisse mériter d'en boire. Je lui serai éternellement reconnaissant pour son amitié, son discernement, son calme et sa générosité.

De Netanya au Cap en passant par Williamsburg, Jill Schulman a tout entendu et continue de m'écouter. Sa sagacité, son empathie et son sens de l'humour m'ont été extrêmement précieux. Je lui adresse ici toute mon affection.

Je dois beaucoup à Ricki Breuer, Zalmen Labin, Y. M. Schwartz et Itchie Lichtenstein, sans lesquels ce livre n'aurait pas vu le jour. Il en va de même pour les quelques personnes dont je ne citerai que les noms de guerre : le blogueur « Shtreimel », ami indéfectible et source permanente d'inspiration ; « Mendy Chossid », *baal hessed* extraordinaire ; « Hoezentragerin », toujours prête à me redonner du courage quand j'en manquais. Merci également à Avi Burstein, Emily Cercone, Meghan Bechtel Lin, Frieda Vizel, Judy Brown, Samuel « Ushy » Katz et Eve Singer pour l'aide, le soutien et les conseils qu'ils m'ont apportés.

J'ai l'immense chance de faire partie de Footsteps, une petite association dont l'impact va grandissant. Merci à Malkie Schwartz, Lani Santo, Michael Jenkins, Rachel Berger, Betsy Fabricant, Chani Getter et tous les autres bénévoles et membres passés et présents du conseil d'administration. Je suis également très reconnaissant à Adina Kadden et à Leah Vincent, toutes deux bénévoles et membres du conseil : elles se vouent à la communauté avec une abnégation qui force l'admiration. Merci aussi à Ella Kohn, Anouk Markovits, Alan Lerner et Monette de Botton pour leur générosité et leur soutien aux familles de « sortants ».

À mes amis « sortants » : vous m'avez donné de l'espoir, de la force et de l'amour. Ensemble, nous avons formé l'avant-garde d'un mouvement qui, je l'espère, continuera à prendre de l'ampleur et à constituer pour d'autres une véritable source d'inspiration. Puissions-nous continuer à raconter nos histoires avec lucidité et courage !

Je suis extrêmement reconnaissant à mon agent, Rob McQuilkin, d'avoir cru en ce livre et de l'avoir défendu avec une énergie et une intrépidité inépuisables. Je n'aurais pu rêver meilleur allié ! Merci à Hella Winston de m'avoir présenté les bonnes personnes. Je voue une immense gratitude à mon éditrice, Katie Dublinski : excellente conseillère, elle a fait preuve d'une patience et d'une perspicacité sans faille d'un bout à l'autre du projet. Merci aussi à Fiona McCrae, à Erin Kottke et à l'ensemble de l'équipe de Graywolf : c'est avec un profond sentiment d'humilité que j'ai pénétré dans votre antre, où je suis fier d'avoir été accepté.

Ma mère, Bracha Din, a fait preuve tout au long de sa vie, malgré les chagrins et les tempêtes, d'une force, d'une noblesse et d'une bonté d'âme absolument sans égales. Ma sœur Chani, mes frères Avrumi et Mendy m'ont toujours accepté tel que j'étais avec une tolérance et une affection indéfectibles. Je sais ce qu'il leur en a coûté, et leur en suis d'autant plus reconnaissant. Qu'ils reçoivent ici le témoignage de tout mon amour.

Je ne saurai jamais ce que mon père aurait pensé de mon parcours s'il avait vécu assez longtemps pour y assister. Je suis certain qu'il aurait été troublé, mais il m'aurait aimé tout aussi farouchement qu'autrefois, j'en suis convaincu. Et je serais resté son *chéfélé*, quoi qu'il arrive. Son souvenir n'est jamais loin de mes pensées.

RÉALISATION : NORD COMPO À VILLENEUVE-D'ASCQ
IMPRESSION : CPI FRANCE
DÉPÔT LÉGAL : JANVIER 2019. N° 140094-2 (2043062)
IMPRIMÉ EN FRANCE